역사교육으로 읽는 한국현대사

역사교육으로 읽는
한국현대사

·

국민학교에서 역사교과서 파동까지

김한종 지음

cum libro
책과함께

역사교육으로 읽는
한국현대사

·

국민학교에서 역사교과서 파동까지

김한종 지음

cum libro
책과함께

역사교육에 비친 한국현대사의 모습

2013년 여름, 어느 해보다도 무덥다는 날씨만큼이나 역사교육 이야기도 사회에서 뜨겁다. 매스컴에서는 장차 사회의 주인공이 될 학생들이 자기 나라 역사를 제대로 알지 못한다는 질타의 목소리가 높다. 교육부는 역사교육 강화방안을 마련하느라 고심하는 듯하다. 다른 한편에서는 근현대사 인식을 둘러싼 사회적 갈등도 계속되고 있다. 기존 한국사교과서의 근현대사 서술을 못마땅해 하던 사람들이 직접 쓴 교과서가 검정에 통과되었다. 그 내용을 놓고 비판과 우려의 목소리가 높다.

사람들은 역사에 관심이 많다. 옛일에 대한 단순한 호기심이나 흥미 때문만은 아니다. 너무나 진부한 말이지만, 역사는 사회의 뿌리이며 근원이다. 그 속에서 살아가는 사람이나 집단의 존재 근거를 제공하기도 한다. 우리는 지난날 사람들의 삶을 자신에 투영하고 삶에 적용하기도 한다. 특히 근현대사는 오늘날 우리 사회가 형성되어온 직접적인 과정이다. 사람들이 근현대사에 민감한 이유도 여기에 있다.

그러나 역사교육과 관련된 문제들이 학문적 관심이나 교육적 목적에서 비롯된 것만은 아니었다. 정치적 의도가 깔려 있거나 사회 분위기에 좌우되는 경우가 많았다. 헌법에서는 '교육의 자주성·전문성·정치적 중립성'을 보장한다고 명시하고 있지만, 교육만큼 정치의 영향을 강하게 받는 것도 없다. 특히 역사교육은 더욱 그렇다. 한국 사회에서 역사교육은 통치이데올로기를 전파하고, 국가가 필요로 하는 국민을 만드는 데 이용되었다. 권력을 잡은 사람들은 자신들의 통치를 정당화하는 데 역사를 이용하려고 한다. 특히 권위주의 정권에서는 이러한 현상이 더욱 두드러진다. 독재정권에 맞서 사회민주화에 힘쓰던 사람들도 사회의식을 높이는 데 역사를 이용했다. 목적은 서로 정반대라도 정치사회적인 이유로 역사를 강조하고 중시한다는 점은 마찬가지이다. 그러다 보니 역사교육, 특히 한국사교육이 부실하다는 지적이 나오면 사회는 민감하게 반응한다. 역사교육을 강화하기 위한 대책을 마련하라는 목소리가 높아진다. 그러나 왜 역사를 알아야 하는지, 어떤 역사를 배워야 하는지는 진지하게 논의되지 않는다. 그저 사회 분위기에 따라서 역사과목을 필수로 하거나, 시수를 늘리고, 시험에 포함시킬 뿐이다. 그 결과 학교 교육에서 역사의 비중은 어느 정도 높아지겠지만, 역사교육이 제자리를 찾았다는 말은 들을 수 없다. 시간이 지나면서 사회의 관심이 줄어들면, 다시 원래의 상태로 돌아가는 일이 반복된다. 이처럼 해방 이후 역사교육이 걸어온 발자취는 사회적 산물이었다. 역사교육은 한국 사회를 바라볼 수 있게 해주는 창이다. 교육제도나 교육과정과 같은 규정이 아니라, 정치사회적 관점에서 역사교육을 보아야 하는 이유가 여기에 있다.

이 책에서는 해방 전후부터 현재까지 역사교육의 발자취를 23가지 사건별로 서술하였다. '역사교육'이라고는 하지만, 학교 교육에 한정시키지 않고 역사교육과 관련된 이념이나 정책, 연구까지 포함했다. 첫 번째 항목인 '국민학교와 국민과'부터 마지막 항목인 《한국근·현대사》교과서 파동'까지 하나하나의 사건은 한국현대사의 모습을 그대로 보여준다. 이 중 첫 번째 항목인 '국민학교와 국민과'는 일제의 식민통치 말에 일어난 사건이지만, 해방 이후 한국교육과 밀접한 관련이 있으며 상당 기간 학교 교육에 영향을 주었다. 마지막 항목인 《한국근·현대사》교과서 파동'은 나와 너무 직접적으로 관련된 사건이며, 아직까지도 완전히 마무리되지 않은 채 진행 중이어서 제외하려고 했다. 그러나 역사교육과 관련하여 빠뜨릴 수 없는 중요한 사건이라는 주변의 권유에 따라서 포함시켰다. 책 구성의 편의상 23개 항목을 시기별로 3부로 나누었다.

1부는 해방 전후부터 1960년대까지 일어난 다음 8가지 사건들로 구성되어 있다.

1. 황국신민을 기르는 교육 – 국민학교와 국민과
2. 해방 이후의 첫 국사 교과서 – 《초등국사》와 중등용 《국사교본》
3. 민주시민 육성과 미국식 민주주의 교육 – 새교육운동과 사회과 도입
4. 민주적 민족교육에서 과학적 역사인식까지 – 해방 직후 한국사 인식과 국사교육론
5. '널리 인간을 이롭게 하다' – 단군사상과 홍익인간의 교육이념
6. 이승만 정부의 통치이데올로기로 변한 역사이념 – 일민주의
7. 서로 다른 삼한의 위치 – 1950~60년대 중학교 국사 교과서의 학설 문제

8. 발전적 관점의 한국사 인식 – 한국사 연구와 국사 교과서의 식민사관 극복

해방 이후부터 1960년대까지는 한국의 역사교육이 성립하여 뿌리를 내리던 시기이다. 일제의 식민통치 하에서 근근이 명맥을 유지하던 한국사 교육은, 일제 말에 황국신민화 정책과 전쟁 지원을 위한 교육정책으로 중단되었다. 소학교를 국민학교로 바꾸고, '국민과'라는 과목을 두어 이에 역사를 포함시킨 것이다. 따라서 해방 이후 역사교육의 과제는 독립 한국에 걸맞도록 역사교육을 바로 세우고 자국사 교육을 재건하는 일이었다. 그렇지만 수십 년의 식민통치를 거치면서 황폐화된 역사교육을 다시 일으키는 일은 만만치 않은 작업이었다. 새로운 교과서의 발행부터 식민사학의 논리를 극복하고 민족사관을 정립하는 것까지 하나하나 적지 않은 노력과 시간을 필요로 하였다. 이를 위해서는 새로운 역사 연구성과도 필요했다. 역사관이나 역사 연구방법은 물론, 역사교육을 어떻게 세울 것인지를 놓고도 의견이 엇갈렸다. 미국식 민주주의 교육을 도입하려는 교육주도세력과 민족 전통에 토대를 둔 교육을 바라는 민족주의자들 간에 갈등이 빚어졌다. 해방 직후에는 마르크스 사관에 토대를 둔 역사 연구와 교육을 주장하는 사람들도 있었다. 미국식 교육을 받아들이기 위한 새교육운동이 벌어지고 사회과 교육이 도입되었지만, 단군신화에서 나온 홍익인간이 교육이념으로 채택된 것은 당시 교육의 복잡한 양상을 보여준다.

국사 교과서의 저자들은 자신의 연구나 자기가 지지하는 학설을 여과 없이 교과서에 싣기도 했다. '1950~60년대 중학교 국사 교과서의 학설 문제'에 보이는 고대사 서술의 차이는 그 산물이었다. 더구나 사회와 학계의 이러한 상황을 정치적으로 이용하려는 움직임이 이미 나타났다. 이승만 정부가 통치이데올로기로 내세운 일민주의가 그것이었다. 1960년대 후반에 이르러서야 해방 이후 새로운 한국사 연구성과들이 교과서에 실리기 시작했다. 이는 한국사교육이 자리를 잡아가기 시작하였음을 보여주는 신호였다.

2부의 8개 이야기는 1960년대 후반부터 1990년대 중반까지 역사교육과 한국 사회의 모습이다. 역사교육을 바라보는 서로 다른 시선을 보여준다.

1970년대 들어 국사교육은 박정희 정부의 정책에 따라 강화되었다.

사회과에 속해 있던 국사가 독립교과가 되고, 대학예비고사에서 배점이 크게 늘어났다. 공무원 시험을 비롯한 각종 시험에서도 국사는 필수과목이 되었다. 이러한 정책은 학교 교육에서 국사과목의 지위를 확고히 하였다. 그러나 박정희 정부의 국사교육 강화정책에는 국사를 국정에 이용하려는 의도가 깔려 있었다. 국민교육헌장의 반포부터 국난극복의 정신과 전통윤리를 강조하는 데 이르기까지 박정희 정부의 교육정책은 역사교육에 커다란 영향을 미쳤다. 국사는 국민윤리와 함께 국민에게 국가주의 정신자세를 심으려는 정신교육에 이용되었다. 박정희정부는 국난극복사관을 내세우고 유교의 전통윤리를 국민이 가져야 할정신자세로 강조했다. 이전까지 검정으로 발행되던 국사 교과서는 국정도서로 바뀌었다. 국사교육은 정부의 통치이념을 대중에게 전달하는통로였으며, 국정 국사 교과서의 내용은 이를 반영하였다.

1980년대 중반 사회민주화가 진전되면서, 이와 같은 역사교육과 국정 국사 교과서는 거센 비판에 직면했다. 과학적·실천적 역사학을 내세운 역사학자들은 국사 교과서의 내용과 역사인식을 본격적으로 검토하였다. 그리고 국정 국사 교과서가 전근대사에서 지배층 위주로 서술되어 있으며, 근현대사의 경우는 정부의 홍보 역할을 하거나 지나친 반공이데올로기에서 벗어나지 못하고 있다고 비판의 목소리를 높였다. 이들은 민중 중심의 역사 서술을 주창하였으며, 남북 분단과 이념 대립으로 소홀하던 근현대사의 여러 측면들을 연구하였다. 1980년대 후반에출범한 역사교사모임도 정부의 정책이나 역사관을 일방적으로 전달하는 역사교육에 반대하면서 자주적이고 민주적인 역사교육에 앞장서겠다고 선언했다. 역사교사모임은 이러한 역사교육을 '살아 있는 삶을 위한 역사교육'이라고 하면서, 역사교육운동으로 확산해갔다. 1990년대 들어 국사 교과서는 역사학과 역사교육계의 이런 주장을 일부 받아들여 내용을 개정하였다. 그러나 부분적이고 단편적인 수정으로, 기존의 내용기조를 그대로 유지하였으며, 국정도서가 가지는 한계는 여전하였다. 그렇지만 보수 세력이 볼 때는 이러한 변화조차 위험하였다. 그리하여 역사학과 역사교육계의 움직임을 경계하면서, 그 주장이 학교 역사교육에 반영되는 것을 차단하려고 하였다. 이들은 역사인식의 차이, 특히 근현대사 서술을 이념논쟁으로 몰고 갔다. 1994년의 국사 교과서 준거안 파동은 그 산물이었다.

국사 교과서가 국정화되면서 교과서가 학교 역사교육에서 차지하는 비중은 더 높아졌다. 자연히 이해관계나 관점을 달리하는 집단의 국사 교과서에 대한 관심이 이전보다 훨씬 커졌다. 흔히 '재야사학자'로 일컬어지는 일부 학자들은 국사 교과서의 상고사가 축소·왜곡되었다고 주장하면서 교과서 내용의 개정을 요구하였다. 이들의 주장은 1970년대에도 있었으나, 1980년대 들어 정치권 일부와 언론까지 가세하면서 힘을 더했다. 결국 당시 문교부는 국사교육심의회를 구성하고 준거안을 만들어 고대사 서술을 검토하고 교과서 내용을 일부 수정하였다. 그러나 자신들의 주장이 교과서에 반영되지 못하자, 이들은 이후에도 같은 주장을 계속하고 있다.

1990년대에 접어들어 역사교육에 대한 관심이 더 높아지고 연구가 진전되면서, 이를 둘러싼 논의의 소재가 다양해졌다. 3부의 7가지 이야기는 1990년대 중반 이후 역사교육의 다양한 문제들을 서술하고 있다.

다양한 역사교육의 문제들 중 가장 두드러지게 눈에 띄는 것은 역사
인식을 둘러싼 갈등과 대립이다. 《한국근·현대사》 교과서 파동으로 대
표되는 근현대사 인식을 둘러싼 국내의 논쟁에, 일본 우익교과서의 역
사왜곡과 중국의 동북공정으로 한국이나 중국을 비롯한 동아시아 국가
들과 일본, 한국과 중국 사이의 역사분쟁이 더해졌다. 이들 국내외의 역
사분쟁은 마무리되지 못한 채 현재까지 계속되고 있다. 그렇지만 이 밖
에도 포스트모던 역사학과 민족주의 역사학·역사교육 논쟁, 유럽 중심
세계사교육 비판 등은 역사교육에 관심을 가지는 계층이 확산되고 관
심 문제들이 다양해졌음을 보여준다.

이러한 관심의 확대와 별개로, 1990년대 이후 학교 역사교육은 점차
위기를 맞이하는 느낌이다. 교육과정이나 실제 수업에서 역사의 비중

이 줄어들고, 학생들에게도 외면을 받고 있다. 역사교육이 약화된 중요한 이유 중 하나로 사회과 통합의 확대가 지적된다. 역사와 사회과는 늘 갈등관계였지만, 1990년대 들어 대립의 골은 깊어졌다. 국사를 사회과에 통합하고, 고등학교 국사를 선택과목으로 바꾼다는 제6차 교육과정 시안은 그 결정적 계기였다. 확정된 교육과정에서는 국사를 필수과목으로 유지하는 대신, 국사과를 없애서 사회과에 통합하는 일종의 절충으로 마무리되었지만, 갈등은 이후에도 계속되고 있다.

이 책에서 다루는 23개 역사교육 이야기는 대체로 한국현대사의 시기순으로 배열되어 있으며, 정치·사회적 상황을 바탕으로 한다. 따라서 책의 내용을 읽다 보면 한국현대사의 흐름을 따라가게 된다. 그러나 다른 한편으로 각각의 항목은 독립적인 성격도 가지고 있다. 사건의 전개 과정이나 당시 상황뿐 아니라 뒷날의 이야기를 담거나 저자의 개인적 경험이나 감상을 곁들인 경우도 있다. 따라서 엄밀하게 시간순으로 구성되어 있는 것은 아니며, '한국현대 역사교육사'와 같은 통사체제도 아니다. 그런 점에서 차례대로 읽는 편이 편하기는 하겠지만, 어떤 항목을 먼저 읽더라도 내용을 이해하는 데는 큰 지장이 없을 것이다. 다만 한국현대사 속에서 역사교육을 보는 것이므로, 어쩌면 한국현대사의 기본 지식이 필요할지도 모르겠다. 설사 그렇지 못하더라도 그저 "아! 이런 일들이 있었구나!" 하고 느끼면서, 역사교육에 조그마한 관심이라도 높일 수 있다면, 책을 쓴 이로서 그저 감사할 따름이다.

•3부• 1990년대 중반 이후 현재까지

1부

해방 전후부터 1960년대까지

1945년 8월 15일 해방은 일본의 식민지였던 한국의 해방이요, 한민족의 해방이었지만, 역사교육의 해방이기도 했다. 일제의 식민지 역사교육을 털어내고 독립된 국가에 걸맞은 새로운 역사교육의 기틀을 세워야 했다. 그중에서도 일제 말 중단된 한국사 교육을 재건하는 것이 당면한 과제였다.

해방이 되자 다수의 한국사 개설서와 초등과 중등용 임시 국사 교과서가 간행되었다. 미군정과 결합한 교육주도세력은 미국식 민주주의 정신에 입각한 역사교육을 모색한 반면, 민족주의자들은 민족정신에 입각한 국사교육을 주장했다. 결국 사회과가 도입되고 홍익인간이 교육이념으로 채택되었다. 그러나 민족주의자들이 내세운 민주적 민족교육은 일민주의라는 이름으로 이승만정부의 통치이데올로기로 이용되기도 했다.

국사교육이 자리를 잡기 위해서는 한국사 연구가 뒷받침되어야 했다. 해방 이후 상당 기간 동안 국사 교과서의 많은 내용은 식민사학의 논리에서 벗어나지 못했다. 1950년대에는 학설상의 차이로 같은 고대사의 같은 사실을 놓고 교과서들마다 서술이 달라서 혼란을 겪기도 했다. 이러한 문제들을 극복하고, 국사교육이 본궤도에 오른 것은 1960년대 후반이었다. 식민사학의 타율성론과 정체성론에서 벗어나 민족사관에 입각한 한국사 연구성과가 축적되어 교과서에 반영되기 시작한 것이다. 국사학자들도 중·고등학교 국사교육에 관심을 가지고, 교과서 서술 체계를 마련하는 데 참여했다.

황국신민을 기르는 교육

국민학교와 국민과

　가장 널리 사용되는 워드프로그램인 흔글에서 '국민학교'라는 단어를 입력하고 스페이스나 엔터 키를 치면 '초등학교'로 바뀐다. '빠른 교정' 기능 때문이다. '국민학교'는 띄어쓰기가 잘못되거나 오탈자가 아닌데도 잘못된 단어로 간주된다. '국민학교'라는 명칭이 사라진 지 15년 이상 지났지만, 아직도 그 말을 그대로 쓰는 사람이 많다는 것을 아는 프로그램 제작자가 친절하게 포함시켰을 것이다. 하긴 50대 이상의 사람들에게는 여전히 '초등학교'보다 '국민학교'라는 말이 더 익숙할지도 모른다. 그렇지만 글에 '국민학교'라는 말을 써야 하는 나 같은 사람에게는 오히려 불편하다. 그래서 버전이 업그레이드 된 흔글 프로그램을 깐 다음에는 으레 '빠른 교정'의 대상 항목에서 이 단어를 지우곤 한다.

'국민학교'에서 '초등학교'로

1894년 갑오개혁으로 근대 교육이 시작된 직후 초등교육을 담당하는 학교 이름은 소학교였다. 그러다가 을사조약으로 일본의 내정간섭이 본격화한 1906년에 소학교의 이름이 보통학교로 바뀌었다. 이 이름에는 한국인들은 이 정도의 교육만 받아도 보통 수준은 된다는 의미가 깔려 있었다. 일본의 식민통치가 시작된 뒤에도 보통학교라는 이름은 그대로 유지되었다. 이에 반해 일본인들이 다니는 학교의 명칭은 소학교였다. 한국인에게는 보통 수준이지만, 일본인에게는 낮은 수준의 교육인 셈이다. 그러다가 1938년에 조선인과 일본인을 똑같이 대한다는 명분을 내세워, 보통학교와 소학교라는 명칭을 소학교로 통일했다. 한국인으로 하여금 이제는 '일본 국민'이라는 인식을 가지게 하여, 천황에 복종하고 침략전쟁에 동원하려는 의도였다.

이에 앞서 일본은 1937년에 중국 대륙을 장악하기 위해 중일전쟁을 일으켰다. 일본군은 중국을 쉽게 굴복시킬 수 있을 것으로 생각했다. 그러나 중국의 완강한 저항으로 뜻과 같이 되지 않았다. 일본은 중국의 주요 도시와 도로를 점령하고 국민당 정부에게 항복을 요구하였지만, 토벌 대상이던 공산당과 국공합작을 맺은 국민당 정부는 내륙으로 근거지를 옮기면서 저항을 계속하였다. 중국 공산당도 만주에서 유격대를 결성하여 일본군을 괴롭혔으며, 화북에서는 팔로군(八路軍), 강남에서는 신사군(新四軍)을 조직하여 일본군과 전투를 계속하였다.

전쟁이 길어지면서 일본군은 점차 병력과 물자가 부족하게 되었다. 중국에서 결정적 승리를 거두지 못한 채 전쟁이 교착 상태에 빠지자, 일본군은 남방으로 전선을 확대하려 했다. 중일전쟁을 끝내지 못하는 이유가 미국을 비롯한 연합국의 중국 지원과 일본에 대한 경제적 봉쇄 때문이라고 생각했기 때문이었다. 연합군의 중국 지원을 차단하는 것과 함께 아시아 남부에서 전쟁에 필요한 물자와 병력을 보충할 계획이었다. 중국에서 고전하고 있던 육군이 남방으로 전선을 확대하는 것을 주저한 반면, 육군과 경쟁관계에 있던 해군은 확전을 주장하였다. 바야흐로 일본과 미국 사이에 일촉즉발의 전쟁 위기감이 싹텄다. 일본은 미국과의 전쟁을 피하고 평화적인 관계를 유지한다고 회담을 하였지만, 이는 명분 쌓기에 지나지 않았다.

이러한 일련의 과정을 통해 일본은 전시총동원체제를 갖추어갔다. 1938년에 일본은 국가총동원법을 제정하였다. 전쟁에 필요한 모든 것을 동원하기 위한 것이었다. 전쟁을 하는 데는 사람도 필요하고, 물자도 필요했다. 동원 대상 지역도 가리지 않았다. 일본 본토는 물론이고 식민지인 조선이나 타이완도 예외가 될 수 없었다. 식민지 조선에서도 병력을 보충하기 위해 지원병제도를 거쳐서 징병제도를 실시하였다. 그래도 노동력이 모자라자 징용제도를 시행했으며, 여자정신근로보국대는 현재까지도 해결되지 않은 일본군 '위안부' 문제를 낳았다.

전시총동원체제는 인력과 물자를 동원하는 데 그치지 않았다. 모든 국민에게 전쟁에 이겨야 한다는 정신자세를 강요하였다. 국체명징(國體明徵)·내선일체(內鮮一體)·인고단련(忍苦鍛鍊)이 교육 강령으로 제시되고, 학교 교육도 이에 맞춰 개편되었다. 1941년에는 일본과 식민지 조선, 타이완에서 동시에 '국민학교령'이 공포되었다. 국민학교령으로 소학교가 국민학교로 바뀌고, 종래의 12개 과목이 4개(국민과, 이수과, 체련과, 예능과)로 통합되었다. 국민과는 이러한 학교교육 개편의 핵심이었다. 국민과는 수신(修身)을 중심으로 국어(일본어), 역사, 지리 등을 묶은 교과였다. 국민학교에서 조선어가 폐지되었으며, 한국사와 한국지리도 일절 가르치지 않게 되었다. 1943년에는 조선교육령이 개정되어 중학

해방 직후 '국민학교'라는 현판이 붙어 있는 학교 교문으로 학생들이 등교하는 모습 ⓒ 이경모

교와 고등여학교에도 국민과가 생겼다.

국민학교와 국민과는 '황국신민교육(皇國臣民敎育)'의 상징처럼 여겨졌다. 그래서 전후 일본에서는 곧바로 국민과가 폐지되고 국민학교의 명칭이 이전의 소학교로 돌아갔다. 그렇지만 한국에서는 국민학교라는 이름이 계속 사용되었다. 종종 국민학교가 황국신민을 길러내는 학교라는 의미이므로 이름을 바꾸어야 한다는 주장이 나왔지만, 받아들여지지 않았다. '국민'이라는 말 자체가 나쁜 의미가 아니며, '국민학교'를 다른 이름으로 바꿀 경우 혼란을 불러일으키는 등 사회적 비용이 적지 않을 것이라는 반론 때문이었다.

그러다가 1990년대 들어서 국민학교 명칭 바꾸기 운동이 본격화되었다. 1995년에 김영삼 정부는 과거사 청산 작업을 하였다. 이 사업의 핵심은 제5, 제6공화국 청산과 일본의 식민지배 청산이었다. 전두환, 노태우 두 전직 대통령이 쿠데타 혐의로 체포되어 재판에 회부되었다. 일본의 식민통치를 청산하는 작업의 일환으로 조선총독부 청사였던 당시 국립중앙박물관 건물을 폭파하여 해체하였다. 그중에서 건물 상층부의 돔 부분은 분리하여 천안에 있는 독립기념관 야외전시장에 전시하였다.

아울러 국민학교 명칭의 변경도 식민지 잔재 청산의 일환이었다. 국민학교 명칭을 무엇이라고 바꿀 것인지 여론조사가 이루어졌다. 초등학교, 소학교, 보통학교 등의 의견이 나왔다. 초등학교는 국민학교 교육을 '초등교육'이라는 불렀으므로 사람들에게 익숙하였다. 그렇지만 영어의 초등학교에 해당하는 'elementary school'의 번역어라는 느낌을 주었다. 근대 교육을 시작하면서 사용한 소학교로 하자고 주장하는 사람도 있었다. 소학교라는 명칭은 일본의 초등학교 이름이 '소학교'라는 것이 걸림돌이 되었다. 구태여 일본 학교 이름을 따라갈 이유가 있느냐는 반대의견이 나왔다. 대한제국 때부터 일제 강점 전반기에 사용되던 보통학교를 주장하는 사람도 있었으나 소수였다. 결국 여론조사를 거쳐 '초등학교'라는 이름을 사용하게 되었다. 1996년 3월부터 '국민학교'는 '초등학교'로 이름이 바뀌었다. 전국적으로 국민학교라는 명칭을 초등학교로 바꾸는 데 어느 정도의 비용이 들었는지는 잘 모르겠지만, 일부에서 우려한 혼란은 일어나지 않았으며, 바뀐 이름은 사회에서 쉽게 정착되어갔다.

'국민'은 황국신민이다

국민학교와 국민과 교육은 1938년에 교육심의회에 의해 제기되었다. 교육심의회는 일본이 교육 쇄신을 내세우면서 1937년 12월에 일본 총리대신 직속 하에 둔 자문기구였다. 교육심의회는 전쟁을 뒷받침하기 위해 국가교육체제를 근본적으로 재편성할 목적으로 설립한 기구였다. 교육심의회는, 일본 정부에 '황국의 도(道)'를 교육의 기본정신으로 하며 총력전체제 아래에서 국가적 임무를 충실히 수행할 애국적 인재 양성을 교육의 주안점으로 삼을 것을 요청하였다. 또한 신체 단련, 단체 훈육과 훈련을 중심으로 하는 집단주의적 교육방법의 도입을 건의했다. 일본 정부가 이를 받아들여서 시행한 것이 국민학교 제도와 국민과였다.

어떠한 과정을 거쳐 '국민학교'라는 이름이 나오게 되었는지는 명확히 알려져 있지 않다. 원래는 천황의 병사를 만드는 학교라는 의미로 '황민학교'로 하려 했지만, 교문에 '황민학교'라는 문패를 달았을 때 '황(皇)' 자가 눈이나 비를 맞게 되어 천황에게 불경을 저지르게 되기 때문에 '국민학교'라는 이름을 쓰게 되었다는 주장도 있다. 이 문제를 깊이 연구하지 않은 나로서는 사실 여부를 확인할 만한 능력이 없다. 또한 이 주장이 사실이라 하더라도, 왜 '황민학교'가 아닌지는 알 수 있지만 '국민학교'라는 이름을 쓰게 된 이유를 설명해주지는 않는다. 다만 확실한 것은 국민학교의 '국민'이 '황국신민'의 의미라는 것이다. 국민학교령과 함께 제정된 〈국민학교규정〉에서는 국민학교 교육의 방향을 다음과 같이 제시함으로써 국민학교 교육의 목적이 황국신민화에 있음을 보여준다.

교육칙어의 취지에 기초하여 교육 전반에 걸쳐 황국의 도를 수련시키고, 특히 국체(國體)에 대한 신념을 공고하게 하여, 황국신민이라는 자각을 철저하

게 하는 데 힘을 써야 한다. 〈국민학교규정〉 제2조 1

  자연히 교육 내용도 여기에 초점을 맞추고 있다. 〈국민학교규정〉에 서는 위의 조항에 이어 "일시동인(一視同仁)의 성지(聖旨)를 몸으로 받들 어 충량한 황국신민의 자질을 익혀서 내선일체, 신애협력(信愛協力)의 미풍(美風)을 기르는 데 힘을 쏟아야 한다(〈국민학교규정〉 제2조 2)"라고 규정하였다.

  인용한 규정에 나오는 교육칙어는 1890년에 일본에서 메이지 천황 의 명의로 발표한 국가교육의 방향이다. 일본에서는 메이지 유신 이후 서구의 자유주의사상이 들어오고 자유민권운동이 일어났다. 교육에서 도 자유주의적, 지방분권적 경향이 강해지자, 메이지 정부는 간섭과 통 제를 강화하고 천황 중심의 국가주의 교육관을 대중에게 전파하고자 하였다. 교육칙어는 그러한 교육이념을 반영한 것이다.

  짐이 생각건대, 우리 황실의 선조들께서 매우 오래전에 나라를 세우시고, 덕 을 깊고 두텁게 베푸셨다. 짐의 신민들은 충과 효로서 모든 사람의 마음을 하 나로 하고 대대로 그 아름다움을 이루어야 한다. 이것이 우리의 국체를 명예 롭게 하는 것이며, 교육의 연원도 바로 여기에 있다.

  너희 신민들은…… 언제나 국헌을 존중하고 국법을 따라야 하며, 만약 나라 가 위급할 때는 스스로 몸을 바쳐서 천하에 유례가 없는 황국의 번영에 힘을 다해야 한다. 이렇게 할 때 너희는 짐의 충량한 신민이 될 수 있으며, 선조가 남기신 아름다운 전통을 밝히게 될 것이다.

  이러한 도리는 황실의 선조들께서 남기신 교훈이니, 자손과 신민이 모두 지켜야 할 바이며, 옛날이나 지금이나 변함이 없이 나라 안팎을 가리지 않고 세상에 펼쳐 어긋남이 없게 해야 한다. 짐은 그대들 신민과 함께 이를 마음에 새기고 지켜나가며, 모두 하나가 되어 그 덕의 길을 밟아나가기를 바라노라.

교육칙어는 충(忠)과 효(孝)라는 유교이념을 빌려 천황을 숭배하고, 천황 중심의 통치체제를 강화하려는 데 목적이 있었다. 국가를 하나의 가정으로, 천황과 국민을 부모와 자식의 관계로 여긴다. 국가와 황실에 충성하는 국민정신을 가져야 한다는 것이 교육칙어의 이념이었다.

이후 교육칙어는 일본뿐 아니라 식민지 조선에서도 교육의 기본이념이 되었다. 대한제국을 강제 병합하여 식민지로 만든 일본이 우선적으로 한 일은 교육칙어를 한국어로 번역하여 학교에 보급하는 것이었다.

漢 朝鮮譯
教育勅語
朝鮮總督府

한글과 한문으로 번역된《교육칙어》

1930년대 후반에 일본의 침략전쟁이 확대되면서 사회는 급격히 전시체제가 되고, 황국 신민화 교육이 강화되었다. 아울러 교육칙어의 정신도 한층 강조되었다. 일본은 1940년에 교육칙어 반포 50주년 행사를 대대적으로 열기도 했다. 국민학교령에서 말하는 '국민'은 교육칙어를 통해 길러내고자 한 '신민'에 다름 아니었다. 다만 교

교육칙어 반포 50주년 기념우표

육칙어 당시보다 더 노골적이고 적극적으로 황국신민을 기르는 것이
교육의 본령이자 목적이라고 부르짖었던 것이다.

국민학교 교육의 이러한 의도는 '국민'을 기르는 핵심 교과였던 국민
과의 교과목표에서도 잘 드러난다. 〈국민학교규정〉에서는 '국민과'의
성격을 다음과 같이 설명한다.

국민과는 우리나라의 도덕, 언어, 역사, 국토, 국세(國勢) 등을 익히고, 특히
국체의 정화(精華)를 밝혀 국민정신을 함양하고 황국의 사명을 자각시켜 충군
애국의 지조를 기르는 것을 요지로 한다.

우리나라의 역사, 국토가 우수한 국민성을 육성하는 까닭을 알게 하고, 이와
함께 우리 문화의 특질을 밝히고 그 창조, 발달에 힘쓰는 정신을 기른다.

〈국민학교규정〉 제3조

천황에게 충성하고 일본을 사랑하는 정신을 기르는 것이 국민과의

목적이었던 것이다. 이러한 국민과의 성격을 가장 잘 보여주는 것이 '수신' 과목이었다. 식민지 조선에서 사용되는 수신 교과서의 내용은, 극히 일부만 제외하고 일본의 수신 교과서와 같았다. 수신 교과서에는 일본을 신의 나라로 미화하고 천황을 신으로 떠받드는 내용이 곳곳에 포함되어 있었다. 일본은 아마테라스 오미카미(天照大神)의 핏줄을 이은 천황이 다스리는 '신의 나라'이며, 처음부터 군(君)과 신(臣)의 신분이 나뉘어 있다고 강조하였다. 교과서 내용의 상당 부분이 전쟁에 자신의 몸을 바친 사람들의 이야기로 채워졌다. 특히 러일전쟁이나 태평양전쟁에서 전사한 일본군 이야기가 온 국민이 뒤따라야 할 영웅적 행동으로 추앙되었다.

국민과 국사교육

역사 교과서도 수신 교과서와 별로 다를 것이 없었다. 수신과 마찬가지로 국민과에 속하는 역사는 황국신민화 교육을 위한 주요 과목이었다. 국사는 국체명징과 내선일체를 역사적 사실로 증명하고 인고단련의 모습을 구체적으로 보여주었다. 국민학교규정에서는 국민과 국사의 목적에 대해 다음과 같이 규정하고 있다.

국민과 국사는 우리나라 역사에 대해서 그 대요(大要)를 깨닫게 하여, 국체가 존엄한 까닭을 마음속으로 알게 하고 황국의 역사적 사명을 자각시키는 것을 목적으로 한다. 〈국민학교규정〉 제6조

이처럼 국민과 국사의 목적은 앞에서 살펴본 국민학교나 국민과 교육의 목적과 동일하다. 국민학교령 이전의 1938년 조선교육령에서는 소학교 국사의 목적을 "국사는 일본 건국의 유래와 국운 진전의 대요를 가르쳐, 국체가 존엄한 까닭을 알게 하여 황국신민으로서 가져야 할 정신을 함양하는 것을 요지로 한다"라고 되어 있었다. 내용은 대체로 비슷하지만, 소학교령의 '황국신민으로서 가져야 할 정신'이라는 말이, 국민학교령에서는 '황국의 역사적 사명'으로 바뀌었음을 알 수 있다. 이는 국민학교령이 만들어질 당시 중일전쟁이 한창이었고, 태평양 방면에서도 미국, 영국 등과 전운이 깃들던 상황을 의식한 것이라고 생각된다.

1943년의 조선교육령 개정으로 만들어진 중학교 '국민과 역사' 과목의 목표도 마찬가지였다. "국민과 역사는 중외(中外)의 역사를 습득시키고 국체의 정화와 동아 및 세계의 추이를 밝히고, 국민정신을 함양하여 황국의 역사적 사명을 자각시키고 실천에 기여하게 한다. 국민과 역사는 동아 및 세계의 변천과 황국 진전의 대세에 대해 가르친다"라는 것이었다.

국사 교과서는 이러한 목적을 달성하는 데 충실하게 구성되었다. 일본의 황실과 대외전쟁을 비중 있게 다루면서 천황을 현신(現神)으로 미화하고, 식민지 지배와 침략전쟁을 합리화하였다. 일본이 고대부터 한국을 지배하였다고 함으로써, 한국의 강제 병합을 과거 역사를 복원한 것으로 강변하였다. 일본이 러시아를 물리치고 동아시아에서 주도권을 장악한 러일전쟁은 교과서 총 288쪽 중 무려 20쪽에 걸쳐 자세히 서술되었다. 일본 우익이 지금도 러일전쟁을 세계 최대의 육군 대국인 러시아를 물리쳐 일본과 동아시아를 위기에서 구하고 유럽의 침략에 시달리던 아시아인들에게 희망을 불어넣었다고 자랑스럽게 평가하는 것과 궤를 같이한다. 또한 중일전쟁과 태평양전쟁은 대동아공영권의 건설을 위한 것이며, 거슬러 올라가면 국초(國初) 이래 계속 내려온 정신인 팔굉일우(八紘一宇)의 실천이라고 하였다. 팔굉일우는 '온 천하가 하나의 집'이라는 뜻으로, 천황의 통치 아래 일본을 중심으로 아시아인이 하나가 되어 세계를 통일하자는 대동아전쟁론의 논리였다. 또한 내선일체 교육을 강화하여 한국과 한국인이 일본의 강압에 의해서가 아니라 자발적으로 복종한 것처럼 선전하였다.

특히 전쟁에 나가서 죽은 군인들을 영웅으로 묘사하여 전쟁과 천황을 위한 죽음을 미화함으로써, 전쟁 참여 의지를 높이고 전의를 불태웠다. 일본이 가장 자랑스러워하는 전쟁인 러일전쟁에서 용감히 싸운 모습을 서술함으로써 애국심을 고취시키고자 하였다. 다음은 러일전쟁에서 일본의 승리를 결정적으로 만든 동해해전을 묘사한 내용이다.

오전 5시 5분, 적함을 발견했다는 보고를 받은 도고(東郷) 사령장관은 즉시 전 함대 40척의 출동을 명하는 것과 동시에, 대본영에 타전하여 적함을 격멸하겠다고 맹세하였습니다. 생각 끝에 오키시마(沖島) 부근을 결전의 장소로 정하고, 오전 6시 30분 기함 미카사(三笠) 이하의 주력 함대를 이끌고 기지를 출발했습니다.

오후 1시 39분, 우리 함대의 좌현 부근에 적 함대가 모습을 보이기 시작했습니다. 적의 전함, 순양함 이하 함정 38척은 사령장관 로제스트 벤스키의 지휘를 받으며 당당히 진격해왔습니다.

이윽고 우리 기함 미카사의 돛대 꼭대기 높이 전투기(戰鬪旗)와 긴급신호기가 펼쳐졌습니다. "황국의 흥폐가 이 일전에 달려 있다. 모든 장병은 한층 더 힘을 다해 싸워라." 전 함대의 장병은 감격에 겨워서 소리조차 내지 않았습니다. 《초등국사》제6학년용, 조선총독부, 1944, 211~212쪽

일본 연합함대를 이끌고 러시아의 발틱 함대를 격파한 도고 헤이하치로(東鄕平八郞)는 일본의 전쟁영웅이다. 국사 교과서는 이처럼 동해해전을 생생하게 묘사함으로써, 제국주의 전쟁을 합리화하고, 전쟁에 참여하여 용감히 싸우는 것을 국민으로서 가져야 할 자세로 강조하였다. 동해해전 외에도 러일전쟁의 다른 해전이나, 봉천전투를 비롯하여 만주에서 육군이 벌인 전투도 자세히 소개하였다.

당시 진행 중이던 태평양전쟁이 일어나게 된 과정과 전황도 국사 교과서에 구체적으로 서술되어 있다. 일본은, 미국과 전쟁을 피하기 위해 끝까지 은인자중하였지만 미국의 강경 대응으로 동아시아의 안정과 세계 평화를 바라는 마음으로 어쩔 수 없이 전쟁을 하게 되었다고 선제공격을 합리화하였다. 태평양전쟁의 시작인 일본의 진주만 공격을 국사 교과서는 다음과 같이 생생하게 전한다.

8일 아직 날이 밝기 전 일찍, 우리 해군 항공부대와 특별공격대는 하늘과 바다에서 하와이로 다가가서 진주만을 공격했습니다. 진주만은 오랫동안에 걸쳐 적국인 미국이 우리나라를 공격하려는 기지로 굳게 다져놓은 해군항입니다. 우리 군의 기습이 훌륭하게 성공을 해서 적의 태평양 함대는 그 주력이 거의 전멸을 당했습니다.

이 해전에서 적의 군항 깊이 잠입한 특별공격대는 전원 20대의 청년 용사들

1940년대 일본 《중등국사》(저학년용)에 실린, 낙하산 부대와 무사 낙하를 기원하는 군인의 모습

이었습니다. 모두 칠생보국(七生報國)의 맹세를 굳게 하고 전쟁을 끝낼 날을 목표로, 생사를 잊고 훈련을 해온 것입니다.

"천황 폐하를 위해 아무런 아낄 것이 없는 젊은 사쿠라, 산화하여 보람 있는 목숨이라면, 몸은 설령 이역의 바다에 흩어진다 해도, 지키고야 말리라, 야마토 황국(大和皇國)을!"

용사들은 모두 이와 같은 용감한 각오로 임무에 종사하여, 훌륭한 공훈을 세우고 이역의 바다에 산화하였습니다.

《초등국사》 제6학년용, 조선총독부, 1944, 272~273쪽

여기에 이르면 역사 교과서인지 군대의 정훈교재인지 구분하기 어려울 정도이다. 국사 교과서에는 전쟁에서 용감히 싸운 군인들의 모습도 나온다. 이미 전세가 확연히 기울어졌더라도, 항복을 하는 것보다는 끝까지 싸우다 옥쇄(玉碎)하는 것을 황국의 군인, 신민으로 가져야 할 정신자세로 미화한다. 그리고 이를 국민들의 결전 의지를 다지는 사례로 이용했다.

2월 초 마셜 제도의 우리 육군 수비부대 6천5백은 많은 수의 적을 맞이하여 싸운 지 7일, 유감스럽게도 연락을 끊고 온 힘을 다해 콰절린, 워토 두 섬에 애국의 뜨거운 피를 쏟고서 옥쇄를 했습니다. 황국 영토의 일각은 필사적인 방어에도 보람 없이 이적(夷狄)의 발아래 짓밟혔습니다.

계속된 황군 정예 병사들의 옥쇄에 1억 국민의 가슴은 바늘에 찔린 것처럼 아팠습니다. 오늘로서 신국(神國)의 긍지를 깨는 것은 선조들에게 면목이 서지 않습니다. 눈물을 머금고 마셜 제도의 하늘을 노려보며 원구(元寇)*들의 옛일을 떠올리고, 적국이 항복하는 날이 멀지 않았다고 다짐했습니다. 《초등국사》 제

6학년용, 조선총독부, 1944, 284~285쪽

이와 같이 전쟁에서 용감히 싸우다 죽은 군인들을 군신(軍神)으로 추앙하거나 전쟁의 전개 상황을 서술하는 것은, 수신이나 국어 교과서도 마찬가지였다. 이 시기 국민과에 속해 있던 수신, 국어, 역사, 지리 등의 과목들에서 추구한 교육 목적은 모두 황국신민으로 일본을 위해 전쟁에 나가 목숨을 바치는 정신을 가지게 하는 데 있었던 것이다.

'국민' 육성을 위한 교육

지배층이나 상류층만이 아니라 대중을 대상으로 하며 지·덕·체의 전인교육을 추구한다는 점에서 근대 교육은 전근대 교육과 구분된다. 그렇

---

* 고려와의 전쟁을 끝내고 13세기 후반 두 차례에 걸쳐 일본에 원정한 원나라 군대를 가리키는 말. 일본군의 거센 저항과 태풍으로 원나라 군대는 일본 원정에 실패했다. 일본은 이때의 태풍을 가미카제(神風)라고 부른다.

지만 근대 교육의 목적은 '국민'을 기르는 데도 있었다. '국민'은 사회생활에 필요한 지적·정서적 자질을 함양한 사회구성원이지만, 다른 한편으로 국가의 정책을 수행하는 자원이었다. 교육은 국민을 국가 아래 하나로 묶는 수단이었다. 그것이 근대 국민국가(nation state)가 대중교육에 힘을 쏟은 이유였다. 국민국가에서 '국민'은 국가에 충성을 다하려는 정신 자세와 국가의 정책을 뒷받침할 수 있는 능력을 가져야 했다.

그렇지만 실제 현실에서 국민이 충성을 해야 하는 국가는 권력을 행사하는 정부인 경우가 많았다. 일본의 교육칙어가 그러했고, 조선에서도 마찬가지였다. 흔히 한국의 근대 교육이 시작된 기점을 갑오개혁으로 삼는다. 갑오개혁이 시작된 다음 해인 1895년에 고종은 백성들에게 교육의 확대를 천명하는 조서를 내린다. 흔히 '교육조서' 또는 '교육입국조서'라고 불리는 조서이다.

> 너희들 신민의 조상들은 곧 나의 조종(祖宗)이 보육(保育)한 어진 신민이었고, 너희들 신민도 너희 조상의 충애(忠愛)를 잘 이었으니 곧 짐이 보육하는 어진 신민이로다……
>
> 짐이 정부에 명하여 학교를 널리 세우고 인재를 양성하라는 것은, 너희들 신민의 학식으로써 국가 중흥의 대공을 세우게 하려 하는 것이다. 너희들 신민은 충군하고 위국하는 마음으로 너희의 덕과 몸과 지(智)를 기를지어다. 왕실의 안전이 너희들 신민의 교육에 있고, 국가의 부강도 신민의 교육에 있도다.

《구한국관보》1895년 2월 2일

메이지 천황에게 일본 국민이 그러했듯이, 고종에게도 조선 국민은 신민이었다. 국민은 '국왕에 충성하고 나라를 위해 몸을 바친다는 마음'을 가져야 한다고 보았다. 그런 마음을 가지게 하는 것이 곧 교육의 목적이었다.

전시체제 아래의 일본이나 식민지 조선에서 국민이 충성해야 할 대상은 천황이었다. 천황은 국가의 상징을 넘어서 곧 국가 그 자체였다. 천황은 신이며, 신의 나라 일본의 통치자였다. 국민은 그런 천황에게 충성을 다하는 '황국신민'이었다. 국민학교는 교육의 목적이 황국신민을 길러내는 데 있음을 공개적으로 천명하는 것이었으며, 국민과는 이를 대변하는 교과였다.

'국민'이라는 말에 애착을 가지는 이유

그런데도 왜 우리는 '국민학교'라는 이름을 버리는 데 주저했을까? 2012년에는 국회의원 총선거와 대통령 선거가 있었다. 선거 때마다 가장 많이 들을 수 있는 말이 '국민'이다. 선거에 출마한 사람들은 "국민을 받들겠다", "국민과 소통하겠다", "국민을 무서워하겠다" 같은 말을 쏟아낸다. 여기에서 '국민'은 국가, 즉 권력자에게 충성하는 신민이 아니라, 국가, 즉 권력자가 받들어야 하는 존재이다. 역사에서 국민은 실제로 그런 존재가 아니었지만, 권력을 가지고 싶어 하는 사람들은 그렇게 가장했다. 실제로는 '국가(권력)에 충성하는 국민'으로 길러내기를 원하지만 겉으로는 '권력자가 봉사를 하겠다는 국민'으로 포장하였다. 이 때문에 '국민'이라는 말은 좋은 의미로 대중에게 다가왔다.

그렇지만 '국민'이라는 말에 애착을 가졌던 이유가 이 때문만은 아닌 듯하다. 한영사전에서 '국민'이라는 말을 쳐보면 'nation'과 'people'이 함께 나온다. 반대로 영한사전에서 'people'의 의미는 '사람들'이며, 이 두 단어를 합한 'nation people'이 '국민'이라고 되어 있다. 민주주의를 잘 표현한 말로 링컨의 게티즈버그 연설을 든다. 이 연설 내용의 "of the people, by the people, for the people!"은 '인민의, 인민에 의한, 인민을 위한'이라는 뜻이며, 학교에서도 그렇게 가르쳤다. 그러던 것이 언젠가부터 '국민의, 국민에 의한, 국민을 위한'으로 변하였다. 'people'이 '인민', 즉 사람들이 아니라 '국민'이 된 것이다. '인민'이라는 말이 공산주의자들이 주로 사용하기 때문에 바뀌었음은 잘 알려진 사실이다. 둘 다 역사성을 가진 용어이기는 하지만 '해방'이라고 쓰던 것이 '광복'으로 바뀐 것도 같은 맥락이다. 그리하여 '국민'은 '인민' 대신 사람들을 가리키는 말로 사용되었다. 시간이 지날수록, 반공교육이 강화될수록 사람들의 마음속에 '인민'은 나쁜 의미로, '국민'은 좋은 의미로 자리를 잡았다. '국민학교'도 거부감이 들지 않는 명칭이 되었다. 원래의 '국민학교'와 거기에서 '국민'이 가지는 역사적 의미는 망각되었다. 그렇지만 지금도 '국민'을 입으로 되뇌는 권력자들의 마음속에는 '국민학교'의 '국민'을 원하고 있지 않을까?

역사교육도 마찬가지이다. 주변 나라들과의 갈등을 전쟁으로 해결하고, 비록 '적의 침공을 당하면'이라는 조건이 붙기는 하지만 전쟁에서 자신의 목숨이 다할 때까지 용감히 싸우다 죽는 것을 미덕으로 묘사한다. 시기와 장소, 그리고 정도의 차이가 있지만, 일제 말 국민학교 교육의 모습은 해방 후 오랜 시간 동안 우리 교육에도 비슷하게 되풀이되었다. 당시 국민학교에서 길러내고자 한 인간상은 여전히 학교 교육과 사회에서 모범이었다. 역사교육도 여기에 한몫을 했다. 앞으로 살펴볼 역사교육의 여러 문제들이 이를 보여준다. 이제 그런 인간을 기르는 도구로 사용된 역사교육은 그쳐야 한다. 그것이 해방 이후 역사교육의 모습을 찾는 이 책에서 첫 번째 항목으로 구태여 해방 이전의 국민학교 교육을 다루는 이유이다.

해방 이후의 첫 국사 교과서

《초등국사》와 중등용 《국사교본》

KBS 제1TV의 장수 프로그램으로 일요일 오전에 방영되는 〈진품명품〉이 있다. 시청자가 아끼는 물건을 가지고 나오면 해당 분야의 전문가들이 어떤 물건인지 설명을 하고, 현재 가치가 어느 정도인지 감정해주는 프로그램이다. 이 프로그램에 나오는 물건은 도자기나 그림부터 서책, 민속품, 기념품에 이르기까지 매우 다양하다. 감정을 맡은 전문가들이 의뢰받은 물품의 의미나 용도, 감상 요령 등을 흥미 있게 알려주지만, 하이라이트는 역시 감정가를 맞추는 데 있다. '쇼 감정단'으로 출연한 연예인이나 유명인들이 예상 가격을 쓰면, 그중에서 전문가들이 감정한 가격에 가장 가까운 사람에게 인형을 준다. 정확하게 가격을 맞추면 인형을 두 개 준다. 그래서 프로그램이 끝날 때까지 가장 많이 인형을 획득한 사람은 도자기로 만든 장구를 우승 상품으로 받는다. 물건의 감정가가 전광판에 뜨는 순간, 시청자뿐 아니라 쇼 감정단 출연자들도 의뢰품의 가격이 어느 정도일까 하는 생각에 잠시 긴장한다. 예상보다 훨씬 높은 가격에 감탄을 하기도 하고, 기대한 것보다 낮은 가격이 나오면 의뢰인은 "값이 문제가 아니다"라고 하면서도 실망스런 표정을 감추지 못한다. 가끔은 모조품이라고 판명되어 가격조차 매기지 않는 경우도 있다.

이 프로그램에 가장 많이 출품되는 물건 중 하나가 책이다. 언젠가 《바둑이와 철수》라는 책이 나온 적이 있다. 초등학교 1학년용인 이 책은 미군정기에 제정된 교수요목에 따라 대한민국 정부 수립 후 처음 간행된 국어 교과서이다. 그래서 그 가치도 높이 평가받는다. 당시 이 책의 감정가격이 300만 원쯤 되었던 것 같다. 그렇다면 해방 이후 나온 최초의 역사 교과서가 이 프로그램에 나온다면 어느 정도의 가격으로 감정을 받을까?

시급하였던 해방 직후의 교과서

1945년 8월 15일, 일본이 연합군에 항복하자 많은 학교의 교육이 중단되었다. 교육행정이 제대로 이루어지지 않은 탓도 있지만, 일제의 전시교육과 황민화교육에 협력하던 학교장이나 일부 교사들이 학교를 버리고 도피한 것도 중요한 원인이었다. 1945년 9월 8일 인천에 상륙한 미군은 다음날인 9월 9일에 공식적으로 군정을 시작했다. 학교가 제대로 운영되지 않는 것을 본 미군정은 서둘러 학교 교육을 재개하고자 하였다. 9월 17일에 일반명령 4호를 내려 9월 24일을 기하여 모든 공립초등학교의 개교를 지시했으며, 9월 28일에는 각 도에 통첩하여 10월 1일부터 중등학교 이상 관공립학교의 교육을 다시 시작할 것을 지시했다. 미군정의 명령에 따라 교육 관계자들이 학교 교육을 정상화하는 데 나섰다. 미군정이 일제하에서 자신들이 했던 행위를 별로 문제삼지 않

먹칠을 한 일본의 교과서

을 것이라는 사실을 확인한 학교장과 교사들도 학교로 복귀함으로써 학교 교육이 정상화되었다.

그러나 수업을 하려고 해도 교과서가 문제였다. 일제 말 식민지 조선의 학교에서는 한국어를 일절 사용할 수 없었다. 한국어 교과서가 아예 없는 것은 물론이었다. 해방된 한국에서 일본어로 된 교과서를 사용할 수는 없는 일이었다. 더구나 교과서의 많은 부분이 일제의 침략전쟁을 찬양하거나 황국신민화를 위한 내용으로 구성되어 있었다. 국민과에 속해 있던 일본어, 수신, 역사, 지리 등의 과목이 특히 심했지만, 다른 과목의 내용 중 상당 부분도 마찬가지였다.

이런 문제는 전쟁에서 패한 일본에서도 일어났다. 일본에 군정을 실시하던 연합국 최고사령관 총사령부(GHQ, Great Headquater)는 그때까지 일본에서 시행되던 군국주의 교육을 민주주의 교육으로 전환하고자 하였다. 그러나 당장 사용할 수 있는 교과서는 군국주의 아래에서 발행된 것이었다. 그렇다고 며칠이나 몇 주 사이에 교과서를 새로 만들 수 있는 것도 아니었다. 어쩔 수 없이 종전의 교과서에서 문제가 있다고 생각되는 부분만 먹으로 칠해서 지워버린 채 그대로 사용했다. '먹칠 교과서'가 등장한 것이다. 그러나 내용 전반에 군국주의 이념이 담겨 있는 사회 교과서들은 '먹칠 교과서'로 수업하기에는 어려움이 많았으므로 서둘러 새로운 교과서를 만들어야 했다.

한글로 된 교과서가 없었던 한국에서는 수학이나 과학 같은 이과 과목들은 일제 말 교과서를 번역하거나 요약, 정리한 프린트물로 교과서를 대체하였다. 그렇지만 그렇게 할 수 없었던 국어나 사회 과목들은 새로운 교과서를 편찬하는 것 외에는 다른 방법이 없었다. 군정청 학무국에서 가장 먼저 편찬한 것은 국어 교과서였다. 《한글 첫걸음》, 초등용 《국어교본》1·2, 중등학교용 《국어교본》, 교사용 《국어교본》 등이 잇달아 편찬되었다. 앞서 언급한 《바둑이와 철수》는 이때 편찬된 교과서가 아니라 교수요목이 공포된 뒤 1948년에 교과서 발행제도에 의해 만들어졌다. 국어 교과서 다음으로 발행된 것이 국사 교과서였다. 당시 중학교(지금의 중·고등학교)에서는 매 학년, 국민학교는 5~6학년에 주당 2시간씩 역사가 배정되어 있었으므로, 국사 교재의 간행이 매우 시급한 실정이었다.

민족주의적 성향이 강했던 초등용 역사 교과서 《초등국사》

해방 이후 가장 처음 먼저 나온 역사 교과서는 《초등국사》였다. 이 책에는 저자가 명시되어 있지 않지만, 군정청 문교부 편수관이던 황의돈이 지은 것으로 알려져 있다. 황의돈은 일제하 휘문의숙, 보성고등보통학교, 중동학교 등에서 역사를 가르쳤으며, 《신편조선역사》(1923), 《중등조선역사》(1926) 등의 한국사 책을 쓴 인물이었다. 이 중에서 《신편조선역사》는 박해묵이 표절하여《반만년조선역사》(1923)라는 이름의 책으로 낼 만큼 내용이 체계적이었다. 황의돈은 법원에 이를 제소하여 한국에서 최초로 저작권을 인정받기도 하였다. 해방 직후에는《중등조선역사》를 '중등국사'라는 이름으로 다시 간행했으며, 미군정의 문교부 편수관이 되어 역사 교과서 편수업무를 맡기도 하는 등 한국사 연구와 국사교육에 힘썼다.

《초등국사》의 초고 내용이 언제 완성되었는지는 확실하지 않다. 미군정이 진단학회에 초등과 중등용 국사 교과서의 집필을 의뢰하여 진단학회에서 9월 21일에 국사 교과서 원고를 제출하였다거나, 군정청 학무국에서 10월 15일에 편집을 마쳤다고 말하기도 한다. 그러나 이 원고는 현재 확인할 수 없으며, 실제로 완성된 초고였는지도 명확하지 않다. 미군정은 1945년 10월에 학무국 편수과의 체제를 정비했으며, 이후 교과서 편수업무도 여기에서 담당하게 되었다. 학무국 편수과장은 잘 알려진 국어학자인 최현배이며, 역사 담당 편수관이 황의돈이었다.《초등국사》의 저자인 황의돈은 진단학회의 주류를 이루던 문헌고증사학자들과는 거리가 있는 인물로, 흔히 문화사학자로 분류된다. 그렇다고 진단학회 회원들이 문화사학을 배척한 것은 아니었으며, 더구나 해방 직후에는 진단학회에서도 친일파를 배제하고 민족사학을 추구해야 한다는 움직임이 일어나기도 했다. 황의돈도 진단학회 회원들과 학술적 교류를 하였다. 이런 당시의 상황을 고려해볼 때 어쩌면 진단학회에서 제출한 초고를 황의돈이 상당 부분 수정하여《초등국사》를 완성하였는지도 모를 일이다. 이 때문에 책에 저자를 명시하지 않았을 가능성도 있다.《초등국사》의 간행 경위를 살피는 일은 이즈음에서 그치고, 더

자세한 사정은 뒷날의 연구로 돌리기로 하자.

학무국 편수과는 초등용 국사 임시교재를 완성하여 1946년 1월에 각 도의 학무국에 등사본을 1~2권씩 보냈다. 그리하여 각 도나 지역에서 자체적으로 수요를 조사하여 책을 찍어서 사용하게 하였다. 예컨대 내가 가지고 있는 《초등국사》는 경상남도 밀양농잠학교에서 펴낸 것인데, 활자 인쇄가 아니라 등사를 한 것이다. 책의 이름도 '초등국사'가 아니라 '국사임시교재'라고 되어 있다. 책의 내용 중에 모스크바에서 열린 3개국 외무장관회의가 나오고, 이에 따라 미소공동위원회가 1946년 1월에 서울에서 열릴 것이라고 서술한 것에 비추어(미소공동위원회는 실제로는 3월에 열렸다), 1945년 12월 말에 쓴 것임을 알 수 있다. 이 책은 청룡미술사에서 인쇄했으며, 124부를 펴낸 것으로 되어 있다.

미군정은 1946년 6월에 《중등국사교본》과 함께 《초등국사》를 정식으로 발행하였다. 그렇지만 정식 발행된 《초등국사》는 임시교재와 거의 차이가 없다. 다만 책의 가장 마지막 부분에 있던 모스크바 3국 외무장관회의의 결정과 미소공동위원회 개최 예정 등의 내용이, 반공정신으로 독립국가를 이루자는 내용으로 교체되어 있다. 두 책의 내용을 비교해보면 다음과 같다.

정당과 신탁

이에 서울에서는 신정부 수립에 모든 힘을 쓰고 있는바, 많은 정당이 임립(林立)하게 되어 우리나라가 세계에서도 제일 이상적 나라이면서 민주복리(民主福利)를 도모한 국가를 만들고저 힘쓰고 있다. 그러든 중 4278년도 12월 모쓰크에서 열린 3상회의에서 우리나라를 5개년 신탁관리를 하겠다는 것은 깊뿌든 중 더욱이나 원통한 소리오나 이것은 삼국이 비준한 자격으로만 될 것이며 4279년 1월 서울서 38도선 문제로 미소회의가 열릴 것이다……. 밀양농잠학교 간행, 《국사임시교재》, 57쪽

우리의 장내

우리는 지나간 동안 잘못된 여러 가지를 뉘우치고 고치는 동시에 사리사욕을 버리고 협동봉공(協同奉公)의 정신으로 나가서 우리나라의 독립을 속히 일우게 하고 우리의 문화와 무력을 기르고 키워서 온 세계 문화선(文化線) 우에 솟아난 나라가 되고 온 인류의 행복스러운 살림에 도움이 되게 하기를 기약하고 나가야 할 것이다. 전라북도 간행, 《초등국사》 5~6학년용, 66쪽

좌우익의 대립이 심해지고 미군정의 반공정책이 본격화되던 1946년 상반기의 정치적 격변을 엿볼 수 있는 대목이다. 임시교재에 서술되어 있던 모스크바 3국 외무장관회의의 내용이 정식으로 간행된 교재에서는 삭제되었다. 그 대신 우리나라의 장래를 추상적으로 언급하는 것으로 대체되었다. 신탁통치 문제를 둘러싸고 심각한 사회갈등이 일어나고 모스크바 3국 외무장관회의의 결정사항을 실천에 옮기기 위해 미·소공동위원회가 열리고 있던 당시의 현실을 고려한 것이라고 생각된다. 어찌되었든 이 시기에도 벌써 역사 교과서가 정치적 영향을 강하게 받고 있었다는 것을 생각하면, 내용이야 어떠하든 간에 씁쓸한 느낌이 든다.

《초등국사》의 내용을 좀 더 살펴보기로 하자. 이 책은 별도의 장·절 구분 없이 15개의 주제를 시대별로 배열하고 있으며, 각 주제는 3~5개

밀양농잠학교에서 간행한 《국사 임시교재》(왼쪽)와 전라북도에서 간행한 《초등국사》

의 소주제나 역사적 사건으로 구성되어 있다. 15개 주제를 보면 다음과 같다.

1) 옛 조선과 단군왕검

2) 여러 나라의 버려짐

3) 상고의 문화

4) 삼국의 일어남

5) 고구려의 크고 억셈

6) 삼국의 문화

7) 발해(북조)의 일어남과 문화

8) 신라(남조)의 문화(1)

9) 신라(남조)의 문화(2)

10) 고려의 일어남

11) 고려의 문화

12) 세종대왕의 위업

13) 임진왜란과 이순신의 큰 공

14) 일본의 침략

15) 독립운동

《초등국사》는 본문으로만 구성되어 있으며, 삽화나 자료는 전혀 없다. 목차에서 보듯이, 고대사의 비중이 높은 반면에 근대사 내용은 빈약하다. 해방 직후에 나왔다는 시기 문제와 더불어 당시에 근대사 연구가 별로 이루어지지 않았기 때문일 것이다. 내용이 주로 정치적 변화와 문화로 구성된 것은 황의돈의 학문 경향과 당시의 한국사 연구 수준을 반영한다. 《초등국사》의 내용 구성에서 볼 수 있는 이러한 경향은 당시 다른 역사책에서도 찾아볼 수 있다.

《초등국사》의 가장 큰 특징은 강한 민족주의적 성향을 띠고 있다는 점이다. 단군을 한국사의 시조로 보고 있으며, 고구려·백제·신라 삼국 중에서 유독 고구려만 별도의 항목을 두어 서술하였다. 발해를 '북조', 신라를 '남조'라고 하여, 통일신라와 발해가 존재하던 시대를 '남북조'로 이해하였다. 고구려와 수·당의 전쟁, 고려의 거란·여진과의 전쟁, 임진왜란 당시 이순신의 활약 등 외국의 침략을 물리친 전쟁을 비중 있게 다루고 있다. 또한 상고부터 조선까지 각 시대의 문화를 서술하면서, 그 우수함을 강조하였다.

《초등국사》의 내용은 해방 직후 당시 한국 사회의 분위기를 반영하는 것이지만, 집필자인 황의돈 개인의 역사관에서 큰 영향을 받았을 것으로 짐작된다. 황의돈이 일제하에서 집필한 책들도 비슷한 경향을 보여주고 있기 때문이다. 보성고등보통학교 교사였던 황의돈은 1919년 '조선통사'라는 이름의 한국사 개설서를 집필하여 조선총독부 경무국에 출판 인가 신청을 하였다. 그러나 이 책은 내용 중의 일부가 적절하지 못하다는 이유로 출판 허가를 받지 못하였다. 한국사의 단군기원설이 들어가 있으며, 신공황후(神功皇后)의 남한 정벌을 인정하지 않는다는 등의 이유였다. 그러나 황의돈은 이에 반발하여 책의 내용을 등사하여 학생들에게 가르쳤다. 그러다가 1923년에 일부 내용을 수정하여 책의 출간을 허가받았는데, 그 책이 《신편조선역사》였다. 일제가 조선에서 한국어와 한국사 교육을 금하자, 황의돈은 교사를 그만두고 조선일보사에 입사하였다. 거기에서 황의돈은 향토문화조사사업을 벌이는 등 우리 역사와 언어를 연구하는 데 힘을 쏟기도 하였다.

특히 황의돈은 문화를 통해 우리 민족의 우수성을 과시하고자 하였다. 삼국 문화가 일본에 전해져, 일본의 문화 발달에 기여했음을 강조한다든지, 신라의 불국사와 석굴암, 고려자기와 인쇄술 같은 문화유산의 우수성을 높이 평가한 것에서 이를 찾아볼 수 있다. "석굴암에 새겨 있는 여러 부처님[佛像]은 다같이 온 세계를 통하여 드물게 보는 조각품이요, 그중에도 관세음상은 보는 사람마다 그 아름답고 사랑스러움을 찬탄치 않는 이가 없는 신품(神品)이다(《초등국사》, 27쪽)"라든가, "(팔만대장경은) 온 세계를 통하여 지금 있는 불경의 표준이 될 만한 저본으로서, 하나요 둘도 없는 귀중품이다(《초등국사》, 41쪽)" 같은 식이다. 황의돈의 사관이 민족주의적이면서 문화주의적임을 보여준다.

식민사관의 논리가 남아 있는 중등용 《국사교본》

중등용 국사 교과서인 《국사교본》은 《초등국사》와 함께 1946년 5월에 발행되었다. 미군정의 보고서에는 1945년 12월 11일에 중등학교용 국사를 편찬했다고 되어 있지만, 진단학회는 1945년 12월에 미군정청의 위촉을 받아서, 1946년 1월에 초고를 완성했다고 한다. 어쨌든 지금 우리가 확인할 수 있는 《국사교본》이 정식으로 간행된 것은 1946년 5월

《국사교본》(왼쪽)과 《국사교본 교수참고서》의 용어풀이 부분

이다. 위촉받은 지 한 달 만에 집필하였다는 것은 지금으로 보면 졸속 제작이라는 비판을 피할 수 없지만, 다른 한편으로 당시 국사 교과서의 간행이 얼마나 시급하고 중요한 일이었는지 짐작하게 해준다. 다만 초등 국사 교재보다 조금 늦게 교과서 간행이 추진되었다는 사실은, 당시 미군정청이나 조선인 교육자들이 중등교육보다 초등교육을 더 시급한 문제로 인식하고 있음을 보여준다.

《국사교본》은 서문에서 "본서의 편찬이 창졸간에 되어 삽화와 지도를 넣지 못한 것을 매우 유감으로 여김"이라고 할 정도로 급하게 만들어졌다. "본서의 내용 체제는 이후 판을 따라 다소 보정하려 함"이라는 말에서 짐작할 수 있듯이, 일단 급한 대로 간행을 한 다음 차츰 수정·보완할 계획이었던 것이다. 그렇지만《국사교본》의 수정판은 결국 나오지 못했다. 그런데도 쓸 만한 중등학교용 국사 교재가 없었던 현실로 인해《국사교본》이 널리 사용되었다. 미군정청은 1948년 대한민국 정부 수립 후 업무를 인계할 때까지 4만 600권의《국사교본》을 간행하였다. 당시 한국의 행정업무를 담당하고 있던 미군정청에서 발행하였다는 점에서,《국사교본》은 미군정 시기 중등 국사교육의 내용을 대변하는 교재라고 할 수 있다. 그러다 보니 학교에서《국사교본》에 나오는 용어를 풀이하거나 사실이나 인물을 보충 설명한 교사용 지도서를 만들어서 가르치는 데 활용하기도 했다.

《국사교본》의 실제 집필자는 김상기와 이병도이다. 상고부터 중고까지, 즉 선사시대부터 고려까지를 김상기, 근세와 최근세, 즉 조선 이후를 이병도가 썼다. 처음《국사교본》을 접했을 때, 집필자와 집필 부분을 보고 의아한 느낌이 들었다. 나에게 이병도는 고대사 연구자, 김상기는 근대사 연구자의 이미지로 각인되어 있었기 때문이다. 이병도야 워낙 한국고대사 연구자로 잘 알려져 있고, 김상기는《동학과 동학란》의 저자로 기억하고 있던 때였다. 대학 생활 초기에 본 역사책 중 하나가 김상기가 쓴《동학과 동학란》이었다.

이병도와 김상기는 진단학회의 발기인이며, 주요 구성원으로서 활발하게 연구활동을 하고 있었다. 둘은 모두 일본의 와세다대학교를 나왔으므로, 당시 일본 역사학계의 일반적 경향이던 랑케사학의 영향을 받아서 개별적인 역사적 사실을 문헌고증의 방법으로 연구하였다. 이런 인연 탓인지 김상기는 이병도와 노선을 같이하였다. 해방 직후 진단학회가 활동을 재개하면서, 일부 구성원들이 친일파 척결을 내세워 이병도를 학회의 중심에서 배제하려고 하자, 이병도는 이에 맞서 새로 조선사연구회를 만들었다. 이때 김상기도 이병도를 도와 조선사연구회에서 주도적으로 활동하였다.

그러나 김상기와 이병도의 학문 경향에는 상당한 차이가 있었다. 이병도는 대표적인 한국고대사 연구자로, 상당 기간 동안 학계에서 통용되던 한국고대사 인식의 체계를 세웠다. 특히 고조선을 비롯한 상고사의 틀을 잡은 인물로 손꼽힌다. 그러나 조선총독부가 식민지배에 정당성을 부여하기 위해 역사서 편찬을 목적으로 만든 조선사편수회에 참여하는 등의 활동으로 친일 논란을 불러일으키기도 했다. 이병도는 일제통치 시기에 고대의 역사지리와 사상사 연구에 중점을 두었다. 그렇지만 고려나 조선의 역사지리와 사상사에 대한 논문도 다수 발표하였다. 김상기는 주로 신라와 고려의 대외관계사를 연구하였지만, 민중항쟁사에도 관심을 가졌다. 특히 1931년에 김상기가 《동아일보》에 연재한 '동학과 동학란'은 동학농민전쟁 연구의 원형으로 평가받고 있다. 이 글은 해방 이후 1947년에 대성출판사에서 단행본으로 간행되고 1975년에 한국일보사의 춘추문고로 재간행될 만큼, 그 가치를 인정받는 연구였다. 내가 처음 읽은 《동학과 동학란》도 재간행된 이 문고본이었다. 두 사람의 이러한 연구 동향을 보면, 이병도가 앞 시기를, 김상기가 뒤 시기를 집필하는 것이 자연스러워 보이지만, 이를 바꾸어 집필한다고 해서 크게 문제가 될 것은 아니었다.

중등용 《국사교본》은 같은 시기에 간행되었지만, 《초등국사》와는 내용 구성이나 역사관에서 커다란 차이가 있다. 중등용 교과서라는 점에서 《초등국사》에 비해 학문적 성격을 중시하였으며, 집필자들의 역사연구방법도 영향을 주었을 것으로 생각된다. 《국사교본》은 한국사를 상고·중고·근세·최근의 네 편으로 나누고, 다시 상고와 중고는 각각 전기와 후기, 근세는 전기·중기·후기의 세 시기로 구분하였다. 상고는 삼국시대까지이며, 중고는 통일신라와 고려, 근세는 조선과 대한제국 시기, 최근은 일제의 식민지배 이후이다. '상고·중고·근세' 등으로 시대 구분을 하였지만, 실제로 이는 왕조 구분에 지나지 않는 것이었다. 다만 통일신라와 고려가 아니라 삼국과 통일신라를 별도의 단원으로 구분한 것은 요즈음 우리가 보는 교과서와 다른 점이었다.《초등국사》에 비하면 고대사가 적은 대신, 고려와 조선의 비중이 높다는 점도 눈에 띈다. 《국사교본》에는《초등국사》 같은 강한 민족주의적 성격은 나타나지 않는다. 단군을 한국사의 출발로 보는 것은《초등국사》와 마찬가지지만, 삼국시대에서 신라의 비중을 높였으며, 신라와 발해를 남북국으로 인식하고 있지 않다.

《국사교본》의 가장 커다란 문제점 중 하나는, 식민사학의 논리를 그대로 반복하고 있다는 점이다. 이는 당시 한국사 연구의 수준 때문이겠지만, 진단학회의 연구방법에서 비롯된 측면도 있다. 진단학회 주류의 연구를 '식민사학의 아류'라고 비판하는 경우가 있는데,《국사교본》의 내용에서 그러한 점을 찾아볼 수 있다. 근세로 구분되어 있는 조선시대의 시기 구분을 당쟁이나 사화를 기준으로 하고 있다든지, 한국사에서 중요한 사회 변화의 동인을 대외적인 요인에서 찾고 있는 것이 대표적이다. 이른바 '당파성론'이나 '타율성론'의 논리에서 벗어나고 있지 못한 것이다.

이 중에서도 조선시대 사화나 당쟁은《국사교본》에 특히 자세히 서술되어 있다. 근세의 전기와 중기 총 여덟 개 장 중 세 개가 이에 대한 서술이며, 사화와 당쟁의 전개 양상에 따라 장을 나누었다. 예컨대 조선 중기를 다루는 근세의 중기에서 시기 구분의 기준을 다음과 같이 제시하고 있다.

제14대 선조 원년으로부터 제20대 경종 말년까지의 약 157년간을 근세의 중기로 잡은 것이지만, 이를 또 둘로 나누어보면 선조로부터 제16대 인조 말까지의 약 82년간을 전1기, 제17대 효종으로부터 경종 말년까지의 약 75년간을 후1기로 잡을 수 있다.

전1기에 있어서는 전일로부터의 오랜 태평 속에서 발효된 지배계급(양반)의 정권 다툼이 드디어 당파의 대분열을 일으켜 자당을 애호하고 반대당을 공격하는 풍(風)이 더욱 노골화·첨예화하였고, 또 이리하는 동안에 남으로 왜인의 2차 대입구(大入寇)와 그후 북으로 호인의 2차 대침입을 받아 가위 토붕와해(土崩瓦解)의 세를 이루었다…….

요컨대 중기의 역사는 외구(外寇)의 침입과 당쟁의 격심이 그 가장 두드러진 특징을 삼아 있거니와, 다음 후기 역사에 나타나는 세도정치 혹은 벌족정치라든지 국가경제의 대문란이라든지 또 이로 인한 민중의 대동란은 아직 없었던 것이다. 이것이 후기 역사와 구별되는 점이라 하겠다. 《국사교본》, 103~104쪽

식민사학의 핵심적 논리인 타율성론을 되풀이하는 내용도 찾아볼 수 있다. 대외 접촉과 외래 문물이나 사상의 전래가 비로소 조선사회를 변화시켰다는 식이다. 예를 들어 실학이 나타나게 된 배경을 다음과 같이 서술한다.

재래의 조선학자의 학문이란 것은 중국의 경학·문학—특히 주자학에만 치우쳐 오랫동안 그 폐를 벗지 못하더니, 왜란·호란을 격고 또 외래 문물의 자극

을 받은 후로는 비로소 자아에 눈뜨기 시작하여 우리의 과거가 너무도 허무하고 결함이 많았다는 것을 깨닫고 공리공담(空理空談)의 죽은 학문보다 실제에 이로운 산 학문─즉 이용후생의 학을 하여야 하겠다는 생각이 차츰 일어나게 되었으니, 이에 학풍의 일변(一變)을 보게 되었다. 《국사교본》, 127쪽

실학이 일어나게 된 원인을 조선사회 내부의 개혁 움직임보다 외래 문물의 자극에서 찾고 있다. 이런 관점은 천주교 전래 등 교과서 서술 전반에서 나타난다.

《초등국사》와 중등용 《국사교본》의 가치

미군정기에 초·중등학교 교과서로 사용된 역사책들은 《초등국사》와 《국사교본》에 한정되지 않는다. 교과서 발행제도가 정비되지 않았던 미군정기에 반드시 이 책들만 교과서로 사용해야 하는 것은 아니었다. 경우에 따라서는 시중의 다른 한국사 책들을 교과서로 사용하거나, 직접 교재를 제작할 수도 있었다. 근래 역사 교과서의 자유발행제를 주장하는 목소리들이 점차 늘어나고 있지만, 교과서 발행제도가 마련되지 않았던 것이 오히려 자유발행제 효과를 가져온 것이다.

해방 직후 한국사에 대한 관심이 높아지면서 많은 한국사 개설서들이 간행되었다. 언뜻 눈에 띄는 책만 들더라도 황의돈의 《중등국사》(계몽사, 1945), 권덕규의 《조선사》(정음사, 1945), 신정언의 《상식국사》(계몽구락부, 1945)와 《구휼국사》(계몽구락부, 1946), 신태화의 《조선역사》(삼문사, 1945), 함돈익의 《조선역사》(한글문화보급회, 1945), 이주홍의 《초등국

사》(명문당, 1945), 김성칠의 《조선역사》(1946), 장도빈의 《국사》(국사원, 1946), 황의돈의 《증정 중등조선역사》(삼중당, 1946), 최남선의 《신판 조선역사》(동명사, 1946) 등 적지 않은 수이다. 이들 책에 대해 별도로 설명할 필요는 없겠지만, 이 중에는 일제 때 나온 책을 다시 간행한 경우도 있다. 황의돈의 《중등국사》는 1926년에 집필한 《중등조선역사》를 제목을 바꾸어 다시 간행한 것이며, 이를 수정·보완한 것이 《증정 중등조선역사》였다. 중등용 《국사교본》을 집필한 이병도는 1948년에 중학교용 국사 교재인 《새 국사교본》을 펴내기도 하였다. 이 책의 이름을 '새 국사교본'으로 한 것은 《국사교본》을 새롭게 썼다는 의미일 것이다.

이러한 책들도 경우에 따라서는 교과서 역할을 했을 것으로 보인다. 다만 애초 교과용 도서로 펴낸 것은 아니기 때문에 한문투의 문장이 많거나 내용이 어려워서 많은 학교에서 사용하기는 쉽지 않았을 것이다. 그런 점에서 《초등국사》와 중등용 《국사교본》이 미군정기 국사 교과서로서 차지하는 의의는 적지 않다. 미군정은 1946년에 국민학교 교수요목을, 1947년에 중학교 교수요목을 공포하여, 초·중등학교의 교과목, 수업시수, 교과내용 등을 제시하였다. 이에 따라 교과서 검정제도가 시행되고 1948년에 검정교과서들이 발행되었다. 이로써 해방 직후 처음으로 간행된 국사 교과서인 《초등국사》와 중등용 《국사교본》도 수명을 다하게 되었다.

처음으로 돌아가 보자. 《초등국사》는 그리 흔히 볼 수 있는 책은 아니지만, 그렇다고 아주 희귀한 정도는 아니다. 중등용 《국사교본》은 고서점에서 어렵지 않게 구할 수 있다. 〈진품명품〉에 나오더라도 전국에 몇권 남지 않았다는 《바둑이와 철수》에 비하면 감정가가 훨씬 낮을 것이다. 그러나 오늘날 이 책이 언급되거나 그 내용이 연구 대상이 되고 있다는 점에서 보면, '책'의 가치와 그 '내용'의 가치는 다르다. 역사에 관심을 갖고 공부하는 사람에게는 오히려 내용의 가치가 더 중요하게 다가올 수도 있다.

민주시민 육성과 미국식 민주주의 교육

새교육운동과 사회과 도입

중학교 3학년 때 학교에서 '완전학습'이라는 부교재로 수업을 한 적이 있다. 중학교 2학년 때까지는 고등학교 입시가 있었지만, 학교수업에서 입시에 대비하여 참고서를 사용하지는 않던 시절이었다. 1973년 3월 3학년이 되자 고등학교 평준화가 발표되었다. 첫 해에는 서울과 부산만 우선 시행되었는데, 서울에서 학교를 다니던 나는 평준화 정책의 적용을 받았다. 따라서 학교에서 입시에 대비한 보충수업 같은 별다른 조치를 취하지 않았고, '완전학습' 교재가 정규 수업시간에 사용되었다. 나의 경험에서는 학교 수업시간에 교과서 이외에 사용된 첫 번째 교재였던 것 같다.

한국 교육의 틀이 세워진 미군정시기
|

'완전학습(mastery learning)'은 미국 교육학자 캐롤(J. B. Caroll)의 학습모형을 토대로 블룸(B. S. Bloom)이 개발한 이론이었다. 수업의 질과 이해력을 높여 학습에 필요한 시간을 줄이고, 학습 시간을 늘리는 등 학습

기회를 충분히 제공하면 누구나 학습 목표에 도달할 수 있다는 생각이었다. 완전학습이론가들은 약 95퍼센트의 학생이 주어진 학습 과제의 90퍼센트를 성취할 수 있다고 주장했다. 과연 정말로 그렇게 될 수 있을지 의문을 가질 만했다. 그런데 우리나라에서는 'mastery learning'이 '완전학습'이라는 말로 번역되다 보니 더 매력적으로 들렸던 것 같다. 이에

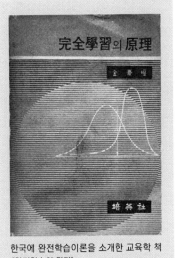

한국에 완전학습이론을 소개한 교육학 책
《완전학습의 원리》

따라 교재가 만들어지고 학교에서 그 교재로 수업을 하게 된 것이다. 뒷날 생각해보니 아마도 우리 학교는 실험학교나 연구학교쯤 되었던 듯하다. 그러나 학교에서 시행되던 완전학습은 얼마 후 흐지부지되었다. 고등학교 수업에서는 한 번도 '완전학습' 이야기를 들어본 적이 없다. 이 이론이 나온 미국 사회와는 교육을 보는 관점이나 환경이 다른 우리나라에 완전학습이론은 들어맞지 않았을 것이다. 미국에서도 완전학습이 학교 교육에 그대로 실천되었다는 이야기는 듣지 못하였다. 결국 미국에서 나온 이론을 미국이 아닌 우리나라에서 실험한 셈이었다. 당시 완전학습 교재를 내던 출판사는 이후 입시용 참고서를 내는 여러 출판사 중 하나로 바뀌었으며, 그나마 치열한 참고서 시장의 경쟁에서 도태된 듯 지금은 아예 자취를 감추고 말았다.

흔히 한국의 교육학은 미국의 교육이론을 맹목적으로 받아들였다는

비판을 받는다. 미국과 한국은 많은 부분에서 사회적 여건이 다른데도, 미국에서 나온 교육이론을 한국 교육에 그대로 적용하려고 한다는 것이다. 많은 미국 교육이론들이 한국의 학교 교육에서 실험되었다. 새교육, 향토학습, 탐구학습, 완전학습, 열린교육, 구성주의, 수행평가 등 미국에서 나온 많은 교육이론들이 한국의 학교 현장을 뒤흔들어 놓거나, 현재에도 커다란 영향을 미치고 있다. 학교 교육의 근간을 결정하는 교육과정은 개정될 때마다 미국의 교육사조를 따랐다. 제1차 교육과정부터 제4차 교육과정까지 '교과 중심 교육과정→ 경험 중심 교육과정→ 학문 중심 교육과정→ 인간 중심 교육과정'이라는 미국 교육사조의 변화가 그대로 우리나라 교육과정의 기본이념이 되었다.

한국 교육이 미국의 영향을 받은 이유는 여러 가지다. 우선 현대 한국이 미군정으로 시작되었다는 점이다. 미군정 3년 동안 일제의 식민통치에서 벗어나 독립국가의 기틀을 마련하는 데 필요한 법적, 제도적 장치들이 마련되었다. 교육도 마찬가지였다. 1950년대까지 한국 경제는 미국의 원조에 의지하였다. 그중에는 교육 원조도 포함되었다. 미국의 교육사절단이 여러 차례 한국에 와서 교육 전반에 걸쳐 자문을 했으며 교사교육에 직접 참여했다. 한국의 교육학자들이나 사범대학에서 교사교육을 담당하는 교수들이 미국의 대학에서 연수를 받기도 했다. 선진국의 학문을 접할 기회가 없던 한국 교육계에 그 영향은 적지 않은 것이었다. 특히 미국 조지 피바디(Peabody) 대학 사범대학 교수단은 한국 문교부와 협약을 맺고 1956년부터 6년간에 걸쳐 교사양성과 재교육을 위한 이론적·실제적 틀을 정비하여 한국 교육계에 커다란 영향을 미쳤다. 그 결과 '피바디 학파'라고 불리는 교육학계 인맥이 형성되기도 하였다. 이와 더불어 한국 사회에서 오랫동안 유지된 미국을 향한 동경과 긍정적인 이미지도 한국 교육이 미국의 영향을 받는 데 한몫을 했다. 오랫동안 한국에게 미국은 민주주의의 국가이자, 정치와 경제뿐 아니라 사회, 문화 가릴 것 없이 모든 부분에서 우러러 보는 선진국이었다. 이런 이유로 해방 이후 꽤 오랜 기간이 지날 때까지도 많은 한국의 교육학자들이 미국에 유학을 갔으며, 거기에서 배운 교육이론을 한국에 도입하고자 하였다. 그중에는 실험 단계에서 끝난 것도 있으며, 일부는 실제로 학교 현장에 그대로 적용되기도 하였다.

　미국 교육이 한국에 미친 영향 중에서 특히 주목해야 할 것이 미군정 3년간의 교육정책이다. 이 시기에 틀을 갖춘 교육제도와 교육사상은 현재까지도 한국 교육의 기초가 되고 있다. 미군정 때 도입되어 현재까지 유지되고 있는 초등학교 6년, 중학교와 고등학교 각각 3년, 대학교 4년의 6-3-3-4 학제는 미국의 일부 지역에서 시행되던 제도였다. 현실적으로 한국의 고등학교 교육에 가장 큰 영향을 미치는 대학입시의 주범으로 지목받는 국립서울대학교는, 미국의 주립대학에서 아이디어를 딴 것이었다. '홍익인간(弘益人間)'이라는 교육이념도 미군정 때 마련되어 정부 수립 후 최고의 교육이념으로 법적으로 자리잡았다. 이전의 1년 3학기제도 이때 2학기제로 바뀌었다.

　역사교육과 관련하여 이 시기에 이루어진 가장 중요한 교육정책은 사회과(social studies) 도입이다. 사회과 역시 미국에서 개발된 교과를 해방 직후 한국 교육에 받아들인 것이었다. 당시 사회과는 미국 사회와 교육의 성격을 잘 보여주는 대표적인 교과로 인식되었다. 이후 사회과 교과의 성격과 범주를 놓고 논란이 계속되고 이 교과에 포함된 교과목

사이에 갈등이 끊이지 않았지만, 60여 년이 지난 지금에도 사회과는 여전히 역사와 지리, 그 밖의 사회과학을 포괄하는 교과로 그 지위를 유지하고 있다. 미군정 시기 교육의 여러 문제들은 별도로 다루기로 하고, 여기에서는 사회과가 어떤 성격의 교과이며 어떻게 해서 미군정 때 한국 사회에 들어오게 되었는지 살펴보기로 하자.

미군정의 교육정책에 관여한 '교육주도세력'
|

일본의 항복 후 38도선 이남을 통치한 미군정이 당면한 교육정책의 과제는, 일제의 군국주의 교육을 철폐하는 일이었다. 미군정이 일제의 군국주의 교육이 물러간 자리를 미국식 민주주의 교육으로 채우려 하리라는 것은 쉽게 예상되었다. 미군정에서 교육행정을 책임진 사람은 록커드(R. N. Lockard) 대위였다. 록커드는 미국 보스턴의 한 칼리지에서 영어를 가르치다가 제2차 세계대전에 참전한 인물이다. 미군정의 교육업무를 맡게 된 것도 이런 경력 때문이었을 것이다. 그러나 록커드는 대학에서 영어 교수를 했다는 경력이 있을 뿐이었고 교육에 대한 별다른 식견은 가지고 있지 않았다. 더구나 한국에 대해서는 거의 알지 못하였다. 그는 전쟁이 끝나면 일본에서 시행되는 연합군의 군정에 참여할 것으로 예정되어 있어서 일본에 대해 공부를 했던 것으로 알려져 있다. 그러나 어떤 사정으로 근무지가 한국으로 바뀌게 된 것이다. 이런 이유로 미군정은 교육행정을 하는 데 한국인 교육자들의 협조를 얻으려 하였다. 영어를 잘해서 의사소통이 가능하고, 미국 사회와 미국식 민주주의를 이해하면서도, 교육에 대한 지식과 관점을 가지고 있는 한국

미군정 시기 교육계에 강한 영향력을 행사한 교육주도세력. 왼쪽부터 유억겸, 백낙준, 김활란, 김성수

인들이 자연스럽게 미군정의 교육업무 파트너로 부상하였다.

교육 문제에 관심을 가지고 있던 일부 학자와 정치인들은 이런 상황을 이용하여 미군정의 교육정책에 적극 관여하고자 하였다. 이들 중 오천석, 유억겸, 김활란, 김성수는 미군이 한국에 상륙하기 전에 이미 회합을 갖고 한국 교육의 방향을 논의하였다. 이 모임은 서울 서대문구 천연동에서 열렸다고 해서 '천연동 모임'이라고 불린다. 이들은 자신들이 생각하는 교육을 실현하기 위하여 미군정에 접근하였다. 미군정은 이들을 중심으로 자문기구인 한국교육위원회(The Korean Committee on Education)를 구성하여, 그 의견을 참고로 하여 교육 문제를 처리하였다. 한국교육위원회의 위원은 김성달(초등교육), 현상윤(중등교육), 유억겸(전문교육), 백낙준(교육 전반), 김활란(여자교육), 김성수(고등교육), 백남훈(고등교육) 등 7명이었다. 이들 중 백낙준과 김활란은 미국에 유학하여 박사학위를 받았으며, 현상윤·유억겸·김성수·백남훈은 일본 유학경험이 있었다. 또한 김성달과 김활란을 제외하고는 대표적인 우익 정당인 한국민주당에 속해 있었다. 김활란도 이들과 가까운 사이였다. 현상윤·유억겸·백낙준·김활란·백남훈은 기독교인이기도 하였다. 한국교육위원회 위원으로 직접 참여하지는 않았지만 이러한 움직임을 실제로 주도한 사람은 오천석이었다. 오천석은 미국에 유학하여 박사학위를 받았으며, 한국민주당 소속이었고 기독교인이었다. 천연동 모임에서도 중심 역할을 했다.

'천연동 모임'의 참석자나 한국교육위원회 위원들과 같이 미군정 시기 교육계에 강한 영향을 행사한 사람들은 가리켜 흔히 '교육주도세력'이라고 한다. 이들의 활동을 비판적으로 평가하는 사람들은 '교육패권세력'이라고 부르기도 한다. 교육주도세력의 경력과 성향은 미군정이 선호할 만한 것이었다. 물론 현상윤·유억겸·김성수·백남훈처럼 군국주의 하의 일본에서 유학한 경험이 있는 사람을 미군정이 꺼릴 수도 있었다. 그러나 이들은 학교를 경영하거나 학교장 경험이 있어서 학교 교육에 익숙하였으며 한국민주당 소속이면서 대부분 기독교인이었으므로, 미군정이 구태여 거부할 이유가 없었다.

이들 교육주도세력은 미군정의 교육행정에 단순히 자문 역할을 한 것이 아니라, 적극적으로 정책에 관여하였다. 오천석의 다음과 같은 고백은 이들의 생각을 잘 보여준다.

락카아드가 한국에 대한 지식을 거의 갖고 있지 않았고, 또한 그에게 한 나라의 교육행정을 요리할 만한 지식과 경험이 부족하였다고 하는 사실은, 우리에게 대하여는 불행이기도 한 동시에, 다행한 일이었는지도 모른다. 불행이라고 하는 것은, 그에게 좀 더 당시의 복잡다단하였던 한국의 교육을 지도할 만한 능력이 있었더라면, 그는 보다 더 고도한 지도성을 발휘할 수 있었을 것이기 때문이다. 반면에 다행이라고 하는 것은, 그의 한국에 대한 지식과 교육적 지도성이 부족하였기 때문에, 그는 처음부터 한국인의 의사를 존중하고 한국인의 지혜와 판단에 의존하는 도가 높았던 까닭이다. 오천석, 《한국신교육사(하)》, 7쪽

록커드가 한국 사정을 잘 몰랐고 교육에 대한 식견이 부족하여 자신들의 영향력이 커질 수 있어서 다행이었다는 것이다. 그만큼 이들은 미군정의 교육정책에 적극적으로 관여하여 자신들이 생각하는 교육 방향을 실현시키고자 하였다.

미군정의 학무당국도 교육정책을 세우는 데 한국인들을 참여시켰다. 1945년 11월 23일에 교육주도세력을 비롯하여 학계와 교육계의 한국인 주요 인사 100여 명을 망라하고 자신들도 참여하는 조선교육심의회를 구성하였다. 조선교육심의회는 한국교육위원회와 마찬가지로 교육주도세력이 중심을 이루었지만, 한국인들의 의견을 폭넓게 듣는다는 취지에 따라 민족주의자들도 다수 포함되었으며, 일부 좌파 지식인들도 위원으로 참여할 수 있었다. 조선교육심의회는 미군정의 주요 교육정책을 심의하고 결정하는 역할을 하였다. 조선교육심의회는 교육이념, 교육제도, 교육행정 총 10개 분과로 구성되었다. 각 분과위원회는 매주 1회에서 3회까지 회의를 열어 관련 사항을 심의, 의결하여 그 결과를 전체회의에 보고하였으며, 전체회의에서는 보고된 사항을 검토했다. 교육이념, 학제와 학기제, 대학의 설립, 교사양성체제 등 교육의 기본적인 틀이 조선교육심의회에서 논의되었다.

미국식 민주주의 교육과 새교육운동
|

교육주도세력들이 생각한 교육의 방향은 미국식 민주주의 교육이었다. 이러한 생각은 당연히 미군정의 학무당국과도 일치하는 것이었다. 이들이 특히 주목한 것은 존 듀이(John Dewey)의 교육이론이었다. 미국의 진보주의 교육을 대표하는 듀이는 이전부터 동아시아에서 관심을 끌던 인물이었다. 일본에서는 1910년대부터 1920년대 전반기까지 다이쇼 데모크라시 시기에 듀이의 영향으로 '자유교육론', '자학교육론(自學教育論)', '자동교육론' 등 아동 중심 교육이 제창되었다. 듀이는 1919년 5월부터 약 2년 2개월 동안 중국에 머물면서 각 성을 돌아다니며 강연을 했다. 그 영향으로 1920년대 중국에서는 실용주의 교육이 제창되고 아동 중심 교육운동이 일어났다. 우리나라에서도 3·1운동 이후 교육에 대한 관심이 높아지면서 듀이의 교육론이 소개되었다. 방정환의 '어린이운동'은 그 영향을 받은 것이었다.

교육주도세력 중 일부 사람들은 미국에서 유학할 때 듀이의 교육론을 접했으며, 듀이의 제자이자 동료로 함께 진보주의 교육운동을 벌인 킬패트릭(W. H. Kilpatrick)에게 직접 배우기도 했다. 이들은 듀이 교육론의 핵심을 아동 중심의 생활교육으로 이해했다. 그래서 이 이념을 중심으로 교육을 개혁하고자 하였다.

이들은 자신들이 지향하는 교육을 '새교육'이라고 부르면서, 새교육운동을 벌였다. '새교육'이 있으면, '헌교육'도 있을까? 이들은 '새교육'을 '옛교육'과 대비되는 말로 사용했다. 이들이 말하는 '옛교육'은 전통 교육과 일본 제국주의의 교육을 함께 가리키는 것이었다. 이들은 일제의 교육이 인간을 도구화하는 교육이라고 보았으며, 우리의 '옛교육'을 억압주의적 교육이라고 비판했다. 또한 일제하 교육은 봉건적 잔재인 계급주의·차별주의를 그대로 유지하고 있다고 보았다. '새교육'은 획일주의적 교육을 거부하고, 각 사람의 개인차를 인정하고, 개성을 살리는 교육이라는 것이다. 또한 '새교육'이 과거의 문화적 유산을 전달하는 것을 목적으로 하는 지식 중심의 교육이나 현재의 실생활과 유리된 서적 중심의 교육을 배격하고, 사람 전체의 발달과 향상을 목표로 하는, 현실과 밀접한 관련이 있는 산 교육을 지향한다고 주장하였다.

이러한 아동 중심 교육, 생활 중심 교육을 제창하는 새교육운동은 국민학교를 중심으로 전개되었다. 아동의 경험을 중심으로 단원을 조직하여 공부하는 단원 중심 학습이 등장하였다. 서울 효제국민학교와 서울대학교 사범대학 부속국민학교 등에서 전국의 교사와 교육자 700여 명을 모아놓고 새교육 방법에 따른 연구수업이 전개되기도 하였다.

새교육운동의 이론적 기초인 듀이의 교육론을 보급하는 작업도 병행되었다. 오천석은 교육자들을 대상으로 듀이의 교육이론을 소개하는 강연을 계속하였으며, 1947년에《민주교육의 건설》이라는 책에서 듀이의 사상에 기초한 '새교육'을 주장하였다. 또한 이듬해에 듀이의 대표 저서인《민주주의와 교육(Democracy and Education)》을 번역하였다. 그 뒤에도 오천석은 듀이의《학교와 사회》를 번역하기도 하였다. '새교육'의 연구와 보급을 목적으로 하는 백낙준 중심의 교육문화협회, 오천석 등의 새교육협회, 서울대학교 사범대학 부속국민학교가 중심이 된 아동교육연구회 등 여러 교육단체들이 만들어졌다. 서울특별시에서는 문교부 장학관과 장학사, 학교장을 중심으로 '새교육 추진위원회'를 만들어

한국교원단체총연합회 기관지 《새교육》

우리 실정에 맞는 문제해결 중심의 학습법 개발을 추진하기도 했다.

새교육운동의 자취는 현재도 한국교원단체총연합회에서 펴내는 기관지의 이름이 '새교육'인 것에서 찾아볼 수 있다. 한국교원단체총연합회의 출발은 1947년 11월에 당시 문교부장이던 오천석이 중심이 되어 만든 교원단체인 조선교육연합회다. 오천석은 교원의 단결과 전문성 강화, 권익 신장 등을 표방하면서 조선교육연합회를 만들었다. 조선교육연합회는 미국의 교원단체인 미국교육학회(National Educational Association)의 조직과 정관을 그대로 본뜬 것이었다. 그리고 기관지 이름을 '새교육'이라고 하였다. 조선교육연합회는 대한민국 정부 수립과 함께 이름을 '대한교육연합회'로 바꾸었다. 이후 대한교육연합회는 독점적인 교원단체의 지위를 유지하였다. 그러나 일반 교사가 아니라 교장 등의 관리자를 중심으로 운영되었으며, 교육의 개선보다는 정부의 교육정책을 홍보하거나 실천하는 데 힘썼다. 이 때문에 정부의 어용 단체라는 비판도 끊이지 않았다. 1980년대 교육민주화운동이 일어나고, 참교육을 외치는 전국교직원노동조합이 출범하면서 대한교육연합회는 위기를 맞이하였다. 대한교육연합회는 어용 단체의 이미지를 지우기 위해 이름을 '한국교원단체총연합회'로 바꾸고, 조직과 의사 결정 과정에서 평교사의 영향력을 강화하는 제도 개선을 추진하였다. 또한 국제자유교원조합연맹에 가입하는 등 변화의 모습을 보이면서 오늘에 이르고 있다. 그러는 동안에도 기관지의 명칭은 여전히 '새교육'을 그대로 사용해왔다.

사회과의 도입

'새교육'을 대표하는 과목이 사회과였다. 미군정과 교육주도세력은 일제의 군국주의 교육을 대표하던 국민과를 대체할 과목으로 사회과를 '사회생활과'라는 이름으로 도입하였다. 사회과는 원래 미국에서 만들어진 교과였다. 1916년에 미국교육학회 중등교육개편위원회(The National Educational Association Commission on Reorganization of Secondary Education)가 '사회과'라는 교과를 처음 제안하였다. 그 전까지 미국 학교에서 사회 관련 과목은 대부분 역사였으며, 시민정부론(civil government)이 일부 추가되는 정도였다. 사회과는 '역사 및 그 관련 영역'을 뜻하는 말로, 위원회는 사회과를 '인간 사회의 조직과 발전, 그리고 그 구성원인 인간과 직접적으로 관련된 교과'로 정의하였다. 위원회가 '사회과'를 제안하게 된 것은 교육의 실용성이 중시되면서 사회적 효용성(social efficiency)을 강조한 당시 미국 사회의 상황과 관련이 깊다. 기존의 역사 중심 교육은 이러한 역할을 충분히 하지 못한다고 보았기 때문이었다. 1920년대 이후 사회과는 점차 미국에 확대되었다. 아동이 성장하면서 겪는 개인적·사회적 경험이나 아동의 개성을 중시하는 진보주의 교육사조도 여기에 한몫을 하였다. 그러나 역사와 사회과는 갈등을 빚었다. 사회과가 확대될수록 상대적으로 역사의 비중이 줄어들었으며, 사회과를 대표로 하는 진보주의 교육사조가 미국인이라면 반드시 알아야 할 미국의 역사를 소홀히 대하게 만든다는 생각 때문이었다.

사회과는 민주시민을 양성하는 핵심 과목인 동시에 한국 사회에 미국식 민주주의를 보급하는 통로였다. 아울러 공산주의에서 제창하는 인민민주주의나 유럽에서 정치·사회이념으로 상당한 영향력을 가지고 있던 사회민주주의를 차단하는 역할도 했다.

1946년의 국민학교 교수요목과 1947년의 중학교 교수요목에서 사회생활과는 정식 교과가 되었다. 'social studies'를 '사회과'가 아닌 '사회생활과'라는 이름으로 받아들인 것은 생활 중심 교육이라는 취지를 확실히 드러내기 위한 것이었다. 국민학교 교수요목에서는 사회생활과의 목적을 "사람과 자연환경 및 사회환경과의 관계를 밝게 인식시켜 사회생활에 성실 유능한 국민이 되게 함"이라고 규정하였다. 중학교 교수요목에서도 이러한 목적은 전적으로 동일하였다. 사회생활과 교수요목은, 내용을 주제명으로 제시하는 개조식이 아니라 질문을 던지는 설문식으로 되어 있다. "우리 민족의 기원은 어떠하였으며, 그들의 첫 살림살이 모양은 어떠하였는가?(국민학교 사회생활과 교수요목, 5학년)", "고조선과 그 생활 상태는 어떠하였는가?(중학교 사회생활과 교수요목, 역사 부분, 3학년)" 같은 식이다. 교수요목에서는 이처럼 교과에서 가르쳐야 할 내용을 설문식으로 한 이유를 민주주의적 교육법에 의거하기 위한 것이라고 설명하고 있다. 즉 "종전과 같이 선생이 먼저 가치판단을 하여 명령적으로 가르치는 단안적(斷案的)·명령적 교수법을 떠나서, 선생과 아이가 협력하여 문제를 해결하기 위한 관찰·연구·추리·비판·토론을 하여, 아이들 자신으로 정당한 결론에 도달하도록 선생이 지도하여야 한다"

미군정기 사회생활과 책들

(국민학교 〈사회생활과 교수요목〉, '교수요목의 운용법')라는 것이다. 학생들에게 문제를 먼저 던지고, 교사가 답을 제시하기에 앞서 학생들 스스로이 문제를 해결해가는 방식으로 학습한다는 취지다. 그러나 제시된 질문이 문제제기보다는 사실상 개조식 단원명을 질문의 형식으로만 바꾼것이어서 이런 취지에 얼마나 부합하는지는 의문이다. 사회생활과 교육과정에 대해서는 당시 사회과를 도입하면서 이런 논리를 내세웠다는점을 언급하는 것에서 마무리하기로 한다.

　해방 직후 국사교육을 재건하려는 움직임이 활발하였다. 사회과가도입되면서, 사회과와 역사과의 관계를 어떻게 설정할 것인지 논란이있었다. 일부에서는 역사, 특히 국사교육의 중요성을 강조하면서, 국사를 독립적으로 가르칠 것을 주장하였다. 그렇지만 다른 한편에서는 역사를 사회과의 한 부분에 포함시켜도 그 목적을 충분히 달성할 수 있다고 반박하였다. 이러한 논란은 패전 이후 일본 사회에서 전개된 역사과 독립론, 사회과 역사론, 사회과 통합론의 주장들을 연상시킨다. 결국 일본의 학교 교육에서 '사회과 역사'라는 형태로 역사를 가르치게 되었듯이, 우리나라에서도 사회과의 틀 속에 역사를 넣되, 국민학교에서는 통합, 중학교에서는 역사·지리·공민(公民)을 분리해서 가르치는 형식이 되었다. 국민학교 교수요목의 '교수요목의 운용법'에서 사회생활과를 통합해서 내용을 구성하고 가르칠 것을 다음과 같이 명확히 하고 있다.

이 요목은 하급 학년에서는 주로 일상적인 고장 생활을 다루고 상급 학년에 이르러서는 역사, 지리, 공민이 종합되어 있다. 이것은 역사, 지리, 공민의 종합이 사회생활과가 되는 것이 아니라, 사회생활과에 역사, 지리, 공민의 종합이 필요하기 때문이다. 따라서 이 종합은 사회생활의 고찰 및 체험을 중심으로 하여야 하는 것이다. 종래의 분과적 개념을 가지고서 사회생활과에 역사, 지리, 공민을 집어넣으려면, 그 종합에 부자연성이 생기기 쉬울 것이니, 특히 주의하여 사회생활의 구명(究明)을 기본으로 하여 적절하게 지리, 역사, 공민을 다루기를 바란다. 국민학교 〈사회생활과 교수요목〉, '사회생활과 교수요목의 운용법'

이에 따라 자연히 역사, 지리, 공민 각 과목의 성격이나 목표 등은 별도로 제시되지 않았다. 중학교 교수요목에서는 이 세 과목을 분과적으로 가르치되 사회생활과에 귀일해야 한다고 하면서, 다음과 같이 설명하고 있다.

지리, 역사, 공민이 분과적으로 되어 있다 하여, 종래와 같이 전연 독립하여 있는 과목으로 다루어서는 안 된다. 우리 인류 사회에서 일어나는 여러 가지

문제를 가지고 지리 부분은 지리적 입장에서, 역사 부분은 역사적 입장에서, 또 공민 부분은 공민적 입장에서 다루되, 항상 지리와 역사와는 서로의 관련성에 유의하고, 이들 문제를 다루는 데에는 공민적 견지에서 검토·비판도 할 것이며, 또 공민 문제를 다루는 데에는 역사적 내지 지역적으로도 고찰하여, 우리의 사회생활을 전체적으로 이해·체득시키려는 것이 안목이다. 그러므로 교사는 이 세 부분을 아무 연락도 없이 따로따로 다루지 말고, 항상 각 부분이 가로 긴밀한 연락을 취하여 사회생활과 교수의 궁극의 목표에 이르도록 노력하여야 한다. 중학교 〈사회생활과 교수요목〉, '사회생활과 교수요목의 운영법'

　학자들과 교사들 사이에서는 사회과 도입에 대한 비판이 일었다. "우리 실정에 맞지 않게 미국의 교육을 그대로 직수입했다", "국사교육을 무시하는 것이다", "학문을 양적·질적으로 저하시킬 우려가 있다" 등이 주된 이유였다. 이에 대해 미군정청 학무국 관리였던 사공환은, 고루한 학자들의 비판에 편승하여 사회생활과를 도입한 지 1년도 못 되어서 교사들이 약간의 불편을 참지 못하고 시비를 하는 것은 경솔하다고 지적했다. 사공환은 사회생활과가 지리, 역사, 공민, 근로 등 각 분과를 단순히 종합하여 구성한 것이 아니라, 기본적인 교육 원리에 따라 생겨난 과목이라고 주장했다. 그가 보기에 사회생활과는 사람과 자연환경, 사회환경의 관계를 밝히고, 현재에 입각하여 과거를 살펴보며 미래를 통찰하여 사회에서 살아가는 방법을 체득하고 향상시키는 과목이다. 그리고 학생들의 학습의욕을 고취하여 오히려 각 분과의 기본적 지식을 얻을 수 있게 한다. 이런 점에서 그는 사회생활과가 각 분과의 교육을 약화시키지 않는다고 강조했다. '우리 민족의 발전과 조국의 번영에 이

바지하려는 거룩한 의도에서 사회생활과를 신설'했으며, 사회생활과를 토대로 지리, 역사, 공민, 근로 등 실제 교육을 종합적으로 강화시키려는 정신을 잊지 말아야 한다는 것이다.

그렇지만 사회과의 도입이 사공환의 주장과 같이 체계적인 연구와 계획 아래 이루어진 것은 아니었다. 교육의 책임이 연방정부가 아니라 각 주에 있는 미국 사회에서, 사회과 교육과정은 주마다 차이가 있었다. 한국에 들어온 사회과 교육과정은 콜로라도 주의 것을 기초로 하였다. 국민학교 사회생활과 교육과정은 콜로라도 주의 8년 과정을 6년으로 축소한 것이었다. 캘리포니아, 텍사스, 뉴욕, 플로리다, 일리노이 등 미국 교육에 영향력이 큰 주가 아닌 콜로라도 주의 사회과 교육과정을 받아들인 이유는 무엇일까? 새교육운동을 추진한 사람들은 그 이유를 콜로라도 주가 사회생활과를 열심히 연구했기 때문이라고 하였다. 그렇지만 이 시기 사회과는 미국 모든 주에 확대되었으며, 주별로 사회과 교육과정이 마련되어 있었다. 그런데도 유독 콜로라도 주의 사회과 교육과정을 따른 것은, 미군정의 교육 담당자인 록커드가 콜로라도 주 출신이라는 점과 관련이 있을 것이다. 우리가 받아들인 사회과는, 미국 여러 주의 사회과를 충분히 연구하고 한국의 사정에 적합한 교육과정을 채택한 것이 아니었다.

새교육운동과 사회과는 한국 교육을 바꾸었나

그렇다면 이러한 새교육운동이 실제로 한국의 교육을 바꾸었을까? 미국식 민주주의와 사회과의 도입이 적절했는지 여부는 별개의 문제로 하더라도, 실제로 새교육운동의 추진자들이 지향한 아동 중심, 생활 중심 교육은 이루어졌을까? 이후 한국 교육이 이런 방향으로 바뀌었다고 보는 사람은 없을 것이다. 새교육운동의 취지와 달리, 한국 교육은 여전히 교사 중심에서 탈피하지 못했으며, 아동은 교사가 가르치는 것을 수동적으로 받아들이는 존재였다. 교수요목에 이어 1955년에 공포된 교과과정(제1차 교육과정)과, 1963년의 제2차 교육과정에서 경험 중심의 교육을 표방하였지만, 지식 중심의 암기교육이라는 비판은 이후에도 줄곧 계속되었다. 민주시민의식과 참여의식을 기른다는 사회과의 목적은 달성하지 못한 채, 기존의 사회에 인간을 동화시키는 교육이 계속되었다.

그렇다면 새교육운동과 사회과의 도입은 왜 그 목적을 달성하지 못한 것일까? 우선 교육이론을 제대로 이해하지 못한 채 미국 사회의 이념과 교육을 서둘러 받아들이려 했다는 비판이 가능하다. 사회과의 도입을 긍정적으로 평가하는 사람들도, 당시에 사회과를 제대로 알지 못했다고 자인하고 있다. 사회과를 아동 존중, 개성 존중의 이념을 가진 교과 정도로만 이해하고 있었다는 것이다. 그렇지만 근본적으로 다인종 사회에서 나타날 수 있는 사회적 문제점에 대처하고 사회적 효용성을 높이려는 목적에서 나온 사회과가, 과연 해방 직후 한국 사회에 적합한 것이었는지 충분한 논의가 없었다. 더구나 한국 교육에는 여전히 근대 교육 성립기와 일제하에서 받아들인 일본 교육의 영향이 그대로 남아 있었다. 그 결과 학제를 비롯한 제도나 교육이념상의 미국 교육과 실제 학교 현장에서 이루어지는 일본식 교육이 혼합되었다. 가끔 민족의식이나 한국적 교육이 주창되었지만, 이는 정치권력의 목적을 달성하기 위한 구호에 머물렀다. 미국식 교육과 일본식 교육의 절묘한 조화가 21세기까지 유지되어온 셈이다.

더 궁극적인 문제는 과연 '사회과'라는 교과가 학교 교육에 적합한지 여부다. 사회과에 포함되는 역사, 지리, 사회과학은 사회현상을 다룬다는 점에서는 공통점을 가지고 있다. 그렇지만 사회현상을 과학적이고 객관적으로 연구하려는 사회과학과 인문학적 성격이 강한 역사를 하나의 교과로 묶을 수 있는가 하는 의문은 계속되었다. 지리도 인문지리의 경우는 인문학적 성격이 강하다. 물론 사회과는 학문보다는 교육목적을 기준으로 생겨난 과목이다. 그렇지만 교과내용 없이 이런 목적을 달성할 수는 없다. 그런데 내용과 이를 공부하는 방법에서 사회과는 이질적인 영역들을 묶어놓았다. 결국 사회과의 도입은 이후 한국 교육에서 오랜 논쟁의 불씨가 되었다. 특히 역사와 사회과의 대립이 계속되었다. 이는 한국뿐 아니라 다른 나라에서도 나타난 현상이다.

민주적 민족교육에서 과학적 역사인식까지

해방 직후 한국사 인식과 국사교육론

"역사를 왜 배워야 하는가?" 사실 역사를 공부하는 사람에게 이 질문만큼 곤혹스러운 것은 없다. 다른 사람에게 조리 있고 설득력 있게 대답하기 어렵기 때문이다. 나도 역사교육론 강의 첫 시간이면 으레 이 이야기를 하고 책이나 글에서도 이 문제를 다루지만, 얼마나 많은 사람이 내 이야기에 고개를 끄덕였을지 의문이다.

어떤 국사를, 왜 배워야 하는가

그러나 한 가지 다행스러운 부분이 있다. 자신들이 역사 공부를 하건 아니건 간에, 역사를 배울 필요가 없다고 말하는 사람은 거의 없다는 점이다. 특히 한국사의 경우는 더욱 그렇다. 사람들의 마음속에 "한국인이면 으레 한국사를 알아야 한다"는 생각이 깔려 있다. 간혹 그렇게 생각하지 않는 사람이 있더라도 이를 겉으로 표현하는 경우는 찾아보기 어렵다. 그렇지만 한국사를 공부해야 하는 데 동의한다고 해서, "역사를 왜 배워야 하는가?"라는 질문이 현실적으로 불필요하지는 않다. "왜 배워야 하는가?"는 "어떤 역사를 배워야 하는가?"와 밀접히 관련이 있기 때문이다. 해방 직후 상황도 그러했다. 국사를 배워야 한다는 데는 모두 동의했지만, 어떤 국사를 배워야 할 것인가 하는 생각에는 차이가 있었다. 이는 국사교육을 통해 기르고자 하는 인간상이 달랐기 때문이다.

해방 직후에는 역사교육, 특히 국사교육에 대한 관심이 매우 높았다. 많은 한국사 책들이 나왔으며, 한국사 연구단체들이 재건되고, 국사강습회가 열리기도 했다. 국학자들은 국민이 한국사를 아는 것이 민족의 정체성을 되찾고 새로운 나라를 건설하는 길이라고 생각했다. 그러나 미군정과 이에 협력하여 교육정책을 주도하던 사람들은 역사교육보다 사회과에 관심을 두었다. 이들은 일제의 황국신민화 교육을 철폐하고 미국식 민주주의를 도입하는 것을 염두에 두었으며, 사회과를 통해 이를 관철하고자 했다. 그런데도 역사학자들은 국사교육이 왜 필요하며, 어떤 관점에서 어떤 내용을 가르쳐야 한다는 견해를 적극적으로 제시하지 않았다. 국사교육이 사회적 과제라는 점은 인식하고 있었지만, 한국사 연구와 국사교육을 특별히 구분하지 않았다. 간혹 국사교육을 언급하더라도 그 내용은 자신의 한국사관을 제시하는 것이었으며, 한국사 개설서를 펴내는 일을 곧 국사교육을 하는 것으로 생각했다. 따라서 국사교육에 대한 생각은, 이들이 제시한 역사관과 펴낸 한국사 개설서에 반영되어 있다고 할 수 있다. 따라서 해방 직후 국사교육론이 어떻게 전개되었는지 이야기하다 보면 자연히 당시 역사학자들의 역사관이나 역사인식에 다가갈 수 있을 것이다. 다만 당시 역사학자들의 역사관이나 역사인식을 너무 장황하게 소개하는 것은 피하기 위해 가급적 역사교육 문제와 관련이 있는 부분만 언급하려 한다.

미군정 학무국의 사회과 역사교육론

새교육운동을 벌이고 사회생활과를 도입한 사람들이 국사교육을 별도로 논의하는 경우는 거의 없었다. 국사교육의 방향도 사회과의 목표와 내용에 따라야 한다는 생각이었다. 사회과 역사교육론을 논의한 사람은 사공환이 거의 유일하다. 미군정청 학무국(뒤의 문교부) 사범교육과장이던 사공환은, 사회생활과가 오히려 역사를 비롯한 각 분과의 기본적 지식을 가르치는 데도 효과적이라고 주장했다. 사공환은 역사가 문화를 이해시키는 과목이라고 본다. 그에 따르면, 인간이 지리적 환경에 상호 반작용하여 만드는 것이 문화이다. 문화는 우리 생명과 관계가 있는 사물로, 그 사물의 기원, 발달의 과정이 우리와 어떤 관계가 있는지 이해하여 아동이 자기 생활에 활용하는 것이 역사공부이다. 사공환은 국사가 국어와 함께 흥국(興國)이라는 사명을 가졌다고 하면서, 이를 위한 국사교육의 원리로 '① 체험의 원리, ② 생명의 파악, ③ 부활의 원리, ④ 장생(長生)의 원리, ⑤ 공생의 원리, ⑥ 동화작용'을 들었다. 체험의 원리는 과거 생활을 자기 생활로 경험하는 것이다. 생명의 파악은 사료에 흐르는 생명과 제반 역사적 사실을 종합적으로 구성하여 깊이 있는 역사정신이나 이념을 파악하는 것이라고 설명한다. 부활의 원리는 과거의 역사적 사실에 들어 있는 정신을 현재에 부활시켜 실천하는 것이다. 장생의 원리는 역사가 과거의 죽은 일이 아니라 후세까지 영원히 생명을 가지고 있음을 천명한다. 공생의 원리는 세계를 제패하겠다거나 영토의 야망을 가지지 않고 다른 민족이나 국가와 함께 살아가는 정신이다. 동화작용은 외래문화를 우리 고유문화에 동화시켜 조선화하는

것이다.

사공환은, 일본의 역사학이 군국주의 파쇼의 정치적 목적을 위해 전 국민에게 왜곡된 신화의 신앙과 일정한 정치이념을 강제로 주입시켰다고 비판하였다. 이를 청산하고 민주주의 교육을 세우는 것을 건국 한국의 가장 커다란 과제로 보았다. 그리고 이런 교육을 이룬 대표적인 국가의 사례로 미국과 영국을 들었다. 두 나라의 정치를 합리주의적·과학적 사상의 씨를 받아서 조리 있는 이치를 중시하고 인권을 존중하는 인민의 정치라고 생각한 것이다. 따라서 교육과 역사학의 방법도 두 나라의 근대적 역사인식 방법과 비판적·합리주의적 정신을 받아들여야 한다고 주장했다.

그렇지만 사공환은, 우리의 문화적 전통과 단일민족을 내세우고 홍익인간을 건국이념으로 선뜻 내세우는 것에서 볼 수 있듯이 기본적으로 민족주의적 성향을 강하게 가진 인물이었다. 조국애를 국사교육의 사명으로 보는 것도 마찬가지이다. 결국 그의 국사교육론은 민족주의자들의 국사교육론과 별다른 차이가 있는 것이 아니었다. 다만 군정청

해방 직후 나온 한국사 책들. 왼쪽부터 권덕규의 《조선사》, 황의돈의 《중등조선역사》, 신정언의 《상식국사》, 함돈익의 《조선역사》, 최남선의 《역사일감》, 신정언의 《구휼국사》, 이창환의 《조선역사》

교육 관료로서 사회생활과 도입이라는 군정청의 정책을 옹호하고, 좀 더 구체적인 국사교육의 방향을 제시한 정도였다.

비슷한 많은 사례가 이미 알려져 있지만, 사공환이 일본의 역사학을 비판하고 영·미 두 나라의 정치나 역사학을 높이 평가한 것을 보면서 그 신속한 변신에 감탄하게 된다. 사공환은 일제 말 조선총독부 학무국 학무과에 근무하다가 해방을 맞이했다. 1942년 1월에는 《춘추》에 '영미의 동양침략사'라는 글을 썼다. 영국과 미국이 아시아를 침략해서 식민지로 만든 과정을 지역별로 상세히 소개한 글이었다. 당시 《춘추》는 일제의 침략전쟁을 옹호하고 내선일체운동을 지지하는 친일지로 전락한 상태였다. 사공환은 1940년부터 1942년까지는 조선금융조합연합회가 발간하는 친일잡지인 《반도의 빛(半島の光)》에 '황국 2600년 약사(皇國二千六白年略史)'를 무려 27회에 걸쳐 연재했다. 일제의 황국사학자들이 만들어낸 천황을 신격화하고 일제의 침략전쟁을 합리화한 역사를 그대로 소개한 내용이다. 그러던 역사 서술이 해방이 되는 순간 정반대로 바뀌어버린 것이다. 사공환은 미군정 학무국 사범교육과장 외에도

친일잡지 《반도의 빛》에 실린 〈황국 2600년 약사〉 27회

조선교육심의회 제3분과(교육행정)위원으로 활동했다. 학무국이 문교부로 바뀐 다음 문교부장이던 오천석이 조선교육연합회를 만들자 사무국장을 맡아서 실제적으로 운영하기도 했다. 정부 수립 후에도 문교부 안에서 그대로 지위를 유지하여 사범교육과장과 고등교육국장을 역임했다. 그만큼 국사교육뿐 아니라 초기 교육정책을 세우는 데 중요한 역할을 한 인물이었다.

그러한 사공환이 자신의 지식을 동원해서 일제의 황국사관과 군국주의 교육을 적극 뒷받침한 인물이라는 사실은, 해방 이후 이루어지지 못한 친일 반민족 행위 청산의 문제를 다시 떠올리게 한다. 사공환은 민족문제연구소가 펴낸 《친일인명사전》에 포함되지 않았다. 사전에 실을 친일 인물 선정 기준에는 해당되지 않았을 것이다. 아마도 해방 후 사공환이 교육계에서 차지한 위치는 고려의 대상이 아니었나 보다. 어쩌면 교육계의 친일행위가 상대적으로 다른 분야보다 눈에 덜 띄었을지도 모르는 일이다.

민주적 민족교육론
|

국사교육에 가장 적극적인 관심을 보인 층은 당연히 민족주의자들이었다. 이들에게 국사교육은 민족 전통을 되살리고 민족의식을 기르는 주요한 수단이었다. 이들은 일제의 군국주의 교육을 철폐하고 민주주의 교육을 세운다는 대의에는 동감했지만, 미군정과 교육주도세력의 교육정책이 지나치게 미국 중심으로 치우치는 것을 경계하였다. 그리하여 민족교육을 주장했으며, 외국의 교육사상가 중에서 듀이 못지않게 페스탈로치에 관심을 두기도 했다. 이들은 새교육운동과 미국식 교육의 도입에 맞서 1946년 8월에 민주교육연구회를 만들었다. 그리고 1946년 12월에 학회 이름을 조선교육연구회로 바꾸고, 학회지《조선교육》을 간행하였다. '민주'보다는 '조선', 즉 민족을 내세우는 것이 자신들의 관점을 더 확실히 보여준다는 취지였다. '조선교육'이라는 말 속에는 단체명에 으레 들어가는 나라 이름으로 '조선', 우리나라 교육에 대한 연구라는 의미의 '조선'과 전통에서 교육정신을 찾는다는 의미의 '조선'이 복합적으로 내포되어 있는 셈이었다.

해방 직후의 상황에서 민족교육을 주장한다고 해서 민주교육을 배제할 수는 없었다. 더구나 미군정은 사회의 민족주의적 분위기를 경계하였다. 제2차 세계대전의 상대였던 독일이나 일본의 파시즘체제가 지나친 민족주의에서 나온 것이라고 여겼기 때문이다. 따라서 민족주의자들은 우리 민족의 역사와 정신에 토대를 둔 교육을 내세우면서도, 그것이 곧 민주주의 교육이라고 주장했다. 민족 전통에 민주주의 정신이 들어 있다는 논리였다. 즉 미국식 자유민주주의나 소련식 인민민주주의

조선교육연구회가 1946년
에 간행한 학회지 《조선교
육》

가 아닌, 한국 전통의 민주주의 교육을 하자는 것이었다. 이것을 이들
은 '민족적 민주주의' 또는 '민주적 민족교육론'이라고 하였다.

　'민족주의'를 공통분모로 하여 함께 활동하고 민주적 민족교육론을
내세우기는 했지만, 조선교육연구회 구성원들의 관점이 다 같은 것은
아니었다. 표면적으로 다같이 '민족'을 내세우고 있었지만, 민족 안에서
역사의 주체가 누구이며, 역사를 움직이는 힘이 무엇인지에 대한 생각
은 서로 달랐다. 초대 문교부장관을 역임한 안호상은 극우민족주의 성
향의 인물이었다. 안호상은 소련의 인민민주주의는 물론 미국이나 서
구의 자유주의도 배격했지만, 강한 반공사상을 가지고 있었다. 이에 반
해 신민족주의자로 분류되는 안재홍과 손진태는 중도적 성향을 띠었
다. 이들은 민족주의를 내세우면서, 민족의 주체를 엘리트가 아닌 민중
으로 보았다. 안호상은 자신의 역사관을 '한백성주의'라고 하였다. '한백
성주의'는 이승만이 통치이데올로기로 삼은 '일민주의'의 우리말에 해당

한다. 또한 안호상은 1970년대부터 본격화된 상고사 논란의 중심인물이기도 하다. 한국 현대사학사를 다루면서, 민족주의 사학자로 안호상을 언급하는 경우는 없으며, 안재홍, 이인영, 손진태 등의 신민족주의자들을 다루는 이유도 여기에 있다. 이 중 가장 많은 사람들의 연구대상이 된 것은 손진태의 역사관이다. 손진태는 국사 교과서를 집필했으며, 적극적으로 국사교육에 대한 자신의 견해를 밝히고, 정부가 들어선 다음 교육행정 업무에 참여하는 등 활발한 교육활동을 했던 인물이기도 하다. 손진태는 기존 국사 교과서가 가지고 있는 문제점의 유형을 다음과 같이 지적한다.

- 조선시대의 봉건적인 사관을 그대로 가지고, 시종일관 왕실중심주의의 귀족사상을 고취하는 교과서
- 봉건사상에서 벗어나지 못한 국수적인 교과서
- 봉건적이지는 않지만, 아무런 '이데올로기'와 일관된 사상체계를 갖지 못한 채 흥미 있는 사실의 나열에 치중한 교과서
- 좌익학도가 쓴 국사 개론이 없는 교과서

손진태는 민족을 중심으로 역사를 보되, 지배층이 아닌 민중 중심이 되어야 한다고 주장했다. 그러기 위해서는 역사적 사실을 지식으로서만이 아니라 비판적으로 이해해야 한다. 손진태에 따르면, 국사를 지식으로만 이해할 때 연대와 지명, 인명, 사실(史實)을 암기해야 하는 부담만 가지게 되고 현실생활에 아무런 도움도, 교훈도, 흥미도 주지 않는다. 비판적 관점은 역사적 사실을 현실생활에 살리는 관련성을 가지게

되므로, 현실생활에 식량이 되고 물과 공기가 되고 광선이 되어서 저절로 흥미를 갖게 되고 교훈을 주게 된다.

손진태가 말하는 비판적 관점은 민족적 관점, 민주적 관점에 서는 것이다. 그런데 그 민주적 관점은 소련식 민주주의도 영·미의 민주주의도 아니다. 이들의 민주주의는 강대국의 민주주의이므로 약소민족에게는 적합하지 않다. 소련식 국사교육은 민족 내부에 계급투쟁을 일으켜 민족을 약화시키고 나아가 민족 자체를 부정하게 될 염려가 있다. 영·미의 민주주의는 약소민족으로 하여금 저도 모르게 그들의 거대한 자본주의 속에 빠져 더욱 약소화되게 만들며 민족으로서의 발전을 꾀할 수 없게 할 우려가 있다. 손진태는 이에 대비되는 민족주의를 신민족주의라고 했다. 그의 대표적인 저서인 《조선민족사개론》에서는 신민족주의 관점을 다음과 같이 서술하고 있다.

나는 신민족주의 입지에서 이 민족사를 썼다. 왕자(王子) 1인만이 국가의 주권을 전유(專有)하였던 귀족정치기에 있어서도 민족사상이 없었던 것은 아니요, 자본주의 사회에도 또한 민족주의란 것이 있다. 그러나 그러한 민족사상은 모두 진정한 의의의 민족주의는 아니었다. 그것은 민족의 미명 하에 그들 지배계급만의 권력과 부력(富力)을 획득·유지하려는 극히 불순한 가면적(假面的)이요, 무마적(撫摩的)인 것이었다. 진정한 민족주의는 민족 전체의 균등한 행복을 위하는 것이 아니면 안 될 것이다. 민족 전체가 정치적으로 경제적으로 사회적으로 문화적으로 균등한 의무와 권리와 지위와 생활의 행복을 가질 수 있을 때에 비로소 완전한 민족국가의 이상이 실현될 것이요, 민족의 친화와 단결이 비로소 완성될 것이다. 손진태, 《조선민족사개론》, 자서 1쪽 잘 알려져 있듯이 신민족주의는 안재홍이 주창한 건국이념이다. 안재홍은 신민족주의를 계급, 민족, 국가, 파벌, 신구, 피아 구분 없이 '만민공생', '인류대동'을 지향하는 이념으로 규정한다. 진보적이고 반제국주의적인 모든 지주와 자본가와 농민, 노동자가 함께 만민공생을 향해 새롭게 나아가는 것이 안재홍이 말하는 신민족주의이다. 이를 위해 대중의 확고한 이해를 기반으로 초계급적, 초당파적 회통(會通)이 필요하다고 주장한다. 이러한 이념은 구태여 외국에서 찾을 것 없이, 한민족 고유의 이념과 꼭 합치된다고 한다. 따라서 이를 현대 사회에 맞게 발전시키면 신민족주의가 된다는 것이다.

이와 마찬가지로 손진태도 신민족주의가 국제적으로 모든 민족의 평등과 친화와 자주독립을, 국내적으로 모든 국민의 정치적·경제적·교육적 균등과 그로 인한 약소민족의 단결과 발전을 지향한다고 주장한다. 그러므로 신민족주의는 국제적으로 전쟁을 부인하고 국내적으로는 계급투쟁을 거부한다. 역사를 군주나 지배층이 아니라 민중을 중심으로 보아야 한다는 관점도 마찬가지다. 손진태에 따르면, 왕실을 중심으로 역사를 이해하는 군주주의는 국민교육에 해독을 끼치는 반민주주의적 체제이다. 이에 따라 손진태는 한국사에서 단군과 기자조선을 뺄 것을 주장한다. 이러한 주장은 단군을 '국조'로 내세워 민족의 고유성을 회복하고 정체성을 추구한 당시 사회나 교육계, 특히 민족주의자들의 그것과 사뭇 다르다. 역사의 교훈도 마찬가지다. 손진태는 국사교육의 중대한 목적을 애국정신의 고취로 보았다. 따라서 애국자를 선양하고 민족 반역자를 철저히 배격할 것을 주장한다. 그런데 그 애국자는 왕실에 대한 충신이 아니라, 민족에 위대한 업적을 남기는 사람이다. 이런 관점에서 정몽주나 사육신은 왕실을 위하여 생명을 희생한 것이지 민족을 위한 죽음은 아니었다고 평가 절하한다. 그에 반해 민영환, 안중근 등은 민족을 위해 희생했으므로 진정한 애국자로 높이 평가한다. 같은 맥락에서 홍경래, 전봉준을 반역자로 쓰고 있는 기존의 견해를 2천만 민족의 입장에서 재비판해야 한다고 주장한다. 그리고 무신정변 시기의 초적들이나 몽골에 대항해서 싸운 노비군도 높이 평가한다.

그렇지만 손진태는 민족주의적 관점이 국수주의를 배격하고 세계주의의 관점에 서야 한다고 지적한다. 민족사를 국제적·세계적 시야에서 관찰하고 비판하여야 한다는 것이다. 손진태에 따르면, 이러한 시야로 교육하여 국민의 사상 영역을 세계적으로 지도해야 한다. 그래야 자국 역사의 단점을 은폐하고 그 과오에 대한 자기반성을 하지 않음으로써 진취성을 잃고 우물 안 개구리와 같이 되는 것을 피할 수 있다. 요컨대 봉건적·국수적 방법을 타파하고, 세계주의적 민주주의에 입각하여 역사적 사실을 체계적·유기적·비판적으로 가르쳐야 한다는 것이다.

손진태는 역사를 공부하는 방법에도 주목한다. 총괄적으로 이해하는 것이 그가 제시한 역사학습의 방법이다. 그래야 복잡한 역사적 사실을 조직적이면서 유기적으로 이해할 수 있기 때문이라고 한다. 나열적이고 개별적으로 이해하는 것은 산만하고 무의미해서 금방 잊어버릴 뿐 아니라 두뇌의 부담만을 과중하게 한다고 비판한다. 국사교육은 민족사의 주류가 되는 여러 중요 제목 아래 5천 년 역사적 사실을 총괄하여 기술하고 비판하여야 하며, 개별 사실 하나하나를 다른 부분과 상호연관 하에 비판하고 이해해야 한다는 것이다.

그러나 현실 사회에서 손진태를 비롯한 신민족주의자들이 자신의 역사관을 국사교육에 얼마나 반영하려고 했는지 의문이다. 초대 문교부 장관인 안호상은 일민주의를 교육이념으로 내세우고, 학도호국단을 만들었으며, 학원 안의 좌익 색출에 대대적으로 나서는 등 민족통합과 거리가 먼 국가주의적·반공주의적 교육정책을 펼쳤다. 손진태도 이승만 정부에 참여하여 편수국장을 했으며, 이어서 문교부 차관에 취임했다. 이 글에서는 다루지 않았지만, 안재홍·손진태와 함께 또 한 사람의 신민족주의자로 꼽히는 이인영도 고등교육국장으로 교육행정의 한몫을 담당했다. 안호상과 마찬가지로 민주적 민족교육을 주창하고, 조선교육연구회에 참여하는 등 함께 활동한 경력이 작용했을 것이다.

물론 그렇다고 하여 손진태가 이승만 정부의 정치노선을 맹목적으로 따랐다는 것은 아니다. 예컨대 손진태는 역사교육계에서 친일파가 발을 붙여서는 안 된다고 생각했다. 1948년 10월 4일에 열린 전국학무국장회의에서 손진태는, 민족정기를 해칠 우려가 있다는 이유로 일제 식민지하에서 친일 행적을 한 이광수, 최남선이 지은 책은 교과서는 물론 부교재로도 사용하지 말라고 지시하고 있다.

문헌고증사학의 국사교육론
|

해방 직후 가장 활발한 국사교육활동을 한 단체는 진단학회였다. 일제 말에 해산된 진단학회는 1945년 8월 31일에 사단법인으로 다시 발족했다. 진단학회는 미군정의 위탁을 받아 중등용 국사 교과서인《국사교본》을 편찬했으며, 현재로서는 그 실체를 확인하기 어렵지만 초등용 국사 교재의 개발에도 착수했다. 일반인과 교사를 대상으로 국사강습회

를 개최하기도 했다.

역사를 조금 공부한 사람에게 진단학회는 이중의 이미지로 다가올지 모른다. 이는 한국사를 보는 관점과 국사교육의 단면들을 보여주는 것이기도 하다. 고등학교 때까지 국정교과서의 단일한 역사 해석, 국가의 역사관을 접하다가 대학에 들어와서 이와 다른 '역사적 사실'들을 접하면서 받는 갈등이었다. 베트남이 공산화 통일이 되자 고등학생으로 반공을 부르짖는 관제데모에 나섰다가 대학에 들어와 이영희(나중에 '리영희'로 바뀌었으나, 당시 불리던 이름대로 쓴다)의《전환시대의 논리》에서 베트남전의 실상을 접한 나 같은 세대는 적잖은 충격을 받았다. 그 충격으로 '의식화'되어 학생운동에 나선 이들도 있었다. 의식화 문제와 별개로, 고등학교 때 배운 역사적 사실이 대학에 들어와 바뀌는 경우를 어렵지 않게 찾아볼 수 있다. 진단학회도 그중 하나다.

고등학교 시절까지 나에게 진단학회는 일제의 식민사관에 맞서 민족의 역사를 지키고자 노력한 민족운동 단체였다. 이 글을 쓰면서 고등학교 때 배운 국사 교과서를 찾아보았다. 거기에는 "일본인 학자들의 한국 연구에 자극을 받아 이병도, 조윤제, 손진태 등을 중심으로 진단학회가 조직되어 진단학보를 발행하면서 국학 연구를 북돋았다. 그러나 조선어학회 탄압에 뒤이어 그 활동도 중지당하였다(《인문계 고등학교 국사》, 1974, 217쪽)"라고 되어 있었다. 같은 시기 중학교 국사 교과서에도 "젊은 학자들은 일본인이 한국사를 거짓으로 고쳐 발표하자, 이에 맞서 진단학회를 조직하여 바른 국사 연구에 열중하였다(《중학교 국사》, 1974, 240쪽)"고 하여 진단학회의 활동을 대표적인 문화투쟁으로 서술했다. 진단학회에 대한 이런 서술은 이후 국사 교과서에도 변함없이 계속되었다. 그러나 대학에 들어와서 역사를 공부하면서, 진단학회의 역사 연구를 두고 일제 관학자와 별 차이가 없다거나 심지어 식민사학의 아류라고 평가하는 글을 더 많이 접하게 되었다. 같은 자료를 가지고 같은 연구방법으로 연구하면 결과적으로 비슷한 역사적 사실이 나올 수밖에 없을 것이다.

물론 진단학회의 역사 연구를 단순히 친일로만 치부할 수 있는 것은 아니다. 진단학회에 참여한 사람들의 연구 분야가 다양하고, 역사관과 해석도 통일되어 있지 않다. 진단학회에 대한 비판은 역사 전체를 보는 관점을 삼간 채 문헌고증에 의존하여 개별적인 사실들을 밝혀내면 된다는 연구방식에 대한 비판이라고 할 수 있다. 그리고 이러한 비판의 초점은 진단학회를 만드는 데 가장 주도적인 역할을 한 이병도에게 맞춰졌다. 해방 이후 진단학회를 재건하면서 학회 내의 친일파를 배제하고 연구 경향을 일신하자는 주장이 나온 것도 이병도를 겨냥한 것이었다. 이병도는 이에 맞서 김상기, 신석호 등과 조선사연구회를 결성하여 문헌고증에 의한 연구를 계속하였다. 진단학회 내부의 이러한 갈등에서 결국 이병도는 승리를 거두고 주도권을 장악했다. 이병도와 대립관계에 있던 사람들은 안호상의 주도로 만든 조선교육연구회에 참여했으므로, 결국 진단학회의 국사교육활동은 이병도를 중심으로 이어졌다.

이병도는 역사 연구뿐 아니라 교육에도 관심을 쏟았다. 이병도의 주도로 만든 조선사연구회는 구성원들이 신문에 충무공 정신을 상세히 설명하고 현대에도 그 정신을 되살려야 한다는 글을 쓰는 등 이순신을 추모하는 사업에 앞장섰다. 조선사연구회는 조선 당쟁의 폐단과 임진왜란이 준 교훈을 대중에게 전달하는 데도 힘썼다. 이병도 자신도 교수

이병도가 1955년에 출간한 《국사와 지도이념》

요목기부터 제2차 교육과정기인 1960년대 후반까지 중·고등학교 검정 국사 교과서를 집필했다.

이병도는 문헌 고증에 의한 개별적·실증적 연구에 치중했다. 1948년 한국사 개설서인 《국사대관》을 펴냈으나, 한국사를 보는 종합적 관점이 없다는 평가를 받았다. 이병도가 펴낸 국사 교과서들에서도 특별한 관점은 드러나지 않는다. 다만 이병도는 《국사와 지도이념》이라는 책에서 한국 정치와 사회생활 변화에 흐르는 중심 이념들을 제시하고 있다. 이 책은 일반인이 아니라 정훈장교 등을 위한 청년지도원용으로 쓴 것이기는 하지만, 한국사에 흐르는 정신과 이념을 소개하고 있어 이병도의 국사교육관을 어느 정도 짐작할 수 있다. 그리고 "더 자세한 내용을 알려면 《국사대관》을 참고하라"는 이 책의 서문을 통해 이 책이 《국사대관》에서 전하고자 하는 역사관을 정리한 것임을 알 수 있다.

그는 《국사와 지도이념》에서 민족사를 이해하려면 세계사적 공통성과 국가 자체의 특수성을 함께 보아야 한다고 말한다. 그렇지만 이처럼 국사의 특수성, 세계사와의 관련성을 함께 고려해야 한다는 논리는 모든 역사가나 교육자들이 언급하는 수사에 지나지 않는다. 문제는 이 중 어디에 초점을 맞추느냐 하는 것이다. 이에 이어서 이병도는 한국사의 특수성을 논한다. 한국사가 다른 나라 역사와 특히 구별되는 점을 단일 민족의 성격이 강하다는 점에서 찾는다. 이 때문에 우리 생활에는 공통적인 최고 정신과 이념이 있다고 한다. "개인은 전체(씨족-부족-국가-민족)를 의식하고 그 속에서 살고, 전체는 개인을 포섭하고 보호하여 성장하는 만큼(4쪽)" 개인과 전체가 떨어질 수 없는 불가분의 관계라는 것이다. 그렇지만 개인과 국가, 즉 전체가 상호작용한다는 논리도 누구나 할 수 있는 말이다. 실제로 개인과 국가 중 어느 편에 비중을 두는가에 따라서 역사교육관은 크게 달라진다. 이 중 이병도가 강조하는 것은 전체이다. 우리의 최고 정신은 "개인은 국가나 민족을 떠나 존재의 의의가 없고 항상 국가와 민족의 통일 발전 가운데 살고, 그것에 봉사하는 일원인 것을 자각하면서 국가 민족의 영원한 이상에 순(殉)하려 하는 그 정신(4쪽)"이라는 것이다. 따라서 이 책에서는 한국사의 공동체를 자세히 서술하고 있다. 대외전쟁에서 나타난 통일정신은 이러한 생각을 가진 사람이면 누구나 떠올릴 수 있는 대표적인 예이다. 이 밖에도 공동체 정신으로 원시신앙과 신라의 화랑도 정신을 들고, 신라의 삼국통일과 고려의 재통일에서도 공동체 정신을 찾는다. 두레, 향약, 보부상을 '소협동체'라고 하여 특별히 강조하기도 한다. 이러한 공동체를 위한 희생정신은 국가를 향한 정신이다. 이병도는 이러한 역사교육관을 다음과 같은 논리로 펼친다.

이 비상한 시국을 당하여, 평상시와 같은 소만 방종(疏慢放縱)한 태도와 정신을 가지고 살아갈 수 있느냐를 똑바로 정시(正視)하여야 할 것이다. 지도층도 그러하려니와 일반 국민도 큰 목표 아래에 자력갱생 소비절약을 위한 어떠한 협동조합, 즉 전일의 계와 같은 것을 조직하여 자기 자체의 생활 유지와 개선 향상을 도모하는 동시에 국가 방침에 순응하고 복종하지 않으면 아니되겠다. 이병도, 《국사와 지도이념》, 110쪽

이병도가 보기에 국가 방침에 순응하고 복종하는 것이 한국사의 최고 정신인 공동체 정신인 것이다. 물론 이 책이 나온 때가 전쟁이 끝난 지 얼마 되지 않은 시점이라는 것도 이러한 서술에 영향을 미쳤을지 모른다. 그렇지만 고대사와 함께 사상사가 주된 연구 분야이며, 고대뿐 아니라 고려와 조선의 사상사를 연구했다는 점에서 이러한 관점은 그의 역사교육관으로 보아야 할 것이다.

마르크스주의 역사학의 국사교육론

일제하에서 사회경제사 연구에 치중하던 마르크스주의 역사학자들도 해방 이후 적극적으로 학술운동에 나섰다. 해방 다음날인 1945년 8월 16일에 조선학술원이, 10월에는 조선과학자동맹이 창립되었다. 1946년 5월에는 민족문화연구소가 문을 열었다. 이들은 '과학적 방법론'에 입각한 한국사 연구와, 사회변혁을 이끌 수 있는 실천적 학문을 모색하였다. 봉건적·국수적 한국사 인식을 타파하고, 민중의 입장에서 민족적·계급적 모순을 밝힐 것을 내세웠다. 이런 관점에서 사회경제사와 민족해방운동사를 연구하였다.

그러나 해방 직후 마르크스 역사학자들의 한국사 연구와 국사교육 활동은 부진했다. 식민사관을 체계적으로 비판하거나 자신들의 역사를

보는 관점과 연구결과를 정리하여 보급하지 못했다. 1947년에 나온 전석담의《조선사교정》이 대중을 대상으로 하는 거의 유일한 한국사 개설서였다. 이들이 결성한 학술단체가 좌익계 정당들과 연결되어 있어서 그 정치이념과 노선을 대변했으며, 다수의 학자들이 정치활동에 많은 시간을 쏟았기 때문이었다. 대표적인 마르크스 역사학자로, 조선학술원

전석담이 1948년에 을유문화사에서 펴낸 《조선사교정》

위원장이자 민족문화연구소 소장이던 백남운도 조선교육심의회 위원으로 미군정에서 교육 문제를 심의하기는 했지만, 적극적으로 활동하지는 않았다. 백남운은 남조선신민당 위원장이자, 좌익 세력을 결집하여 결성한 민주주의민족전선 의장단 의장이었다. 이후에도 여운형과 함께 사회노동당을 세우고, 근로인민당 부위원장을 역임하였다. 더구나 이 과정에서 미군정과의 대립, 좌익 세력 내부의 갈등 등으로 인해 정치활동에서 벗어나 학문과 교육연구를 할 여유를 얻을 수 없었다. 백남운은 해방 직후 한국 사회의 변화를 민주역사의 창조 과정으로 보고, 이를 위해 민주주의 역사관을 세워야 한다고 주장했다. 그가 말하는 민주주의 역사관은 변증법적 유물사관이었다. 과거사의 형식과 내용에 대한 비판적 이해로써 종래의 관념적 역사인식에서 탈피하고, 비과학적인 사고방식을 극복하며, 민주적 역사관을 최대한 뿌리내리게 하는

것이 역사학도가 할 일이라고 생각했다. 이와 동시에 민주역사의 창조에 관련되는 일체의 현실성을 파악함으로써 진정한 민주주의적 사유방식을 심화·확대해야 한다고 주장했다. 그렇지만 이를 교육에 적용할 방안을 강구하는 데 이르지는 못했다.

정치활동과 거리를 두고 교육계 내부에 머물면서 한국 교육의 방향을 제시한 좌파 교육학자로, 한국 교육사의 명저로 꼽히는《조선교육사》를 집필한 이만규를 들 수 있다. 이만규의 교육론은 좌익계의 교육이론으로 평가받는다. 이만규는 특정 교과를 통해 길러야 할 교육이념을 별도로 제시하지는 않았다. 따라서 역사교육의 이념에 대한 논의도 찾아볼 수 없다. 그러나 이만규가 한국 교육이 실천해야 할 교육방안으로 제시한 것 중 다음 몇 가지는 역사교육과 관련이 깊은 것들이다.

- '나라는 내 것이며, 나라는 나 때문에 있고, 나라는 내가 만든다'라는 진정한 민주주의 사상을 가르칠 것
- 본능적·국수적 애국심을 배제하고 과거 우리 민족의 장단점, 진실과 거짓에 대한 객관적 분석을 토대로 하는 순정한 애국심을 기르게 할 것
- 모든 국민이 노동자요, 노동자가 아니면 국민이 아니라는 생각을 가질 수 있도록 교육할 것 이만규, 〈건국교육에 관하여〉

이런 주장에 비추어보면, 이만규는 애국심을 기르는 역사교육을 부정하지는 않았지만, 지나친 민족주의를 버리고 진정한 민주주의의 관점에서 역사를 공부해야 한다고 보았다. 또한 이를 위해 과학적이고 객관적으로 역사적 사실을 분석해야 하며 역사의 주체를 민중에 두어야

한다고 이만규는 말한다.

교수요목의 제정과 국사교육
|

미군정은 1946년과 1947년에 각각 국민학교와 중학교(지금의 중·고등학교) 교수요목을 공포했다. 교수요목은 국가 수준의 교육과정에 해당하는 것으로, 교과목, 수업시수, 교과목표와 내용 등을 규정한 것이었다. 교수요목에서는 '사회생활과'라는 이름으로 미국의 사회과를 도입하고, 역사를 그 속에 편입하였다. 교수요목에 따라 검정교과서가 개발되어 심사를 거쳐 학교에 보급되었다. 교수요목에 따른 교과서는 1955년 교과과정(제1차 교육과정)이 공포되고 이에 근거한 교과서가 개발될 때까지 사용되었으므로, 교수요목에 나타난 교육이념은 상당 기간 동안 우리의 학교 교육에 영향을 미쳤다.

중학교 교수요목에서는 국사를 가르칠 때 주의해야 할 점으로 '민족의 자주정신과 도의 관념의 함양 및 문화의 전승 발전에 깊이 유의하는 동시에 생도들에게 이를 고조하여 완전자주독립에 이바지하도록 하여야 할 것'을 제시했다. 이를 위해 민족과 국가의 특수성을 강조하고 민족정신을 가르치는 데 비중을 두었다. 초·중학교를 막론하고 국사의 첫 단원을 민족의 기원으로 하고 마지막 단원에 민족성과 관련된 내용을 넣도록 한 것이, 이를 반영한다. 세계사교육에서는 한국사와 관련지어 '이웃나라 역사'와 '먼 나라 역사'를 이해하도록 하고 있으며, 세계사적 맥락 속에서 한국사와 세계사의 상호관련성에 유의하도록 했다.

교수요목의 국사에서 민족이 강조된 것은 당시의 사회적 분위기를 반영한다. 그렇지만 국사 교수요목이 어떤 뚜렷한 이념을 지향하고 있다고 할 수 없다. 여러 논의들을 충분히 수렴하여 국사교육의 이념을 제시한 것이 아니라, 그저 막연히 민족과 한국사의 고유성을 강조했다. '민족', '민족성'이라는 말이 여러 번 나오고 역사의 특수성이 강조되고 있지만, 추상적으로 문구를 제시하는 데 머물고 있다. 예를 들어 민족성에 대한 학습내용은 '민족성이란 무엇인가?', '우리 민족성은 어떻게 이루어져 왔는가(초등학교 6학년 사회생활)' 같은 식이다. 실제로 이를 반영하여 역사를 해석하거나 한국사의 체계를 구성할 수 있는 여지는 별로 없는 것이다.

'널리 인간을 이롭게 하다'

단군사상과 홍익인간의 교육이념

'널리 인간을 이롭게 하다.' 홍익인간(弘益人間)의 의미이다. '홍익인간' 은 한국인에게 매우 익숙한 말이다. 국민정신이나 교육이 사회적 문제 가 될 때면, "홍익인간의 정신을 되살려야 한다"라고 하거나 "홍익인간 의 정신을 사회에 뿌리내려야 한다"라고 주장하는 목소리를 들을 수 있 다. 홍익인간에서 나온 '홍익'이라는 말은 사회 곳곳에서 쉽게 찾을 수 있다. 대학교 중에도 홍익대학교가 있고, 몇 년 전까지 기차 안이나 역 에서 물건을 판매하던 단체는 홍익회였다. 홍익출판사, 홍익아파트도 있다. 그 밖에도 '홍익'이라는 이름을 내걸고 있지는 않지만, 영산대학교 나 국학원 등과 같이 '홍익인간'을 이념으로 삼고 있는 학교나 단체들도 상당수 있다. 네이버에서 '홍익'을 검색어로 넣어보니, 내가 살고 있는 충남 천안시 동남구를 중심으로 2800건 가까이 검색된다는 결과를 보 여준다. 홍익스포츠센터, 홍익빌라, 홍익광고인쇄, 홍익아파트, 홍익인 테리어, 홍익웨딩프라자, 홍익부페, 홍익미술학원 등등 온갖 분야에 걸 쳐 '홍익'이라는 말이 사용되고 있다.

우리나라 최고의 교육이념

|

홍익인간은 법에 규정되어 있는 우리나라 최고 교육이념이다. 교육기
본법 제2조는 교육이념을 다음과 같이 규정하고 있다.

[교육이념] 교육은 홍익인간의 이념 아래 모든 국민으로 하여금 인격을 도야
하고 자주적 생활능력과 민주시민으로서 필요한 자질을 갖추게 함으로써 인
간다운 삶을 영위하게 하고 민주국가의 발전과 인류공영의 이상을 실현하는
데에 이바지하게 함을 목적으로 한다.

1997년에 제정되고 2008년에 개정된 교육기본법 제1조는 법의 목
적 자체이므로, 제2조가 사실상 내용의 첫 번째 조항이다. 홍익인간은
정부 수립 이후부터 현재까지 계속 교육의 기본이념이었다. 1949년 12
월에 제정·공포된 교육법 1조에 홍익인간을 교육이념으로 규정한 이래
현재까지 그대로 이어진 것이다. '홍익인간'이 교육이념으로 적합한지
에 대한 논란이 없었던 것은 아니지만, 홍익인간의 교육이념을 비판하
는 목소리가 그다지 사회적 관심을 끌지는 못하였다. 그만큼 홍익인간
이라는 말은 사회에서 별다른 거부감 없이 자연스럽게 사용되고 있다.

이미 잘 알려졌듯이 홍익인간은 단군신화에서 비롯된 말이다. 단군
신화를 전하는 가장 오래된 책인《삼국유사》에 나오는 내용은 다음과
같다.

옛날에 환인(桓因, 제석帝釋을 말함)의 서자 환웅(桓雄)이란 이가 있었는데,

자주 뜻을 천하에 두고 인간 세상을 구하고자 하였다. 그 아버지가 아들의 뜻을 알고, 삼위태백산(三危太伯山)을 내려다보니, 널리 인간을 이롭게 할 만하였다. 이에 천부인(天符印) 3개를 주고 가서 인간 세상을 다스리게 했다. 환웅은 무리 3천을 거느리고 태백산(지금의 묘향산) 꼭대기에 있는 신단수 아래로 내려와서, 이곳을 신시(神市)라 하니, 이분이 환웅천왕이시다. 환웅은 풍백(風伯), 운사(雲師), 우사(雨師)를 거느리고 곡식, 수명, 질병, 형벌, 선악과 인간의 360여 가지 모든 일을 주관하여 세상을 이치에 맞게 만드셨다.

천신(天神)의 아들인 환웅이 인간세계에 내려온 취지가 '널리 인간을 이롭게 한다'라는 의미의 홍익인간이다. 물론 홍익인간의 뜻을 이와 조금 달리 해석하는 견해가 있기는 하다. 인간을 뜻하는 한자어는 '인간'이 아니라 '인(人)'이며, '인간'이라는 말은 사람이 아니라 인간세상의 의미라는 견해가 대표적이다. '이익(利益)'이 '이(利)를 더하다'라는 뜻인 것과 마찬가지로, 홍익의 '익(益)'도 이롭게 한다는 것이 아니라 '더하다'라는 뜻으로 보기도 한다. 이 견해들에 따르면 홍익인간은 '널리 인간세상을 이롭게 하다' 또

사단법인 국학원에서 단기 4345년 개천절 경축 행사로 개최한 '홍익 대한민국대축전' 모습 ⓒ 노컷뉴스

는 '사람이 사는 세상을 널리 늘어나게 하다'라는 뜻이 될 것이다. 그렇지만 홍익인간의 뜻이 무엇인지 따지는 것은 이 글의 관심이 아니며, 나 자신이 이를 규명할 만한 능력을 가지지도 못하므로, 가장 흔히 들을 수 있는 대로 그냥 '널리 인간을 이롭게 하다'로 해두기로 한다. 그런데 어떻게 해서 홍익인간은 한국 교육의 이념이 된 것일까?

해방 전후의 단군민족주의

초등학생만 되어도 단군을 모르는 사람은 없을 것이다. "아름다운 이 땅에 금수강산에 단군할아버지가 터 잡으시고"라는 가사로 시작되는 〈한국을 빛낸 100명의 위인들〉노래처럼 한국사 이야기는 으레 단군신화에서 시작된다. 우리가 일상생활에서 단군을 접하는 경우는 거의 없다. 개천절이 되어서야 언론에서 단군을 언급하는 정도이다. 그렇지만 단군 관련 단체들은 적지 않다. 단군을 숭모하는 종교단체들이 여럿 있으며, 단군을 연구하는 학회들도 있다. 이 중에는 학회라고 이름이 붙어 있지만, 실제로는 종교적 성격을 띠는 경우도 있다.

역사적으로 단군이 사회적인 관심을 끈 시기는, 외침으로 나라가 위기에 처하거나 민족이 강조되던 때이다. 단군신화가 수록된《삼국유사》나《제왕운기》는 고려가 원의 간섭을 받던 시기에 나왔다. 단군을 모시는 대표적 종교인 대종교는 일본의 침략으로 국권을 거의 빼앗긴 대한제국 말에 세워졌다. 이후 대종교는 무장독립투쟁의 기반이 되었다. 이처럼 나라가 위급할 때 단군이 강조된 것은, 역사와 전통을 상징하는 인물로서 민족을 하나로 묶어주는 매개체 역할을 할 수 있을 것으

중국에서 활동하다 해방 후 1946년에 환국한 대종교 인사들

로 기대되었기 때문이다.

일제 말, 해방 직후에 단군은 다시 한번 사회의 관심이 되었다. 일본의 침략전쟁이 본격화되자, 중국 등지에서 활동하던 독립운동가들은 이념과 노선을 넘어서 하나로 힘을 합해 일본에 맞서고자 하였다. 물론 이전에도 민족유일당운동이 종종 있었지만, 민족주의와 사회주의, 무정부주의, 외교론과 준비론, 무장투쟁론 등 다양한 이념과 노선으로 나뉜 민족해방운동 세력을 하나로 묶는 것은 쉬운 일이 아니었다. 더구나 오랜 기간 쌓인 갈등과 몇 차례 추진된 통합의 실패로 각 운동 세력 사이에 불신이 커진 상태였다. 그러나 일제가 침략전쟁을 확대해가는 것을 오히려 독립전쟁의 좋은 기회로 생각한 독립운동가들 사이에 통합을 추진하는 움직임이 다시 나타났다.

이런 움직임 중 하나로 조소앙은 독립운동의 기본 방략과 조국 건설의 지침으로 삼균주의(三均主義)를 제창하였다. 삼균이란 개인과 개인간의 균등, 민족과 민족 간의 균등, 국가와 국가 간의 균등을 뜻하는 말로, 조소앙은 이를 위해 정치적 균등, 경제적 균등, 교육의 균등을 이루어야 한다고 주장하였다. 원래 우익 민족주의자였던 조소앙은 민족해방운동 세력의 통합을 위해 사회주의자들의 평등사상을 상당 부분 받아들여 삼균주의를 내세운 것이다. 삼균주의의 사상적 근원이 어디에 있는지에 대해서는 다양한 견해가 있지만, 조소앙 자신의 말처럼 단군사상의 영향을 받은 것은 확실하다.

대한민국임시정부의 건국강령에서 단군사상은 뚜렷이 나타난다. 그때까지 사회주의자들과 통합하는 데 부정적이던 대한민국임시정부(임정)는 민족해방운동 세력을 통합하여 일제와 싸우는 방향으로 노선을 수정하였다. 임정은 건국 한국의 이념으로 조소앙의 삼균주의를 받아들인 건국강령을 선포하였다. 건국강령에서는 건국정신이 홍익인간에 있음을 다음과 같이 명시하였다.

우리나라의 건국정신은 삼균제도에 역사적 근거를 두었으니, 선민(先民)이 명명한 바 수미평균위(首尾平均位)하면 홍방보태평(興邦保泰平)하리라 하였다. 이는 사회의 각층 각급이 지력(智力)과 권력과 부력의 향유를 고르게 하여 국가를 진흥하며 태평을 보전하고 유지하리라 함이니, 홍익인간과 이화세계(理化世界)하자는 우리 민족의 지킬 바 최고 공리임.

'홍익인간, 이화세계'는 "널리 인간을 이롭게 하고, 이치로써 세상을 다스린다"라는 의미다. 물론 '홍익인간, 이화세계'는 단군신화의 '홍익인간'과 '제세이화(濟世理化)'에서 나온 말이다. 임정의 정통성을 인정하는 헌법 전문에 비추어보면, 홍익인간이 처음으로 국가의 이념으로 자리매김한 것이었다.

해방 후 단군은 되찾은 나라, 되찾은 역사의 상징이었다. 많은 역사책들은 우리 민족의 뿌리를 단군에서 찾았다. 단군의 고조선 건국을 단순한 신화가 아니라 우리 역사의 실제적 시작으로 여기는 경향도 나타났다. 홍익인간이 교육의 최고 이념이 된 것은 이러한 사회적 분위기와 관련이 있었다.

홍익인간 교육이념의 채택 과정
|

홍익인간이 한국 교육의 이념으로 채택된 것은 조선교육심의회에서였다. 조선교육심의회의 10개 분과 중 교육이념을 다룬 것은 제1분과였다. 제1분과의 위원장은 안재홍이었으며, 한국인 위원은 하경덕, 백낙준, 김활란, 홍정식, 정인보 등이었다. 이들 중 홍정식은 문교부 조사기획실에 근무했으며, 다른 사람들은 대학에서 교수를 하는 등 교육계에 깊이 관여하면서, 미군정과 협조적인 관계를 유지했다. 그러나 그중에서 안재홍 위원장과 정인보 위원은 국학자로서 민족주의적 성향이 강했다. 일제하 국내외에서 민족운동에 참여한 경험이 있으며, 해방 후에는 신민족주의를 주창하였다.

홍익인간의 교육이념을 제안한 것은 분과위원이던 백낙준으로 알려져 있다. 일부에서는 이는 백낙준의 회고일 뿐, 정인보가 처음으로 홍익인간을 교육이념으로 꺼냈다는 증언이 있지만 확인되지는 않으며, 백낙준이 홍익인간을 교육이념으로 제안하였다는 것이 역사적 사실로 일반적으로 인정되고 있다. 백낙준에 따르면, 분과위원회에서 몇 가지 교육이념이 제시되었으나 별 호응을 얻지 못하였다고 한다. 그러다가 홍익인간의 이념이 떠올라서 교육이념으로 제안했다는 것이다. 백낙준은 홍익인간을 홍익과 인간으로 나누어서 풀이하였다. 홍익은 "다른 사람에게 잘하고, 자신의 이익은 조금만 챙기자"라는 뜻이며, 인간은 사회인으로 풍부한 지식을 갖는 동시에 신체적으로 건강하고 정신이 건전해야 한다는 의미라고 설명하였다. 즉 홍익인간의 이념이란 첫째, 사회에 유익한 인간이 갖추어야 할 자질을 가지도록 교육을 하는 것이고, 둘째는 그렇게 완전한 교육을 받은 다음에는 사회에 나가서 다른 사람이나 사회를 위해 공헌할 수 있는 사람을 기르자는 의미라고 하였다.

백낙준은 역사학자이면서 기독교 신학자였다. 어렸을 적에 한학을 배웠으며, 역사학을 공부하였다. 미국에 유학해서는 '한국기독교사'로 박사학위를 받았으며, 기독교 신자로 미국식 민주주의에 익숙한 인물이었다. 귀국해서는 주요 국학자들이 포진해 있던 연세대학교 교수로 근무하였다. 백낙준은 우연히 교육이념으로 홍익인간을 생각해냈다고 말하지만, 실제로는 그의 경력이 홍익인간을 교육이념으로 제안하게 된 동기가 되었을 것이다. 여기에는 무엇보다도 해방 후 한국 사회에 불고 있던 단군 숭배 분위기를 무시할 수 없었을 것으로 생각된다.

홍익인간의 교육이념은 별다른 문제 없이 분과위원회를 통과하였다. 위원장이 민족주의자인 안재홍인 것도 홍익인간을 교육이념으로 채택하는 데 도움이 되었을 것이다. 안재홍은 자신의 신민족주의론에서 홍익인간을 만민공생의 이념으로서, 민주주의요, 민생주의라고 말할 정도로 최고의 이념으로 평가했다. 안재홍은 1945년 12월 5일에 열린 조선교육심의회 제2차 전체회의에서 홍익인간의 교육이념을 처음 보고하였다. "홍익인간의 건국 이상을 토대로 인격이 완전하고 애국정신이 투철한 민주국가의 공민(公民)을 양성함을 교육의 기본이념으로 함"이라는 것이었다.

그러나 전체회의에서는 홍익인간을 교육이념으로 하는 것을 반대하는 목소리도 만만치 않았다. 좌익계 지식인들은 홍익인간이 신화를 토대로 한 봉건적인 관념이며 '민주 건국'이라는 시대 과제에도 어울리지 않는다고 비판했다. 백남운은, 홍익인간을 조선 교육의 근본이념으로 하는 것은 민주역사의 창조적 사상과 배치된다고 주장했다. 그는 신화나 전설에 근거해서 민주국가의 교육이념을 세우는 것이 정당한지 의문을 제기했다. 조선 민족의 운명이 기술과학의 독립에 있으므로 교육의 근본이념은 당연히 과학사상이어야 하는데, 교육의 근본이념을 신화에 입각한다면 본질적으로 민주적인 과학교육을 기대하기는 어려울 것이라고 주장했다. 더구나 홍익인간이 일본이 즐겨 사용한 팔굉일우(八紘一宇)와 비슷한 느낌을 준다고 지적했다. 팔굉일우란 '팔방의 모든 범위가 하나의 집'이라는 뜻으로, 침략전쟁을 합리화하기 위해 일제가 사용한 개념이었다. 홍익인간이라는 말은 일제의 팔굉일우와 달리 중국 문헌이 아닌 우리 문헌을 인용한 것이고 내용도 침략성을 내포하지 않고 평화적 인상을 준다는 반박을 백남운도 인정했다. 그러나 홍익인간도 기본적으로 천신(天神)의 명령에 따라 일본이 세워졌다는 일제의 조국정신(肇國精神)의 한 유형으로, 조선의 민주적 건국정신과는 배치되는 복고주의 반동사관을 토대로 하고 있다는 것이다.

서구 민주주의와 교육을 도입하고자 한 사람들도 홍익인간을 교육이념으로 하는 것에는 반대했다. 교육주도세력의 핵심적 역할을 했던 오천석은 홍익인간의 이념에 대해 그리 탐탁해하지 않았다. 그는 홍익인간이라는 개념이 너무 포괄적이고 추상적이어서, 실제로 교육을 이끌기는 어렵다고 문제를 제기하였다. 또한 증명되지 않은 신화에서 나온 이념이며, 홍익인간의 배후에 존재하는 세계관이자 이데올로기인 단군민족주의는 개인의 자유를 제약하는 민족주의, 국가주의 정서를 고취하여 전체주의나 독재정치를 뒷받침할 우려가 있다고 반대하였다. 조선교육심의회의 교육제도 분과위원으로 일본과 미국 유학 경험이 있었던 장이욱, 사범교육 분과위원으로 일본에 유학한 이인기 등도 비슷한 논리로 반대를 하였다. 이들도 기독교를 믿었으며 학교장을 역임하는 등 학교 운영의 경험은 가진 사람들이었다.

이에 대해 백낙준은 홍익인간이라는 말이 《삼국유사》와 《제왕운기》에 똑같이 나오는 것은 저자들이 옛적부터 전해오던 이념을 문자 그대로 옮겨 놓은 것이거나, 오랫동안 전해온 정신이요, 이상을 문자화한 것이라고 주장하였다. 또 설사 신화에서 나왔다고 하더라도 교육의 이상을 가장 잘 표현하고 있는 이상 우리 교육의 이념으로 삼지 못할 이유가 없다고 반박했다. 백낙준은 홍익인간이 '널리 인간을 이롭게 한다'라는 뜻이므로, 이는 남에게 해를 끼치지 않고 이익을 주는 사람이 되는 것의 조건이며, 홍익인간을 교육이념으로 한다는 것은 완전한 인간을 추구하는 것이라고 해석했다.

그렇지만 이런 반대보다 홍익인간을 교육이념으로 채택하는 데 큰 장애가 되는 것은 미군정이었다. 미군정은 한국 사회에서 민족주의의 분위기가 높아지는 것을 경계하였다. 독일의 나치즘이나 이탈리아의 파시즘, 일본의 군국주의가 지나친 민족주의의 산물이라고 보았기 때문이다. 이러한 미군정의 관점은 단군을 중시하는 한국 사회의 분위기와 대치되는 것이었다. 조선교육심의회를 한국인 학계, 교육계 인사들이 주도했다고 하더라도, 미군정 당국이 반대하는 한 홍익인간을 교육이념으로 할 수는 없는 일이었다. 백낙준은 '홍익인간'을 영어로 번역하면 'maximum service to humanity'라고 하면서, 민주시민의 양성이라는 민주주의 교육이념과 비슷한 의미라고 설득하였다. 백낙준의 주장대로 하면, 서구의 민주시민교육과 한국 사회의 민족주의적 분위기를 함께 고려한 교육이념이 홍익인간이었던 셈이다. 어쨌든 논란 끝에 1945년 12월 20일 오후 2시에 미 군정청 회의실에서 열린 제4차 전체회의에서 홍익인간이 교육이념으로 통과되었다.

그러나 대한민국 정부 수립 후 법체계를 갖추는 과정에서 홍익인간은 다시 한번 문제가 되었다. 교육법은 국회 문교사회위원회에서 담당하였다. 교육법 심의과정에서 홍익인간을 둘러싼 논란이 재연되었다. 홍익인간은 신화에서 나온 공허한 이념이라든지, 너무 추상적이어서 과학성이 결여되었다는 등의 비판이 고개를 들었다. 법률 심의를 맡은 국회의원들도 홍익인간의 교육이념이 무엇인지 제대로 알지 못했다. 문교사회위원장인 이영준의 말처럼 특별한 의미는 없고, 그저 역사성을 가진 우리의 고유한 문구 정도로 이해하기도 했다.

백낙준, 오천석, 유진오, 장이욱, 현상윤 5인으로 구성된 교육법 기초위원회는 교육이념으로 '홍익인간' 대신 '인류공영'을 채택하기로 하였다. 백낙준이 홍익인간을 교육이념으로 하자고 주장하지 않았을 리 없지만, 다른 위원들의 지지를 얻지 못하여 어쩔 수 없었을 것이다. 그러나 전체심회의에서 문교부 측에서 '홍익인간'을 넣자고 하여 다시 논의되었으며, 결국 홍익인간은 교육이념으로 교육법에 남게 되었다. 그 대신 '인류공영'이라는 말도 넣자는 것으로 일종의 타협을 보았다. 이로써 확정된 교육법 1조의 교육이념은 다음과 같다.

교육은 홍익인간의 이념 아래 모든 국민으로 하여금 인격을 완성하고, 자주적 생활능력과 공민으로서의 자질을 구유(具有)하게 하여 인간다운 삶을 영위하게 하고 민주국가의 발전에 봉사하여 인류공영의 이상을 실현하는 데에 기여하게 함을 목적으로 한다.

서두에서 인용한 교육기본법 2조의 교육이념을 이것과 비교하면, '인격을 완성하고'가 '인격을 도야하고'로, '공민'이 '민주시민'으로 바뀐 데지나지 않는다.

교육법 기초위원회에서 홍익인간을 교육이념으로 하는 데 강하게 반대한 인물은 오천석으로 알려져 있다. 제2대 문교부장관을 역임한 백낙준은 장관직에서 물러난 직후 펴낸《한국 교육과 민족정신》이라는 책에서 교육법 기초위원회가 홍익인간 대신 인류공영을 넣기로 하였다는 사실을 전하면서도, 누가 그런 주장을 했는지는 언급하고 있지 않다. 오천석은《한국신교육사》에서 아예 기초위원회가 홍익인간 대신 인류공영을 교육이념으로 삼았다는 사실을 제외한 채, 교육법에서 홍익인간을 교육이념으로 하였다는 사실만을 쓰고 있다. 그러면서 교육법은 홍익인간을 교육이념으로 내세우는 등 다른 민주국가에서 찾아볼 수없을 정도로 민족주의를 강조하고 있는데, 이는 오랫동안 사대사상에

휩쓸려 민족의식이 빈약하고 주체성이 희박한 우리의 실정에 비추어 당연하다고 쓰고 있다. 그러나 '다른 민주국가에서 찾아볼 수 없을 정도로'라는 말에서 교육법의 민족주의적 경향에 대해 오천석이 반드시 긍정적으로 보고 있는 것은 아니라는 느낌을 받는다. 더구나 오천석은 "홍익인간이라는 교육이념은 하나의 공허한 표어에 지나지 못하게 된 경향이 있다"라고 비판하고 있다.

이에 반해 전체회의에서 홍익인간이 교육이념으로 남게 된 것은 초대 문교부 장관이던 안호상의 의지가 크게 작용했다. 안호상은 서양의 교육이념은 인간주의·인문주의가 중심 사상인 데 비해 홍익인간은 이보다 훨씬 강도가 높고 포괄적인 의미를 내포하고 있는 것이라고 보고, 홍익인간을 교육이념으로 관철시키기 위해 온 힘을 기울였다. 또한 홍익인간의 이념에 입각하여 남북통일이 되어야 한다고 주장하면서, 이를 일민주의와 연결하였다. 일민주의는 안호상의 교육이념인 동시에 이승만 정부의 통치이데올로기이기도 하였다.

홍익인간 이념의 전개

교육법에 교육이념으로 명시된 이후로 홍익인간은 오늘날까지 학교 교육, 나아가 한국 교육의 최고 이념이라는 자리를 지키고 있다. 홍익인간은 국민을 하나로 묶는 국민정신으로 이용되었다. 이승만 정부는 통치이데올로기로 일민주의를 내세우면서, 그 기본정신을 홍익인간에서 찾았다. 박정희 정부의 국민교육헌장 제정 과정에서도 마찬가지였다.

1968년 박정희 정부는 국민교육헌장의 제정을 추진하면서, 홍익인간을 그 이념으로 삼고자 하였다. "유구한 역사의 여명에 이 강산에 터를 잡았던 우리 조상들은 홍익인간의 정신으로 만민이 공영하는 삶의 터전을 닦았다"라는 것이었다. 그러나 사회의 보편적 용어로 국민교육헌장을 만들고자 하면서, 확정된 헌장 내용은 '홍익인간' 대신, '조상의 빛난 얼을 오늘에 되살려'와 '인류공영에 이바지하다'라는 말로 대치되었다. 이 과정에서 심의위원이던 안호상은 국민교육헌장에 홍익인간이라는 말이 들어가지 않으면 위원을 사퇴하겠다고 하면서 반대하였지만 뜻을 이루지는 못하였다.

국민교육헌장에 '홍익인간'이라는 말이 빠졌다고 해서, 홍익인간이 교육이념의 자리를 빼앗긴 것은 아니었다. 교육법에는 변함없이 홍익인간이 교육이념으로 유지되었다. 1980년대 전두환 정부에서도 마찬가지였다. 전두환 정부는 교육제도와 정책의 전면적 개혁을 추진하기 위한 연구·심의기구로 교육개혁심의회를 구성하였다. 교육개혁심의회는 1986년 4월 29일에 전체회의에서 교육이념을 발표했는데, 여전히 그 기본은 홍익인간이었다.

한국 교육은 홍익인간의 이념을 그 기저로 한다. 홍익인간의 이념은 민주적이요 민족적인 교육이념으로, 개성의 신장과 인격의 완성은 물론 민족의 중흥과 국가 발전을 동시에 강조하고 있다. 다가오는 21세기는 고도의 산업화, 정보화, 국제화, 그리고 다원화의 시대가 될 것으로 전망된다. 이러한 미래사회에 비추어볼 때 홍익인간의 기본이념으로부터 다음과 같은 4대 이념을 추출할 수 있다.

이어지는 4대 이념은 인본성, 민족정체성, 도덕성, 진취성이었다. 홍익인간이 교육이념으로 적합한 이유가 민주적이면서 민족적이라는 논리는, 미군정 시기에 백낙준이 주장한 것과 마찬가지다. "개성의 신장과 인격의 완성은 물론 민족의 중흥과 국가 발전을 동시에 강조하고 있다"라는 말은 왜 교육개혁심의회가 홍익인간을 교육이념으로 유지하려고 했으며, 홍익인간이 계속 교육이념으로 남게 되었는지 말해준다. 1997년 교육법이 교육기본법으로 바뀌었지만, 홍익인간은 그대로 교육이념으로 남게 되었다.

홍익인간의 교육이념에 대한 비판

미군정기 조선교육심의회와 정부 수립 후 교육법 제정 과정에서 홍익인간의 교육이념을 둘러싸고 논란이 벌어진 것에 비하면, 교육법 제정 이후에는 신랄한 비판이 많이 보이지 않는다. 그것은 한국 사회의 민족주의적 성향 때문일 것이다. 이승만이나 박정희 같은 지배자들도 권력 강화의 논리를 민족에서 찾았으며, 비판자들도 민족을 내세웠다.

그렇지만 다른 한편으로는 '홍익인간'이라는 말의 추상적 성격 때문에 비판이 적었을지 모른다. 실제 간헐적인 비판도 주로 그 추상적 성격에 집중되었다. 말 자체는 의미가 있지만, 지나치게 이상적이고 추상적이라는 비판이 계속되었다. 이는 홍익인간이라는 개념이 신화에서 나왔기 때문에 당연할 수도 있다. 1980년대 중반에 사회민주화가 진전되면서 전개된 교육민주화운동 과정에서, '홍익인간'이 한국 사회가 가지고 있는 교육적 현실과 과제를 제대로 반영하지 못한다는 비판이 제

교육의 근본적 문제를 해결하기 위해 교육기본법에 명시된 홍익인간 양성이라는 교육이념을 바로 세워야 한다고 주장하는 한 교수단체의 기자회견 모습(2012년 11월 29일) ⓒ 뉴시스

기되었다. 한국 사회가 안고 있는 과제의 해결을 지향하는 것으로 교육이념을 바꾸어야 한다는 것이었다.

이런 주장은 1988년부터 1989년까지 추진된 교육관련법 개정 움직임에 반영되었다. 6월 항쟁 이후 1987년 12월에 실시된 대통령 선거에서 야당 후보인 김대중·김영삼의 분열에 힘입어 민주정의당의 노태우 후보가 당선되었으나, 이어 1988년 4월에 실시된 제13대 국회의원 총선거에서는 평화민주당(평민당)·통일민주당(민주당)·민주공화당(공화당) 등 야당 후보들이 여당인 민주정의당(민정당)보다 많이 당선되었다. 한국 정치사상 처음으로 여소야대 정국이 시작된 것이다. 1980년대 중반 이후 사회민주화 움직임과 여소야대 정국으로 노태우 정부는 어느 정도 사회개혁의 요구를 받아들이지 않을 수 없었다. 교육 관련 법률의 개정 요구도 이런 움직임의 일환이었다. 교원단체, 학부모단체 등에서 다양한 개정 요구를 하였으며, 야당들도 교육법의 개정을 추진하였다. 당시 교육법 개정 논란의 핵심은 교원의 노동3권 보장과 교원노조 결성 허용, 교장선출제 실시, 교무회의 의결기관화 등 교직사회의 민주화에 초점이 맞추어져 있었다. 특히 교원의 노동 3권과 교원노조 문제는 당시 전국교사협의회(전교협)가 노동조합 건설을 선언하면서 뜨거운 사회적 쟁점이 되었다. 그런데 평민당과 민주당이 구상한 교육법 개정안 중에 홍익인간을 교육이념에서 제외하는 내용이 포함되었다. 홍익인간이 일제의 압제에서 벗어나 독립을 하고 처음 정부를 세웠을 때는 의미있는 이념이지만, 수십 년이 지나 통일과 민주화 등이 요구되는 1980년대 후반 한국 사회에서는 교육의 과제를 제대로 대변하고 있지 못하다는 이유였다. 그러자 광복회와 대종교 등에서는 안호상을 대표로 하는 '홍익인간이념선양협의회'를 결성하여 극력 반대하였다. 이들은 홍익인간은 민족통일이념이자 보편적 세계평화사상이라고 주장했다. 각 정당과 관련 단체들 사이의 의견 차이로 교육법 개정은 끝내 이루어지지 않았다. 자연히 홍익인간도 그대로 교육이념의 지위를 유지하게 되었다.

이승만 정부의 통치이데올로기로 변한 역사이념

일민주의

    우리는 일민주의를 당시(黨是)로 하고 그 당시를 충실히 준수하며 단일 민족국가로서의 피와 힘을 합하여 38선 문제, 민생 문제, 기타 모든 문제가 해결될 것을 굳게 믿고 현 정부에 대하여는 시시비비로 대처할 것을 결의함.

    1948년 11월 13일에 명동의 시공관에서는 '대한국민당'이라는 정당의 결성식이 열렸다. 대통령 이승만, 국회의장 신익희도 참석한 자리였다. 이에 앞서 대한국민당은 이미 당시로 일민주의를 확정지은 상태였다. 대한국민당의 당시는 다음과 같았다.

    본당은 일민주의로서 당시로 한다.
1. 우리는 계급과 지역과 성별을 초월하여 민족완전통일로 자주독립의 국권 신장을 기함.
1. 우리는 정치 · 경제 · 교육 등 각 방면에서 국민 균등의 복리증진을 기함.
1. 우리는 민족의 정의와 문화를 계속 발양함으로써 세계평화와 세계문화에 공헌함을 기함.

일민주의 정당이 탄생한 것이었다. 그러나 당시의 내용은 '일민주의' 라는 말을 제외한다면 그리 새로울 것이 없었다. 다만 '단일 민족국가로 서 피와 힘을 합하여'라든가, '계급과 지역과 성별을 초월하여' 같이 모 든 민족구성원의 통합을 강조하는 말이 눈에 띄는 정도였다. 그런데 이 정당의 결성식에 왜 대통령인 이승만과 국회의장 신익희가 참석한 것 일까? 그리고 '일민주의'가 무엇이길래 한 정당의 '당시'가 된 것일까?

모든 정치를 일민주의 이념으로!

제헌헌법에서는 정치체제를 대통령중심제로 하였다. 헌법의 제정과정에서 내각책임제를 토대로 하는 초안이 제시되었지만, 이승만의 강력한 주장에 따라 대통령중심제로 바뀌었다. 이 때문에 제헌의회에서도 내각책임제 개헌론이 만만치 않았다. 대한국민당은 대통령중심제인 헌법을 내각책임제로 바꾸는 것에 반대하는 친이승만 세력이 만든 정당이었다. 특정 정당의 대표가 아닌 '국부(國父)'의 위치에 서고 싶어 했던 이승만은 여기에 직접 참여하지 않았지만, 결성식에 참석하여 축사를 하는 것으로 지지 의사를 표했다. 이후 일민주의보급회, 일민구락부 등 일민주의를 내세운 단체와 정당들이 줄을 이었다. 심지어 내각책임제 개헌을 통해 이승만의 권력을 견제하려고 했던 민주국민당(한국민주당과 대한국민당의 일부가 통합하여 1949년 2월 10일 출범한 정당. '민주'와 '국민'을 따서 '민주국민당'으로 하였다)도 결당 선언문에 "단일민족의 통일국가를 완성하여 철저한 민주정치의 실시를 이상으로 하는 일민주의를 실천함으로써"라고 하여 일민주의의 실천을 표방하였다. 민주국민당이 선언문에 일민주의를 넣은 것은 한국민주당과 대한국민당의 합당과정에서 대한국민당의 요구에 따른 것으로, 민주국민당이 일민주의를 당의 이념으로 삼지는 않았지만, 일민주의는 이승만 정부 초기 정치계에서 가장 빈번히 언급되는 이념이었다.

그렇지만 '일민주의'라는 말은 국사 교과서에 나오지 않는다. 한국사 개설서에도 일민주의에 대한 서술을 찾아볼 수는 없다. 그만큼 역사적으로는 별다른 의미를 평가받지 못한다는 뜻이다. 그런데도 왜 당시 정당이나 사회단체가 일민주의를 표방했을까? 일민주의는 역사교육과 어떤 관련이 있는 것일까?

일민주의와 가부장제적 통치이념
|

이승만 정부 초기에 일민주의가 정치·사회단체의 관심을 끈 것은 대통령인 이승만이 만든 이념으로 선전되었기 때문이다. 초대 문교부장관인 안호상이 쓴《일민주의의 본바탕》이라는 책 서문에 당시 국무총리이던 이범석은 다음과 같이 쓰고 있다.

나는 믿기를, 일민주의는 영명하신 우리의 영도자 이승만 박사께서 창조하신 것으로서 일생을 통해 빛나고 지공지성(至公至誠)한 혁명투쟁과 독립운동의 경험을 집대성하신 것인데, 단군의 홍익인간의 정신과 또 신라 화랑도의 중의경사(重義輕死)의 정신을 기본으로 하신 이상적 보민구국(保民救國)의 이론체계인 것이다. 안호상 편술, 《일민주의의 본바탕》, 4~5쪽

이승만과 일민주의를 지지하거나 높이 평가하는 정도가 아니라 그야말로 극진히 떠받들고 있다. '영명하신 우리의 영도자', '지공지성한 혁명투쟁과 독립운동의 경험', '이상적 보민구국의 이론체계'라는 말은 마치 뒷날 김일성 우상화와 주체사상 찬양에 동원된 북한의 미사여구를 연상시킬 정도이다. 이범석은 많은 사람들에게 김좌진과 함께 북로군정서를 이끌고 청산리 전투를 지휘하고 한국광복군의 지대장을 역임한 독립투사로 기억되고 있다. 그런 이범석의 이미지로는 어울리지 않는

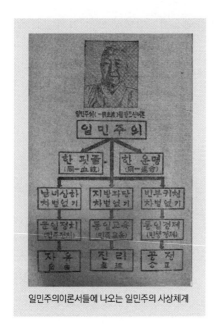
일민주의이론서들에 나오는 일민주의 사상체계

아부로 느껴진다. 그러나 이범석은 이승만 정부의 초대 국무총리 겸 국방부 장관으로 활동했으며, 1951년에 이승만의 지시로 당시 가장 큰 청년단체인 조선민족청년단(족청)을 이끌고 자유당을 만들었을 만큼 이승만을 추종했다. 자유당도 일민주의 정당을 표방했다. 이런 공로로 이범석은 1952년에 정·부통령 선거에서 이승만 대통령 후보와 함께 자유당의 부통령 후보가 될 수 있었다. 그러나 이범석의 힘이 강해지는 것을 우려한 이승만이 무소속의 함태영을 지원함으로써 이범석은 낙선하였다. 이어 1953년에 이승만은 자유당에서 족청계를 축출하였다. 이로써 이범석과 이승만의 우호적 관계도 막을 내렸다.

'일민주의'는 이승만이 창안한 이념에 대한 배은희의 의견에 따라 붙인 이름이라고 한다. 배은희는 대한국민당을 만드는 데 주도적 역할을 한 인물이다. 배은희에 따르면 "해외에서 50년간에 걸쳐 조국 광복을 위해 분투한 경험에서 우러난 독립운동이념을 기조로 우리 민족이 가져야 하는 일정한 주의를 이승만이 내세운 것"이 일민주의라고 한다. 이승만은 수시로 일민주의 정신을 강조했으며, 정부 부처나 이승만을 추종하던 단체들은 일민주의라는 말을 곳곳에 붙였다. 대한민국은 '일민주의 이념 하에 수립되었고', 통일을 위해서는 '3천만이 일민주의로 거듭나야' 하며, 일민주의는 정치이념이 아니라 '민족사상의 계몽과 교화운동'이라는 것이었다. 외무부와 공보처는 '일민주의에 입각한 민족통일'을 정책 기저로 삼기도 했다. 일민주의는 이승만 정부 초기에 하나의 국시(國是)로 자리매김하였다.

'일민(一民)'이라는 말을 글자 그대로 풀이하면 '한 백성'이 된다. 우리는 단일민족이므로 한 백성이고 하나의 이념을 가지고 있는데, 이것이 일민주의라는 것이다. 이승만은 일민주의의 원리를 다음의 네 가지로 설명했다.

① 문벌을 타파해서 반상의 구별을 없이 할 것
② 빈부를 동등하게 대우하고 자본가와 노동자가 협조해서 같이 이익을 보게 할 것
③ 남녀 동등을 실행할 것
④ 지방 구별을 없게 할 것

일민주의에 따르면, 한민족은 단군의 피를 이어받은 단일민족으로 민족적 운명을 같이하는 공동체이다. 일민은 정치적·사회적·경제적으로 하나여야 하며, 죽든지 살든지 하나가 되어야 한다. 일민주의에서는 이처럼 모든 국민이 하나가 되는 것을 민주주의로 보았다. 일민의 민주주의는 개인적 자유주의만이 아니고 전체주의도 아니며, 개인이 자유를 가지되 만약 국책이 정해지면 이를 지상명령으로 알고 복종하는 것이다. 일민주의는 이러한 정신을 우리 역사에서 찾았다. 단군의 홍익인

간 이념이나 화랑정신이 그것이었다.

　이승만은 수십 년을 미국에서 생활하였다. 해방 당시 가장 서구적인 사고방식을 가진 사람 중 하나일 수 있다. 그러나 이승만의 통치이념은 그렇지 못하였다. 이승만은 서구적 합리성을 토대로 하는 사회적 지위가 아니라 한국식의 가부장제적 권위를 유지하려고 했다. 대통령으로서 펼치는 적절한 정책보다는 '독립운동가'라는 권위로 국민의 지지를 받기를 원했다. 이승만은 '대통령'이라는 공식 직함보다 자신의 이름 뒤에 '박사'라는 직함을 더 즐겨 사용한 것으로 알려져 있다. 물론 '박사'라는 말을 붙이는 것은 서구에서 흔히 사용되는 호칭 방식이다. 당시 이승만뿐 아니라 장관 등을 호칭할 때도 이름 뒤에 '박사'라는 말을 붙이곤 했다. 그렇지만 이러한 호칭 방식은 '박사' 학위를 가진 사람과 그렇지 않은 사람을 구분했다. 장관도 박사 장관과 그렇지 못한 장관으로 나뉘었다. '박사'가 그리 흔하지 않은 사회에서 '박사'라는 말은 남보다 앞서고 똑똑해서 나라를 통치하거나 중요한 직책을 맡을 수 있는 인물이라는 이미지를 대중에게 줄 수 있었다.

　미국식 민주주의에 익숙한 이승만이 일민주의라는 국수적 이데올로기를 내세운 것도 이러한 성향을 보여준다. 한국의 전통이념을 내세워 국민을 하나로 묶고, 그 중심에 자신이 서고자 했다. 이승만은 미국의 독립운동가이자 정치가 벤저민 프랭클린(Benjamin Franklin)이 남긴 유명한 말인 "뭉치면 살고, 흩어지면 죽는다"를 내세우면서, 이념과 계파를 초월한 단결을 주창했다. 일민주의의 민족단결론도 같은 논리였다. 역사는 이러한 이념의 도구였다.

안호상의 일민주의 역사인식과 교육정책

|

일민주의를 주창하는 이들은, 그것이 이승만이 오랜 독립운동의 경험을 토대로 만든 한민족의 사상체계라고 하였다. 그러나 일민주의는 이념이나 사상이라고 하기에는 별다른 체계가 없다. 필요에 따라 때로는 사상으로, 때로는 정책으로 이야기되기도 했다. 이런 일민주의를 사상으로 포장한 사람이 초대 문교부 장관인 안호상이었다. 안호상은 국수주의적 성향을 강하게 띤 인물이었다. 안호상은 독일의 예나대학교에 유학하여 철학을 공부하고 1929년에 박사학위를 받았다. 이 과정에서 안호상은 독일 국민주의 사상을 공부했으며, 1920년대 독일 사회가 급격히 우경화되는 과정을 경험했다. 결과적으로 제2차 세계대전에서 패했지만 제1차 세계대전의 패배에서 벗어나 다시 프랑스를 항복시키고 영국을 위협할 만한 유럽의 강국으로 성장한 독일이 택한 이데올로기는, 안호상이 보기에 신생 대한민국의 교육이념으로 매력적이었을 것이다. 이 때문에 안호상은 강력한 반공주의자였지만, 다른 한편으로 미국의 자유민주주의에도 거부감을 가졌다. 서구의 교육을 받아들이려는 교육주도세력에 맞서 조선교육연구회를 만들고, 민족주의론을 강조한 것도 그러한 성향을 반영한다.

안호상은, 조선교육연구회에서 활동하던 다른 민족주의자들이 우익과 좌익 양편에 대해 어느 정도 수용적인 것과 달리 강한 반공주의적 성향을 띠고 있었다. 안호상은 국토 분단으로 분열된 사상을 일민주의로 통일하고자 한다고 표방하였다. 미국식도 아니고 소련식도 아닌 사상이어야 통일을 할 수 있다는 것이다. 그렇지만 미국과 소련 중 거부

타깃으로 주된 반감의 대상은 소련이었다. 이 때문에 일민주의는 반공주의 색채를 뚜렷이 하였다.

안호상은 초대 문교부 장관으로 유력시되던 오천석을 제치고 장관이 되었다. 그렇게 된 데에는 이승만과 한국민주당의 거리가 멀어지게 된 것도 하나의 이유였지만, 이승만이 특정 정당의 대표 등 누구와 상의해서 정부 조직을 꾸린 것이 아니라 자기 개인의 판단에 의해 조각을 했기 때문이었다. 안호상은, 이승만이 가진 서구식 자유주의사상과 한국적 전통의 가부장제적 사고방식이라는 이중적 성향에 들어맞는 인물이었다.

안호상의 회고에 따르면, 해방 직전 일제의 압박을 피해 금강산에 들어가 몇 달 동안 방에서 우리 민족이 나아갈 길을 제시하는 원고를 썼는데, 이것이 나중에 《우리가 취할 길》(문화당, 1947)로 간행되었다고 한다. 이때 우리 민족이 단결할 수 있는 길이 무엇인지 연구하여 책의 내용에 넣었는데, 그것이 나중에 한백성주의(일민주의)로 발전했다는 것이다. 안호상은 문교부장관을 하면서 《일민론》, 《일민주의의 본바탕》 등을 써서 일민주의이론을 체계화하였다.

안호상은 역사 연구와 교육의 목적을 현실 사회의 문제를 해결하는데 두었다. 해방 직후 교육의 가장 큰 임무는 우리 민족의 완전한 혁명과 독립에 있으며, 이를 위해 민족 자존심을 고취하고 상호 신애정신을 길러야 한다고 하였다. 이런 목적을 달성하는 길이 일민주의 사상으로 무장하는 것이라고 주장했다.

안호상은 일민주의를 역사적으로 풀이하면서, 이를 우리말로 표현한 '한백성주의'라는 말을 더 즐겨 사용했다. 그는 '한백성(일민)'의 의미를 '크다(大)', '하나다(單一)', '으뜸이다(第一)', '바르다(正)' 등으로 풀이한다. 일민주의에는 사람주의(인간주의, humanism), 민족주의, 세계주의(코스모폴리타니즘, cosmopolitanism), 백성주의(민주주의) 원리가 통합되어 있다고 한다. 일민주의는 하나의 체계와 목적으로서 균일정치인 민주주의와 균등교육인 민족주의, 균첨경제(均沾經濟)인 민생경제를 자기실현의 방법과 수단으로 한다. 이러한 논리는 조소앙의 삼균주의를 연상시킨다. 실제로 안호상은 조소앙의 삼균주의와 마찬가지로 일민주의의 근원을 단군사상에서 찾았다. 민족을 단결시킬 수 있는 구심점을 역사적 전통이라고 생각하였으며, 그 출발점이 단군사상이었다. 단일 혈통과 운명을 가진 단일민족인 한민족의 전통이 단군에서 비롯되었다는 것이다. 안호상은 이런 단군사상을 이어받은 것을 신라의 화랑정신으로 보았다. 신라가 한백성주의로 삼국을 통일한 것처럼, 우리도 한백성주의로 분열된 한국을 통일해야 한다고 주장했다.

안호상에 따르면, 일민주의에는 민주주의 원리가 내포되어 있다. 서양의 개인주의적 민주주의, 소련의 계급주의적 민주주의를 극복하고 민족주의적 민주주의를 이루어야 하는데, 안호상이 보기에 이러한 민주주의는 한국의 역사에 이미 존재했다. 한국의 민주주의는 단군 시기의 정치 원리에서 기원하며, 그 전통이 이어져 내려와 '신라식 민주주의'가 되었다는 것이다. 안호상은 신라식 민주주의가 능력 있는 사람을 뽑아서 지도자로 세우고 만장일치제를 취하는 가장 이상적인 민주주의라고 주장한다. 그래서 세계 다른 나라들도 이 사상을 받아들였다고 한다. 신라식 민주주의는 유럽과 아메리카로 퍼졌으며, 이를 거쳐 한국에 다시 들어와서 최고로 발전된 민주주의가 한백성주의라는 것이다. 자본주의와 공산주의는 사실이나 가치론적으로 볼 때 벌써 지나간 시대의 이념이라고 평가절하한다. 그리고 다음 시대는 한백성주의를 통해 만들어지는 한백성시대, 한백성사회가 될 것이라고 주장했다.

안호상은 일민주의로 학생들과 교육계의 사상을 통일하려고 했다. 일민주의 사상으로 국민 대중을 무장시키려는 사업이 추진되었다. 학교 교육은 물론 야간강습회에서 일민주의 교육이 시행되었다. 선전계몽 차량을 동원한 순회 강연이나 영화 상영을 통해서도 일민주의 교육을 했다. 일민주의를 앞세운 학교 '사상정화' 사업도 벌였다. 이 일민주의는 반공주의였다. 학교에서 좌익사상을 가진 교사들이 축출되었다. 모든 학교에 학생위원회가 설치되어 좌익 교사와 학생들의 행적을 당국에 보고하도록 했다. 나아가 학생들을 군사조직과 같은 형태로 묶어서 학도호국단을 설치했다. 그리고 학도호국단을 설치해야 하는 근거를 일민주의와 관련지어 다음과 같이 설명했다.

동서고금의 역사를 들쳐보면 한 나라와 민족의 되살리(再生)운동은 항상 지성의 젊은이들을 중심으로 이루어졌다. 우리는 일제의 압박에 조국의식이 흐려지고 미·소의 지배에 민족사상이 분열되었다. 이 흐려진 의식과 분열된 사상을 바로잡아 민족이 재생하려면 우리 젊은 학도들에 자주적 민족교육을 시키지 않으면 아니 된다. 민족의 운명은 이 젊은 학도들이 좌우하게 된다. 이들의 올바른 교육은 일민주의의 그 첫째 단계인 제 민족의 통일 독립의 사상교육에서 시작하는 것이다. 학생들은 저들의 힘으로써 학교 내의 공산분자들의 파괴행동을 막아내고 진실히 공부하며, 연약하고 이기적이요 자본가적인 행동과 생활을 버리고 항상 씩씩하고 협동적이며 조직적인 행동과 기풍을 기르기 위하여, 자율적이며 자치적인 학도호국단이 필요하게 된 것이다. 《문교사》, 21쪽

학도호국단은 만들어질 때부터 많은 비판을 받았다. 독일 히틀러의 나치당이 조직한 청소년단인 유겐트와 비슷하다는 비판도 있었다. 안호상도 이를 알고 있었다. 안호상은 자신의 회고담에서 학도호국단을 반대하던 미국의 무초 대사가 자신에게 "히틀러의 유겐트가 왔다"라고 가시돋힌 농담을 하자, "유겐트라도 좋으니 우리 민족이 살아남기만 하면 된다"라고 응수했다고 전한다. 일민주의와 학도호국단에 대한 확고한 신념을 가지고 있었던 것이다. 그는 학도호국단이 히틀러의 유겐트가 아니라 신라 화랑을 본뜬 것이고, 나치 사상이 아니라 단군의 한백성주의를 따른 것이라고 강조했다.

일민주의는, 소련의 인민민주주의는 물론이고 미국식의 자유민주주의와도 거리가 있는 국가주의 이념이었다. 이 때문에 일민주의 정책은 미국이나 미국식 민주주의를 선호하는 사람들에게 비판을 받았다. 대

이승만 정부 시기 학도호국단의 행진 모습

표적인 자유민주주의자로 평가받는 김동길은 뒷날 일민주의는 과학을 숭상하는 지식인에게 용납되기 어려운 학설이었다고 주장했다. 민주주의를 제대로 가르쳐야 애국·애족의 정신을 기를 수 있으며, 민족사상은 일시적으로 청소년의 가슴을 뜨겁게 하는 자극적이고 선동적인 구호로서 히틀러의 악몽을 떠올리게 하는 불쾌한 표어일 뿐이라는 것이었다.

정치이데올로기로서의 일민주의

1950년에 안호상이 장관에서 물러난 다음, 교육계에서 일민주의, 일민교육은 흐지부지되었다. 그러나 일민주의는 정치이념으로 그 명맥을 이어나갔다. 1950년 5월에 치러진 제2대 국회의원 총선거에서 대한국민당, 일민구락부 등 일민주의를 당시(黨是)로 삼는 정당들이 여전히 후보자를 냈다. 그러나 소수의 후보만이 당선되자, 의회 내에 이승만을 지지하는 세력이 크게 약화되었다. 이에 이승만은 1951년에 일민주의를 당시로 하는 새로운 정당을 만들 것을 지지자들에게 지시했다. 그 결과 생겨난 것이 1952년에 창당한 자유당이었다. 자유당은 일민주의를 당시로 하여 창당하였다. 그러나 막상 자유당이 창당된 다음, 일민주의는 뚜렷한 이념이 되거나 정책의 기반이 되지 못했다. 그만큼 일민주의는 사상적으로 별 것이 없었으며, 정책에 반영될 만한 구체성도 결여된 것이었다.

이승만 정부의 일민주의 논리는 용어와 외적인 형태가 달라진 채로 박정희 정부에서 사실상 부활했다. 일민주의를 강조하면서 이승만 정부가 가장 많이 내세운 것 중 하나가 '주체성'이었다. 박정희 정부도 주체성을 강조했다. 일민주의의 이념과 그 교육적 표현이었던 민족적 민주주의, 민주적 민족교육도 마찬가지였다. 민족적 민주주의는 민족을 생각하는 민주주의, 한국의 실정에 맞는 민주주의였다. 박정희 정부도 서구의 자유민주주의가 아니라 한국의 실정에 맞도록 수정된 '한국적 민주주의'를 정착시켜야 한다고 역설하였다. 1960년 4월 혁명으로 폐지된 학도호국단이 유신통치 시절인 1975년에 다시 부활했다. 학생회는 없어지고, 고등학교는 '연대-대대'(학생 수가 적은 고등학교는 '대대-소대'), 대학교는 '사단-연대'의 편제를 취했다. 지금의 고등학교 학생회장은 연대장, 학년 대표는 대대장이었으며, 대학교에서는 총학생회장에 해당하는 직책이 사단장, 단과대학 학생회장은 연대장이 되었다. 물론 학도호국단 간부는 학생들이 선출하는 것이 아니라, 학교가 임명하였다.

박정희는 단군을 내세우지 않았으며, '신라식 민주주의'라는 표현을 사용하지 않았다. 그러나 일민주의와 마찬가지로 화백회의의 만장일치제를 바람직한 의결 절차로 내세우고 화랑을 강조하였다. 만장일치제를 내세우면서, 모든 사람이 동의하는 결론을 이끌어내려고 노력하는 것이 아니라 자신의 견해와 차이가 있다고 해도 국가 운영에 동의해야 함을 강조한 것은 마찬가지였다. 화랑은 어려서부터 국가를 위해 몸과 마음을 닦는 존재가 되어야 한다는 메시지였다. 이러한 내용은 박정희 정부 시기의 역사교육을 소재로 하여 뒤에서 다시 이야기하게 될 것이다.

역사의 전통은 독재정치에 자주 이용된다. 이데올로기는 사상을 전제로 하는 만큼, 다른 견해를 가지면 안 된다고 말하기 어렵다. 거기에 비하면 민족이나 전통은 이념이나 사상이 아니라는 명목 아래 모든 국민에게 강요되곤 한다. 그래서 민족주의는 다른 학문이나 분야에서 활동하는 사람들뿐 아니라, 역사학 내부에서도 공격을 받는다. 그런 공격을 둘러싼 논란과 갈등을 뒤에서 다시 살펴볼 것이다. 그렇지만 이처럼 우리의 역사와 전통이 권력을 유지하고 강화하는 데 이용되는 모습은 서글프고 답답하다.

서로 다른 삼한의 위치

1950~60년대 중학교 국사 교과서의 학설 문제

고조선의 남쪽에는 청동기 문화를 바탕으로 진(辰)이 성장하고 있었다. 진은 기원전 2세기경에 한(漢)과 교류하려 하였으나, 고조선으로부터 방해를 받았다. 그러나 고조선의 사회 변동에 따라 많은 유이민이 남하하였고, 이들이 가진 발달된 철기문화와 결합하면서 사회 발전이 더욱 촉진되었다. 그 결과 마한, 진한, 변한의 연맹체가 등장하였다.

삼한 중 가장 세력이 컸던 마한은 경기, 충청, 전라도 지방에서 발전하였다. 마한은 54개의 소국으로 이루어졌고, 모두 10여만 호에 이르렀다. 그중에서 가장 큰 정치 세력은 목지국이었으며, 목지국의 지배자는 마한왕 또는 진왕으로 추대되어 삼한 전체를 주도하였다.

변한은 낙동강 하류의 김해·마산 지역을 중심으로, 진한은 대구·경주 지역을 중심으로 발전하였다. 각각 12개의 소국으로 이루어졌으며, 모두 4~5만 호에 이르렀다. 한철호 외, 《고등학교 한국사》, 미래엔컬처그룹, 2011, 20쪽

2011년부터 사용되고 있는 고등학교 한국사 교과서의 삼한(三韓) 관련 서술이다. 다른 출판사에서 나온 교과서의 서술도 대동소이하다. 지

금의 한국사 개설서나 교과서는 모두 삼한의 위치를 이렇게 서술한다. 만약 삼한의 위치를 이와 다르게 서술한 교과서가 있다면, 그 교과서를 가지고 배우는 학생들은 혼란스러워 할 것이다. 또한 대학수학능력시험(수능) 같은 입시에서 문제가 되며, 교과서 내용을 놓고 사회적 논란이 일어날지도 모른다. 물론 그런 일이 당장 일어날 가능성은 없다. 달리 서술한 교과서는 어차피 검정심사에서 탈락하거나 수정요구를 받고 고쳤을 것이다.

삼한은 어디에 있었을까

그런데 삼한에 관한 역사적 사실을 서로 다르게 서술한 교과서가 동시에 사용된 적이 있었다. 제1차 교육과정 시기이다. 당시 교과서들의 삼한 서술 내용을 비교해보자.

마한은 대체로 지금 서울 지방 이남에서 경기, 충청과 전라 각 도에 걸쳐 있었다. 즉 반도의 서부와 서남부의 기름진 평야를 제일 많이 가진 지방에 흩어져 있던 54국이 연합한 것이다. 마한 지방의 동쪽, 지금 경상도 지방은 낙동강 유역을 중심으로 동편에 진한 12국과 서편에 변한 12국이 있었다. 이홍직, 《우리나라 역사》, 21쪽

진국(辰國)이 점차로 발달하매 한강 유역에 진한, 충청, 전라도 지방에 마한, 경상도 지방에 변한의 세 덩어리로 나누어지게 되었는데, 그중 마한이 가장 크고 강하여 한때는 마한의 맹주인 월지국의 진왕이 진한과 변한의 일부를 통치

한 일도 있었다. 마한과 진한은 합하여 50여의 작은 마을 나라가 있었고 변한에는 20여의 마을 나라가 있었는데, 그중 큰 나라는 1만여 호나 되고 작은 나라는 수백 호에 불과하였다. 역사교육연구회, 《중등국사》, 21~22쪽

한강 이남 진국에 진한·마한·변한의 3한이 나타났다. 진한은 경기도 지방, 마한은 충청도·전라도 지방, 변한은 경상도 지방에 있던 부족연맹체로서, 진한·마한은 백제 등 50여 국으로 성립되고, 변한은 신라 등 24국으로 성립되었다. 진국은 3한 70여 국을 총연합한 한(韓)부족의 총연맹체였던 것이다. ……3한 70여 국은 처음에 진국 왕을 맹주로 삼고, 뒤에 마한 왕을 맹주로 삼았으나, 각지의 군장이 또한 자치하였으며, 사회는 귀족·평민·노비 세 계급으로 조직되었다. 신석호, 《국사》, 6~8쪽

이홍직이 쓴 국사 교과서에서 삼한의 위치는 현재 교과서와 마찬가지이지만, 역사교육연구회와 신석호가 지은 교과서의 설명은 이와 다르다. 이병도가 지은 교과서에서는 마한의 위치를 충청·전라도, 진한을 경상도, 변한을 경상남도 서부로 보는 견해가 잘못되었음을 다음과 같이 단정적으로 설명한다.

흔히 일러오기를, 마한은 서편에 있어 50여 국으로 나뉘고, 진한과 변한은 그 동남편에 있어 각기 12국으로 나뉘었다 한다. 그러나 진한은 본시 북조선 방면에서 내려온 이민집단으로, 마한의 일부(동북쪽)를 차지하여 마한의 지배를 받았고, 또 이 사회는 낙랑·대방과의 교섭이 매우 잦았으니, 그러고 보면 진한은 지금 경기도와 한강 상류에 있었던 것이 분명하다. 마한의 여러 부족국

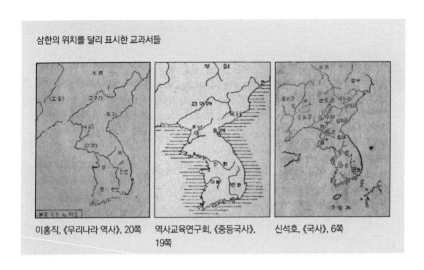

삼한의 위치를 달리 표시한 교과서들

이홍직, 《우리나라 역사》, 20쪽 　역사교육연구회, 《중등국사》, 　신석호, 《국사》, 6쪽
19쪽

가는 지금 충청·전라의 서해안 지대에, 변한 제 부족은 지금 경상도에 있었던 것이다.

　삼한 가운데 가장 크고 유력한 단체는 마한이다. 마한의 중심인 목지국(직산)의 군장은 마한 제 소국뿐 아니라, 진한의 여러 부락과 변한의 일부까지도 지배한 일이 있었다. 이병도, 《중등국사》, 24~25쪽

　삼한의 위치뿐 아니라 국가 구성의 설명에서도 차이가 있다. 지금의 교과서들은 마한은 54개국, 진한과 변한은 각각 12개국으로 구성되어 있다고 서술하고 있다. 이홍직의 《우리나라 역사》와 이병도의 《중등국사》도 마찬가지이다. 그러나 역사교육연구회의 《중등국사》와 신석호의 《국사》에는 마한과 진한이 합하여 50여 국, 변한이 24국(또는 20여 국)이라고 되어 있다. 마한의 맹주가 월지국이고 그 왕인 진왕이 마한뿐 아니라 진한과 변한의 일부까지 통치하였다고 서술한 교과서(역사교육

연구회,《중등국사》)가 있는가 하면, 월지국 대신 목지국이라는 나라 이름을 사용한 교과서(이병도,《중등국사》)도 있다. 진국을 삼한 70여 국의 총연합체로, 진국과 마한을 별개의 나라로 기술하기도(신석호,《국사》) 한다. 이홍직의 《우리나라 역사》와 같이 진국이나 진왕을 아예 언급하지 않는 경우도 있다.

이처럼 제1차 교육과정기에는 삼한의 위치나 국가 구성, 통치자를 달리 서술한 교과서들이 함께 사용되었다. 여기에서 인용한 4종의 교과서뿐 아니라 다른 교과서들도 이 중 어느 한 편의 학설을 택하여 서술하였다. 당시 문교부가 11종의 중학교 국사 교과서를 분석한 자료에 따르면, 마한의 위치를 '한강 유역~경기, 충청, 전라도'로 표시한 것이 7종, '충청~전라도 지역'으로 표시한 것이 4종이었으며, 진한은 '낙동강 하류 동부 지역'이 6종, '한강 상류~경기, 충청북도'가 5종, 변한은 '낙동강 서부'가 6종, '경상도 일대'가 5종이었다.

물론 역사에서는 같은 사실이라도 해석을 달리하는 경우가 흔하다. 그렇지만 문제는 이러한 교과서 내용의 차이가, 해석이 아니라 역사적 사실 자체를 달리 서술하고 있다는 점이다. 이제 본격적으로 역사를 공부하기 시작하는 중학생들이나 이들을 가르치는 교사들은 당혹감을 느끼지 않을 수 없었다.

국사 교과서 내용의 차이

삼한의 위치뿐 아니라 다른 여러 내용들도 교과서들 간에 차이가 있었다. 특히 상고사나 고대사 서술에서 다른 경우가 많았다. 지금도 마찬가지겠지만, 사료가 부족한 고대사의 경우에 역사적 사실을 재구성하기 위해 상당한 부분을 역사가의 추론에 의존하며, 이 때문에 같은 역사적 사실을 놓고 여러 학설이 나오는 경우가 있다. 당시 교과서 저자들은 자신의 학설이나 또는 자신이 지지하는 학설을 바탕으로 교과서를 서술하였다. 이는 곧 교과서 내용의 차이로 나타났다. 당시 특히 논란이 되었던 몇 가지 문제들을 살펴보기로 하자.

단군신화와 고조선 고조선 서술은 당시나 지금이나 가장 자주 논란의 대상이 되고 있다. 우선 단군신화의 역사적 성격이 문제가 되었다. 당시 다수의 교과서들이, '옛 기록에 따르면'이라는 단서를 붙여서 기원전 2333년에 단군이 고조선을 세웠다는 기록이 있음을 전하였다. 그러나 일부 교과서는 단서 없이 단군이 기원전 2333년에 고조선을 건국했다고 하여, 이를 역사적 사실로 서술한 경우도 있었다. 단군신화가 고려시대에 정돈되었으며 민족의 자주독립정신을 나타내는 것이라고 하여, 단군신화가 나오게 된 역사적 배경에 주목한 교과서도 있었다.

단군신화 못지않게 교과서 내용에서 차이를 보이는 것은 기자조선과 위만의 문제였다. 기자조선의 경우, 기자동래설을 사대주의 사상을 가진 조선시대에 만들어진 이야기로 보는 경우가 많았고, 기자동래설 자체를 언급하지 않는 교과서도 있었다. 이병도의 《중등국사》는 단군 계통의 씨족 대신 다른 씨족이 세력을 잡고 기자의 자손이라고 칭한 것으로 해석하고, '기자조선' 대신 '한씨조선'이라고 하는 것이 좋겠다고 서술하였다. 이는 저자인 이병도 자신이 주장한 학설이었다.

위만에 대해서는 그가 연나라 사람으로서 고조선에 망명하였다가 무력으로 권력을 장악한 것으로 서술한 교과서가 많다. 그러나 단순히 중국에서 망명하였다고 함으로써, 중국 어느 나라 출신인지 언급하지 않은 교과서도 있다. 이에 대해서도 이병도의 《중등국사》는 위만을 연의 영내에 살던 조선인 계통의 자손이라고 하여, 다른 교과서 내용과 다른 자신의 학설을 교과서에 서술했다.

삼국의 건국 고구려, 백제, 신라의 건국과 관련하여 교과서 내용에서 차이를 보이는 부분은, 삼국의 건국설화를 어느 정도 역사적 사실로 서술하느냐 하는 문제와 《삼국사기》에 나오는 건국 연도, 그리고 기록에 나오는 지명의 위치 등에 관해서이다.

삼국의 건국설화를 그저 설화로 소개한 교과서가 있는 반면, 실제 사실인 것처럼 서술한 교과서도 있다. 그렇지만 삼국 중 일부 국가의 건국 설화는 사실로 서술하고, 일부 국가의 설화는 그저 전해지는 이야기로 구분한 교과서도 있었다. 예를 들어 신석호의 《국사》에서는 고구려와 백제의 건국설화는 역사적 사실인 것처럼 쓰면서도, 백제의 건국설화에서는 "백제는 고구려 시조 동명왕의 아들 온조가 건설한 나라라 하나(기원전 18년), 이것은 하여튼"이라고 하여, 온조가 동명왕의 아들이라는 것에 의문을 나타냈다.

《삼국사기》에 전하는 삼국의 건국 연도는 고구려가 기원전 37년, 백제가 기원전 18년, 신라가 기원전 57년이다. 그러나 삼국이 건국한 때를 서술하는 교과서의 방식은 다양하다. 삼국의 건국 연도를 역사적 사실인 것처럼 표기하는 경우도 있고, 기록에 그렇게 되어 있음을 적시하는 경우도 있다. 삼국 중 일부는 건국 연도를 명기하는 반면, 일부는 표시하지 않거나 또는 대강 표시한 교과서도 있었다. 예를 들어 이홍직의 《우리나라 역사》에서는 고구려의 건국 연도는 표기하였으나, 백제와 신라는 언급하지 않았다. 역사교육연구회의 《중등국사》에서는 백제와 신라의 건국 연도는 명기하였지만, 고구려는 약 2000년 전이라고 하여 특정 연도를 제시하지 않고 있다.

삼국의 건국 지역과 도읍의 위치 서술에서도 차이가 나타난다. 고구려의 경우는 동명왕이 졸본에 도읍을 정했다는 내용은 일치하지만, 2대 유리왕이 옮긴 도읍은 국내성과 위나암성으로 나뉜다. '국내위나암성'이라고 표기한 교과서도 있다. 고구려보다 차이가 더 큰 것은 백제의 도읍이다. 위례를 서울이라고 한 교과서도 있고, 광주의 남한산성이라고 한 교과서도 있다. 위례를 서울이라고 한 교과서들은 백제가 처음에는 위례에 도읍을 정했다가, 광주(남한산성)나 한산(한산성) 등 남쪽으로 옮긴 것으로 서술하였다.

발해의 성격 발해의 지배층은 고구려 유민이었으며 대부분의 피지배층은 말갈인이었다는 사실은 교과서 서술에서 일치한다. 그렇지만 발해를 한국사에 어떻게 자리매김할지는 교과서마다 차이를 보인다. 발해를 고구려의 부흥으로 보아서 한국사의 한 영역으로 보는 교과서가 있는 반면, 대다수 국민이 말갈인이었다는 점을 강조하여 한국사와 구분하려는 교과서도 있었다. 양쪽의 관점을 담은 교과서 서술을 하나씩만 예로 들면 다음과 같다.

발해의 정치는 고구려 유민들에 의하여 행하여졌으므로 이 나라는 고구려의 재흥과 같은 성격을 가진 것이나, 대다수의 국민이 문화와 습관이 다른 말갈족이었기 때문에 남쪽에 있었던 신라와는 동일 민족이라는 관념이 없었던 모양으로 이 두 나라는 서로 왕래하지 않았으며, 따라서 우리 민족의 후계자는 신라만이 오로지 한 느낌을 갖게 되었다. 역사교육연구회, 《중등국사》, 42~43쪽

고구려가 망한 후 30년(단기 3032년, 서기 699년)에 그 옛 땅의 대부분인 지금 만주 지방에는 발해란 나라가 일어나 남으로 신라와 이웃하게 되었다. 그 시조는 고구려의 구장인 대조영이요, 사회의 상층부는 역시 고구려 계통의 사람으로 이루어졌으며, 하층은 대부분 고구려에 속하였던 말갈족이었다. 그러한즉 발해는 고구려의 부흥이라고 할 수 있다. 그 후 발해는 당과 일본에까지 교통을 트고 피차의 사절이 오고가고 문물이 교류되었음에도 불구하고, 정작 신라와는 아무런 교통이 없었다. 이는 무슨 까닭인지 자세히 알 수 없으나, 전일 고구려·신라 사이의 감정이 그대로 계속되어온 것이 아니었던가 생각된다. 이병도, 《중등국사》, 53~54쪽

그렇지만 해방 직후 다수의 역사책이나 교과서가 통일신라와 발해를 가리켜 남북조나 남북국이라고 부른 것과 달리, 1950년대부터 1960년대 사이의 교과서들에서는 이러한 용어를 찾아볼 수 없다. 이는 해방 직후 볼 수 있던 민족주의적 관점에 입각한 한국사 서술이 거의 자취를 감추고, 실증사학(문헌고증사학)이 학계의 주류가 되었음을 말해주는 것이다.

이준의 죽음 1907년에 고종의 명으로 헤이그 만국평화회의에 특사로 파

이준의 자살설을 보도한 《대한매일신보》 호외

견된 이준의 죽음과 관련하여 교과서들은 그 원인을 달리 서술하고 있다. 그냥 '분사하였다'라고 서술한 교과서가 있는 반면, 자살하였다고 쓴 교과서도 있고, 병으로 죽었다는 교과서도 있다. '분사'라는 말은 죽음의 원인을 명시한 것은 아니지만, 병으로 죽은 것보다는 자살하였다는 쪽에 가까운 뉘앙스를 풍긴다.

주지하다시피 이준의 자살설은 《대한매일신보》와 《황성신문》 등의 보도로 전해져, 당시 민족정서와 함께 사람들 사이에 확산되었다. 이후 역사책들이 이를 받아들여 이준이 자살하였다고 서술함으로써 기정사실화되었다. 그렇지만 헤이그 특사 당시에도 외국 신문들은 이준이 병으로 죽었다고 보도하였고, 일부 회고록 등에서도 이준의 죽음 원인을 병으로 서술하였다. 지금은 이준의 죽음이 자살이 아니라는 것으로 정리되었지만, 제1차 교육과정 당시 교과서의 엇갈린 서술은 죽음 원인을 둘러싼 이러한 혼란을 반영하는 것이라고 할 수 있다.

용어나 연대의 차이 역사적 사실이나 해석이 다른 것은 아니지만, 같은 인물이나 사건을 놓고 다른 용어를 사용하여 혼란을 불러일으키는 것도 상당수 있었다. '소도'와 '솟대', '진대법'과 '조적법', '내물왕'과 '나물왕', '견훤'

과 '진훤', '거란'과 '글안' 등의 표기가 그런 사례이다. 이 중에는 기록에 한 자로 표기되어 있는데 한자음이 두 가지 이상이어서 어떻게 발음하였는 지 모르기 때문에 나타난 문제도 있고, 사료에 나타난 역사적 사실에 명칭 을 부여하면서 역사학자들이 서로 다른 이름을 사용한 경우도 있었다.

연대 표기에서도 차이가 나타난다. 예를 들어 신라가 당군을 물리치 고 삼국통일을 완성한 해는 676년과 677년으로 표기되었으며, 발해의 건국은 698년과 699년으로 갈렸다. 이는 옛 사료에 나타난 기록의 차 이에서 비롯된 것으로, 어찌 보면 그리 큰 문제가 아닐 수 있지만, 학생 들에게는 혼란스러울 수 있다.

제1차 교육과정의 국사 교과서들 사이에 달리 서술되어 논란이 된 사 실들 중에는 이후에도 한국사에서 계속 논쟁이 되고 있는 것들이 꽤 있 다. 삼한의 위치나 소국의 수 등은 지금은 한국사 개설서나 교과서 등 에서 통일되었지만, 고조선이나 삼국의 건국 등은 여전히 의견 차이를 보이고 있다. 단군신화를 신화 자체로 볼 것이냐, 신화이기는 하지만 상 당 부분 역사적 사실을 반영하는 것으로 보아야 하느냐 하는 문제를 놓 고 이후에도 학자들 사이에서 견해의 대립이 나타났다. 1970년대 이후 에 국정 국사 교과서에서 발해를 고구려의 계승으로 보았지만, 발해사 의 성격을 둘러싼 논쟁은 계속되었다. 또한 국정 국사 교과서는 단군신 화가 신화이기는 하지만, 이를 통해 알 수 있는 고조선 사회의 성격을 서술하였다. 그렇지만 사회 일각에서는 단군신화의 건국 연도 등을 그 대로 역사적 사실로 받아들여야 한다는 주장도 여전하다. 백제의 첫 도 읍지인 위례성은 서울로 보는 견해가 대부분이다. 그러나 상당 기간 동 안 다양한 설이 나왔으며, 지금도 경기도 광주, 하남, 충남 천안 등 관련

백제의 첫 도읍지가 자신들의 지역이라고 주장하는 한 지방자치단체 박물관의 전시 모습

지방자치단체나 향토사학자들은 백제의 첫 도읍지가 자신들의 지역이라고 주장하고 있다.

학설의 대립은 역사학에서 하등 문제가 아니며, 특별히 이상할 것도 없다. 그러나 이것이 사회적으로 논란이 된 것은 교과서였기 때문이다. 당시 이 문제를 처음 제기한 것은 교과서를 가지고 학습을 하는 학생들이었다. 그리고 이를 받아서 언론에서 보도하였다. 그래서 학문적 관점에서는 중요성이 떨어지는 이준의 죽음 원인을 언론에서 오히려 더 큰 관심을 가지고 다루었다. 당시 국사편찬위원회는 50여 일간 사료를 조사한 끝에 이준의 죽음을 병으로 인한 '자연사'로 결론지었지만, 교과서 개정에서는 '분사(憤死)'로 하기로 결정하였다. 이는 역사적 근거보다는 사회여론을 감안한 조처였다.

교과서 내용이 사실인 것으로 믿는 학생들에게 서로 다른 내용이 실린 교과서는 혼란을 주기에 충분하였다. 더구나 고등학교 입시가 있던 당시에 학생들이 가지는 부담감은 적은 것이 아니었다. 고등학교 국사 교과서에도 같은 문제들이 있었지만, 특히 중학교 국사 교과서가 문제가 된 것은 이 때문이었다. 그렇다면 어떻게 해서 이런 문제가 일어났을까? 이는 당시 교과서 발행제도와 검정과정에서 찾아볼 수 있다.

교과서 발행제도의 정비와 검정 국사 교과서 발행

1948년 정부 수립 후 문교부는 교육과정의 개정과 교과서 발행제도의 정비에 들어갔다. 그리하여 1948년 10월 8일에 모든 교과서는 문교부의 검정을 받은 것만 사용할 수 있게 한다고 발표하였다. 이에 따라 1950년 4월 29일에 '교과용 도서 검인정 규정'과 '국정교과용 도서 편찬 규정', '교과서 정가 사정 기준'을 제정, 공포하였다. 그러나 교육과정의 개정이 늦어지면서, 교과서의 개발은 이루어지지 않았다.

교육과정의 개정은 한국전쟁으로 중단되었다가, 전쟁이 끝날 무렵부터 재개되었다. 1954년 4월에 국민학교, 중학교, 고등학교, 사범학교 교육과정 시간 배당 기준령이 공포되었으며, 1955년 8월에 '교과과정'이라는 이름으로 교육과정이 공포되었다. 이것이 제1차 교육과정이다. 문교부는 교육과정의 공포와 함께 '검인정 교과용 도서에 관한 기본방침'을 발표하여 교과서 개발에 들어갔다. 1955년 11월에는 검인정에 관한 각 교과 사열 기준을 제정하고, 이어서 사열위원을 선정·위촉하였다. 그리고 1956년 2월에 내용 사열의 결과를 발표하였다.

제1차 교육과정 당시 교과서는 국정, 검정, 인정의 세 형태로 발행되었다. 이 중 국사를 포함한 사회과 교과서는 검정제였다. 교과서 검정제도는 양면성을 가지고 있다. 한국과 같이 국정교과서가 익숙한 나라에서 검정제는 교과서의 다양화와 서술의 자율성을 떠올린다. 1970년대 국사 교과서가 국정제로 바뀐 이후 끊임없이 국정 국사 교과서를 비판하면서 검인정교과서로 바꾸자는 주장이 나오는 것이 이를 반증한다. 그러나 교과서를 하나의 저작물로 보는 국가들에서 검정제는 교과서 통제를 뜻한다. 실제로 근대 교육 초기 교과서 발행에 별다른 제약을 두지 않던 일본과 한국에서 검정제도를 도입한 것은 정부가 자신들의 정책에 맞지 않는 교과서 내용을 없애고 원하는 방향으로 바꾸기 위한 것이었다. 일본은 1904년에 소학교 교과서를 국정제로 바꾸었다. 식민지 조선에서도 자연히 국정제를 시행하였다. 중등학교에서는 검정교과서였지만, 일본에서 발행한 교과서 중 조선총독부의 인가를 받은 것을 사용했으므로, 검정교과서가 다양성을 의미하는 것은 아니었다.

해방 이후 국정교과서를 폐기하고 검인정제로 전환하는 것은 필연적인 추세였다. 이는 일본에서도 마찬가지였다. 이처럼 국정제에 대한 대안으로 검정제를 도입한 상황에서, 검인정제도는 '통제'보다 '다양한 교과서의 발행'에 방점이 찍혔다. 이 때문에 제1차 교육과정의 검인정 심사는 그리 까다롭지 않았다. 첫 해인 1955년에 신청된 992권 중 심사를 통과한 것은 847권으로, 85퍼센트에 달했다. 이를 두고 너무 많은 종수를 통과시켰다는 비판도 있었다. 그러나 문교부는 "문교부의 사열이 끝나고 수정을 거쳐 허가를 받은 교과서라도 실제 교단에서 이를 사용하는 교사들의 손에 의해 다각도로 검토되어 더욱 준엄한 사열을 받아서, 수준이 떨어지는 교과서는 자연 도태될 것"이라고 일축하였다. 교과서 검인정 심사에서 '엄선주의'가 아니라 '관대주의'를 원칙으로 했던 것이다. 문교부의 이런 관점은 당시 교과서 검정제의 취지를 적절히 반영하는 것이었다. 서로 다른 학설이 실려 있는 국사 교과서들이 함께 검정심사에서 통과될 수 있었던 것은, 이러한 검인정 심사의 경향에서 비롯되었다고 할 수 있다. 당시 역사 교과서의 검정 기준도 현재와 비슷한 항목들로 구성되어 있다. '사회과(역사) 교과용 도서 검인정 내용 사열 기준'에는 전체 17개 항목 중 '8. 내용이 정확하고 명료하게 서술되어 있는가', '15. 편협된 학설을 취하지 않고 보편적인 학설을 취하고 있는가' 등이 포함되어 있다. 그렇지만 이러한 검정 기준들은 추상적인 어휘로 표현된 원론적인 원칙이었다. 따라서 실제 검인정 심사의 운용에 따라 그 적용에서 커다란 차이를 보일 수 있었다. 당시 교과서 저자들은 비교적 자유롭게 자신들의 견해에 맞춰 교과서를 서술하였고, 검정심사에서도 이를 크게 문제삼지 않았다.

그러나 이러한 교과서 서술의 자율성이, 역사를 보는 관점이나 역사해석의 다양화로 이어져 학생들이 역사적 사실의 성격을 이해하고 자신의 역사적 관점을 가지게 하지는 못했다. 대부분의 내용 차이는 저자자신의 역사 연구나 인식에 따른 것이기보다 아직까지 한국사 연구가제대로 진척되지 못한 결과이기 때문이었다. 따라서 저자들은 자신이선호하는 특정 견해를 그대로 교과서에 옮기는 데 급급하였다. 물론 역사 교과서가 어떻게 만들어져야 하는지에 대한 생각도 별로 없었다. 결국 교과서는 특정 한국사 개설서를 요약하는 성격을 띠게 되었다. 그결과 검정교과서의 서로 다른 역사 서술은 학생들의 역사인식을 다양화하기보다 혼란만을 불러일으키는 결과를 낳았다.

물론 이러한 결과는 예상된 것이었다. 국사 교과서 내용이 서로 다른 학설을 반영한 것은, 제1차 교육과정이 처음이 아니라 교수요목기의 검정교과서에서도 마찬가지였다. 다만 교수요목기 검정교과서들이 정부 수립과 한국전쟁 등 혼란한 시기에 사용되었고, 또 교육관련법과 교육과정 등의 개정이 논의되었으며, 입시 부담도 덜 하였기 때문에 관심을 끌지 못하였을 뿐이다.

교수요목에 의거한 교과서가 사용된 1949년, 당시 문교부 편수관이던 오장환은 학설의 차이가 학교에서 국사를 가르치는 것을 어렵게 한다고 지적하였다. 오장환이 지적한 역사적 사건들은 ① 건국설화(단군신화), ② 고조선의 건국 기원과 삼국의 건국 연대, ③ 시대 구분, ④ 인물 비판, ⑤ 용어와 의식, ⑥ 남북조, ⑦ 왕호(王號) 등이었다. 제1차 교육과정의 국사 교과서에서 문제된 부분들을 상당 부분 망라하고 있다. 오장환은 '사학적 입장'이 아니라 '교육적 입장'에서 국사를 가르치는 데 어려움이 생길 수 있다고 하면서, 이 문제들에 대한 자신의 견해를 제시하였다. 오장환은 해방 이후 많은 논의가 있었던 민주적 민족교육론의 관점에서 한국사를 바라보았다. 따라서 오장환의 견해는 민족주의적 성격이 강하게 들어간 것이었다. 그렇지만 맹목적인 민족주의가 아니라, 자기 나름으로 역사를 해석하고, 그 이유를 역사이론이나 사료를 토대로 체계적으로 제시한 것이었다. 예를 들어 발해사는 당연히 우리 민족사의 일부라고 한 반면,《삼국사기》에 나오는 삼국의 건국 연대는 그대로 확정적으로 제시하지 말고 미정수(未定數)로 취급해야 한다고 주장했다. 발해사 및 발해와 신라의 관계에 대한 오장환의 주장을 일부 옮겨보기로 하자.

　발해사가 우리 민족사의 일부이냐 아니냐는 문제가 아니다. 그것은 두말할 것도 없이 우리 민족사의 일부인 것이다. 그러나 이 발해사를 지도하기로 하여 통일신라와 대립시키어 남북조 운운하는 것은 다시 한번 검토하여볼 필요가 있는 문제다. ……그러므로 발해국은 결과적으로 보아 우리 민족이 우리 민족의 구강(舊疆)을 가지고 세운 우리 민족사의 일기(一岐)이면서도 완전히 다른 국가로서 출발한 것이라고 보게 된다. 따라서 신라 통일과 발해국의 존재는 형식적으로 보아 우리 민족의 발전 형태이면서도 완전한 분립을 결과하게 될 것이다. 그러므로 오늘날 일부에서 사용 긍정하고 있는 남북조 운운은 잘못이다. 남북조란 사실은 중국사와 일본사에서 볼 수 있는 것인바, 하나는 정치 형태의 대립이요 하나는 민족의 대립인바, 신라와 발해국과의 관계와는 다르다. 발해국의 대립은 우리 민족사상에 있어서보다도 전 동양사에 있어 더 한층 그 존재가치가 높은 것이다. 발해국의 역사적 활동은 대내적이요 소극적이 아니고, 대외적이요 적극적이고 세계적이었다. 오장환, 〈국사 지도상의 난문제 몇 가지 (中)〉, 76~77쪽

　오장환이 주장하는 역사적 사실의 교육 방향은 제1차 교육과정의 교과서에서 거의 찾아볼 수 없다. 그것은 정부 수립 이후 국사학계에서 민족주의 사관이 거의 사라지고 문헌 고증을 토대로 한 실증사학이 주류를 이룬 것과 관련이 있다. 교과서 서술에서 역사관이나 역사교육관보다도 역사적 사실 자체가 무엇인지에 중점을 두었으며, 그것도 자신이 맞다고 생각하는 학설을 고집하였기 때문이다. 그렇게 보면 교과서

내용의 차이로 인한 파동은 당연한 결과였다.

교과서 내용의 통일과 검정의 강화
|

국사 교과서의 내용 차이가 문제되자, 문교부는 교과서 내용의 차이를 통일하는 작업에 들어갔다. 그렇지만 그 원인이 학설의 차이에서 비롯된 것인 데다 저자들이 자신이 쓴 교과서에 실린 학설을 고집하는 바람에 내용의 통일이 쉽지 않았다. 학계의 전반적인 분위기도 학설의 차이를 억지로 통일하는 것에 부정적이었다. '교육적' 고려보다는 '학문적' 입장을 우선시하는 경향이었다. 학교 역사교육의 혼란을 우려하는 사람들도 교과서 내용을 통일할 필요성을 언급했지만, 학설 자체는 전문적이라는 이유로 통일의 문제에 대해 극히 조심스러운 태도를 취하는 실정이었다.

결국 교과서 내용의 통일은 정치적 조처로 이루어졌다. 1961년 10월 14일에 국가재건최고회의 의장이던 박정희가 국사 내용의 통일을 지시함에 따라 견해를 달리하던 역사적 사실에 대하여 용어나 표기법의 통일이 시도되었다. 이 작업은 그리 속도를 내지 못하다가, 1963년 5월부터 국사학자와 국사 교과서 저자, 역사 교사 28명으로 '국사교육내용통일심의회'를 만들어 열두 차례 회의를 거쳐 1963년 8월 8일에 교과서 내용을 통일하였다. 이때 정해진 교과서 내용 서술의 원칙이나 용어 등은 특별히 새로운 학설이 나오지 않은 한 현재까지 그대로 사용되고 있다. 이 중 중요한 문제들을 정리해보면 다음과 같다.

① 단군은 민족신화로 취급하되, 교육과정의 정신을 반영한다.

② 기자조선과 위만조선은 고조선에 포함시키되, '기자조선', '한씨조선', '개야지조선', '위만조선' 등의 용어는 사용하지 않는다. 기자동래설이나 '기자' 운운하는 서술은 하지 않는다. 위만의 민족적 소속을 밝히지 않는다.

③ 삼한의 위치에 대해서는 중학교에서는 마한은 우리나라 남부의 서쪽, 진한은 우리나라 남부의 동쪽, 변한은 우리나라 남부의 남쪽으로 한다.* 고등학교에서는 이설이 있는 것을 함께 서술한다. 삼한의 부족국가 수는 중·고등학교 공히 표시하지 않는다.

④ 한사군의 위치는 진번은 '자비령 이남~한강 이북', 현도는 '압록강 중류', 임둔은 '함경남도의 대부분과 강원도 일부', 낙랑은 '대동강 유역'의 지역으로 한다.

⑤ 삼국의 건국과 관련하여 주몽, 온조, 박혁거세는 부족사회에서 다루며, 사료에 기록되어 있는 건국 연대(기원전 57, 기원전 37, 기원전 18)는 표시하지 않는다. 삼국이 고대 국가로 발전한 것은 고구려, 백제, 신라의 순으로 하고, 고대 국가로 발전하기 시작한 때는 고구려는 태조왕, 백제는 고이왕, 신라는 내물왕 때부터, 또는 몇 세기부터라고 한다.

⑥ 신라의 삼국통일 연대는 676년으로 한다.

⑦ 고구려의 국내성과 환도성은 별개의 것이 아니라 동일한 것으로 한다.

⑧ 신라에서 불교를 공인한 연대는 법흥왕 14년으로 한다.

⑨ 백제의 하북 위례성, 하남 위례성을 구분하지 않으며, 위례성의 위치는

• 1963년 8월 8일자 《편수자료 5집》에서는 변한의 위치를 '우리나라 남부의 동쪽'으로 한다고 되어 있으나, 1964년 5월 5일자로 간행된 《편수자료 5집》에는 '우리나라 남부의 남쪽'으로 수정되어 있다(《편수자료 3~6 합권》, 국가기록원 기록물 자료 C12M26566). 변한의 위치가 낙동강 하류임을 고려할 때 애초 '우리나라 남부의 동쪽'의 '동쪽'은 '남쪽'의 오기였던 것으로 보인다.

한강 유역으로 한다.

⑩ 우리나라 근대화 시기는 병자수호조약이 체결된 이후로 한다.

이와 함께 두 가지 이상으로 읽는 한자의 표음을 통일하였으며, 두 가지 이상의 용어가 사용되던 역사인물이나 지명, 역사적 사실을 하나로 통일하였다. 그 내용은 다음과 같다.

• 표음의 통일

① 樂浪—낙랑　　　② 秥蟬—점제　　　③ 臨屯—임둔

④ 玄菟—현토　　　⑤ 甄萱—견훤　　　⑥ 奈勿王—내물왕

⑦ 尉那巖城—위나암성　⑧ 龜州—귀주　　　⑨ 契丹—거란

⑩ 辛旽—신돈　　　⑪ 星湖僿說—성호사설　⑫ 李晬光—이수광

⑬ 懶翁—나옹

• 용어의 통일 등

① 황초령(黃草嶺)과 초황령(草黃嶺) → 황초령

② 안향(安珦)과 안유(安裕) → 안향

③ 목지(目支)와 월지(月支) → 목지

④ 최우(崔瑀)와 최이(崔怡) → 최우

⑤ 소노부(消奴部)와 연노부(涓奴部) → 소노부

⑥ 초문(肖門)과 성문(省門) → 초문•

• 고구려 소수림왕 때 창건했다고 하는 우리나라 최초의 절 이름. 《삼국사기》에는 '초문사'라고 되어 있지만, 《해동고승전》에는 '성문사'가 옳다고 하였다.

⑦ 진대법(賑貸法)과 조적법(糶糴法) → 진대법

⑧ 계백(階伯)과 계백(堦伯) → 계백(階伯)

⑨ 가도(椵島)와 단도(椵島) → 가도[•]

⑩ 소도(蘇塗)와 솟대 → 소도

⑪ 왕의 대수(代數) 표시 → 통일신라시대까지는 표시하지 않고, 고려 이후
는 사용할 수 있다.

　　1963년 제2차 교육과정이 공포되고, 이에 따라 편찬된 검정교과서들
에서는 통일안대로 내용을 서술하였다. 그 후 한국사 연구가 진척되거
나 새로운 논쟁이 일어나면서 고조선 등 일부 서술은 달라졌지만, 통일
안은 대부분 현재까지도 국사 교과서 서술에 적용되고 있다. 한편 문교
부는 학설상의 차이에서 비롯되는 교과서 내용의 문제를 없애기 위해
제2차 교육과정부터 교과서 검정심사를 강화하였다. 그렇지만 이러한
검정심사의 강화는 교과서 통제라는 부정적 결과를 가져왔다.

• 평안북도 철산군 백량면에 있는 섬. 조선 광해군 때 명나라 장수 모문룡이 이곳에 머물면서 후금의 후방을 공
격하여 갈등을 빚었다. 이는 정묘호란과 병자호란이 일어나게 된 한 원인으로 꼽힌다.

발전적 관점의 한국사 인식

한국사 연구와 국사 교과서의 식민사관 극복

조선은 왜 망해서 일본의 식민지가 되었을까? 역사를 공부하는 사람은 한 번쯤 들었을 만한 질문이다. 아니, 역사를 특별히 좋아하지 않더라도, 한국인이라면 한두 번쯤은 이 문제를 생각하거나 다른 사람과 이야기를 나누었을 것이다. 더구나 역사 교사라면 으레 학생들에게 이런 질문을 받고 설명을 해준 경험이 있기 마련이다.

"조선은 왜 망했나?"라는 질문에 사람들이 가장 많이 떠올리는 대답은 "서양 문물을 늦게 받아들여서"이거나, "당파싸움으로 권력을 잡는데만 혈안이 된 채 올바른 정치를 하지 못해서"일 것이다. 그렇다면 일찍 개항을 했으면 우리는 일본에 앞서 근대 국가로 발전할 수 있었을까? 당파싸움이 없었다면 일본의 식민지가 되는 일은 생기지 않았을까? "조선은 왜 망했나?"라는 질문에 답하기는 쉽지 않다. 조선이 근대국민국가로 성장하는 데 실패한 원인을 놓고 학자들은 다양한 견해를 제시하기도 한다. 그렇지만 아직도 많은 사람들이 당쟁이나 쇄국정책을 가장 커다란 원인으로 생각한다.

조선은 왜 일본의 식민지가 되었을까

이러한 생각은 내가 1970년대에 중학교와 고등학교를 다니면서 한국사를 배울 때도 마찬가지였다. 구체적인 수업 내용은 학교나 교사에 따라 많은 차이가 있겠지만, 그때 우리는 조선의 권력다툼을 자세히 배웠다. 무오사화, 갑자사화, 기묘사화, 을사사화를 4대 사화라고 하면서, 원인이 무엇이고, 어떻게 전개되었으며, 결과가 어떠하였는지 공부하였다. 시험 때가 되면, 4대 사화의 원인, 전개과정, 가해자, 피해자를 표로 정리하여 외우기도 했다. 사화를 공부하면서 연산군을 천하의 몹쓸 왕으로 생각하였으며, 기묘사화를 배울 때는 '주초위왕(走肖爲王)*'의 간계를 꾸민 훈구파에 분노하면서, 이에 넘어간 중종의 무능함을 안타까워하기도 하였다. 또 인척끼리 대윤과 소윤으로 나뉘어 다툰 을사사화에서는 권력다툼에는 일가친척도 없었다는 생각에 조선 지배층의 한심함을 뼈저리게 느끼기도 하였다. 당쟁도 마찬가지였다. 4색 당파가 어떤 사건을 계기로 나뉘었으며, 각 당파는 어느 왕 때 권력을 장악했는지, 중심인물이 누군지 정리하고는 했다. 교과서에 그처럼 상세히 나오는 것은 아니었지만, 실제 수업에서는 상당히 구체적으로 배웠다.

물론 사화나 당쟁을 배우면서, 일제가 이를 우리 민족의 민족성이라고 규정하여 한국사를 왜곡한다는 이야기도 들었다. 일본도 전국시대에 수많은 제후국들로 분열되었으며 중국에서도 당파싸움이 심했다는

---

* 조씨가 왕이 된다는 뜻. 주(走)와 초(肖), 두 글자를 합하면 조(趙)가 된다. 여기에서 조씨는 조광조를 가리킨다. 훈구파들이 창덕궁의 나뭇잎에 꿀로 '주초위왕'이라는 글씨를 새긴 다음에 벌레가 그 글씨를 따라서 나뭇잎을 갉아먹은 것을 증거로 들어, 조광조가 왕이 될 욕심을 가지고 있음을 하늘이 알려주었다고 무고하였다고 한다.

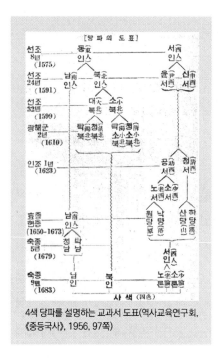

[당파의 도표]

4색 당파를 설명하는 교과서 도표(역사교육연구회, 《중등국사》, 1956, 97쪽)

사실을 근거로, 이는 우리 역사에만 있던 현상이 아니라고 역사 선생님들은 설명하셨다. 그렇지만 당쟁은 여전히 조선이 식민지가 된 이유의 하나로 마음속에 자리잡았다. 어쩌면 이런 생각은 지금도 많은 사람들에게 남아 있을지 모른다.

당파성론 못지않게 우리의 역사인식에 큰 영향을 미친 것은 타율성론이다. 타율성론은 지정학적 논리를 바탕으로 한다. 대륙과 바다를 연결하는 반도에 위치하고 있기 때문에, 한국의 역사가 대륙이나 해양의 세력 변화에 크게 영향을 받았다는 것이다. 만주와 한반도를 하나로 묶어서 역사 변화를 이해하려는 만선사관(滿鮮史觀)은 대표적이다. 만선사관에 따르면, 한반도의 역사는 만주 지역의 변화에 따라 달라진다.

실제로 우리 역사에서는 대륙이나 해양 국가들의 적지 않은 침공이 있었다. 고조선은 연나라의 침공을 받았으며, 결국 한의 공격으로 멸망하였다. 고구려는 북방민족이나 수·당과 많은 전쟁을 치렀고, 신라는 왜의 잦은 침공에 시달렸다. 고려 때는 거란, 여진, 몽골과 잇달아 전쟁을 치렀으며, 약 100년간 원의 간섭을 받았다. 조선시대에 들어서도 일본, 청과 대규모 전쟁으로 어려움을 겪었다. 어떻게 숫자를 센 것인지 모르지만, 고조선부터 한국전쟁까지 우리나라가 외세의 침공을 받은 것이 931회라는 말도 있다.

그렇지만 반도라는 지리적 위치는 나라의 발전에 반드시 불리하기만 한 것이 아니라 오히려 유리할 수 있다는 말도 오래전부터 들어온 이야기이다. 반도에 위치하고 있기 때문에 힘이 약할 때는 대륙과 바다 양쪽의 침공을 받지만, 반대로 우리의 힘이 강하면 대륙으로도, 바다로도 진출할 수 있다는 논리이다. 세계사에서 그러한 예로 그리스가 제시되었다. 그리스는 우리와 같은 반도국가이지만, 지중해 일대를 지배하면서 서양 문화의 뿌리를 이룬 찬란한 문화를 발전시킨 강국으로 성장했다는 것이다. 이런 논리는 1960, 70년대 나왔지만, 지금도 흔히 찾아볼 수 있다. 이는 식민사학에서 말하는 타율성론, 그중에서도 반도적 성격론의 반박 논리로 나온 것이다. 그러나 어쨌든 '반도'라는 위치가 역사의 발전을 좌우하는 중요한 요인이 된다는 점에서 보면, 이 또한 반도적 성격론을 부정한다기보다 또 다른 반도적 성격론이라고 할 수 있다.

사대주의도 국사 공부를 하면서 찝찝한 마음을 떨치기 어려운 것이었다. 조선시대에 매년 서너 차례씩 중국에 사신과 조공품을 보냈다는 사실은 자존심을 상하게 했다. 연말 동지와 연초 설날 무렵에 인사차 사신을 보냈다는 설명을 듣고는 "별로 날짜 차이가 없었는데도 그렇게 잇달아 사신을 보내야 했을까?" 하고 생각했고, 황제와 황후는 물론 황태자의 생일에도 축하 사신을 보냈다는 말에는 "그렇게까지 눈치를 보았어야 했을까?" 하는 궁금함도 생겼다. '조선'이라는 나라 이름이 명에서 선택받은 것이라든지, '이조, 호조, 예조'의 '조'는 '이부, 호부, 예부'의

'부'보다 한 등급 낮은 제후국에서 붙이는 이름이라는 것은 알지 못하던 때였다. 물론 당시에도 일본 사람들이 사대주의를 우리의 민족성이라고 말하지만 이는 나라의 안정을 다지기 위한 외교정책이었다고 봐야 하며, 조공으로 가져가는 물품보다 하사품으로 받아오는 것이 더 많았다는 설명을 듣기는 했다. 그렇지만 사대주의 외교정책은 별로 기분 좋은 역사적 사실이 아니었다. 이러한 사실은 조선시대를 부정적으로 인식하게 되는 원인이 되었다.

한국사 연구의 과제인 식민사학 극복

해방 후 한국사 연구의 최대 과제는 일제의 식민사학을 극복하는 일이었다. 해방 직후 많은 한국사 책들이 나왔지만, 대부분의 내용이 일제 때의 연구 수준에 머물렀다. 민족주의적 관점에서 한국사를 정리한 책들은 단군 등 한국사의 전통과 한민족의 사상을 강조했다. 그러나 사실이나 자료의 뒷받침 없이 강한 민족주의적 성향만을 드러내었다. 자기 나름의 사관과 역사 해석으로 한국사를 재정리하지 못했으며, 구체적인 내용에서는 식민사학의 논리에서 벗어나지 못하는 경우가 많았다.

미군정기의 좌우 갈등, 정부 수립, 한국전쟁으로 이어지는 사회의 격동은 한국사 연구를 체계적으로 하기 어렵게 만들었다. 더구나 이 과정에서 문헌고증사학 외에 다른 역사 연구는 뿌리를 내리지 못했다. 마르크스사관을 토대로 하는 사회경제사학자들은 월북하였으며, 중도적 입장의 신민족주의 사학자들도 한국전쟁 때 납북되거나 더는 자신들의 사관을 반영한 책을 쓰지 못하였다. 본격적인 한국사 연구는 한국전쟁이 끝나기를 기다려야 했다.

한국사 연구의 과제는 여전히 식민사학을 극복하고 새로운 한국사의 체계를 세우는 일이었다. 식민사학의 논리 중 사람들에게 가장 호소력이 강하고 영향이 큰 것은 당파성론과 타율성론이었지만, 식민사학의 뿌리는 일선동조론과 정체성론이었다. 일선동조론(日鮮同祖論)은 일본의 한국 병합이 두 나라 민족을 원래 상태로 회복하는 것이라는 정치적 의도를 깔고 있었다. 그렇지만 일선동조론은 사람들의 마음속에 파고들지 못하였다. 일본이 제2차 세계대전에서 패하고 한국이 독립된 뒤로, 일선동조론은 더 이상 그 생명을 유지하기 어려웠다.

이에 반해 정체성론은 일본이 조선을 침략하고 식민지로 만든 19세기 말 20세기 초에 국제사회에서 통용되던 논리였다. 우승열패의 사회진화론은 강국이 약소국을 식민지화하는 것을 당연시했다. "너희는 세계 변화에 제대로 적응하지 못했으며, 그래서 발전한 국가의 식민지가 되는 것은 자연스러운 사회 변화의 이치이다. 그러는 편이 너희도 발전을 할 수 있는 길이다"라는 제국주의 논리가 전 세계에 널리 퍼져 있었다. 역사적으로 한국은 독립적으로 발전하지 못했으며, 특히 조선은 정체된 사회라는 것이 일본 식민사학자들의 주장이었다. 그 근거로 극심한 당쟁, 성리학만을 떠받드는 사상적 경직성, 봉건사회 결여론 등의 논리를 내세웠다. 한국사학자들은 해방 이후 이런 논리들을 여러 측면에서 반박하였다. 정체성론과 타율성론을 깨뜨리는 것이 식민사학을 극복하는 길이었으며, 한국사 연구의 핵심 과제였다. 이러한 과제의 실천은 실증적 연구를 필요로 하는 일이었다. 한국사 연구는 두 가지 측면을 밝혀야 했다. 하나는 한국사도 역사 발전의 일반적 단계를 거쳤다는 것이고, 다른 하나는 일본의 영향력 없이도 한국사가 자생적 근대화의 가능성이 있었다는 사실이다.

한국전쟁이 끝나면서 한국사 연구가 본격화되고 한국사 개설서들이 간행되었다. 전쟁이 끝난 직후인 1954년에 한우근과 김철준이 함께 쓴 《국사개론》이 간행되었으며, 1962년에는 진단학회에서 시대별로 나누어 총 6권으로 구성된 《한국사》를 편찬했다. 그러나 《국사개론》은 아직까지 반도적 성격론 등 식민사학의 논리에서 벗어나지 못했으며, 진단학회의 《한국사》는 시대별로 다른 사람이 집필하여 통일된 관점에서 한국사를 정리하지 못했다. 1955년에 공포된 제1차 교육과정에 따라 간행된 국사 교과서와 1963년에 공포된 제2차 교육과정에 의거한 국사 교과서의 내용에도 정체성론과 타율성론 등 식민사학의 논리들이 여전히 남아 있었다.

1960년대 들어 식민사학을 극복하고 한국사의 새로운 체계를 세워야 한다는 국사학계의 논의가 본격화되었다. 한국사의 내재적 발전론과 민족문화론이 대두되었다. 내재적 발전론은 정체성론의 극복, 민족문화론은 타율성론의 극복을 염두에 둔 것이었다. 특히 정체성론의 극복을 위해 내재적 발전론에 토대를 둔 역사 연구가 활발해지기 시작했다. 1962년 제5회 전국역사학대회에서는 '한국사 연구의 회고와 전망'이라는 주제 아래 시대별로 기존 한국사 연구의 성과를 점검하고 앞으로의 방향을 논의하였다. 한국사를 발전적 관점에서 체계화하기 위한 방안을 제시하려는 것이었다. 당시 대회에서는 '내재적 발전론'이라는 용어를 사용하지는 않았지만, 역사 발전의 관점에서 한국사의 체계를 다시 세워야 한다는 생각이 깔려 있었다. 한국사 연구의 목표는 정체성론을 극복하는 것이었으며, 여기에서 초점이 되는 시기는 조선후기였다. 논의는 1963년 한국사학회가 주최한 '조선후기에 있어서의 사회 변동'으로 이어졌다. 이 학술토론회에서는 조선후기의 사회경제사를 농촌 경제, 상공업, 북학사상 등에 걸쳐서 검토했다. 이러한 학계 분위기에 힘입어 1960년대에 들어 한국사 연구는 새로운 전기를 맞이하였다.

민족적 관점에서 식민사학의 논리를 탈피하고 한국사 연구의 성과를 본격적으로 반영하기 시작한 책으로는 이기백의 《한국사신론》이 꼽힌다. 《한국사신론》은 처음 간행될 때부터 가장 두드러진 문제의식을 갖고 집필된 책으로 평가받는다. 《한국사신론》은 식민사관을 탈피하여 민족주의적 성격을 지녔으면서도, 내재적 발전론의 관점으로 한국사를 보고 있다.

이기백은 《한국사신론》에 앞서 1961년에 《국사신론》을 집필했다. 《국사신론》은 서문에서 식민사관의 논리를 조목조목 비판하였다. 그러나 책의 서문에 언급한 문제의식이 한국사 서술에 구체적으로 반영되지는 못하였다. 이러한 문제점을 극복하고, 어느 정도 자신의 역사관을 바탕으로 한국사를 정리한 책이 《한국사신론》이다.

《국사신론》의 내용이 바탕이 되었겠지만, 《한국사신론》은 1960년대의 연구성과를 반영하여 한국사의 발전을 체계화하였다. 《한국사신론》에서는 조선후기 내재적 발전론을 수용했다. 2개 장으로 이루어진 조선후기사 중 1개 장은 '광작농민과 도고상인의 성장'이다. 농업과 상공업 분야의 연구성과를 반영하여, 조선후기를 근대 사회로 발전할 수 있는 내재적 움직임을 보인 역동적 사회로 그렸다. 《한국사신론》은 개정판과 신수판을 펴내면서 수십 년 동안 가장 널리 읽힌 한국사 개설서

이기백의 《한국
사신론》(왼쪽)과
한우근의 《한국
통사》

가 되었다. 영어, 일어, 중국어, 러시아어 등으로 번역되어 해외에 한국
사를 알리는 역할을 하기도 했다.

한우근의 《한국통사》에서도 해방 이후 20여 년의 한국사 연구성과를
바탕으로 새로운 한국사 개설서를 구상하고 사회구조를 파악하고자 노
력하였음을 표방하였다. 그리고 조선후기의 서술에서 '사회구조의 변
화'라는 제목 아래 농업의 변화, 상품·화폐경제의 발달, 양반층과 농민
층의 분해 등을 서술하였다.

국사학계의 연구성과는 1960년대 후반부터 점차 교과서에 반영되기
시작하였다. 국사학자들도 학교의 역사교육에 관심을 가지고, 새로운
연구성과를 교과서에 서술해야 한다고 주장했다. 1969년에 이기백, 이
우성, 한우근, 김용섭이 작성하여 문교부에 보고한 《중·고등학교 국사
교육 개선을 위한 기본 방향》에서는 당시 국사 교과서가 여전히 해방
전의 한국사 연구나 사관에 입각하고 있다고 지적하고, 해방 후 한국사

연구의 성과와 사관을 반영해야 한다고 주장했다. 이 보고서는 중·고등학교 국사교육에서 다루어야 할 내용을 제시하고 있다. 이 중 식민사학의 탈피와 관련하여 주목할 만한 부분은 선사시대와 조선후기사 부분이다.

선사시대 서술에 대해서는 머리말에 "구석기시대 및 청동기시대가 우리나라 역사상 독자의 시대로 설정되어야 할 것이 이제 당연한 것임"에도 해당 연구가 부족하여 일반화되지 못하고 있다고 지적하면서, 교과서에 이를 반영할 것을 촉구했다. 구체적으로는 "구석기시대의 존재를 명시한다", "과거 기원전 3~4세기경에 청동기와 철기가 동시에 전래된 것으로 취급했으나, 그보다 이전에 대략 기원전 7세기경부터 독자적인 청동기시대가 시작된 것으로 서술한다"라고 권고했다. 한국의 선사시대를 '구석기시대 → 신석기시대 → 청동기시대 → 철기시대'라는 일반적인 역사 발전 단계로 이해하려는 것이었다.

조선후기사는 머리말에 언급하고 있지 않지만, 시안의 내용을 설명하면서 "농민의 성장과 연관하여서는 이앙법, 이모작의 보급 등, 이 시기의 농업에 큰 발전이 있었음에 유의한다"라고 하여 조선후기 사회를 내재적 발전의 관점에서 서술할 것을 제안하고 있다. 고등학교 국사 교육과정 단원 구성 시안 중 '중세 후기 사회의 변동'이라는 장을 '1. 벌열정치와 양반체제의 분해', '2. 농민의 성장과 대동법 및 균역법', '3. 상인자본의 대두와 수공업의 성장'이라는 절로 나눈 것이나, 중학교 시안 중 중세의 '벌열정치와 사회의 동요'라는 장 아래 6개 절 중에 '3. 농업과 상공업의 발전'을 포함시킨 것은 이러한 관점을 반영한 것이라고 할 수 있다.

이 밖에도《중·고등학교 국사교육 개선을 위한 기본 방향》의 머리말에서는 이 밖에도 발해사를 우리 민족사의 일부로 다루어야 하며, 보충 설명에서 "백제와 고구려의 남쪽 일부를 통합한 신라와 고구려의 고토의 대부분을 차지한 발해와의 남북 두 왕조를 대등하게 설명한다"라고 권하고 있다. 그렇다면 한국사 연구성과가 교과서에 실제로 얼마나 반영되었는지 살펴보자. 논의의 초점을 식민사학 극복에 맞추기 위해 선사시대와 조선후기 사회 변동 내용을 검토하기로 한다.

"한국사에도 구석기시대와 청동기시대가 있었다"

1960년대까지 나온 국사 교과서들은 구석기시대를 별도로 언급하지 않은 채 한반도에 신석기시대부터 사람들이 본격적으로 이주하여 살았다고 서술하였다. 구석기가 발견되었다는 사실을 언급하기도 하지만, 구석기시대부터 한국사가 시작된 것으로 보지는 않았다. 예를 들면 다음과 같은 식이다.

신석기시대의 유물과 유적 근래 우리나라에서도 구석기시대의 유물과 유적이 나타난다고 하나, 아직 확실하지 않다. 오늘날 우리의 오랜 조상들이 이 땅에 남겨 놓은 것은 대부분 신석기시대의 유물과 유적으로, 그것은 전국 각처에서 발견되고 있다. 그 가장 오랜 연대는 역시 자세하지 아니하나, 대략 서기전 2000년경이 아닌가 생각된다. 이병도, 《인문계 고등학교 국사》, 1968, 3~4쪽

신석기시대 우리나라에서는 아직 확실한 구석기시대의 유물이나 유적이 증

명되지 않고 있다. 그러나 화북과 만주, 그리고 일본에서는 이미 그 존재가 확실시되고 있으므로 앞으로 우리나라에서도 그러한 시대의 유물이나 유적이 발견될 가능성은 충분히 있다. 구석기시대 유물은 타제 석기가 주가 되며 시대가 내려오면서 차차로 토기를 수반하게 되나, 어떠한 무늬도 찾아볼 수 없는 것이 그 특징이다. 민영규,《인문계 고등학교 최신국사》, 1967, 3~4쪽

1967년과 1968년의 교과서는 1963년에 공포된 제2차 교육과정에 근거하여 편찬되었다. 그러므로 아직까지 1960년대의 연구성과는 반영되지 않았을 수 있다. 교과서는 신석기시대에 이어지는 청동기시대도 별도로 설정하지 않았다. 한반도에서 청동기가 발견되었다는 사실을 서술하면서도, 그 의미를 축소하고 석기가 오랫동안 주된 도구로 사용되었음을 강조했다. 청동기의 전래 후 석기가 함께 사용된 금석병용기(金石倂用期)가 전개되었다는 다음의 서술은 이를 보여준다.

금석병용기의 유물·유적 위에서 말한 신석기시대에 만들어진 여러 가지 도구를 사용할 때, 새로이 몽고고원을 중심으로 북아시아의 초원지대에서 유목생활을 하던 흉노족에 의하여 스키토 시베리아(Scyto-Siberia) 문화 계통의 청동 문화가 이 땅에 전해졌다.

한편 남하해오는 흉노족을 억누르려고 한족(漢族)이 동진해오면서 청동 및 철기 문화를 전하게 됨에 따라, 석기와 금속기를 아울러 쓰던 시대가 되었다. 이 시대는 일반적인 문화 단계로 보아 과도기적인 시대이지만, 우리나라에서는 그 시기가 비교적 오래 계속되었다. 이병도,《인문계 고등학교 국사》, 1968, 5쪽

금석병용기 오랜 신석기시대의 생활을 통하여 만주와 한반도에 공통된 문화를 지켜 내려오던 우리 겨레는 기원전 4~3세기에 이르러 서북의 흉노족을 통해서 스키토 시베리아(Scytho Siberia) 계통의 청동기 문명을, 그리고 이웃의 한족으로부터는 철기 문명을 배워들이기 시작하였다. 그러나 석기는 여전히 금속기와 함께 쓰이고 있었으므로, 이 시대를 금석병용기라고 한다. 이 금석병용기에 이르자 사회의 모습은 변하기 시작하였다. 신석기시대의 씨족사회는 무너지고 씨족장들이 권력으로 씨족원을 지배하는 사회가 여러 곳에서 나타나게 되었다. 민영규·정형우,《인문계 고등학교 최신국사》, 1967, 6~7쪽

이에 따르면 한반도에서 청동기가 발견되었지만, '청동기시대'라고 할 만한 시대는 존재하지 않은 채 금속과 돌로 된 도구를 함께 사용하는 금석병용기가 계속되다가 철기시대로 넘어갔다. 즉 선사시대 역사 발전의 단계를 '신석기시대→ 금석병용기→ 철기시대'로 이해하는 것이다. 선사시대에 대한 이러한 이해는 대부분의 교과서들에서 마찬가지였다.

한국사의 선사시대가 '신석기시대→ 금석병용기→ 철기시대'로 발전한다는 역사 이해에 따르면, 한반도의 역사는 다른 지역보다 늦은 시기에 시작되었으며 석기가 오랫동안 주요 도구로 사용되고 금속제 도구의 사용도 늦었다. 이는 한반도 역사가 처음부터 다른 지역보다 뒤떨어졌다는 식민사학의 논리를 그대로 따르는 것이었다. 일제의 식민지배 시기에 함경북도 웅기 굴포리, 동관진 등에서 구석기 유적이 발견되기도 하였다. 그러나 일본 관학자들은, 이 유적들이 한반도의 가장 북부 지역인 점을 들어 만주나 시베리아의 영향을 받은 것으로서 한반도에

공주 석장리 선사유적지에 재현해놓은 움집

서 살아가는 대부분 사람들의 생활에는 별 의미가 없다고 주장했다.

그렇지만 1960년대 들어 한반도의 구석기와 청동기 유적들이 확인되기 시작하였다. 1964년부터 본격적으로 발굴되기 시작한 공주 석장리의 구석기 유적에서는 전기, 중기, 후기 구석기 유물들이 발견되었다. 청동검과 거울 등 청동기 유물들도 전국 각지에서 발굴되었다. 이로써 한반도에서도 구석기시대에 사람들이 생활하였다는 사실이 입증되고, 청동기시대를 독립적으로 설정하는 것이 가능해졌다. 한반도의 선사시대도 일반적인 역사 발전 단계와 마찬가지로 '구석기시대→ 신석기시대→ 청동기시대→ 철기시대'를 거쳤음을 확인한 것이다. 교과서에 구석기시대와 청동기시대를 명시하자는 중·고등학교 국사교육 개선을 위한 기본 방향》의 제안은 이러한 성과를 바탕으로 한 것이었다.

그러나 국사 교과서는 연구성과를 수용하는 데 소극적이었다. 1969년에 중학교 교육과정의 부분개정이 있었다. 이에 따라 중학교 교과서는 자연히 개정판을 내게 되었으며, 고등학교 교육과정은 개정되지 않았지만 교과서 내용이 일부 바뀌었다. 교과서의 선사시대 서술내용이 어떻게 변했는지 보기로 하자.

신석기시대의 유물과 유적 근래 우리나라에서도 함경도의 두만강 유역과 석장리 등지에서 구석기시대의 유물과 유적이 나타난다고 한다. 오늘날 우리의 오랜 조상들이 이 땅에 남겨놓은 것은 대부분 신석기시대의 유물과 유적으로, 그것은 전국 각처에서 발견되고 있다. 그 가장 오랜 연대는 역시 자세하지는 않으나 대략 서기전 2000년경이 아닌가 생각된다. 그리고 이 시대는 약 2000년 전까지 계속되었다. 이병도,《인문계 고등학교 국사》, 1971, 3~4쪽

구석기시대 연세대학교 박물관에서는 1964년 이래 여러 차례에 걸쳐 충남 공주군 장기면 석장리에서 구석기시대의 유적 조사를 하였다. 그 결과 약 20만 년 전의 전기 구석기시대 유물에서부터 약 2, 3만 년 전의 집터를 발굴하였다. 출토된 유물은 주먹도끼·긁개·밀개·돌날·자르개·몸돌 등이었다. 이 밖에 안성·경주·연기 등 10여 곳에서도 구석기시대 유적이 발견되고 있으므로, 앞으로는 전국 각지에서 구석기시대 유적이 발견될 가능성이 많이 있다. 구석기시대 유물은 타제 석기가 주가 되며 시대가 내려오면서 차차로 토기를 수반하게 되나, 어떠한 무늬도 찾아볼 수 없는 것이 특징이다. 민영규,《인문계 고등학교 최신국사》, 1973, 3~4쪽

이병도가 집필한 교과서에서는 "우리나라에서는 아직 확실한 구석기시대의 유물이나 유적이 증명되지 않고 있다"라는 내용이 "근래 우리나

라에서도 함경도의 두만강 유역과 석장리 등지에서 구석기시대의 유물과 유적이 나타난다고 한다"라고 바뀌었을 뿐, 나머지 서술내용은 똑같다. 다른 대부분의 교과서들도 구석기시대를 서술하는 데 소극적이었다. 이에 반해 민영규가 집필한 교과서에서는 공주 석장리의 구석기 유적 발굴을 꽤 상세히 서술하고 있으며, 전국 여러 곳에서 구석기 유물이 발견되었음을 밝혀 구석기시대부터 한반도에 사람들이 생활하였을 가능성을 보여주고 있다. 이처럼 공주 석장리 유적을 자세히 소개한 것은 저자인 민영규가 공주 석장리 유적의 발굴을 주도한 손보기와 같은 연세대학교 교수인 점이 작용했을 것으로 짐작된다. 그러나 금석병용기의 서술은 이병도가 집필한 교과서나 민영규가 집필한 교과서 모두 전혀 바뀌지 않았다. 1960년대 청동기 유적의 발굴 성과를 반영하거나 받아들이지 않고 있는 것이다.

다만 위에서 소개한 《중·고등학교 국사교육 개선을 위한 기본 방향》을 공동으로 집필하고 개설서인 《한국통사》를 펴낸 한우근은 자신이 쓴 고등학교 《국사》(을유문화사, 1973) 교과서에서 "한반도에도 구석기인이 살았다는 것은 틀림없는 사실이다"라고 하여 상대적으로 구석기시대의 존재 가능성을 적극적으로 받아들이고, 그 근거로 공주에서 구석기 유적이 발굴·조사되고 있음을 소개하였다. 그렇지만 한우근도 청동기시대가 아니라 금석병용기의 개념을 사용하고 있는 것은 마찬가지이다.

1974년부터 사용된 국정 국사 교과서에 이르러서야, 한국의 선사시대가 구석기, 신석기, 청동기, 철기시대를 거쳤음을 명확히 하였다. 국사 교과서가 국정으로 한 종만 발행되면서, 1960년대와 1970년대 초고대사 연구와 고고학적 발굴 성과를 반영하여 선사시대의 발전 단계를 정리한 것이다.

'조선후기에 근대적 발전의 싹이 텄다'

식민사학의 정체성론을 극복하기 위한 더 적극적인 연구는 조선후기 사회경제사에 집중되었다. 한국사에도 자생적인 근대적 발전의 움직임이 있었다는 것을 확인하기 위한 것이었다. 명시적으로 표현하지는 않았지만, 이들 연구는 조선후기 한국 사회 내부에 자본주의 맹아가 존재하였음을 밝히는 작업이었다. 농업을 비롯하여 상업과 수공업, 광업 등 산업 분야별로 자본 축적과 경영 규모 확대, 임금 노동자의 증가 등을 찾는 연구가 진행되었다. 여러 학자들의 연구결과로 조선후기 사회에서 농업과 상공업을 비롯한 산업 전반에 걸쳐 전개된 발전의 모습이 밝혀졌다.

조선후기 농업에서는 이앙법(모내기)을 비롯하여 견종법(골뿌림법) 등 농법의 개선과 이모작 등 효율적인 농지 이용으로 농업생산력이 높아지고 노동력이 절감되어 광작이 가능해졌다. 그 결과 한편에서는 경영형 부농이 생겨났지만, 다른 한편으로 농지에서 밀려난 농민들이 임금 노동자가 되었다. 상업에서는 사상(私商)이 성장하여 자본력을 바탕으로 국가의 지원을 받는 특권상인들과 경쟁하였다. 상인들 중에는 막강한 자본력으로 물품을 독점하는 도고상인들도 나타났다. 수공업에서도 점차 민영수공업이 성장하였다. 일부 대상인들은 선대제(先貸制)를 도입하여 수공업자를 지배하였다. 그러나 이에 대항하는 자유수공업자들

조선후기 민화에 그려진 모내기 광경

도 나타났다. 상인들은 자본을 동원하여 광산 경영에 손을 대기도 했다.

이러한 사실들은 조선후기 사회에서 자본주의적 움직임이 나타나기 시작하였음을 보여주는 것이었다. 이들 연구는 1960년대부터 본격화되었지만, 1960년대 후반이나 1970년대 초반의 국사 교과서에도 거의 반영되지 못했다. 일부 교과서들이 1960년대 전반의 교과서와 비교하여 화폐 유통의 확대나 무역의 발달 등을 적극적으로 서술했지만, 농업이나 상업, 수공업의 발달 양상이나 그것이 사회 변화에 주는 의미를 담지는 않았다. 이러한 연구를 받아들여 자생적 근대화나 자본주의 맹아라는 관점에서 서술한 것도 1970년대 국정 국사 교과서였다. 국정 국사 교과서는 '중흥정치와 경제활동의 성장'(중학교), '산업의 발전과 신분제의 변화'(고등학교)라는 단원을 두어 조선후기의 사회경제 변화를 서술하였다. 아직까지 정리되지 않은 서술로 학생들의 이해에 혼란을 일으킬 우려도 있었지만, 1960년대와 1970년대 초반의 연구성과를 반영한 것이었다. 이후 국사 교과서에서 조선후기사를 보는 이러한 관점은 일반적이 되어 현재까지 그대로 이어졌으며, 교과서가 개정될 때마다 내용이 늘어나고 구체화되었다.

역사지식과 역사인식의 거리감
|

정체성론이나 타율성론, 당파성론과 같은 식민사학의 논리는 적어도 교과서나 학교수업에서는 완전히 자취를 감추었다. 대학수학능력시험에서 국사를 택하는 등 흥미를 가진 웬만한 학생들이라면 식민사학의 문제점이 무엇인지 잘 알고 있으며, 이를 비판하는 논리를 펼칠 수 있을 것이다. 학교에서는 식민사학과 정반대의 관점으로 관련 내용을 배우기도 한다.

이제는 국사 교과서에 사화의 내용이 구체적으로 나오지 않으며, 교사들도 학생의 흥미를 유도하기 위해 일부러 설명하는 경우를 제외하면 자세히 가르치지 않는다. 대학수학능력시험과 같은 국가 단위의 시험에는 개별 사화의 구체적 동기나 과정을 묻는 문제가 나오지도 않는다. 사화의 성격을 훈구와 사림의 대립으로 규정하고, 사림과 훈구의 출신 배경, 경제적 기반, 학문 경향 등 두 세력의 차이에 관심을 둘 뿐이다. 당쟁이나 당파싸움도 '붕당정치'로 바뀐 지 오래되었다. 붕당은 단순한 인적 결합이나 권력을 잡기 위해 온갖 권모술수를 부리는 집단이 아니라, 학풍이나 유학의 해석을 달리하고 나라를 경영하는 방식에서 차이를 보인다고 배운다. 붕당정치는, 국왕이 자기 마음대로 통치하는 것이 아니라 지배집단으로 한정되기는 하지만 꽤 많은 사람의 의견을 수렴하여 정책을 결정하는 공론정치이며 집단 간의 경쟁으로 올바른 정치를 유도할 수 있다는 점에서 긍정적으로 평가된다.

그러나 이렇게 알고 있다고 해서 역사인식 자체가 정말로 달라지는지는 의문이다. 많은 사람들에게 붕당정치는 정서적으로는 여전히 당쟁으로 다가온다. 권력을 잡기 위한 다툼은 추하고, 학생들은 이 과정에서 선한 편과 악한 편을 가린다. 숙종 조에 있었던 서인과 남인의 대립에서, 인현왕후와 장희빈을 비교하면서 여전히 '인현왕후는 선, 장희빈은 악'으로 다가온다. 서인과 남인의 정책, 정치적·경제적 기반 등을 알고 있더라도, 그것은 역사지식이지 역사인식의 내면화로 이어지지 않는다.

조선후기 사회경제적 변화를 자생적 근대화론, 내재적 발전론의 관점으로 보려는 것도 마찬가지이다. 1980년대 이후 고등학교 국사 교과서에서 조선후기는 '근대 사회의 태동'이라는 제목으로 규정되었다. '태동'이라는 말이 근대라는 것인지 또는 근대가 아니라는 것인지 애매하기는 하지만, 조선후기 사회를 근세에서 근대로 넘어가는 역사 발전의 단계로 보려는 것임은 분명하다. 조선후기를 이렇게 보는 것은 자본주의 맹아가 내부적으로 나타난 사회라고 인식하고 있기 때문일 것이다.

대학교에 다닐 즈음 인문사회과학에 관심이 있던 학생들에게 유행한 이론 중 하나가 자본주의 이행 논쟁이었다. 영국의 경제학자인 돕(Maurice Dobb)과 미국의 경제학자인 스위지(Paul Sweezy) 간의 논쟁이 세계적으로 확대되었다. 한국에서도 돕과 스위지 외에 이 논쟁에 참여한 일본 경제사학자인 오쓰카 히사오(大塚久雄)의 책이 꽤 널리 읽혔다. 농법의 발달에 따른 광작으로 경영형 부농이 성장하고 농민층의 분해가 일어났다는 논지는 돕의 '중산적 생산자층의 양극분해론'을, 자본력을 갖춘 대상인이 선대제로 수공업자를 지배하고 광산 경영을 했다는 연구 결과는 스위지의 '상인자본의 산업자본 전화설'을 떠올리게 한다.

학생들도 이와 같은 조선후기의 사회경제적 변화를 열심히 공부한다. 시험에도 자주 나온다. 그러나 이렇게 공부했다고 해서 학생들이 조선후기 사회를 발전적 관점으로 바라볼까? 그보다는 오히려 조선후기가 여전히 당쟁으로 혼란한 시기, 세도정치로 부정부패가 만연한 시기, 민중이 살기 어려운 시기였다는 인식이 훨씬 강할 것이다. 물론 교과서에는 조선후기 사회의 혼란상도 서술함으로써 발전과 혼란이라는 이중적 모습을 보여준다. 학생들이 이를 종합하여 조선후기를 발전적 관점에서 이해하기를 바라는 것이지만, 실제 학생들의 역사인식은 그렇지 못할 가능성이 많다. 농민층의 분해와 대상인의 성장을 자본과 노동력의 축적이라는 자본주의의 맹아로 받아들이기보다, 이를 통해 농민들의 삶이 더욱 어려워졌다는 느낌을 받는다. 시험에서 답을 쓰는 역사지식과 마음속으로 느끼는 역사인식에는 거리감이 있는 것이다. 그런 점에서 본다면, 정체성론의 극복이 학교 역사교육을 통해 학생들에게, 나아가 국민 대중에게 내면화되는 과정은 아직도 끝난 것이 아니다.

2부

1960년대 후반부터 1990년대 중반까지

1970년대 들어 국사교육은 크게 강화되었다. 중·고등학교 교육과정에서 국사과가 독립교과가 되었으며, 초등학교부터 대학 교양과정까지 모든 단계의 학교에서 국사를 필수과목으로 가르쳤다. 대학입학예비고사에서도 국사의 비중이 높아졌으며, 공무원 시험을 비롯한 각종 시험에서도 필수과목이 되었다.

그러나 국사교육 강화는 박정희 정부의 정치적 의도가 담긴 것이었다. 박정희는 잘살기 위해서는 국민의 정신자세가 중요하다고 강조했다. 국민교육헌장 반포는 그 상징적 조치였다. 박정희 정부는 국민에게 국난극복의 마음가짐과 충·효의 전통 윤리를 받들 것을 요구했다. 국사교육은 이러한 정신교육의 도구였으며, 국정 국사 교과서의 내용은 국가주의 역사관이나 역사해석을 반영하였다.

국사 교과서가 단일본 국정도서가 되면서, 교과서에 대한 사회적 관심이 높아졌다. 한국 상고사가 식민사학의 영향으로 축소·왜곡되었다는 재야사학자들의 주장과 이에 관심을 보인 정치인, 언론에 의해 상고사 논쟁이 일어났다. 1980년대 중반 이후 사회민주화가 진전되면서 국정 국사 교과서의 지배이데올로기는 집중적인 비판을 받았다. 지배층 위주의 역사, 지나친 반공이데올로기, 정부정책의 홍보 등 국사 교과서의 이념적 편향성이 파헤쳐졌다. 1990년대 들어 민중사학을 표방하는 이러한 움직임에 대한 보수 세력의 공세가 강화되었다. 1994년 일어난 국사 교과서 준거안 파동은 그 산물이었다.

민족중흥의 역사적 사명

국민교육헌장과 역사교육

중학교 2학년 때의 일이다. 당시 우리 학교에는 중간고사와 기말고사 외에 '월말고사'라고 하여 매달 치르는 시험이 있었다. 생활기록부에 기록되는 성적인 중간고사나 기말고사만큼 중요한 시험은 아니지만, 월말고사도 엄연히 가정에 보내는 성적표가 나오는 시험이니 만큼 학생들은 당연히 신경을 써서 공부를 하고 결과에도 민감하게 반응했다. 그러던 어느 달(아마 4월로 기억된다) 나로서는 비극적인 사태가 일어났다.

국민교육헌장은 몇 자?

도덕은 주요과목이어서 월말고사에도 포함되었지만, 학생들이 가장 쉽다고 생각하던 과목이었다. 그때는 도덕에 현재와 같은 철학내용이 별로 들어 있지 않아서 외울 것이 적은 데다가, 문제를 읽고 대체로 좋은 말이 포함된 답지를 고르면 맞는 경우가 많았기 때문이다. 그래도 나는 교과서도 읽어보고 공책에 필기한 내용도 살펴보는 등 시험공부를 한 다음 자신만만하게 도덕시험에 응했다. 목표는 100점이었다. 그런데 시험지를 받아들고 첫 번째 문제를 보는 순간 경악했다. 나뿐 아니라 다른 아이들도 마찬가지였을 것이다. "1. 국민교육헌장은 몇 자인가?" 당시 시험문제는 대부분 흔히 '객관식'이라고 부르는 4지선다형이었으며, 국, 영, 수 과목에서는 가끔 단답형이 출제되는 경우가 있었다. 도덕시험은 으레 4지선다형으로 나올 것으로 예상하고 있었다. 그런데 25개 문제 중에서 24개 문제는 4지선다형이었지만, 1번 문제인 이 문제가 단답형이었던 것이다.

비극은 당시 내가 국민교육헌장을 외우고 있었다는 사실에 있었다. 그러나 나는 국민교육헌장이 선포되던 날에 함께 발표된 박정희 대통령의 담화문에도 나오는 국민교육헌장의 글자 수는 알지 못했다. 이 문제를 보고 잠시 당황했던 나는 마음을 가다듬고 국민교육헌장의 글자 수를 세기 시작했다. "우리는 민족중흥의 역사적 사명을 띠고 이 땅에 태어났다. 조상의 빛난 얼을 오늘에 되살려……"라고 입으로 웅얼거리면서 손가락으로 글자 수를 꼽았다. 10개 손가락을 한 번씩 모두 꼽으면 문제지에 한 획을 표시하고, 다시 글자 수를 세었다. 그러나 이런 방식으로 국민교육헌장의 전체 글자 수를 세는 일은 쉽지 않았다. 자꾸 중간에 헷갈려서 혼란이 왔다. 정상적으로 시험을 친다면 먼저 나머지 24개 문제를 먼저 풀고, 이 문제를 제일 뒤로 돌려야 했다. 그러나 글자 수를 세는 데 몇 차례 실패를 한 나는 슬슬 오기가 생기기 시작했다. "내가 이 문제를 풀지 못하면 다음 문제를 푸나 봐라." 결심을 하고 시험지에 국민교육헌장 전문을 써내려갔다. 입으로 외우면서 글자 수를 셀 때의 혼동을 피하기 위해서였다. 국민교육헌장 전문을 문제지 여백에 쓴 나는 열 자씩 끊어서 표시하였다. 그리고 마침내 답안을 썼다. '392'. 답안을 쓰자마자 시험이 끝나는 종이 쳤다. 뒷사람이 걷는 사이에 얼른 서너 문제 답을 더 썼다. 그러나 그것이 끝이었다. 결국 대부분의 문제는 손도 대지 못한 채 도덕시험 답안지를 제출할 수밖에 없었다. 확인한 바는 없지만, 당연히 이 과목 시험에서 전교 꼴찌를 하였을 것이다. 그런데 그렇게 공들여 푼 1번 문제까지 결국 틀리고 말았다. 국민교육헌장은 392자가 아니라 393자였던 것이다. 어디서 한 자를 빼먹은 모양이었다. 당시 도덕 선생님이 우리 담임선생님이었다. 물론 나는 그 시험 결과로 무사할 수 없었다. 그 사건으로 '범생'이던 나는 1학기 내내 담임선생님과 불편한 관계를 유지할 수밖에 없었다.

중학교 2학년의 그 비극은 국민교육헌장의 반포 때 이미 잉태되어 있었다. 국민교육헌장이 반포될 당시 나는 국민학교(지금의 초등학교) 4학년이었다. 국민교육헌장이 반포되던 날, 담임선생님은 전문을 외워오라고 하셨다. 다음날까지 외운 아이들에게는 상을 준다는 당근도 함께. 어느 정도 암기에 자신이 있었던 나는 그날 집에 와서 국민교육헌장을 외웠다. 다음날 국민교육헌장을 외워 온 아이는 나를 포함해서 세 명이었다. 무슨 이유였던지는 기억나지 않지만, 기대한 상은 없었다.

그런데 일단 외운 국민교육헌장을 잊어버릴 수가 없었다. 적어도 한 주일에 한두 번은 전문을 들었기 때문이다. 국민교육헌장은 국민의례에 포함되었다. 모든 행사의 앞부분을 차지하는 국민의례는 국기에 대한 경례, 애국가 제창 이후 국민교육헌장 낭독으로 이어졌다. 당시 우리는 매주 두 번씩 모든 학생들이 참여하는 운동장 조회를 하였다. 월요일 일과 시작 전에 하는 조회는 '애국조회'라는 이름이었으며, 토요일 4교시가 끝나면 '반성조회'를 하였다. 물론 학생들은 운동장 조회를 싫어

하였다. 그러나 운동장 조회는 비가 오거나 겨울에 날씨가 매우 춥지 않는 한 거르는 일 없이 계속되었다. 거기에서 매번 국민교육헌장의 내용을 들어야 했다. 중학교에 들어가서는 토요일 4교시 후에 하는 반성조회가 없어졌으나, 월요일 아침에 하는 애국조회는 여전히 계속되었다. 물론 조회 이외의 각종 공식적인 행사에도 으레 국민교육헌장이 낭독되었다.

제2경제론에서 국민교육헌장 제정으로

국민교육헌장의 제정은 박정희 정부가 국민정신을 강조하면서 본격적으로 논의되었다. 박정희는 경제개발정책의 성과에 힘입어 1967년에 제6대 대통령 선거에서 재선에 성공하였다. 겨우 15만 표라는 차이로 아슬아슬하게 당선된 1963년 선거와 달리, 100만 표 이상의 여유 있는 승리였다. 대통령에 취임한 박정희는 국민의 정신자세를 강조했다. 나라가 발전하려면 국민정신의 진작이 무엇보다도 중요하다는 것이었다. 나라의 발전과 국민의 정신자세가 밀접한 관련이 있음을 강조하는 일은 어느 나라, 어떤 통치자에게서도 흔히 찾아볼 수 있다. 그러나 이 시기 박정희의 국민 정신자세 강조는 일상적인 구호가 아니라 실제 통치로 이어졌다. 정신교육은 학교에 다니는 학생들은 물론 국민 대중을 대상으로 하는 사회교육에 구체적으로 반영되었다.

　'제2경제'의 제창은 그 출발이었다. 박정희 자신이 말했듯이, 제2경제는 경제학 용어가 아니라, 박정희 정부가 국민의 정신자세를 강조하면서 만들어낸 말이었다. "생산, 건설, 수출 같은 것을 제1경제라고 한다면, 눈에 보이지 않는 정신적인 면의 건설이 제2경제"였다. 지속적인 경제 발전은 국민의 정신자세, 즉 제2경제에서 비롯된다는 논리였다. 아무리 생산, 건설, 수출을 많이 하더라도 국민이 낭비를 하고 사치를 하면 경제는 발전할 수 없다고 강조하였다. 박정희 정부는 제2경제운동을 국민운동으로 조직하였다. 제2경제운동 실천 국민대회가 열리고, 각 직장에서 실천 모임이 조직되었다. 박정희는 제2경제운동을 "우리의 지상 명제인 조국의 근대화와 민족의 중흥을 성취하기 위해서, 모든 국민 한 사람 한 사람이 민족적 주체의식을 확고히 하자는 운동이요, 사회적 연대의식을 투철히 선양하자는 운동이며, 미래에 대한 밝은 비전을 가지고 새로운 정신자세로 경제 건설에 박차를 가하자는 운동('제2경제운동 실천 국민궐기대회 치사', 1968. 9. 28)"이라고 역설하였다. 제2경제론에서 볼 수 있는 국민정신의 강조는 국민교육헌장 제정으로 이어졌다. "1967년, 1968년 창조된 '제2의 경제'를 더욱 발전시키고, 국민의 정신혁명을 교육을 통하여 이룩하고자 하는 데에서 국민교육헌장의 제정은 실현된 것이었고, 그것은 교육이념에 있어 민족주의, 국가주의 이념을 더욱 부각시키고자 하는 것이었다.(문교40년사편찬위원회, 《문교40년사》, 8쪽)"

박정희는 근대화 과정에서 장기적이고 건전한 국민교육의 방향을 정립하는 것이 중요하다고 강조하면서 1968년 1월 18일에 당시 문교부 장관이던 권오병에게 민족주체성 확립에 토대를 둔 교육헌장을 만들 것을 지시했다. 이에 따라 문교부는 학계의 중진 40명으로 준비회를 구성하여 국민교육헌장 제정에 필요한 사항을 검토하기 시작했다. 준비회에서는 국사, 정치, 사회, 경제, 법률, 교육, 철학 7개 분야의 전문위원을 위촉하여 국민교육헌장 제정에 필요한 기초 연구를 하였다. 전문위

국민교육헌장 선포식(1968년 12월 5일)

원들의 의견을 토대로 박종홍, 이인기, 유형진이 7월 23일에 국민교육
헌장 초안을 만들었다. 이 초안을 교육계, 문화계, 언론계, 종교계, 경제
계, 정계 등 각계 대표 44명으로 구성된 심의위원들이 심의를 하였다.
언론을 통해 초안을 공개하여 여론을 수렴하기도 하였다. 심의위원들
이 여섯 차례 회의를 하고, 다섯 차례 수정안을 만든 끝에 최종안을 확
정하였다. 국민교육헌장은 그 성격상 국민의 총의를 대표하는 국회의
동의를 받아야 한다고 결정하여, 국회 문교공보위원회와 본회의에서
각각 만장일치로 동의를 받았다. 이러한 절차를 거쳐 박정희 정부는
1968년 12월 5일에 모든 국민이 지표로 삼아야 할 정신을 담았다는 국
민교육헌장을 공포하였다.

이처럼 국민교육헌장의 제정 과정은 각계각층의 광범한 의견과 국민
여론을 수렴하는 모양새를 갖추었다. 언론을 통해 국민 여론을 수렴하

고, 법률이 아닌데도 국회의 동의를 얻기까지 하였다. 이 과정에서 국민교육헌장의 제정에 반대하는 의견은 거의 없었다. 야당이나 박정희 정부를 비판하던 사람들도 국민교육헌장의 필요성은 받아들였다. 그것은 박정희 정부의 근대화 정책에 대한 비판 논리 중 하나인 경제 성장만을 추구한 나머지 배금주의를 조장하여 국민정신을 혼돈에 빠지게 했다는 지적과 관련이 있을 것이다.

국가주의 이념과 국적 있는 교육

국민교육헌장은 여러 이념과 사상을 망라하고 있다. 국민교육헌장의 내용은 '① 근본이념, ② 개인윤리·사회윤리·국가윤리, ③ 새 국민상'이라는 세 단계로 구성되어 있다. '민족중흥의 역사적 사명'을 위해 '안으로 자주독립의 자세를 기르고 밖으로 인류공영에 이바지하는' 것이 근본이념이었다. 이어 개인윤리로 창조·개척정신, 사회윤리로 협동정신, 국가윤리로 국민정신을 담았다. 그리고 이를 바탕으로 새 역사를 창조하는 새 국민상을 제시하였다. 반공정신의 함양, 민주정신의 고취, 애국애족의 고취, 자유세계의 이상 실현, 통일조국의 지향, 근면한 정신 육성이 새 국민이 가져야 할 자세이다. 이렇게 보면 국민교육헌장은 특정 사상이나 이념을 바탕으로 한다기보다 온갖 좋은 말을 백화점식으로 나열한 것 같은 느낌을 준다.

　그렇지만 그 기본은 국가주의 정신에 있었다. "우리는 민족중흥의 역사적 사명을 띠고 이 땅에 태어났다", "공익과 질서를 앞세우며 능률과 실질을 숭상하고", "우리의 창의와 협력을 바탕으로 나라가 발전하며,

나라의 융성이 나의 발전의 근본임을 깨달아, 자유와 권리에 따르는 책임과 의무를 다하며, 스스로 국가 건설에 참여하고 봉사하는 국민정신을 드높인다" 같은 식의 국가주의 이념들이 곳곳에 들어 있다. 이는 박정희 정부의 교육정책이 국가주의 교육관에 토대를 두고 있는 것과 맥을 같이한다. 개인보다 사회와 국가를 우선시하고, 자신을 희생하여 공익이나 국가 발전에 힘쓰는 것이 바람직한 국민정신이라는 논리였다. 나아가 국가를 위해 죽음까지도 기꺼이 받아들이는 정신자세가 강조되었다. 국민교육헌장의 이러한 이념은 일본 메이지 천황이 반포한 교육칙어와 비교되기도 하였다.

국민교육헌장에서 추구하는 국가는 반공민주정신에 입각한 국가였다. 그런데 이 반공민주정신은 국민교육헌장 초안에 없던 것인데, 심의 과정에서 추가되어 확정된 헌장에 포함되었다. 국민교육헌장의 초안과 확정된 헌장 끝부분을 비교하면 다음과 같다.

우리의 신념은 섰다. 반드시 이 땅 위에 통일조국의 빛나는 앞날이 올 것이요, 자유와, 평화와, 정의를 사랑하는 우리 민족은 나아가 인류의 이상 실현에 이바지할 것이다.

이제 우리는 영광의 새 역사를 창조하고 그대로 후손들에게 길이 전하자. 국민교육헌장 초안

반공민주정신에 투철한 애국애족이 우리의 삶의 길이며, 자유세계의 이상을 실현하는 기반이다. 길이 후손에 물려줄 영광된 통일조국의 앞날을 내다보며, 신념과 긍지를 지닌 근면한 국민으로서, 민족의 슬기를 모아 줄기찬 노력

으로 새 역사를 창조하자. 반포된 국민교육헌장

'통일 조국의 빛나는 앞날'과 '자유와 평화와 정의를 사랑하는 우리 민족'이 '반공민주정신에 투철한 애국애족'으로 바뀐 것이다. 반공민주정신과 함께 헌장의 제정 과정에서 새로 강조된 것은 민족주체성이었다. 애초에 박정희 정부가 국민교육헌장의 제정을 추진한 목적은 제2경제론을 모태로 근대화에 적합한 인간을 육성하는 데 있었다. 그러나 제정을 위해 의견을 수렴하는 과정에서 그동안 교육의 목적과 방향이 제대로 잡히지 않아서 '국적 없는 교육'이 성행하였다는 목소리가 나왔다. 그 대안으로 민족주체성이 국민교육헌장의 중요한 정신으로 부각되었다. 민족 고유의 전통과 국민정신을 기반으로 하는 정신교육과 인간교육을 지향해야 한다는 것이었다.

박정희 정부는 민족주체성의 원천을 국난을 극복하고 뛰어난 문화를 발전시킨 조상들의 모습과 우리의 전통에서 찾고자 하였다. '조상의 빛난 얼을 오늘에 되살려', '경애와 신의에 뿌리박은 상부상조의 전통을 이어받아'라는 국민교육헌장의 내용이 이를 반영한다. 국민교육헌장이 추구하는 정신이 한민족의 역사에 존재했다는 것이다. 박정희 정부가 교육연구와 교육사업의 시행을 위해 만든 한국교육개발원이 '우리의 전통과 현실에 알맞은 새로운 교육 질서'를 확립하고 '장기적인 국민교육 발전에 기여'하기 위해 펴냈다는 《국민교육헌장의 민족사적 기저》에서는, 국민교육헌장의 정신들이 한국사의 어떤 역사적 사실들과 맥을 같이하는지를 일일이 제시하였다. 국민교육헌장의 정신을 한국사와 연결시키려는 구체적인 시도였다. 이 책에서는 국민교육헌장 이념의 핵심이라고 할 수 있는 민족주체성이 한민족 4천 년의 역사에서 만들어진 것이라고 하면서, 다음과 같이 말한다.

민족과 주체성의 개념이 이상과 같다고 하면, 민족주체성이란 민족적 자아, 역사적 자아, 역사적 현실에 처한 민족적 실존의식이라 할 수 있다. 모든 위기는 흥망의 분기점이기도 하거니와 흥하고 망하기는 민족주체성의 자각이 투철하냐 아니냐에 달려 있다. 자각이란 의식인 동시에 창조의 시발점이기도 하다. 손인수·주채혁·민병위, 《국민교육헌장의 민족사적 기저》, 50쪽

국민교육헌장에서 국민정신의 통합을 위해 끌어들인 것은 '한국적 전통'이었다. '한국적 전통'으로 국민을 하나로 묶어서 나라를 일사분란하게 이끌어감으로써, 권력을 유지하는 데 바탕으로 삼으려는 것이었다. '조상의 빛난 얼'이라는 이름으로 우리 문화의 우수성을 강조하고, 국난극복의 정신을 강조한 것은 이 때문이었다.

이처럼 국적 있는 교육의 표방과 민족주체성의 강조는 국사교육의 중요성을 부각시켰다. 국사는 국어나 도덕 못지않게 국민교육헌장의 이념을 구현하는 데 중요한 과목으로 떠올랐다. 이에 반해 국사과목이 속해 있던 사회과에 대한 평은 엇갈렸다. 사회과 교육을 긍정적으로 보는 사람들은 국민교육헌장이 인권 존중, 자유와 책임, 준법, 협동과 봉사, 자치생활의 책임 있는 참여, 합리적 사고와 판단 등을 지향하는 사회과 교육의 민주시민 교육이념을 내포하고 있다고 주장하였다. 그러나 다른 한편에서는 사회과 교육이 국적 없는 교육을 가져왔다고 비판하였다. 예컨대 국민교육헌장 초안을 기초한 유형진은, 해방 직후 사회

과를 받아들인 새교육운동이 변화의 노예를 길러왔으며, 학력을 저하시키고, 자유와 방종을 가져왔다고 신랄하게 비판하였다. 국민교육헌장의 정신이 미국식의 자유민주주의와 커다란 차이가 있음을 보여주는 주장이었다.

국민교육헌장 이념의 보급

국민교육헌장이 제정되자 박정희 정부는 범정부적으로 그 이념을 보급하는 데 나섰다. 학교는 물론 국민 대중을 대상으로 국민교육헌장 이념을 실현시키고자 하였다. 전국의 학생과 공무원에게 국민교육헌장을 외우게 하였고, 모든 행사에서 국민교육헌장의 전문을 낭독하였다. 국민교육헌장의 이념을 담은 영화와 음반을 제작하여 보급하기도 하였다. 박정희는 국민교육헌장 선포에 즈음한 담화에서, 국민교육헌장에 그려진 인간상이 학교 교육은 물론 국민의 일상생활 속에 뿌리박기 위해 신문과 방송 등 언론기관을 비롯하여 성인교육·사회교육을 담당하고 있는 사람들이나 각계각층의 지도자들이 앞장서서 실천해줄 것을 당부했다. 학교에서는 국민교육헌장을 기본이념으로 하는 교육과정의 재편을 서두르고, 헌장의 이념을 설명하는 책자를 보급하였다.

그렇지만 일반 국민을 대상으로 하는 국민교육헌장 교육은 지속적으로 활기를 띠지 못하였다. 사람들에게 국민교육헌장의 이념은 잘 들어오지 않았다. 헌장을 되새기면서 정신자세를 가다듬기에는 내용이 너무 추상적이었다. 반포 초기에 국민교육헌장에 적극적으로 관심을 보이던 언론들도 점차 시들해졌다. 박정희는 새마을운동이나 10월 유신

등 중요한 정책마다, 그 정신이 곧 국민교육헌장의 정신임을 내세웠다. 그러나 사람들은 새마을운동이나 유신에 관심을 두었지, 이를 국민교육헌장과 연결시키지는 않았다.

이에 반해 학교에서는 국민교육헌장 교육이 지속적으로 시행되었다. 국민교육헌장 이념의 보급을 주관한 행정부서가 문교부였고 '교육헌장'이라는 성격상 학교와 교육계가 중심이 된 것은 어찌 보면 당연한 일이었다. 더구나 제도교육기관인 학교는 정부가 어떤 정책을 결정하면, 가장 쉽게 실행에 옮길 수 있는 대표적인 조직이기도 했다.

국민교육헌장의 정신을 예화와 함께 설명하는 《국민교육헌장 풀이》, 국민교육헌장의 정신과 성격을 같이하는 읽을거리를 담은 《국민교육헌장 독본》이 초·중·고등학교별로 제작되었다. 특히 국민학교에서는 2개 학년별로 한 권씩 제작되어 학생들에게 교재로 배부되었다. 모든 교과서의 속표지에는 국민교육헌장 전문이 실렸다. 문교부는 국민교육헌장이 반포된 다음해인 1969년도에 헌장이념의 구현방안을 마련하고, 학교별로 그 실천방안을 마련할 것을 지시했다. 먼저 국민교육헌장의

국민교육헌장 이념을 보급하기 위해 제작되어 학생들에게 배부된 《국민교육헌장 풀이》, 《국민교육헌장 독본》

이해를 위해 《국민교육헌장 독본》을 철저히 지도하고, 국민교육헌장 전문을 교장실, 교무실, 교실 등에 게시하는 한편, 모든 의식에서 이를 낭독하도록 했다. 교직원과 국민학교 4학년 이상의 모든 학생이 암송하고 지역사회 및 학부모에 대한 계몽에 힘쓰도록 했다. 교과지도나 수업뿐 아니라 학교 안의 일상생활을 통해서 국민교육헌장의 정신을 가르쳐야 한다는 것이었다.

국민교육헌장이 학교 교육에 미친 가장 커다란 영향은 교육과정과 교과의 개편이었다. 문교부는 국민교육헌장이 반포된 이듬해부터 관련 과목의 교육을 강화했다. 국민학교와 중학교의 '반공·도덕'을 주당 한 시간씩 늘렸으며, 인문계 고등학교의 '국민윤리'를 '반공·도덕'으로 이름을 바꾸고 한 시간 늘렸다. 국사와 세계사 내용이 하나의 대단원에 같이 들어가 있던 중학교 2학년 '사회'를 국사와 세계사 단원으로 분리하면서, 국민교육헌장의 이념을 반영하여 구체적이고 체계적으로 지도할 수 있게 하였다고 내세웠다. 그렇지만 이때 역사 교육과정과 교과서의 개편에 국민교육헌장의 이념이 반영되었는지는 의문이다.

장기적으로는 국민교육헌장의 이념을 구현하기 위한 교육과정 개편 작업에 들어갔다. 이에 따라 1973년에 국민학교와 중학교, 1974년에 고등학교 제3차 교육과정이 개정 공포되었다. 국민교육헌장 이념의 구현

한 초등학교 운동장의 이승복 동상

이 제3차 교육과정의 목표로 제시되었다.

국민교육헌장 교육은 국어, 사회, 반공·도덕, 국사 등의 교과학습, 범교과학습, 교과 외 활동 등 학교 교육 전반을 통해 이루어졌다. 시도별로 국민교육헌장 연구학교들이 지정되어 실천방안을 연구하였고, 교사들의 연구 실천대회가 열리기도 했다. 국민교육헌장 이념을 구현하기 위한 자료집들도 만들어졌다. 자료집에는 주로 한국의 전통문화와 본받아야 할 인물들이 포함되었다. 국민교육헌장 교육이 특히 국민학교에서 활발하였고, 국민학교 교육은 인물이나 일화, 생활 등을 통해서 하는 것이 효과적이라고 인식되었기 때문이었다. 국내 인물로는 이순신, 김구, 안창호, 안중근, 윤봉길, 심훈 등 외적의 침략을 물리치거나 민족운동을 한 사람들과 그들의 활동이나 삶이 주로 포함되었다. 대통령을 '민족의 상징'에 넣거나, 5·16쿠데타, 제3공화국 수립을 '민족적 의거'에 포함시키고, 이승복, 최규식,* 이인호** 등을 '빛을 남긴 조상'으로

• 북한의 무장간첩이 청와대를 습격하려 한 1968년 1·21사태 당시, 이들을 막아서 싸우다가 죽은 종로경찰서장(1932~1968).
•• 1966년 베트남전에서 적이 던진 수류탄을 몸으로 덮쳐서 다른 병사들을 구하고 죽은 해병대 장교(1931~1966).

가르치는 등 정부의 정책이나 이념을 직접적으로 홍보하기도 했다. 특히 이순신은 국민교육헌장의 정신에 가장 부합되는 인물로 강조되었다. 이순신의 삶을 '충무정신'이라고 정의하여, 한 사람의 위인으로서가 아니라 국민교육헌장 이념의 한 영역으로 별도로 분류되었다. '충무정신 구현 자료'가 독립적인 한 영역으로 자료집에 자리매김할 정도였다.

국민교육헌장의 이념을 한국의 전통에서 찾기는 했지만, 학생들에게 그 정신을 체득시키는 방법으로 외국의 사례들도 다수 소개되었다. 제2차 세계대전의 폐허에서 벗어나 잘사는 나라를 이루었다는 독일이 대표적이었다. 성냥개비를 절약하기 위해 열 사람이 모여서 담뱃불을 붙이는 절약정신이 '라인 강의 기적'을 이루었다고 소개되었다. 우리도 이러한 독일 국민의 정신을 본받아 '한강의 기적'을 이루자는 말이 자연스럽게 이어졌다. 이즈음 아동 교육에 자주 등장하는 나라가 덴마크였다. 덴마크는 우리와 비슷한 자연환경에서 잘사는 나라를 이룬 사례로 소개되었다. 자원이 부족하고 척박한 환경을, 나무를 심고 목축업을 발전시켜 극복하였다는 것이었다. 나무를 심는 데 앞장선 그룬투비와 낙농업을 일군 달가스라는 이름을 학생들은 자연스럽게 기억하게 되었다. 우리도 덴마크와 같이 농사를 지을 땅이 부족하고 자원이 별로 없는 불리한 자연환경이지만, 국민의 정신자세로 이를 충분히 극복할 수 있다고 강조되었다. 이러한 교육은 국민을 대상으로 나무심기와 목축을 요구하던 박정희 정부의 경제정책을 뒷받침하는 논리로 이어졌다.

이 과정에서 해프닝으로 등장한 것이 네덜란드의 한스 소년 이야기다. 바닷물이 들어오는 것을 막기 위해 쌓은 둑에 구멍이 난 것을 발견한 한스라는 소년이 밤새 손으로 그 구멍을 막아 물바다가 될 위험에

네덜란드 마두로담의 한스 브링커 상

처한 나라를 구했다는 감동적인 이야기다. 국토의 4분의 1이 바다보다 낮은 네덜란드가 부유한 나라가 될 수 있었던 것은, 둑에 난 구멍에 손을 집어넣어 바닷물이 새는 것을 막은 한스 소년 같은 정신을 가진 국민이 있었기 때문에 가능했다는 것이다. 조금만 생각해보면 현실성이 떨어지는 지어낸 이야기지만, 당시 학생들은 모두 이 이야기를 그대로 믿었다. 미국 동화의 주인공인 네덜란드의 한스 브링커를 한국 학생들은 실제 있었던 인물로 배웠다. 그리고 나라를 위해 추위와 두려움을 견뎌낸 한스 같은 소년이 되어야겠다고 생각했다.

훨씬 넓은 영토와 많은 인구를 가진 아랍제국을 이기고 국가의 독립을 굳건히 유지하고 있는 이스라엘도 단골로 등장하는 국가였다. 이스라엘이 아랍 여러 나라를 이길 수 있었던 힘이 일치단결하여 나라를 지키려 한 국민정신에 있다고 강조되었다. 이러한 국민정신을 보여주는 일환으로 사회경제공동체인 키부츠(Kibbutz)와 집단농촌마을인 모샤브(Moshav)가 소개되었다. 개인보다 공동체를 우선시하는 키부츠와 모샤브가 이스라엘을 강하게 만드는 정신적 기초가 되었음을 강조하기 위한 것이었다. 왜 아랍국가와 이스라엘이 전쟁을 벌이게 되었는지, 양측의 주장이 무엇인지는 관심 밖이었다. 이스라엘이 미국의 지원을 받아서 아랍국가들보다 훨씬 강한 군사력을 보유하고 있다는 사실도 당연히 무시되었다. 그저 '작은 나라' 이스라엘이 주변 아랍의 여러 '큰 나라'들을 상대로 승리를 거두고 있음만이 관심의 대상이었고, 그 힘의 바탕을 이스라엘 사람들의 정신자세로 여겼을 뿐이다.

국민교육헌장 비판
|

국민교육헌장이 단순히 국민정신을 고양하기 위한 것이 아님은 이후 박정희 정부의 행적에서 그대로 나타난다. 박정희는 매년 국민교육헌장 반포 기념일에 담화를 발표했다. 그리고 기회가 있을 때마다 국민교육헌장을 언급하면서, 그 정신을 실천할 것을 강조했다. 박정희 정부의 정책을 합리화하는 수단으로 국민교육헌장을 이용했다. 새마을정신이 국민교육헌장의 정신이라거나, 유신정신이 국민교육헌장의 정신이라는 식이었다. 국민정신의 방향을 제시하기 위해 만들었다는 국민교육헌장이 정권을 유지하는 도구가 되었던 것이다.

국민정신의 진작이라는 명분 때문에 제정 과정에서 별다른 반대를 하지 않았던 비판 세력은 이제 박정희 정부가 국민교육헌장을 제정한 의도를 명백히 알게 되었다. 1970년대 중반 유신독재에 맞서 민주화운동이 점차 활기를 띠면서, 국민교육헌장도 본격적으로 비판을 받기 시작했다. 1978년 6월 27일에 전남대학교에서 11명의 교수들이, 그동안의 국가주의 교육을 반성하고 교육자의 양심과 민주주의에 입각한 교육, 자주평화통일을 위한 교육의 실천을 다짐하는 '우리의 교육지표'를 발표했다. 선언문에서 국민교육헌장을 다음과 같이 비판하고 있다.

오늘날 교육의 실패는 교육계 안팎의 모든 국민으로 하여금 자발적 일치를 이룩할 수 있게 하는 민주주의에 우리 교육이 뿌리박지 못한 데서 온 것이다. 국민교육헌장은 바로 그러한 실패를 집약한 본보기인바, 행정부의 독단적 추진에 의한 그 제정 경위 및 선포 절차 자체가 민주교육의 근본정신에 어긋나며 일제하의 교육칙어를 연상케 한다. 뿐만 아니라 그 속에 강조되고 있는 형태의 애국애족교육도 그냥 지나칠 수 없는 문제를 안고 있다. 지난날의 세계 역사 속에서 한때 흥하는 듯하다가 망해버린 국가주의 교육사상을 짙게 풍기고 있는 것이다.

이는 국민교육헌장에 대한 공개적이고 집단적인 최초의 비판이었다. 국민교육헌장이 박정희 정부의 국가주의 교육사상을 그대로 담고 있다고 본 것이다. 따라서 국민교육헌장에 대한 비판은 곧 박정희 정부의 교육정책에 대한 비판이었으며, 독재정치에 대한 비판이었다.

박정희가 죽은 후 국민교육헌장은 유명무실해졌다. 박정희 정부를 이어받았다는 전두환 정부는 더 이상 국민교육헌장을 내세우지 않았다. 학교에서도 국민교육헌장 교육은 사실상 시행되지 않았다. 국민의례에 들어 있던 국민교육헌장 낭독도 슬그머니 빠져버렸다. 그렇다고 국민교육헌장 자체가 폐기된 것은 아니었다. 김영삼 정부에 들어서 비로소 국민교육헌장의 존폐를 위한 연구와 논의가 전개되었다. 그러나 명확한 결론을 내리지 못한 채, 국민교육헌장은 슬그머니 자취를 감추어버렸다.

초등학교에서 대학교까지 국사를 필수로

국사교육 강화와 국사과 독립

2011년 4월 22일 서울 용산에 있는 국립중앙박물관 안뜰의 경천사지 10층 석탑 앞에서는 '역사교육 강화방안'을 발표하는 공동기자회견이 열렸다. 가운데 이주호 교육과학기술부 장관이 서고, 그 오른쪽에는 이배용 교육과정개발추진위원장, 왼쪽에는 이태진 국사편찬위원장이 함께하였다. 이 방안에서는 2012년부터 고등학교 한국사를 필수로 하며, 대학입시에서도 한국사를 반영하도록 각 대학에 권고하겠다고 하였다. 각종 공무원시험에 한국사를 포함하는 방안을 관련 부처와 논의하며, 2013년부터는 국사편찬위원회에서 주관하는 한국사능력검정시험 3급 이상 합격자에게만 교원임용고시 응시 자격을 주겠다는 내용도 포함되어 있었다. 역사 전공자의 한 사람으로, 개인적으로 한국사를 포함한 역사교육의 위축을 우려하고 역사교육을 강화해야 한다고 주장하던 처지에서, 한국사교육을 강화하겠다는 발표는 반가운 일이 아닐 수 없다. 그렇지만 과연 이 조처가 학교 역사교육을 강화하는 데 얼마나 효과가 있을지는 의문이었다.

역사교육 강화방안을 발표
하는 이주호 전 교육과학기
술부 장관

교사가 되려면 한국사능력검정시험 급수를 따라!

고등학교에서 한국사를 필수로 한다고 했지만, 사실상 이미 모든 고등
학교에서 한국사를 가르치고 있는 상황이었다. 2009년 교육과정 개정
으로 고등학교 한국사는 필수에서 선택으로 바뀌었다. 그러나 한국사
가 선택으로 바뀐 것에 대해 여론이 좋지 않자, 교육과학기술부는 이전
고등학교 1학년 공통필수과정에 속해 있던 과목들을 사실상 모든 학생
들이 배우도록 학교 교육과정을 편성하라는 지침을 내렸다. 이에 따라
한국사는 학생들이 이수해야 할 교육과정에 이미 포함된 상태였다. 학
교 현장에서 오히려 더 큰 문제점은 집중이수제와 대학수학능력시험이
었다. 특정 과목을 한 학기에 한꺼번에 이수하게 한 집중이수제는 주로
한국사를 포함한 사회과목에 적용되었다. 이 때문에 학생들은 고등학
교 1학년 1학기나 2학기에 한국사를 배우고 관심 밖으로 제쳐놓은 채
고등학교를 졸업하게 될 가능성이 많았다. 심지어 한국사를 고등학교 3
학년 1학기나 2학기에 집중이수로 편성한 학교도 있었다. 3학년 2학기

에 넣었다는 것은, 사실상 가르치지 않겠다는 의사였다. 그런데도 집중이수제는 고등학교에서 중학교로 확대되어갔다. 이미 대부분의 학생들이 고등학교 교육에 절대적 영향을 미치는 대학수학능력시험에서 한국사를 선택하지 않고 있는 상황이었다. 한국사가 대학수학능력시험 과목에서 배제되고, 결국 학생들은 별다른 한국사 지식이 없이 졸업할 가능성이 많았다. 그렇지만 국사교육 강화방안에서는 이러한 문제가 전혀 고려되지 않았다.

이 방안 중 나를 주목하게 한 것은, 앞으로 교원임용고시에 응시하려면 국사편찬위원회에서 주관하는 한국사능력검정시험 3급에 합격해야한다는 자격 조건이었다. 모든 교사가 일정 수준 이상의 한국사 지식을 가지게 함으로써, 한국사교육의 중요성을 인식하고 학생들에게 한국사수업 외의 다른 시간에도 한국사를 가르칠 수 있게 한다는 취지일 것이다. 상당히 파격적인 조처였다. 개인적으로 나는 이 조처가 실행에 옮겨지지는 않을 것으로 생각했다. 교사에게 필요한 것이 한국사 지식만은아닐 텐데, 유독 한국사 능력만을 자격 조건으로 하는 것은 난센스라고생각했기 때문이다. 그리고 다른 교과의 반발이 만만치 않을 것으로 예상되기도 했다. 그러나 내 예상과는 달리 '2014 교원임용고시'부터 이조처가 적용되었다.

한국사교육 강화방안을 보면서 가장 우려되는 것은, 한국사교육 강화가 정부 주도로 정책적 차원에서 추진된다는 사실이었다. 정부 정책에 의해 국사교육이 크게 강화된 것은 이미 박정희 정부 시절인 1970년대에 경험한 일이었다. 박정희 정부는 국사를 국책과목으로 삼고, 초등학교부터 대학교까지 각급 학교는 물론이고 사회에서도 국사교육 강화정책을 펼쳤다. 그렇지만 이는 국사를 '정책 과목'으로 낙인찍어 결과적으로 나중에 국사교육을 약화시키는 구실이 되었다. 이번 조처는 그런 전철을 밟지 않을 것인가?

박정희 정부의 국사교육 강화정책
|

'국적 있는 교육'을 슬로건으로 내세운 박정희 정부는 자연히 한국의 전통이나 정신을 다루는 과목을 학교 교육에서 중시하였다. 국사와 국민윤리(도덕)가 대표적이었다. 문교부는 1969년 9월 4일에 문교부령 제251호로 교육과정을 부분 개정하였다. 교육과정의 전면 개정에 앞서 취해진 임시조처였다. 역사가 속해 있는 사회과에서는 중학교 교육과정이 개편되었다. 그 방향은 국사교육 강화에 있었다. 제2차 교육과정 당시 역사는 중학교 2학년 사회로 되어 있었다. 개정교육과정에서는 중학교 2학년 학년 목표에서 국사교육을 강화할 수 있게 하였다. 또한 중학교 2학년에 국사와 세계사가 혼합되어 있어서 국사의 체계적인 지도가 곤란하고, 민족문화와 민족적 긍지의 확립에 미흡하다고 보고 국사와 세계사를 분리하여 지도하도록 하였다. 1963년에 제정 공포된 교육과정에서는 중학교 2학년 사회에 국사와 세계사를 하나의 대단원 속에 함께 넣게 되어 있었다. 예를 들어 두 번째 대단원인 '2. 삼국시대와 고대 세계의 생활'은 세 개의 중단원으로 구성되었는데, '1) 고대 동양의 생활', '2) 고대 서양의 생활', '3) 삼국시대의 생활과 대외관계'였다. 하나의 대단원 아래 비슷한 시기의 한국사, 동양사, 서양사를 함께 다루는 방식이었다. 한국사와 동·서양사를 섞어서 내용 구성을 한 것은 세계사

와 비교 속에서 한국사를 이해한다는 취지였다. 이렇게 함으로써 역사 성찰의 폭을 넓히고 역사적 판단 능력을 향상시키는 데 도움을 줄 것으로 기대되었다. 그러나 이 방식은 세계사를 한국사의 전개 순서에 맞추어 배열하여 단순히 합친 데 지나지 않아서, 역사의 구조적 특징을 파악하거나 사회의 성격을 비교하는 데도 별다른 도움이 되지 못했다. 오히려 역사를 체계적으로 이해하기 어렵게 만들었을 뿐이라는 비판을 받았다. 결국 1969년 교육과정 개정에서 국사를 1~6단원, 세계사를 7~10단원으로 나누어 편성함으로써 상대적으로 국사를 중심으로 하는 내용구성으로 바꾸었다. 그 전 해인 1968년에 반포된 국민교육헌장의 이념을 반영한다는 교육 방향도 당연히 포함되었다.

1970년대 들어 국사교육 강화방안이 본격적으로 논의되었다. 1972년 3월 7일에 중앙청에서 열린 지방장관회의에서 박정희는 "광복 이후 국적 없는 교육을 해왔고, 막연한 세계인을 만드는 데 치중해왔다"라고 지적하면서, '국적 없는 교육'의 국적을 회복하라고 지시했다. 3월 24일에 대구에서 열린 총력안보를 위한 전국교육자대회에서도 다시 '국적 있는 교육'을 강조하였다. '국적 있는 교육'은 이즈음 교육에 대해 말할 기회가 있을 때마다 반복되던 구호였다.

박정희의 지시에 따라 대통령 정무비서실은 1972년 5월 11일에 '국적 있는 교육'을 위한 국사교육 강화방안을 마련하여 보고하였다. 이 보고에서는 국사교육이 고등학교까지만 실시되고 있으며, 기업체 채용시험이나 국가 시행 고시에서도 2퍼센트만 포함되고 있다는 문제점을 지적했다. 그리고 그 대안으로 대학에서 국사교육을 할 것과 각종 고시에 국사과목을 포함시킬 것을 건의하였다.

이에 앞서 문교부는 구체적인 국사교육 강화방안을 마련하기 위해 국사교육강화위원회를 구성하였다. 국사교육강화위원회의 위원은 20명이었는데, 이 중에 대통령 특별보좌관 박종홍, 대통령 비서관 장동환·한기욱, 국무총리 비서관 박승복 등 4명의 정부 측 인사가 포함되었다. 이 중 철학자인 박종홍은 전체주의적 사고방식을 가진 인물로, 국민교육헌장을 기초하는 등 박정희 정부의 통치이데올로기를 뒷받침하는 이론을 세우는 데 큰 역할을 한 인물이었다. 정부 측 4명을 제외한 16명은 역사학이나 역사교육 전공자였다. 16명 중 동양사의 고병익, 서양사의 김성근, 역사교육의 강우철을 제외한 13명은 한국사학자였다. 한국사 전공자는 위원장인 이선근을 비롯하여, 이기백, 이우성, 김철준, 김상기, 이홍직, 변태섭, 한우근, 김용섭, 이원순, 이광린, 최창규, 이현종이었다. 한국사를 전공하는 원로와 중견학자들이 상당 부분 망라되었다고 할 수 있다. 이는 한국사학자들이 이 기회를 이용하여 역사교육을 정상화하고 학교 교육과 사회에서 한국사의 위상을 높이기 위해 국사교육강화위원회에 적극 참여하였기 때문이었다.

국사교육강화위원회는 1972년 5월 10일에 첫 번째 회의를 개최하였다. 이 회의에서 문교부는 '민족사관에 입각한 주체적, 발전적 교육을 위해' 국사를 독립교과로 만드는 것을 추진하겠다고 발표하였다. 국사만을 독립교과로 하겠다는 정부의 방침을 놓고 위원회에서 논란이 벌어졌다. 서양사 전공자인 김성근은 역사가 아니라 국사만 독립교과로 만드는 것에 반대했지만, 대부분의 위원이 한국사 전공자로 구성되어 있던 국사교육강화위원회는 이를 받아들였다. 이러한 국사교육강화위원회의 결정은 7월에 정부에 제출한 1차 건의서에 반영되었다. 1차 건의서는 국사교육 강화의 취지, 일반목표, 교육과정의 구조 등으로 구성되어 있다. 이 건의서에서는 민족사관의 확립을 국사교육을 강화해야 하는 이유로 강조하였다. "국사교육 강화를 위한 교육적 요구는, 민족 주체의식의 확립과 함께 자라나는 세대에 대한 자주적 민족사관의 제시로 요약된다"라는 것이다. 국사교육강화위원회의 보고에 나타난 이러한 관점은 일반목표에서도 그대로 드러난다. 6개 항으로 되어 있는 일반목표 중 몇 개 항을 보면 다음과 같다.

1. 굳건한 민족사관을 바탕으로 현재의 삶을 역사적으로 의식하고, 국가 사회 발전에 주체의식을 가지고 참여하도록 한다.
3. 민족중흥의 이념을 구현하기 위하여 선조들의 노력과 그 업적을 이해하고 스스로 국가에 헌신하는 태도를 기른다.
4. 한국의 문화유산을 계승·발전시켜온 민족적 역량을 이해하고, 외래문화 수용에 대한 바람직한 태도를 길러 민족문화 발전에 이바지하게 한다.
5. 개인의 가치관과 민족의 가치체계와의 조화를 이루고 자신과 국가를 동일시하는 국민의 자세를 이룩하며 민족적 생활규범을 심화시킨다.

학교 교육에서 구체적으로 국사교육을 어떻게 강화할 것인지는 '교육과정의 구조'에 제시되어 있다. 여기에서는 대학 및 교육대학에서 국사를 교양필수로 하고, 고등학교와 중학교에서 국사를 독립교과로 설정하여 고등학교에서는 6단위, 중학교에서는 2~3학년에 걸쳐 주당 2시간씩 부과하며, 초등학교에서는 5~6학년에 국사를 독립적으로 가르치고, 1~3학년 사회의 4분의 1, 4학년 사회의 3분의 1을 국사로 할 것을 건의하였다.

국사교육강화위원회의 이러한 건의는 대통령 정무비서실이 마련한 국사교육 강화를 위한 건의와 거의 동일한 것으로, 이를 구체화한 것이라고 할 수 있다. 건의문에 나오는 '민족사관', '민족중흥' 같은 표현들은 박정희 정부가 정책적으로 사용하던 것들이었다. 결국 국사학계가 국사교육 강화를 위해 박정희 정부의 교육이념과 국사교육 강화정책을 그대로 받아들인 것이었다. 물론 대통령 정무비서실이 국사학계의 요구를 수렴하여 국사교육 강화안을 만들었다고도 볼 수 있다.

국사교육강화위원회는 국사과 교육과정과 학교 국사교육의 내용, 국사교육의 대중화를 구체적으로 연구하기 위해 이선근, 강우철, 한우근(나중에 이기백으로 바뀜), 김철준, 이원순, 이광린, 최창규를 위원으로 하는 소위원회를 구성하였다. 소위원회에서 연구한 내용을 바탕으로 국사교육강화위원회는 1973년 5월 초에 〈국사교육을 위한 건의 내용〉이라는 2차 건의서를 제출하였다. 이 보고서에는 국사교육 내용선정의 기본 관점, 국사의 중심 개념, 각급 학교 국사교육 내용전개의 준거 등이 포함되었다. 이 중 국사교육 내용선정의 기본 관점은 국사교육의 일반목표를 내용선정과 연결한 것이었다. '주체적인 민족사관의 확립', '시대사적인 특성의 제시', '보편성과 특수성의 조화', '전통에 대한 올바른 인식'으로 되어 있다. 이 건의가 받아들여질 경우, 민족사관의 확립과 전통문화의 우수성을 뒷받침할 역사적 사실이 국사교육 내용이 될 것임을 짐작할 수 있었다. 실제로 국사교육강화위원회 소위원회가 '학교교육을 중심으로 한국사의 중심 개념'이라는 제목으로 제시한, 시대별로 학습해야 할 국사교육의 내용에는 민족의 자주성을 보여주는 대외항쟁사 등의 정치적 사건과 민족문화의 우수성을 보여주는 사실들이 많이 포함되었다.

국사교육강화위원회와 대통령 정무비서실이 건의한 국사교육 강화 정책은 대부분 그대로 시행되었다. 국민학교부터 대학교 교양과정까지 국사는 필수과목이 되었다. 국민학교에서는 국사가 독립교과가 되지는 않았지만, 다른 과목과 별도의 국사 학습내용이 제시되어 1971년부터 5학년과 6학년용 국사 교과서가 발행되었다. 대학들도 교양용 국사 교재를 제작하였다. 국사는 사법·행정·외무고시와 각종 공무원시험에서 필수과목이 되었다. 당시 정부 정책에 눈치를 보던 대기업들도 대부분 입사시험에 국사를 필수과목으로 넣었다. 국사는 대학입학예비고사에서도 비중이 매우 높은 과목이 되었다. 필기고사 320점 중 국사가 30점을 차지하였다. 국사는 정부의 정책적 의지를 구현하는 '정책과목'이었다.

국사학계의 국사교육 강화 노력

박정희 정부의 국사교육 강화정책에 국사학자들은 적극적으로 참여했다. 이에 앞서 1960년대 후반 들어 역사교육에 대한 역사학계의 관심이 부쩍 높아졌다. 물론 역사교육이 중요하다는 역사학계의 인식이 1960년대에 비로소 시작된 것은 아니었다. 이미 1950년대부터 중·고등학교 역사교육에 관심을 가지고, 그 문제점을 분석하고 나아갈 방향을 제시하거나, 교육이론을 역사교육에 적용하려는 시도들이 있었다. 1955년 7월에 사범대학에 재직 중인 역사학자와 역사교사들을 중심으로 역사교육연구회가 창립되었다. 역사교육연구회는 학회지인《역사

교육》에서 그 취지를 다음과 같이 밝히면서, 역사학자와 교사들의 관심과 능동적인 참여를 촉구하였다.

그러나 일제의 질곡에서 벗어나 역사교육의 자주성을 회복한 지 십유일년(十有一年)! 그동안 우리들이 성취한 것이 무엇인가를 자문해볼 때 실로 참괴(慙愧)를 금할 수 없다. 그동안 역사교육을 위요(圍繞)하고 제기된 문제가 한두 가지가 아니었으며 거기에 대하여 우리들은 얼마나 착실히 생각하였으며 과연 원만한 해결을 주었다고 자부할 수 있는가, 신생국가에 적응할 새 교육이념의 수립조차 못 본 채 과거의 체계와 방법을 대부분 무자각적으로 답습하고 있는 현실이 아닌가, 여기에는 당국자의 역량의 빈곤도 문제되겠지만은 거개가 위로부터의 지시만에 의존하고 관제방침이면 몰이해하게 받아들이려는 일선 교육자의 책임이 더 크다고 할 것이다. 김성근, 〈창간사〉, 2-3쪽

이후 역사교육연구회는 연구발표회나 심포지엄을 열어 역사수업의 방법을 개발하거나, 외국의 역사교육을 소개하고, 역사 교과서 내용을 분석하는 등의 활동을 하였다. 역사 교육과정에도 많은 관심을 가졌다. 1963년에 개정 공포된 제2차 교육과정 개정안에 대한 사전 협의에 참여했으며, 교육과정 공포 후에는 이를 평가하는 심포지엄을 열기도 했다. 1960년대 후반 들어 교육과정 개정 움직임이 가시화되자, 역사교육연구회는 중·고등학교 역사교육의 현황을 진단하고 방향을 제시하는 심포지엄을 잇달아 개최하고, 역사교육 강화를 주장하였다. 1969년 12월에는 '역사교육의 문제점'을 주제로 심포지엄을 개최하여 한국사 연구의 동향과 국사교육을 검토하고, 중·고등학교 국사교육의 문제점을

창립 50주년을 기념하여 역사교육연구회가 주최한 학술대회(2005년 10월 14일~15일)

진단했다. 또 1971년 6월에는 '역사교육의 과제와 방향'을 공동주제로 하여 제14회 전국역사학대회를 주관하기도 했다.

1960년대 후반 한국사학의 발전과 연구성과의 보급 노력도 역사교육에 대한 관심을 높이는 데 한몫을 하였다. 1967년 12월에 한국사 연구자들은 한국사와 동·서양사를 망라한 기존의 역사학회와 별도로 한국사연구회를 만들었다. 한국사연구회는 발기문에서 한국 사학의 발전을 위해서는 한국사만의 독자적이면서 통합적인 연구단체가 필요하다고 주장하면서, 다음과 같이 그 취지를 밝혔다.

해방 전후를 통하여 그리고 오늘날에 이르기까지 한국사학도들에 의한 하나의 통합적인 연구기관이 독자적으로 설립된 일이 없었다는 사실에, 그리고 여기에는 모름지기 한국사학의 성립과 발전에 역사적 한계성이 내포되어 있었다는 사실에 우리는 더 이상 무관심할 수가 없는 것이라고 믿습니다. 그러므로 우리 한국사학도들은 이제 보다 더 긴밀한 학문적인 유대를 맺어 계획적이고 협동적인 노력을 통하여 한국사학의 비약적인 발전을 기필해야 할 시기에 이미 도달한 것으로 믿어 마지않습니다. 우리가 한국사연구회의 창립을 서두르는 소이는 실로 여기에 있습니다.

1969년부터 서울대학교 사학과가 국사학과, 동양사학과, 서양사학과로 분리된 것도 이러한 움직임의 일환이었다. 분리를 주도한 것은 한국사 쪽이었다. 서울대학교 사학과의 한국사 전공 교수들은 한국사연구회의 발족에 주도적 역할을 하였으며, 사학과 체제에서는 필요한 교수와 학생을 확보하기 어려우므로 국사학의 발전을 위해 국사학과를 독립시켜야 한다는 청원을 1960년대 초부터 하였다.

한국사학계의 이러한 움직임은 자연스럽게 국사교육에 대한 관심으로 옮겨갔다. 다수의 중견 학자들이 역사교육을 주제로 하는 심포지엄에 적극 참여하고, 국사교육의 문제점을 지적하는 글을 발표했다. 1969년 말에 한우근, 이기백, 이우성, 김용섭 4명의 국사학자들이 국사교육에서 다루어야 할 요목을 교육과정의 내용체계 형식으로 제시한 《중·고등학교 국사교육 개선을 위한 기본 방향》을 집필한 것은 국사학계가 학교 교육에 많은 신경을 쓰고 있었음을 잘 보여준다. 이 보고서는 취지를 다음과 같이 제시했다.

오늘날 우리가 서 있는 이 중대한 시점에서 특히 역사학도의 입장에서 시대와 대결하는 민족의 정신적 자세를 올바로 체인(體認)하고 우리의 역사관을 창조적, 전진적 방향으로 정립시키는 일은 우리에게 절실히 요청되는 당면의 과제로 되어 있다.

우리들은 여기에서 나아가 2세 국민에 대한 역사교육의 중요성을 깊이 느끼고 현행 중·고등학교 국사 교과서의 검토와 새로운 교과요목의 시안의 작성에 뜻을 같이하게 되었다.

역사학계에서는 1971년 9월에 역사교육과 한국사뿐 아니라 동·서양사 학회의 대표가 모여 역사교육개선협의회를 구성하였다. 여기에 참여한 학회는 한국사학회, 동양사학회, 서양사학회, 경제사학회, 역사교육연구회였다. 역사교육개선협의회는 10월까지 세 차례 협의를 갖고 역사교육의 문제에 대해 '전문가로 하여금 연구 검토', '중요자료 수집', '문교부에 건의서 제출'이라는 세 항에 합의했다. 역사교육개선협의회는 민족주체성 확립이라는 교육목표를 역사교육에 적용하는 한편, 한국사와 세계사의 동반 교육을 추진하였다.

이러한 분위기에서 박정희 정부가 국사교육 강화정책을 추진하자, 역사학자들은 이 기회를 활용하여 역사교육을 강화시키기 위해 적극 참여한 것이었다. 그러나 정부의 정책이 역사교육이 아니라 국사교육 강화에 있다는 것이 알려지자 역사학계는 전공 분야에 따라 내부적으로 입장이 갈렸다. 상당수의 한국사 연구자들은 이를 받아들였다. 그렇지만 동양사와 서양사 전공자들은 이 정책에 비판적이었다. 역사교육의 강화를 한목소리로 주장하고 있지만, 전공 간의 이러한 갈등은 역사학계 내부에 이미 존재하는 것이기도 했다.

그러나 10월 유신 이후 박정희 정부가 국사교육 강화정책을 통치권력에 이용하고 있음이 명확해지고, 국사 교과서가 국정화되면서 한국사 연구자들도 딜레마에 빠지게 되었다. 상당수 학자들이 역사교육 문제에 관심을 끊고 연구 자체에만 집중하였으며, 일부 학자들은 정권의 의도에 맞서기도 하였다. 그러나 박정희 정부가 강조한 전통사상이나 국난극복사관 등의 연구도 활발해졌다. 국사 교과서 집필의 참여 여부와 역사관을 놓고 국사학계 안에서 갈등을 빚기도 했다.

국사교육 강화정책은 1973년과 1974년에 공포된 제3차 교육과정(1973년 국민학교와 중학교 교육과정, 1974년 고등학교 교육과정)에 반영되었다. 제3차 교육과정에서는 그동안 사회과에 속해 있던 국사가 독립교과가 되었다. 국사수업의 시수는 중학교 2, 3학년에 각각 2시간, 고등학교에서는 6단위*로 늘어났다. 1974년부터는 국정 국사 교과서가 개발되어 학교에서 사용되었다.

그렇지만 국사교육강화위원회의 한국사를 전공하지 않은 일부 위원들이 우려하였듯이, 국사교육의 강화는 세계사교육의 약화를 가져왔다. 세계사는 여전히 사회과 속에 남아 있었으며, 고등학교 세계사는 제2차 교육과정과 달리 선택과목으로 바뀌었다. 이로써 역사교육은 독립교과인 국사과와 사회과 속의 세계사로 이원화되었다. 제2차 교육과정 때는 고등학교에서 사실상 필수이던 세계사가 선택과목으로 바뀌었다. 중학교에서도 제2차 교육과정 때와 달리 국사와 세계사가 분리됨으로써, 두 영역을 연계시켜 학습하는 것이 더욱 힘들어졌다.

국사교육 강화정책의 평가
|

이 시기 국사교육 강화정책에 대한 평가는 엇갈린다. 한편에서는 국사

• 1단위는 1주에 1시간씩 한 학기 수업하는 분량. 제2차 교육과정부터 고등학교는 단위제를 채택하고 있다.

교육 강화가 박정희 정부의 정책으로 추진되어 역사교육이 통치이데올로기를 뒷받침하였다고 본다. 그렇지만 다른 한편에서는 국사교육 강화정책이 박정희 정부에 의해 정치적으로 이용된 것은 사실이지만, 역사학자들이 여기에 수동적으로 참여한 것이 아니라 적극적으로 대처하여 결과적으로 그동안 경시되어온 국사교육을 제자리로 돌려놓은 것이라고 평가하기도 한다. "국사는 서로 양립하기 어려운 2종·3종의 민족주의가 중첩하고 교차하는 여건에서 제자리를 찾게 되었다(이경식, 〈한국 근현대 사회와 국사교과의 부침〉, 47쪽)"라고 하거나, "국사를 필수로 가르치게 된 것은 만시지탄의 조치(서의식,《한국고대사의 이해와 '국사' 교육》, 257쪽)"라는 것이었다.

이 절을 쓰면서, '국사'와 '한국사', '국사학자'와 '한국사학자'라는 용어 중 어느 말을 써야 하는지 주저되는 경우가 많았다. '국사'라고 하느냐 '한국사'라고 하느냐는 그리 사소한 문제가 아니다. 거기에는 자국사 교육을 바라보는 관점의 차이가 들어 있기 때문이다. 역사와 관련된 글을 쓰면서 이런 어려움을 느끼는 경우는 꽤 많다. '국사'라고 할 것인가 '한국사'라고 할 것인가 하는 문제와 성격은 다르지만, 대한제국이나 일제 통치 시기 우리나라를 부르는 용어가 대표적인 사례이다. 대한제국 시기를 가리킬 때 '조선', '대한제국', '한국'이 혼용된다. 일제하 한국은 '한국', '조선', '식민지 조선' 등의 용어가 혼란을 불러일으킨다.

그러나 '역사'가 아닌 '국사'를 필수로 해야 하는가, 교과의 명칭을 '국사'로 해야 하는가 '한국사'로 해야 하는가 하는 문제와 상관없이, 박정희 정부의 국사교육 강화정책의 의도와 실제 시행정책을 별개로 파악하는 것은 비역사적이다. 박정희 정부가 국사교육을 강화하라는 국사학자들의 압력에 굴복하여 정책을 시행한 것은 아니기 때문이다. 국사교육을 강화한 의도를 정책의 결과와 분리하여 볼 수는 없다. 이명박 정부의 교육과학기술부가 추진한 한국사교육 강화정책도 이 점에서 마찬가지다. 고시를 포함한 모든 국가시험에 한국사를 포함시키고 교원임용교시 지원의 기준 자격으로 한국사능력검정시험 3급을 요구한다고 해서, 과연 국민이나 학생들의 한국사 지식이 얼마나 늘어나고 한국사를 아끼는 마음이 생겨날까? 이렇게 해서 공무원이 되고 교사가 된 사람들이 한국사의 중요성에 동의할까? 오히려 시험 준비의 부담을 늘린 한국사에 반감을 가지고, 속으로 이런 정책을 정권과 손을 잡은 한국사학계의 이기주의라고 여길지도 모르겠다.

이명박 정부의 한국사교육 강화정책은 박근혜 정부 들어서 더욱 확대되고 있다. 한국사를 대학수학능력시험에 필수로 하겠다는 방침이 발표되고 역사수업을 어려움에 빠뜨렸던 집중이수제도 완화되고 있다. 그런데도 사회 분위기가 조금만 달라지면, 또다시 한국사를 사회과에 통합하자거나 필수과목에서 제외하자는 주장이 다시 나오지 않을까 우려된다. 만약 그런 때가 오면 이제는 한국사를 비롯한 역사교육의 중요성을 주장하는 역사학계의 목소리는 더 이상 대중적 지지를 얻지 못하고, 학교 역사교육은 돌이킬 수 없는 위치로 전락할 수도 있다. 정부의 정책적 의지가 아니라 학교와 사회의 요구에 따라 역사교육이 강화되어야 하는 이유이다.

주체적 민족사관을 명분으로

국사 교과서 국정화

큰 서점에 나가보면 아동용 역사책들이 넘쳐난다. 청소년용 역사책도 상당수 된다. 인문, 사회 쪽의 책을 펴내는 출판사들은 어느 정도 자리가 잡히면 아동용 책들을 펴낼 생각을 한다. 그만큼 아동용 책의 수요가 꾸준하며, 청소년용 책들도 적잖이 팔리는 모양이다. 아동이나 청소년을 대상으로 하는 책 중에서 역사책도 상당한 비중을 차지한다. 역사가 아이들의 흥미를 끌 수 있는 분야임을 말해준다. 그런데 학교에서 배우는 역사는 어떨까?

학교 역사교육의 문제점을 잘 보여주는 현상으로 내가 자주 하는 말은 다음과 같은 이야기이다. "학교에서 역사를 배우기 전 아이들은 역사책을 좋아한다. 역사만화에 관심이 많으며 이야기도 즐겨듣는다. 그러다가 초등학교 상급학년이 되어 역사를 본격적으로 배우기 시작하면 점차 흥미를 잃는다. 배우면 배울수록 이런 현상은 더 심해져 고등학생이 되면 절정에 달한다. 그러다가 고등학교를 졸업하고 의무적으로 역사를 공부해야 하는 시기가 끝나면, 오히려 역사에 대한 관심이 다시 높아진다. 텔레비전 사극이 꾸준히 인기를 끌고 있으며, 역사교양서들도 당당히 서점의 한 공간을 차지한다." 학교에서 역사를 배울수록 역사를 싫어하고, 역사를 배우지 않게 되면 오히려 역사를 알고 싶어 하는 현상, 그것이 오늘날 우리 역사교육의 현실이다.

이런 학교 역사교육을 상징하는 것이 '국사 교과서'이다. '태정태세문단세 식의 역사', '훌륭한 왕이나 영웅이 좌지우지하는 역사' 같은 말로 역사교육을 비판할 때, 그 주된 대상으로 거론되는 것이 국정 국사 교과서이다. 역사 해석의 다양성을 가로막는 획일성, 재미없고 딱딱한 서술, 지나치게 많은 사실의 나열, 매우 중요하다고 말하면서도 아주 적은 예산의 제작비, 정치권력의 홍보 역할을 하거나 역사인식을 대변하는 것이 '국정 국사 교과서' 하면 떠오르는 이미지이다.

국사 교과서의 국정화 과정
|

중·고등학교 국사 교과서는 1970년대부터 2000년대 초까지 국정으로 발행되었다. 국사교과서가 원래부터 국정도서였던 것은 아니다. 제2차 교육과정까지 교과서 발행제도는 국정과 검정을 병행했다. 역사를 포함한 사회과 교과서는 검정이었다. 제2차 교육과정 당시 중학교 역사 교과서(당시에는 '사회 2'로 표기되었음)와 고등학교 국사 교과서는 각각 11종씩이었다.

1970년대 들어서 박정희 정부는 교과서 발행제도를 국정제로 전환하고자 했다. 1973년 2월 교육과정 개정을 앞두고 학교 교육의 상황을 진단한 평가교수단은 중·고등학교 교과서의 국정화 및 단일화를 건의했다. 중학교 교육이 명실공히 준의무화되었고, 그동안 발행된 검인정

교과서의 상이한 내용에 따른 혼란과 교과서 채택을 둘러싼 잡음, 종이 부족 등을 해결하려면, 중학교 교과서는 물론 고등학교 공통과목의 교과서까지 국정으로 하거나 적어도 단일화해야 한다는 논리였다. 문교부는 곧바로 이 건의를 받아들여 교과서의 국정화 또는 단일화를 정책으로 채택했다.

문교부는 이에 앞서 이미 국사 교과서 개편작업을 추진하던 중이었다. 국사교육 강화와 함께 교과서를 개편하고자 한 것이다. 1973년 2월 16일에 문교부는 중학교 국사 교과서 11종에 대해 개편을 지시했다. '①유신정신의 반영, ②새마을, 수출 증대, 교육재료 보강, ③급변하는 국제사회에 적응, ④변동된 교재 및 통계 보완, ⑤국사교육 강화' 내용을 반영하라는 것이었다. 박정희 정부의 정책을 선전, 홍보하는 방향으로 개편하라는 노골적인 지시나 마찬가지였다. 출판사들은 개편작업이 복잡하고 방대하여 개별적으로 교과서를 바꾸기 어렵다는 이유로, 한 달 만인 3월 16일 한국검인정교과서 대표이사가 11종의 발행자와 저자 연서로 합의서를 첨부하여 단일본을 건의했다. 문교부는 이 건의를 받아들이면서 발행자 전원의 연서로 다짐장을 제출할 것을 지시했다. 교과서 발행자 전원은 3월 29일에 '①11종 개별 발행 중지, ②원고에 대한 본부 심사, ③정가의 본부 사정, ④발행에 관한 본부 통제' 등을 서약한 다짐장을 제출했다. 문교부는 4월 9일과 4월 20일에 단일본 교과서 체제를 지시했다. 사회(1), 사회(2), 사회(3), 국사 4종을 단일본으로 발행하되, 사회(1), 사회(2), 사회(3)은 합하여 680쪽, 국사는 260쪽으로, 합해서 940쪽 안팎의 분량이 되도록 했다. 그리고 국사의 집필은 국사교육강화위원회 위원이던 김철준이 원시시대부터 고려시대까지,

이원순이 조선시대부터 실학운동 전까지, 강우철이 실학운동부터 현재까지 맡아서 집필하도록 했다. 편찬 일정은 1973년 5월 1일부터 6월 30일 사이에 탈고를 하고, 8월 30일에 심의를 완료하며, 9월 30일에 삽화 사진을 선정하고, 10월 30일에 인쇄에 회부할 예정이었다.

교과서 체제를 지시한 4월 20일 이후 곧바로 본격적인 집필을 시작한다고 해도, 겨우 두 달 사이에 집필을 끝내고 6개월 만에 인쇄에 들어간다는 것은 지금으로서는 상상도 할 수 없는 빠른 속도였다. 당시 박정희 정부가 국사 교과서 내용에 크게 신경을 쓰면서도 집필은 얼마나 쉽게 생각했는지 짐작할 수 있는 대목이다. 이 과정에서 교과서의 발행자와 저자들이 자진해서 먼저 단일본을 건의했다는 것도 그대로 받아들이기 어렵다. 이후 정부가 다시 국사 교과서의 국정화를 추진하면서 저자들의 반발을 우려한 사실에서도 알 수 있다.

단일본 국사 교과서는 형식적으로 발행의 주체가 검인정교과서협회라는 점만 빼고는 국정이나 다를 바 없었다. 교과서 내용 개편의 방향과 체제를 문교부가 정했으며, 원고를 심의하고 삽화와 사진 선정에까지 관여할 예정이었다. 그런데도 정부는 다시 정책을 바꾸어 국사 교과서를 국정으로 전환했다. 애초 중학교 국사 교과서의 단일본 발행이 교과서 발행정책의 전면적 전환과 상관없이 추진된 것임을 알 수 있다. 그러다가 교과서 발행제도를 전체적으로 국정·단일본으로 전환하면서, 이참에 국사 교과서를 국정화하기로 방향을 바꾼 것이었다.

청와대 비서실은 1973년 6월 9일자로 '국사 교과서 국정화 방안'을 대통령에게 보고했다. 보고는 비서실 비서이면서 국사교육강화위원회 위원이던 한기욱이 맡았다. 이 보고서는 박정희 정부가 국사 교과서의 국정화를 추진한 목적을 구체적으로 보여준다. 보고서에서는 국사 교과서를 국정제로 해야 하는 논리를 제시하고 있다. 왜곡되고 타율적인 역사관을 시급히 청산하고, 주체적인 민족의식에 투철하고 민족중흥의 의욕에 충만한 후세 국민을 길러내기 위해 국사 교과서 내용을 상당 부분 개편해야 하는데, 검정교과서 저자들이 개별적으로 이를 감당하는 것은 불가능하다는 것이었다. 이어 보고서는 민족사관의 통일과 객관화를 기하고 새로운 가치관 확립을 위한 일관성 있는 교육을 위해 도덕, 국어와 함께 가치관 교육의 중핵이 되는 국사의 국정화가 필요하다고 주장했다. 교과서의 국정화로 내용을 충실히 하고 권위를 높여야 한다는 것이었다. 그런데 보고서에서도 지적하고 있듯이, 이러한 목적은 당시 진행되고 있는 국사 교과서 단일본 발행으로도 달성할 수 있었다. 그런데도 왜 구태여 국정교과서를 발행해야 하는지는 보고서에 명확하게 나타나 있지 않다. 그러나 초·중·고등학교 교과서 발행제도를 전면적으로 국정 또는 단행본으로 하려는 방침에 발맞춰, 국어, 도덕, 국사 같은 이념성이 강한 과목들을 단일본 검정보다 국가의 통제력이 좀 더 강한 국정으로 발행하는 방향으로 바꾸었으리라고 짐작하는 것은 그리 어렵지 않다.

대통령 비서실의 보고에는 국사 교과서를 발행할 때 일어날 수 있는 두 가지 문제점을 예상하고 있다. 하나는 현행 검정교과서 저자 및 발행업자의 반발이며, 다른 하나는 집필진의 선정과 확보 문제였다. 앞의 문제는 저자들이 받는 인세와 출판사의 수입 문제 때문이라고 판단하고, 저자들을 대상으로 설득하여 연간 750만 원에 달하는 인세 상당액을 연구비로 지급하는 방안을 내놓았다. 뒤의 문제는 국사편찬위원회

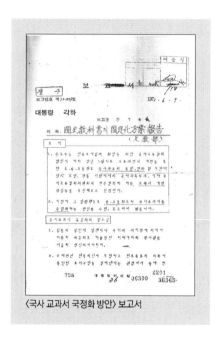

〈국사 교과서 국정화 방안〉 보고서

및 국사교육강화위원회와 협의하여 결정할 것이라고 하였다. 이 보고에 첨부되어 있는 문교부 보고서에는 이 밖에도 1974년까지 사용하기로 되어 있는 인문계 고등학교 검정교과서의 검정 효력정지와 국정화의 공식적인 결정 시기에 따른 문제점의 해결방안도 제시되어 있다. 국정 국사 교과서는 중·고등학교에서 모두 1974년부터 사용할 계획이었다. 그런데 문제는 고등학교 교육과정의 개정이 1974년으로 예정되어 있었다는 점이었다. 교육과정이 바뀌어야 교과서를 개편할 수 있었으므로 기존의 인문계 고등학교 국사 교과서를 1974년까지 사용해야 했다. 이에 대해 문교부는 중학교 국사 교과서의 개편은 신(新)교육과정과 함께 동시에 발표하며, 고등학교 교과서는 특별한 사정이 있을 때는 효력을 정지할 수 있다는 검인정령 제19조 1항을 적용한다는 데서 개편의 근거를 찾았다.

정부는 국정 국사 교과서의 발행을 검인정교과서주식회사에 맡기는 방안을 추진했다. 검인정교과서주식회사는 교과서를 발행하는 출판사들이 함께 출자하여 만든, 교과서의 생산과 공급을 주업무로 하는 회사였다. 국정 국사 교과서의 발행권을 검인정교과서주식회사에 맡긴 것은 교과서의 국정화에 따른 출판사와 검인정교과서 저자들의 불만을 무마하기 위한 조치였다. 또한 교과서 국정화 조치가 특정 출판사를 위한 것이 아니냐는 출판업계의 의심을 해소할 목적도 있었다. 결국 국정 국사 교과서는 검인정교과서를 간행하던 출판사들이 별도로 만든 한국교과서주식회사에서 간행되었다. 정부와 교과서 출판업계가 이해관계를 주고받은 결과였다.

국정 국사 교과서를 1974년부터 사용하기로 방침을 정했지만, 문제는 이에 맞춰 교과서를 발행할 수 있느냐 하는 것이었다. 국정교과서 편찬은 시간을 다투는 매우 촉박한 작업이 되었다. 이에 문교부는 국사 교과서 국정화 방침 발표 날짜를 디데이로 하고, 여기에 맞춰서 국사 교과서 개발 일정을 구체적으로 마련했다. 디데이가 언제인지 명시되어 있지는 않지만, 이 계획을 보면 당시 정부가 1974년부터 국정 국사 교과서를 사용하기 위해 얼마나 구체적으로, 그리고 얼마나 급히 교과서 개발을 추진하였는지 보여준다. 약간 장황하기는 하지만, 그 실제 상황을 파악하기 위해 문교부가 작성한 국정 국사 교과서 시행 일정 계획을 살펴보자.

디데이는 6월 23일이었다. 이날 문교부는 국사교육을 대폭 강화하기 위해 국사 교과서를 국정화하기로 했다고 공식적으로 발표했다. 일제 침략기에 왜곡된 사관을 청산하고, 국사학계가 쌓아놓은 연구업적을 체계화하며, 학생들에게 객관적이고 일관성 있는 국사교육을 실시하여 국적 있는 교육을 강력히 뒷받침하기 위해서라는 것이 이유였다. 중학교 과정에서 국사가 필수독립과목이 되었고, 대학입학예비고사 및 공무원 임용시험에 국사과목이 추가됨에 따라 학생과 수험생에게 민족적

시행 일정 계획

사항별	일정	비고
1. 국정화 계획 결정	D-4	
2. 저자 및 발행자 설득 　가. 저자: 인세 상당액의 학술 연구 　　　조성비 지급 　나. 발행자: 사회과 교과서 면수 증배	D-4	
3. 국사편찬위원회 회의 　가. 편찬 방침 　나. 집필자 추천	D	국사편찬위원회 (장관 임석) 고대, 근세, 중세 구분(중, 고)
4. 국정화 방침 발표(신문 보도)	D	
5. 국정화 방침 통고 및 중학 사회 개편 　지시	D	중등·고등 교과서 주식회사
6. 중학교 교육과정안 조정, 고교 국사 　교육과정 개정안 작성 조정	6. 7~25	
7. 교육과정 개정 공포	6. 30~7. 15	
8. 국정교과서 편찬 　가. 집필자 위촉 　나. 원고 집필 탈고 　다. 국사편찬위원회 검토 　라. 편찬심의회 　마. 원고 수정 　바. 윤문 감수 　사. 사진·삽화 준비 　아. 편찬심의회 　자. 조판, 가쇄본 작성, 교정 　차. 교정본 확정 　카. 인쇄, 배본	D+3~12. 31 6. 20 6. 20~9. 30 10. 1~5 10. 6~10 10. 11~30 11. 1~15 11. 16~30 12. 1~5 12. 5~20 12. 20~31 74. 1. 1~2. 28	위촉장 교부, 장관실

가치관에 의한 올바른 국사교육을 실시하기 위한 것이라는 말도 덧붙였다. 그렇지만 국사교육을 강화하려면 왜 교과서를 국정화해야 하는지, 식민사관을 청산하고 해방 이후 학계의 연구성과를 체계화하는 데 국정교과서가 필요한 이유가 무엇인지는 언급하지 않았다. 결국 국정 국사 교과서의 필요성은 '국적 있는 교육을 강력히 뒷받침하기 위한 것'이었다. "새 교과서 내용에는 '주체적 민족사관 정립', '새 한국인 형성', '한국 민주주의 토착화' 등 문교부의 국사교육 방침을 반영시킬 방침이다(《경향신문》 1973년 6월 23일자)"라는 것이 국사 교과서 국정화의 목적이었다.

대부분의 역사학자나 교사들은 국사 교과서의 국정화를 반대했다. 여러 종의 교과서가 발행되어야 우수한 교과서가 나올 수 있으며, 교사나 학생들도 자신의 역사관을 살릴 수 있는 교과서를 택할 수 있다는 점이 우선 지적되었다. 학교 교육이 입시에 좌우되는 현실에서 단일한 국정 국사 교과서는 학생들의 역사인식을 좁히고 고정시킬 수 있다는 우려도 나왔다. 또한 교과서의 역사 해석을 무비판적으로 수용하고 다루는 소재의 폭도 좁기 때문에 정부가 강조하는 민족주체의식을 기르기 어렵다는 견해도 있었다.

문교부가 국사 교과서 국정화 방침을 발표한 직후인 1973년 6월 25일자 《동아일보》는 이에 대한 각계의 여론을 실었다. 한국사학자인 김정배(고려대 교수), 이기백(서강대 교수)과 교사인 박상환(이화여고 교사), 그리고 교육학자인 신세호(한국교육개발원 지도국장)의 의견이었다. 김정배, 이기백, 박상환은 국사 교과서 국정화를 반대했고, 신세호는 찬성했다. 김정배는 국정 국사 교과서가 다양성을 말살하고 획일성을 찾으려고 할 것이라고 비판하고, 소수자에 의한 교과서는 독단에 빠질 위험이 있다고 우려했다. 박상환은 국정 국사 교과서가 사고의 폭을 넓히고 융통성을 길러주어야 하는 고등학교 교육에서 획일적인 해석을 강요하는 약점을 가지고 있다고 지적했다. 그리고 대학입시의 혼란을 방지한다는 장점이 있지만, 이는 오히려 교과서 중심의 암기교육을 초래하게 될 것이라고 예상했다. 이기백도 국사의 획일화가 학생들이 겪을 혼란을 막는 데는 약간의 이점이 있을지 모르지만 정확한 지식이 전달되리라는 보장이 없다고 지적하고, 여러 교과서가 자유롭게 경쟁하여 적자생존하도록 하는 것이 바람직하다고 주장했다. 신세호만이 국정교과서가 제작비가 적게 들고, 검인정교과서는 다른 학자들의 견해를 수용하기 어려우므로, 국사뿐 아니라 다른 교과서도 국정으로 하는 것이 좋겠다고 주장했다. 신세호는 역사학자가 아니라 교육학 전공자이며, 또 국책기관인 한국교육개발원에 근무하고 있다는 점에서, 그의 견해는 정부의 주장을 대변하는 것이라고 할 수 있다. 비록 4명의 견해에 지나지 않지만, 이들의 주장에서 국사 교과서 국정화를 바라보는 관련 분야 담당자들의 생각을 엿볼 수 있다.

이들 중 이기백은 국사교육강화위원회의 위원이었다. 국사교육강화위원회 위원들도 국정 국사 교과서를 반대하는 목소리가 대부분이었다. 이들은 국정 국사 교과서가 역사인식을 고정시켜 역사교육의 본래 목표인 역사적 사고력이나 문제해결력을 기르지 못하게 할 것이라고 주장했다. 또한 일부 내용이 정책적으로 이용되어 국민정신을 획일화하고 정신교육을 오히려 저해할 수 있다고 우려했다. 언론 등에 가장 적극적으로 반대의견을 밝힌 위원은 변태섭이었다. 변태섭은 국정 국사는 하나의 틀에 박힌 관제 국사가 될 위험성이 있다고 비판했다. 정부가 어떤 이념을 강요하여 국민들의 의식구조를 고정화시킬 수 있다는 것이다. 또한 국정 국사 교과서의 내용과 다른 설은 이단시되어 자유롭게 연구하는 데 제약을 받기 쉽다고 우려했다. 국사 교과서의 국정화는 역사교육뿐 아니라 역사 연구의 자주성도 침해할 가능성이 있다는 지적이었다. 다만 국가기관이던 국사편찬위원회의 일부 위원들이, 국정 국사 교과서가 풍부한 내용을 넣을 수 있으며 특정 학자들의 견해가 아닌 학계의 연구성과를 종합적으로 반영할 수 있다는 논리를 세워 찬성했다.

그러나 문교부는 국사 교과서 국정화 의지를 강하게 천명했다. 박정희 정부가 막강한 권력을 행사하던 당시의 사회 분위기에서, 정부가 강력한 의지를 가지고 추진하는 정책을 대놓고 반대하는 경우는 흔치 않았다. 국사 교과서 국정화도 마찬가지였다. 결국 현실적 여건을 고려한 국사교육강화위원회는 국사 교과서의 국정화를 받아들였다. 이에 따라 중·고등학교 국정 국사 교과서가 제작되어 1974년 1학기부터 사용되었다. 중학교 국사 교과서의 집필자는 임병태(원시~통일신라와 발해), 강진철(고려), 차문섭(조선), 이현종(개항 이후)이었고, 고등학교 국사 교과서의 집필자는 김철준(고대), 민병하(고려), 한영우(조선), 윤병석(근·현대)이었다. 이 중 국사교육강화위원회 위원은 김철준, 이현종 두 명뿐이었다. 중학교 단일본 교과서 집필자로 내정된 이원순, 강우철이 국정교과서 집필에서 빠지고, 김철준은 중학교가 아닌 고등학교 국정 국사 교과서 집필에 참여했다. 김철준은 제2차 교육과정 시기에 중학교 역사 교과서를 집필하였지만, 고등학교 교과서를 집필한 경험은 없었다. 반대

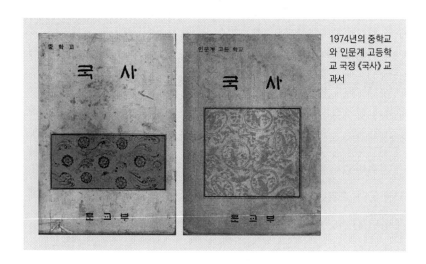

로 중학교 국정 국사 교과서의 조선 부분을 집필한 차문섭은 제2차 교육과정 때는 고등학교 검정 국사 교과서의 저자였다. 나머지 사람들은 교과서를 집필한 경험이 없었으며, 국사교육강화위원회 위원도 아니었다. 이는 박정희 정부의 기대와 달리, 국사교육강화위원회 위원들 대부분이 국사 교과서의 국정화를 반대하였고 국정 국사 교과서 집필에 참여할 학자를 섭외하기가 쉽지 않았음을 보여준다.

국정 국사 교과서 평가

국정 국사 교과서는 단일한 교과서인 데다 정부가 펴냈기 때문에 학계나 사회로부터 많은 관심을 끌었다. 《동아일보》는 국정 국사 교과서가 사용되기 직전인 1974년 2월 27일에 '생활사 중심의 주제의식 강조—초·중·고 국정 국사 교과서의 문제점'이라는 제목으로 국정 국사 교과서를 분석한 글을 실었다. 이 기사는 국사학계의 연구업적을 반영하면서 민족사적 시각을 근간으로 통일적인 국사교육을 실시하려는 문교부의 방침을 긍정적으로 평가했다. 그렇지만 새 국사 교과서가 여러 가지 취약점과 한계를 가지고 있다고 덧붙였다. 우선 주체성을 지나치게 강조한 나머지 동양사, 나아가 세계사적 맥락을 무시하고 한국사를 개별사로 만들 수 있다고 예상했다. 또한 여러 다른 학설이 있는데도 단정적으로 기술하여 국사교육을 왜곡할 수 있다고 우려하고, 그 예로 근대사를 18세기로 올려 잡은 것을 문제로 들었다. 최근 10년사를 지나치게 강조하고 있다는 것도 지적했다. 기사에 명시하지는 않았지만, 국정 국사 교과서가 정부의 정책을 홍보하거나 선전하는 역할을 하는 것에 대한 우려라고 할 수 있다. 새 국사 교과서에서 바뀐 용어들의 적절성도 문제가 되었다. '당쟁'을 '양반사회의 대립', '임진왜란'을 '7년 전쟁', '유교정치'를 '민본정치'로 바꾸었지만, 관례화된 고유명사를 구태여 바꿀 필요가 있느냐는 의문이 제기되었다. 용어는 사관의 표현이므로, 굳이 바꾸려면 광범위하게 의견을 수집하여 조정해야 한다는 것이다. 이 중 '7년 전쟁'이라는 용어는 이후 다시 개정된 교과서에서 사라지고 '임진왜란'으로 되돌아갔다. 국정 국사 교과서 내용이 학계의 연구성과를 종합하여 서술되는 것이 아님을 보여주는 사례다.

교과서가 발행되자, 그 내용을 분석·평가하는 학계의 연구도 잇달았다. 《창작과 비평》 1974년 여름호는 특집으로 국사 교과서의 문제점을 진단하는 한국사학자 다섯 명의 글을 총론과 시대별로 나누어 실었다. 총론은 강만길(고려대 교수)이 '사관과 서술체제의 검토'라는 제목으로 썼으며, 고대사는 김정배(고려대 교수), 고려시대는 이우성(성균관대 교수), 조선전기는 이성무(국민대 강사), 조선후기는 송찬식(서강대 교수)이 분석했다. 역사교육연구회에서 발행하는 학술지인《역사교육》에는 이원순, 진영일, 정선영의 공동연구인〈중·고등학교 국정 국사 교과서의 분석적 고찰〉이라는 글이 실렸다. 이 연구는 국정 국사 교과서가 역사교육의 교재로서 얼마나 적절한지를 양적·질적으로 분석한 것이었다. 전자가 국정 국사 교과서를 학문적 입장에서 분석한 것이라면, 후자는 교육적 관점에서 분석한 것이었다.

강만길은, 국정 국사 교과서가 주체적 민족사관 확립 그리고 교과서 체제와 구체적 사실(史實)에 대한 서술내용 및 용어의 통일을 목적으로 했지만 이 두 목적을 이루지 못했으며, 오히려 검인정교과서보다 후퇴했다고 비판했다. 국정 국사 교과서가 주체적 사관을 수립한다고 하지만, 내재적 요인을 등한시하고 외부의 자극과 영향만을 강조하고 있다는 것이다. 또한 지배계층의 역사적 역할을 중시하는 지배계층 중심의 서술로 인해, 오히려 민족적 단결을 촉구하는 데 역효과를 나타내고 있다고 평가했다. 체제에서도 단원 구분의 모호한 기준, 학교수업을 생각하지 않은 단원과 절, 항목 등으로 인해 검인정교과서의 수준을 조금도 넘어서지 못했다고 비판했다.

또한 같은 국정교과서인데도 중학교와 고등학교의 내용이 너무 다른 점이 많다고 지적했다. 국정 국사 교과서가 특정 학설을 따랐다든지, 중학교와 고등학교 교과서 내용이 다르다는 것은 다른 글들에서도 여러 차례 나온 지적이었다. 그 내용을 일일이 옮길 수 없으므로, 시대별로 한두 가지씩만 예를 들어보기로 하자. 김정배의 글에서는 청동기 문화의 상한선이 중학교와 고등학교 교과서가 같지 않으며, 마한·진한·변한이 중학교 교과서에서는 부족국가, 고등학교 교과서에서는 연맹체로 서술되어 있다고 지적했다. 이우성은 중학교 교과서가 최충헌과 신돈을 훌륭한 개혁정치가인 것처럼 서술했다고 비판했다. 그리고 고등학교 국사 교과서는 아직까지 학계에서도 전혀 의견의 일치를 보지 못하고 이론 정립도 되어 있지 않은 고려사의 성격을 추상적인 표현으로 서술했다고 지적했다. 이성무는, 고등학교 국사 교과서가 15세기를 양인국가의 민본정치를 지향한 이상사회로 그리고 있다고 강력히 비판했다. 또한 고등학교 교과서는 15세기 조선사회의 신분제에 대해 양인과 천인만 있었다고 서술했지만, 중학교 교과서는 양반, 중인, 상민, 천인의 구분이 있었다고 달리 서술하고 있다고 밝혔다. 송찬식은 중학교와 고등학교 교과서의 조선사 서술을 소개하고 그 문제점을 지적한 다음, "중학교 교과서는 너무 저속하고, 고등학교 교과서는 날조에 가까운 편견에 사로잡혀 있다. 양자를 비교하면 내용까지 서로 상치되고 있다"라고 신랄하게 비판했다. 실학에 대해 중학교 교과서는 서양 문물의 영향으로, 고등학교 교과서는 중국 문화의 부활로 달리 설명하였으며, 대원군의 정치를 중학교 교과서는 전제정치로 규정한 데 반해, 고등학교 교과서는 개혁정치라고 찬양했다고 사례를 들었다.

이러한 비판에 대한 집필자의 반론도 나왔다. 고등학교 국사 교과서 고대편 집필자인 김철준은 《창작과 비평》에 실린 글들이 "많은 고견을 제시하여 비익(裨益)된 바 많다는 점은 인정하나 더러는 서평을 위한 비판이라기보다는 욕설을 하기 위한 서평이라는 치졸한 수준에서 벗어나지 못한 것도 있다"라고 비판했다. 이어서 식민지사관에서 벗어나 한국 문화 전체에 대한 이해체계를 구축하려는 건설적인 방향에 관한 비평을 기대했으나, 적극적인 비평과 제의가 없었다고 유감을 표했다. 그리고 비평 간의 문맥이나 용어 자체로 볼 적에 비평자의 견해에 동의할 수 없는 곳이 많다고 지적했다. 국정 국사 교과서 집필자와 다른 학자들 간의 갈등을 엿볼 수 있는 대목이다.

그러나 분석의 관점은 다르지만, 이원순·진영일·정선영의 글에서도 《창작과 비평》에 실린 글들의 비판과 비슷한 점들이 지적되었다. 이들은 교과서 분석을 토대로 개선의 방향을 제언하고 있다. 그중 일부를 소개하면 다음과 같다.

① 중·고교 교과서의 현저한 차이는 시정되어야 한다. 시대 구분, 역사관 및 역사 해석상의 차이 등 전혀 모순된 서술이 너무 많이 발견되고 있다.

② 교재 내용을 선정할 때 학계의 정설로 받아들여지는 보편적인 견해를 반영해야 할 것이다. 새로운 사실(史實)에 대한 과욕에서 학계의 정설이 아닌 일부의 학설이나 어느 개인의 사견을 국정교과서의 이론으로 채택하는 것은 위험한 서술태도이다.

③ 같은 교과서 내에서라도 시대에 따라 서술방침, 논지, 항목 편성의 차이가 현저한 것은 시정되어야 한다.

④ 세계사적 관점에서 서술해야 한다.

⑤ 서술의 공정성을 잃게 하는 과잉 표현, 감정적 표현, 사족적 표현을 지양해야 한다.

국사 교과서를 국정화할 때 우려한 문제들과 짧은 시간에 급하게 제작하면서 발생한 문제들이 많은 부분 겹쳐 있음을 알 수 있게 하는 제언이었다. 이러한 제언에 깔려 있는 국정 국사 교과서의 문제점은《창작과 비평》에 실린 비판과 상당 부분 중복된다.

국정 국사 교과서에 대한 비판이 잇따르자, 문교부는 자체적으로 100여 개 항목에 걸쳐 중·고등학교 국정 국사 교과서를 분석했다. 그 결과 50여 개 항목에서 역사적 사실이나 해석이 중학교와 고등학교 교과서 사이에 차이가 있음을 밝혀냈다. 또한 중학교 교과서가 532명, 고등학교 교과서가 539명의 인명을 싣고 있지만, 대부분 나열하는 데 그치고 있어 불필요한 암기를 조장하며, 중학교는 43퍼센트가 지배층이고, 고등학교는 6분의 1이 왕족이어서 지배층 중심의 서술이 되고 있음을 인정했다.

1974년부터 처음 사용된 국정 국사 교과서에 대한 이러한 평가는, 적어도 박정희 정부가 국사 교과서 국정화의 가장 중요한 근거로 삼은, 학계의 연구성과를 종합적으로 수렴하고 학설을 통일하여 학생들의 혼란을 막는다는 목적이 실패로 돌아갔음을 뜻한다. 국정 국사 교과서 서술내용을 학계가 모두 받아들이는 것이 아니며, 학설상의 논란이 사라지지도 않았다. 더구나 이때 지적된 여러 문제들이 이후에도 계속되어, 처음 국정 국사 교과서를 발행하면서 나타난 일시적 시행착오가 아니라 구조적인 문제가 되었다. 이는 국정 국사 교과서에 대한 비판이 계속되고 많은 사람들이 국사 교과서를 다시 검인정도서로 발행할 것을 주장하는 이유가 되었다.

'1종 도서'로 이름만 바꾼 국정교과서

박정희 정부는 초·중·고 교과서의 발행제도를 바꾸면서, 상당수의 주요 과목 교과서를 국정제로 발행했다. 그러나 국정교과서에 대한 평가는 좋지 못했다. 더구나 교과서 국정제와 함께 진행된 단일본 교과서 정책은 1977년에 '검인정교과서 사건'을 낳고 말았다. 1977년 2월에 경찰과 국세청은, 검인정교과서주식회사가 1974년부터 문교부와 국세청 직원에게 뇌물을 주고, 교과서의 가격 인상, 내용 수정, 성실법인 지정 등의 특혜를 받아 거액의 부당 이익을 올리고도 탈세를 했다는 합동조사 결과를 발표했다. 검인정교과서주식회사가 국정교과서 공급을 위해 만든 회사들인 중등교과서주식회사와 고등교과서주식회사, 한국교과서주식회사, 실업교과서주식회사의 관련자들, 뇌물을 받은 문교부 편수국장을 비롯한 문교부 관계자, 국세청 공무원들이 구속되었다. 30여 명의 문교부 편수 관련 공무원들이 파면이나 의원면직의 형태로 자리에서 쫓겨났다.

지금의 출판업계와 달리 교과서가 가장 중요한 출판물이던 당시 상황에서, 국정과 검정교과서의 발행과 공급을 독점한다는 것은 엄청난 특혜였다. 출판사들이 검인정교과서주식회사를 통해 교과서 판매 이익을 극대화하여 그 수익을 나누어 가졌다는 사실은 여론의 분노를 샀다. 검인정교과서주식회사는 '먹자판에 몰린 천태만태의 회원사', '117개의 얼굴을 가진 괴물'(이상《동아일보》1977년 3월 19일자)라는 비판을 받았다.

'검인정교과서 사건'으로 구속되거나 쫓겨난 출판사 관계자나 문교부 편수관들은 뒷날 증언에서 억울함을 호소했으며, 이 사건이 일어난 동기를 놓고 유신정책과의 갈등, 정치적·사회적 사건들을 덮으려는 표적 수사 등과 같은 음모론을 제기하기도 했다. 또한 교과서를 공급하던 회사들에 부과된 탈루세금을 둘러싼 10여 년의 소송에서 출판사들이 승소를 했다. 그렇지만 사건의 진상을 두고, 출판사와 문교부 관계자들이 상대방에게 문제가 있음을 암시하거나 책임을 전가하는 인상을 주는 이야기를 할 뿐, 사건이 일어나게 된 원인은 확실히 밝혀져 있지 않으며, 이들이 억울하게 피해를 입었는지도 명확하지 않다. 세금 부과가 부당하다는 대법원 판결도 강압에 의해 과세를 한 것이 부당하다는 판결일 뿐, 검인정교과서주식회사의 교과서 공급 독점이 문제가 없었음을 확인해준 것은 아니었다.

'검인정교과서 사건'은 국정·단일본 제도에 대한 거센 비판을 불러일으켰다. 어쩔 수 없이 문교부는 교과서 발행제도를 바꾸지 않을 수 없었다. 이에 앞서 이미 한국교육개발원을 통해 교과서 제도의 개편을 연구하고 있던 문교부는, 검인정 파동을 계기로 1977년 8월 22일에 '교과용 도서에 관한 규정'을 제정하여 교과서 제도를 개편했다. 국정과 검정을 1종과 2종으로 바꾼 것이다. 종래의 국정교과서는 1종, 검정교과서는 2종에 해당하며, 일부 인정도서를 따로 두었다. 바뀐 교과서 발행제도에서는 교과서 개발 및 제작에 민간 연구기관이 적극 참여한다는 점이 강조되었다. '연구개발형'이라고 표현된 1종 도서는, 문교부가 저작권을 가지지만 기획과 감독의 기능만 담당하고 연구와 집필은 전문연구기관이 담당하는 교과서라고 규정하였다. 국정교과서의 단점을 보완하고 검인정교과서의 부작용을 막아서 두 가지 교과서 제도의 장점을 취합한다는 것이었다. 이에 따라 국사 교과서는 물론, 고등학교 세계사

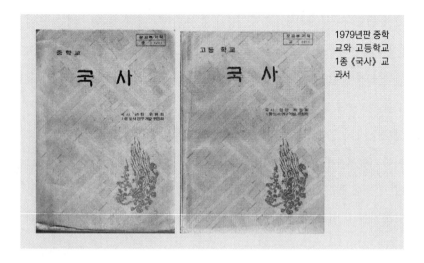

교과서도 1종 도서가 되었다. 국사 교과서의 발행은 국사편찬위원회에서 주관하되, 실제 집필은 섭외한 국사학자들이 했다. 그래서 1종 국사 교과서의 저자는 국사편찬위원회와 1종도서연구개발위원회의 공동명의가 되었다.

종전에 국정 국사 교과서 발행을 검인정 출판사들이 만든 한국교과서주식회사에서 맡았던 것과 달리, 1종 국사 교과서는 국정교과서주식회사에서 간행하였다. 국정교과서주식회사는 1종 국사 교과서뿐 아니라 대부분의 교과서를 발행했다. 검인정교과서를 간행하던 출판사들이 세금 추징 등으로 흔들리고 있으므로, 교과서 발행에 차질을 빚지 않기 위한 조처라는 명분이었다. 이 조처로 1종 국사 교과서의 집필부터 보급까지 모든 과정이 정부의 손으로 이루어지게 되었다. 국사 교과서에 대한 완전한 장악이었다.

그러나 '1종 도서', '연구개발형 도서'라는 이름이 붙었지만, 일반 사람은 물론 교사나 학자 등 학교 교육과 교과서에 관심을 가지는 사람들조차 대부분 1종과 국정의 차이를 알지 못했다. 심지어 교육학자들까지도 구태여 이를 구분하려고 하지 않았다. 1종 도서는 국가기관이 저작권과 발행권을 가지고 있다는 점에서 본질적으로 국정제에 해당하는 것이었다. 국가가 역사 해석을 독점할 수 있다는 비판을 비롯해 1종(국정) 국사 교과서를 둘러싼 논란은 계속되었으며, 학자들이 집필을 꺼리는 현상도 여전했다.

이후 교육과정이 개정되어 교과서가 새로 발행될 때마다, 국사 교과서의 발행을 검정제로 바꾸어야 한다는 학계와 교육계의 목소리가 이어졌다. 국정 국사 교과서의 발행을 주관하는 국사편찬위원회의 위원장들도 취임사 등에서 으레 국사 교과서를 검인정으로 발행해야 한다고 한마디씩 했다. 더구나 1980년대 중반에 접어들어 사회민주화 분위기와 함께 국정 국사 교과서가 지배층 위주의 서술, 지나친 반공 이데올로기, 정권의 홍보 역할 등의 측면에서 비판을 받았다. 국정 국사 교과서는 사면초가에 몰린 셈이었다. 그런데도 처음 국정제를 도입하던 논리에 의존하여 국사 교과서는 계속 국정으로 발행되었다. 국어와 도덕 교과서가 국정이던 것도 국사 교과서 국정제를 뒷받침한 힘이었다.

2003년부터 사용된 제7차 교육과정에 따른 《한국근·현대사》 교과서는 검정으로 발행되었다. 그러나 중학교와 고등학교 필수과목인 《국사》는 여전히 국정이었다. 《한국근·현대사》를 검정으로 발행한 것은 모든 고등학교 선택과목을 검정도서로 발행한다는 원칙에 따른 것이었다. 2010년 중학교 《역사》와 2011년 고등학교 《한국사》 교과서가 검정으로 바뀜으로써, 국정 국사 교과서는 완전히 자취를 감추었다. 국정 국사 교과서가 나온 지 37년 만이었다.

사라지지 않는 국정 국사 교과서에 대한 미련
|

대학 신입생의 의식화가 사회적 논란이 된 적이 있었다. 물론 '의식화'라는 말은 주로 독재정부가 학생운동을 좌경으로 몰아가는 데 쓰던 표현이지만, 대학교에 들어가서 사회문제에 관심을 가지고 운동에 뛰어드는 학생이 적지 않았던 것도 사실이다. 그렇게 되는 데는 고등학교 때까지 국정교과서를 통해 배운 지식이 왜곡되었거나 심지어 사실과 다르다는 것을 알게 되면서 받는 지적 충격도 한몫을 했다. 국정 국사 교과서도 그러한 내용을 담은 대표적 교과서였다.

고등학교 《한국근·현대사》와 《한국사》 교과서의 근현대사 서술을 놓고 논란이 일어나자, 사회 일부에서 다시 국사 교과서를 국정화해야 한다는 주장이 고개를 들고 있다. 검정 국사 교과서는 특정 학자의 견해나 역사 해석이 그대로 들어가서 좌편향된 교과서들이 나온다는 것이다. 검인정 국사 교과서에는 특정 학자의 학설이 여과 없이 들어갈 수 있으며, 교과서 내용이 서로 달라서 학생들의 혼동을 불러일으킬 수 있다는, 1970년대의 국정화 논리를 반복하고 있는 것이다. 그러나 1970년대 국정 국사 교과서가 다양한 역사 해석을 종합하기보다 실제로 특정 학자의 역사 해석이나 이론을 담고 박정희 정부의 역사관을 반영하거나 정책을 홍보했듯이, 지금 국정 국사 교과서를 주장하는 사람들도 자신의 견해를 담고 싶어 할 것이다. 다만 1970년대에는 박정희 정부의 교육 당국이 이러한 주장을 했지만, 이제는 뉴라이트 단체나 학자들로 주체로 바뀌었을 뿐이다.

　박정희 정부의 국사 교과서 국정화 과정을 정리하면서, 전부터 느껴 오던 한두 가지 의문이 다시 떠올랐다. 중학교 국사 교과서 발행자와 저자들이 단일본을 건의했다고 하는데, 과연 어떤 논의를 거친 것일까? 정부의 압력이 있었을 것이라고 짐작하지만, 구체적으로 어떤 압력이 있었을까? 그리고 국사 교과서를 국정화하면서 문교부와 대통령비서실이 제시한, 인세 수입을 연구비로 대체하여 지급한다는 계획은 과연 실행이 되었을까?

　교과서 저자들과 발행자들이 단일본 건의를 하게 된 경위는 아직 확인되지 않았다. 박정희 정부의 역사교육정책에 대해 전반적으로 긍정적인 입장이지만 여러 책이나 글에서 당시 자료를 비교적 꼼꼼히 제시하고 있는 윤종영 전 문교부 편수관이, 그의 글에서 "정부의 입김이 강하게 작용하였던 것으로 추리된다(〈국사 교과서 발행제도에 대한 고찰〉, 76~77쪽)"라고만 쓰고 있는 점에 비추어 해당 자료를 확인하기는 쉽지 않을 것 같다. 교과서 인세를 연구비로 대체 지급한다는 계획의 실행 여부를 알 수 있는 자료도 확인하지 못했다. 물론 당시 교과서 저자들에게 확인할 수 있는 문제이기는 하다. 그러나 하도 오래된 일이라서 그분들이 정확히 기억하고 있을지도 의문이고, 어쩌면 지금과 많이 다른 오래전 시절의 이야기를 구태여 꺼낼 필요도 없을 듯하다. 그보다 중요한 문제는 국정 국사 교과서에 대한 미련이 아직도 한국 사회에 남아 있다는 사실일 것이다. 그것은 어쩌면 이 책에서 다루는 역사교육의 여러 모습에 나타나는 것이기도 하다.

국난극복사관과 전통윤리

박정희 정부의 역사교육관

오늘날 우리가 되찾아야 할 조상들의 참다운 모습은, 끊임없는 외세의 침략에 굴하지 않고 끈질기게 국가의 명맥을 지켜온 자주민족이며, 인간과 인간, 개인과 국가, 그리고 국가와 국가 간에 조화로운 질서와 협동을 추구해온 평화민족이며, 외래의 문화와 전통을 우리의 그것에 융화시켜 고유한 정신세계를 개척해온 창조적인 문화민족이다. 이러한 민족의 자아를 새로이 확립하는 일은 바로 민족중흥의 대업에 이르는 첩경이다. 박정희, 《한국 국민에게 고함》, 784쪽

박정희는 《민족 중흥의 길》(《한국 국민에게 고함》에 수록)이라는 책에서 '우리 것에서 출발하자'면서 이렇게 말했다. 1970년대 박정희에게 한국사는 자랑스러운 민족사였다. 때로는 찬란한 문화의 전통을 꽃피우기도 하고, 때로는 국가적 어려움을 극복하기도 한 역사였다. 민족의 전통에서 얻는 정신은 자립경제와 조국근대화의 기반이었다. 그러기에 우리는 민족의 역사와 문화에 대한 자부심을 가지고 그 정신을 본받아야 했다.

민족주체성과 국사교육
|

그러나 다른 한편으로 박정희가 보기에 한국사는 이처럼 후손이 본받아야 할 자랑스러운 역사인 것만이 아니었다. 한마디로 '퇴영과 조잡과 침체의 연쇄사'였다. 박정희는 지난날의 한국사를 다음과 같이 개탄하고 있다.

어느 한 시대에 변경을 넘어 타국을 지배하였으며, 그 어디에 해외의 문물을 널리 구하여 민족사회의 개혁을 시도한 일이 있었으며, 통일천하의 위세로써 밖으로 과시한 적이 있고, 특유한 산업과 문화로써 독자적인 자주성을 떨친 바가 있었던가. 언제나 강대국에 밀리고 맹목적인 외래문화에 동화되거나 원시적인 산업의 범위 내에서 단 한 치도 나아가지 못하였으며, 기껏해야 동포 상잔에 평온한 날이 없었을 뿐 아니라, 고식, 나태, 안일, 무사주의로 표현되는 소아병적인 봉건사회의 한 축소판에 불과하였다. 박정희,《한국 국민에게 고함》, 626쪽

이처럼 박정희는 한국사를 부정적으로 인식하면서도 이를 극복할 수 있는 정신적 자세를 한국의 전통에서 찾았다. 우리나라 현실을 재건하는 데 다른 나라 문화나 정치제도에 의존하여 자기가 딛고 서 있는 땅에서 전개된 역사를 저버리면 아무 일도 되지 않는다는 것이었다. 이에 따라 배제해야 할 그릇된 유산과 전승해야 할 유산을 명확히 구분했다. 박정희가 볼 때 국민을 통합하고 공동체 의식을 가지게 하는 데는 민족전통이 효과적이었다.

1970년대 들어 박정희는 민족전통을 더욱 강조했다. 정책에는 '(한)

국적'이라는 말이 붙어다녔다. 민주주의는 '한국적 민주주의', 교육은 '국적 있는 교육'이었다. 서구식 근대화를 위한 경제개발을 국정지표로 내세운 박정희 정부에게 '한국적' 전통은 무엇이었을까? 그것은 서양의 개인주의가 아니라 자신보다 나라를 앞세우고 개인보다 공적인 일을 우선하는 국가주의였다. 학생들은 나라를 위해 자신을 기꺼이 던질 수 있는 희생정신을 가져야 한다고 배웠다. 박정희 정부는 이 정신의 근원을 국난극복의 역사와 전통윤리에서 찾았다. 국사는 도덕·국민윤리와 함께 이러한 국민정신을 길러주는 과목이었다. 이를 위해 학교 교육에서는 국사가 독립교과가 되고, 사회에서는 여러 곳의 전적지와 국민정신교육을 위한 장소를 정비했다.

박정희 정부의 국가주의 교육론은 국사교육에 국난극복정신을 기르고 민족문화의 우수성을 인식하여 민족적 자부심을 기르자는 논리로 반영되었다. 1973년과 1974년에 개정 공포된 제3차 교육과정 국사과목의 목표에서는 단일민족, 민족의 정체성, 주체적 역사인식, 우수한 민족문화의 계승 등이 이를 뒷받침하는 말로 자주 사용되었다. 중학교 국사의 일반목표 5개 항 중에 다음의 2개 항이 포함되었다.

(가) 우리 민족의 발전과정을 주체적인 입장에서 파악시키고, 민족사의 정통성에 대한 인식을 깊게 하며, 문화민족의 후예로서의 자랑을 깊이 하게 한다.

(라) 우수한 민족문화를 창조한 우리 민족의 역량을 이해시키고, 민족문화의 계승, 발전에 힘쓰려는 태도를 기른다.

마찬가지로 고등학교 국사의 목표는 다음과 같았다.

가. 국사교육을 통하여 올바른 민족사관을 확립시키고 민족적 자부심을 키워서, 민족중흥에 이바지하게 한다.

라. 전통문화를 역사의식을 가지고 인식하게 하여서, 외래문화를 수용하는 바른 자세와 새 문화 창조에 이바지하는 태도를 가지게 한다.

마. 전통적 가치를 비판적으로 파악하게 하여서, 투철한 역사의식을 가지고 당면한 국가 문제 해결에 적극 참여하는 자세를 키운다.

대외항쟁사 교재 《시련과 극복》

국난극복사관이 잘 나타난 것이, 문교부가 1972년부터 1977년까지 중·고등학교 독본용 역사 교과서로 간행한 《시련과 극복》이었다. 《시련과 극복》은 '1. 국난을 이겨내는 민족의 저력'과 '2. 국난을 이겨낸 겨레의 슬기'라는 두 개의 대단원으로 구성되었다.

총론에 해당하는 30쪽 가량의 '국난을 이겨내는 민족의 저력'에서는 우리 역사에 나타난 민족정신과 이를 통해 가져야 할 정신자세를 제시하고 있다. 여기에는 1960년대 말부터 1970년대 초까지의 국내외 정세를 소개하고, 1971년의 국가비상사태선언이나 1972년의 10월 유신 등을 합리화하는 등 당시 박정희 정부의 통치정책을 홍보하는 내용이 포함되었다. 예를 들어 1972년 10월 유신이 선포되자 《시련과 극복》에 그 불가피성과 적절성을 홍보하는 내용을 넣고 있는 식이다. 1972년에 나온 《시련과 극복》과 1973년 이후 나온 《시련과 극복》에서 이 부분의 내용을 비교하면 다음과 같다.

1972년판 《시련과 극복》	1973년판 이후의 《시련과 극복》
그리고 우리를 싸고도는 국제 정세에 대처하기 위하여 온갖 노력을 다하고 있으며, 군사적으로는 자주국방 태세를 더욱 강화하고 있다. 그러나 지금도 우리의 약점만을 노리고 있는 북한 괴뢰는 적화 야욕을 위해 온갖 책동을 다하고 있으니, 우리는 이를 분쇄하기 위하여 일면 건설, 일면 자주국방의 군건한 태세를 갖추어 총력안보를 위해 매진해야 하겠다.(264쪽)	그리고 우리를 싸고도는 국제 정세에 능동적으로 대처하고, 민족이 염원하는 평화통일을 이룩하기 위해 10월 유신을 활발하게 펴나가고 있다. 우리의 10월 유신은 자유민주주의를 이 땅에 뿌리박고, 우리 민족의 지상 과업인 평화통일과 근대화 과업, 그리고 번영을 이룩하기 위한 것이다. 따라서 우리에게 부과된 과업을 위해 일면 건설, 일면 자주국방의 태세를 군건히 하여 총력안보를 위해 매진하고, 번영을 향해 힘차게 전진하여야 하겠다.(1976년판, 264쪽)

내용의 대부분을 차지하는 '2. 국난을 이겨낸 겨레의 슬기'는 대외항쟁사이다. 고조선부터 현대까지 외세의 침략과 그에 맞선 민족의 항쟁을 다루고 있다. 외적의 침략으로 맞은 위기를 우리 조상들이 어떻게 극복하였는지 보여주는 것이 핵심이었다. 《시련과 극복》은 이를 서술하면서 매우 자극적이면서 정서적 표현을 사용하였다. 예를 들어 '살수대첩' 서술내용의 마지막 부분을 보면 다음과 같다.

을지문덕의 유도작전과 고구려군의 맹렬한 공격으로 수나라의 40만 대군을 불과 2천7백 명밖에 살아 돌아가지 못하게 했다는 것은, 세계 전쟁사상 그

유래를 찾아보기 힘든 놀라운 전과였다. 이와 같이 육지로 쳐들어온 적은 압록강 건너 깊숙이 유인하여 섬멸하고, 바다로 들어온 적은 대동강으로 끌어들여 평양성의 올가미에 몰아넣고 섬멸하여, 다시 일어설 수 없는 결정타를 안겨주었다. 《시련과 극복》, 1972, 56~57쪽

'세계 전쟁사상 유래를 찾아보기 힘든 놀라운', '섬멸', '올가미', '다시 일어설 수 없는 결정타'와 같이 교과서나 학습용 교재에서 찾아보기 어려운 표현들을 서슴없이 쓰고 있다. 이런 식의 표현은 외국의 침공을 물리친 다른 전쟁 서술에서도 마찬가지였다. 학습자의 감성을 자극하여 나라를 위해 몸을 바쳐야겠다는 '애국심'을 고취하려는 것이었다. 국가와 민족을 위해 희생하거나, 강한 민족정신을 보여주는 사례들을 싣고 있는 것도 그런 이유였다. 예를 들어 고구려 동천왕 때 위나라의 침입에 맞서 싸운 장수 밀우와 유유의 활약과, 거란과의 전쟁에서 포로가 된 고려 장수 강조의 최후 모습을 《시련과 극복》은 다음과 같이 서술한다.

이때 동부 출신의 용감한 장수 밀우는 결사대를 이끌고 적진으로 돌격하여, 위기에 빠진 동천왕을 구출하였다. 그러나 밀우가 중상을 입고 국왕이 다시 위기를 맞게 되자, 이번에는 유유가 나섰다. 유유는 적진으로 달려가서 비수로 적장을 찔러 죽이는 등 눈부신 활약을 하다가 자신도 장렬한 최후를 마쳤다. 지휘자를 잃은 적진은 크게 혼란에 빠졌다. 동천왕은 이때를 놓치지 않고 맹렬하게 공격하여 최후의 승리를 거두었다. 이와 같이 밀우와 유유의 충절이, 위기에 빠진 고구려를 구출한 것이었다. 《시련과 극복》, 1972, 49~50쪽

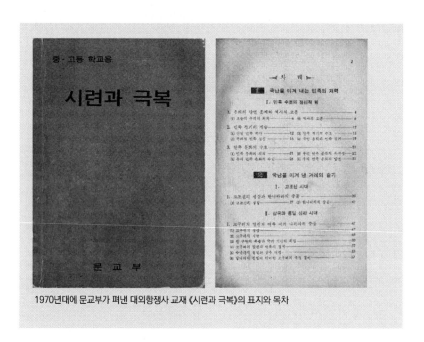

1970년대에 문교부가 펴낸 대외항쟁사 교재《시련과 극복》의 표지와 목차

강조가 적진에 끌려가자, 거란의 성종은 그의 결박을 풀게 하고 자기의 신하가 되기를 강요하였다. 그러나 강조는 "나는 고려 사람이거늘 어찌 너의 신하가 되겠는가!" 하고 한마디로 거절하였다. 성종은 거듭 신하가 되기를 간청하였으나, 대답은 여전하였다. 격분한 거란의 성종은 강조를 무참히 학살하였다. 강조가 비록 불행히 적의 포로가 되었으나, 적에게 굽히지 않고 고려인의 긍지를 살려 순국한 정신은 높이 추앙할 일이 아닐 수 없다. 《시련과 극복》, 1972, 87~88쪽

1979년에 교육과정이 부분 개정되고 국사 교과서가 개편되면서,《시련과 극복》은 사라졌다. 그렇지만《시련과 극복》에 있는 내용 중 상당 부분이 국사 교과서에 반영되었다. 전체적으로 국사 교과서에 대외항

쟁사 비중이 높아졌다. 고려시대 무신정변과 대몽항쟁의 서술이 크게 늘어났으며, 임진왜란에서 의병항쟁의 내용이 추가되었다. 근대 민족운동의 내용도 보강되었다. 대한제국의 의병항쟁을 '민족의 저항' 중 하나로 비중 있게 다루고, 일제하 독립운동도 이전보다 훨씬 자세히 서술하였다. 개항부터 1945년 해방 이전까지를 다룬 근대사의 단원 구성을 비교해보기로 하자.

1974년판 《인문계 고등학교 국사》	1979년판 《고등학교 국사》
IV. 근대 사회 　1. 민족적 각성과 근대 문화의 수용 　　(1) 개화·척사운동 　　(2) 동학의 성장과 농민군의 봉기 　　(3) 민족의 각성 　　(4) 근대 문화의 성장 　　(5) 민족 수난의 시작 　2. 민족의 독립운동과 민족문화의 계승 　　(1) 일제의 식민지정책 　　(2) 3·1운동 　　(3) 민족운동의 성장	IV. 근대 사회 　1. 민족적 각성과 근대 문화의 수용 　　(1) 대원군의 개혁정치와 쇄국정책 　　(2) 개화·척사운동 　　(3) 동학농민혁명운동 　　(4) 근대 문물의 수용 　　(5) 독립협회와 대한제국 　　(6) 민족 수난의 시작 　　(7) 애국계몽운동과 의병의 항전 　2. 민족의 독립운동과 민족문화의 수호 　　(1) 일제의 식민지정책 　　(2) 독립운동의 방향과 3·1운동 　　(3) 민족운동의 성장 　　(4) 일제의 민족성 말살정책과 민족문화의 수호

1974년판 교과서의 근대사 단원은 54쪽이었으나, 1979년판에서는 66쪽으로 증가하였다. 늘어난 내용은 대부분 민족운동과 관련된 서술

이었다. 또한 소단원을 '대원군의 개혁정치와 쇄국정책', '애국계몽운동과 의병의 항전', '일제의 민족성 말살정책과 민족문화의 수호'로 분리하여 독립 단원으로 구성하였다. '민족의 각성'은 '독립협회와 대한제국'으로, '근대 문화의 성장'은 '근대 문물의 수용'으로 단원명을 바꾸었다. 능동적이고 주체적인 민족활동을 중심으로 역사의 전개과정을 서술하려는 것이었다.

서술 분량의 증가뿐 아니라 역사적 평가에도 신경을 썼다. '의병항전'이라는 항목의 마지막에 다음과 같이 그 의의를 정리하였다.

이 같은 의병과 의사들의 구국 항쟁은, 위기에 당면한 조국을 수호하고자 하는 민족의 자주성과, 우리의 역사적인 전통 속에 담겨져 있는 민족의 저력이 발휘된 것이다. 《고등학교 국사》, 1979, 262쪽

이처럼 외세의 침략을 받았을 때 자신의 목숨을 바쳐 싸우는 것이 우리 민족의 정신이라고 강조했다. "장기간 유우라시아 양 대륙을 휩쓴 몽고의 침입 세력에 항쟁한 것은, 일찍이 거란을 물리친 고려의 전통이 전 국민에게 그대로 살아 있었기 때문이었다(《고등학교 국사》, 1979, 99쪽)"라는 것이었다.

문화 부분의 서술도 마찬가지였다. 1979년판 교과서는, 원 간섭기 몽골 문화의 영향으로 인한 풍속의 변동을 설명하면서 이전에 없던 다음의 내용을 추가하였다.

몽고 세력의 침입으로 고려가 정치, 경제, 문화, 사회 각 방면에서 입은 타격

과 손실은 대단히 큰 것이었다. 그러나 고려인의 민족의식이 강하였으므로, 마침내 이 시기의 고난을 극복하고 민족문화의 전통을 수호할 수 있었다. 《고등학교 국사》, 1979, 103쪽

그리고 이러한 정신으로 가장 잘 무장되어 있는 개혁적 성향의 집단이 무인이라고 평가되었다. "전 민족이 문화의 전통을 수호하기 위하여 항쟁을 추진한 과정은 저절로 고려 사회가 당면한 문제들을 해결할 수 있는 능력을 획득하는 과정이었다. 원의 세력에 대항하면서 성장한 신진관리들과, 홍건적이나 왜구와 싸우던 군인들이 성장하여 새로운 힘을 가진 계층으로 등장하였다.(《고등학교 국사》, 1979, 99쪽)"《시련과 극복》에서도 무인들의 국난극복정신을 높이 평가하고 있다. 예를 들면 "고려인의 독립자존의 정신과 꺾이지 않는 기개는 국가가 어려움을 당할 때마다 발휘되었는데, 특히 이것은 무인의 전통으로 이어져, 일찍이 거란과의 항쟁에 있어서도 그러하였거니와, 몽고와의 항전에도 여지없이 발휘되었다(《시련과 극복》, 1972, 106쪽)"라고 하거나, "그들(삼별초)이 3~4년 동안에 걸쳐 대몽 자주항쟁을 벌인 것은 역시 고려 무인의 전통적 기백을 드러낸 것이라고 아니할 수 없다(《시련과 극복》, 1972, 106쪽)"라고 한 것이다. 국사 교과서 역시 《시련과 극복》의 이러한 관점과 별 차이를 보이지 않고 있다. 국사 교과서의 이러한 서술은 박정희 정부가 쿠데타로 집권한 군사정권이라는 사실과 무관하지 않은 것이었다.

"충무공, 오! 충무공, 민족의 태양이여!"

|

역사의 위인 중에서도 가장 높이 떠받든 사람은 이순신이었다. 박정희 정부는 '충무공 정신'을 국가 차원에서 강조했다. 이순신은 국난극복의 영웅으로 자신을 희생해서 나라를 구한 충성의 아이콘이었다. 나아가 부모에 극진히 효도하였으며 자식을 사랑한, 그야말로 이상적 인물이었다. 물론 이순신은 박정희 정부 이전에도 한국인의 존경을 받았으며, 거슬러 올라가면 조선후기에도 널리 알려진 위인이었다. 그렇지만 박정희 정부에 들어서 이순신은 그 격이 한층 높아져 '성웅(聖雄)'이 되었다. 그냥 영웅이 아니라 '거룩하고 성스러운 영웅'인 것이다.

    1. 보라 우리 눈앞에 나타나는 그의 모습
       거북선 거느리고 호령하는 그의 위풍
       일생을 오직 한길 정의에 살던 그이시다
       나라를 구하려고 피를 뿌리신 그이시다
       충무공 오 충무공 민족의 태양이여
       충무공 오 충무공 역사의 면류관이여
       일생을 오직 한길 정의에 살던 그이시다
       나라를 구하려고 피를 뿌리신 그이시다

    2. 그날 땅과 하늘을 울리시던 그의 맹세
       저 언덕 저 바다에 배고 스민 그의 정신
       외치는 저 목소리 그가 우리를 부르신다

겨레의 길잡이로 그가 우리를 부르신다

충무공 오 충무공 민족의 태양이여

충무공 오 충무공 역사의 면류관이여

외치는 저 목소리 그가 우리를 부르신다

겨레의 길잡이로 그가 우리를 부르신다

매년 4월 말이 되면 충무공 탄신 기념행사가 전국의 모든 학교를 비롯하여 각종 기관에서 열리고, 이은상이 작사하고 김동진이 작곡한 〈충무공의 노래〉가 울려 퍼졌다. 이 노래의 악보에는 '장엄하게'라는 말이 붙어 있다. 이 말과 같이, 학생들은 장엄하게 〈충무공의 노래〉를 부르며 이순신을 기렸다. 다른 대통령에 비하여 대외행사 참여가 적은 박정희였지만, 현충사에서 열리는 충무공 탄신기념식에는 거의 매년 참석하였다. 집권 기간 동안 두 차례를 제외하고는 모두 참석하였을 정도로, 이순신은 박정희가 개인적으로도 존경하는 인물이었다.

초등학교 교정에 세워진 이순신 동상

일찍이 유례없는 민족 수난의 역경을 헤치고 나타나 홀로 국난극복의 위업을 이룩하시고 또 역사 위에 지울 수 없는 귀중한 교훈을 남기고 가신 장군은,

실로 민족의 태양이시며 역사의 거성이시며 한국이 낳은 세계적인 위인이십니다. 충무공 탄신 제424주년 기념일 기념사, 1969. 4. 28.

거기에는 박정희가 자신을 이순신과 같은 구국의 영웅으로 자리매김하고 싶다는 마음이 작용하였을 것이다. 박정희는 국민에게 현대 사회에서 이순신의 분신 같은 인물이 되고 싶어 했다. "나는 온 국민과 더불어 장군의 이 위대한 사심 없는 애국정신을 본받아, 새 역사 창조의 결의를 거듭 다짐하면서"라는 자신의 마음을 국민이 알아주었으면 했다.

이순신뿐 아니라 국난극복의 자취는 어느 것이든 국민교육의 자료였다. 선사부터 현대까지 역사의 자취가 남아 있으며 한국사의 고난과 대외항쟁을 보여주는 강화도의 전적지가 대대적으로 정비되었다. 몽골의 침략에 맞서 고려 왕실이 수십 년간 싸운 고려궁지, 근대 문호 개방의 과정에서 일본, 프랑스, 미국 등 제국주의와 전쟁을 치른 갑곶돈대, 광성보, 덕진진, 초지진 등을 복원하였다. 서울 남산에 안중근 의사 기념관과 동상을 세웠으며, 충남 예산에 윤봉길 사우(祠宇)인 충의사를 만들고 생가와 고택을 복원하는 등 독립운동 유적지들을 정비했다. 황토현, 우금치 등 동학농민전쟁 유적지들도 정비하였다. 그리고 국민들에게 국난극복의 현장을 보면서

광성보 용두돈대 강화전적지정화기념비(박정희 전 대통령 글씨)

조상의 정신을 본받으라고 요구하였다. 이러한 현장마다 박정희 자신의 자취를 남겼다. 공주 우금치의 동학혁명군 위령탑 비문은 박정희의 이름으로 되어 있다. 1977년 복원된 강화도 광성보의 용두돈대에는 '강화전적지정화기념비'라고 박정희가 직접 쓴, 강화도 전적지의 정비와 복원을 기념하는 비가 세워져 있다. 예산 충의사의 현판 글씨도 박정희가 쓴 것이었다. 1973년 공주 우금치에 세워진 동학혁명군 위령탑 비문의 내용은 다음과 같다.

대망의 혁명 과업이 여기에서 좌절당하고 계속되는 추격과 살육 속에 그들의 위국단침(爲國丹忱)조차 알아줄 이 없었다. 그러나 님들이 가신 지 80년, 5·16혁명 이래의 신생 조국이 새삼 동학혁명의 순국정신을 오늘에 되살리면서 빛나는 유신 과업의 한 돌을 보내게 된 만큼 우리 모두가 피어린 이 언덕에 잠든 그날들의 넋을 달래기 위하여 이 탑을 세우노라. 오가는 천만 대의 후손들이여.

우금치 동학혁명군위령탑

'대통령 박정희'라는 글자가 훼손되어 있는 위령탑 비문

떼어낸 충의사 현판을 들고 있는 민족문제연구소 충남지부 회원들

5·16쿠데타나 10월 유신이 동학농민전쟁 같은 '혁명'임을 국민들에게 알리고자 한 것이었다. 그러나 이 비문의 '대통령 박정희'라는 글자는 언제부터인가 훼손되어 있다. 아마도 동학농민전쟁과 쿠데타를 같은 성격으로 보아야 한다는 박정희의 주장에 대한 분노의 표현일 것이다. 이런 일은 탑골공원에서도, 충의사에서도 일어났다. 2001년 11월 23일에 '민족정기소생회'라는 단체의 회원들이 박정희가 쓴 현판 글씨인 탑골공원의 '삼일문' 현판을 떼어냈다. 2005년 3월 1일에는 민족문제연구소 전 충남지부장이던 양수철이 충의사의 '충의사(忠義祠)'라는 현판을 떼어내어 친일작품 전시회가 열리고 있던 독립기념관 겨레의 집 앞에 전시했다. 이들의 행위가 바람직한 것인지는 논란의 여지가 있지만, 친일 행위를 한 박정희의 친필 글씨를 독립운동가를 기리는 곳에 둘 수 없다는 의지를 확실히 보여준 행위였다. 탑골공원의 '삼일문' 현판은 2003년 2월에 독립선언문의 서체를 본떠 새로 제작되었다. 그러나 충의사 현판은 논란 끝에 결국 2005년 4월 말에 박정희의 친필 글씨로 복원되고 말았다.

여성의 사표, 신사임당

국난극복의 정신과 함께 전통문화의 우수성을 인식하여 민족적 자부심을 가져야 한다는 것도 국사교육의 주된 목표였다. 자랑할 만한 전통문화로 석굴암과 불국사 같은 불교미술, 고려청자를 비롯한 도자기, 고려와 조선의 인쇄술, 조선시대 과학기술 등이 강조되었다. '세계 최초'라는 말이 역사교육에서 자주 등장하였다. '세계에서 가장 오래된 목판인쇄물'인 다라니경, '세계 최초의 금속활자본'인 상정고금예문과 '현존하는 최초의 금속활자본'인 직지심경,* 조선 세종 때 만들어진 '세계 최초'의 측우기를 공부하면서 학생들은 우리 조상들의 뛰어남에 자부심을 가졌다. 나중에는 잘못된 역사지식으로 자취를 감추었지만, 1970년대 당시까지는 거북선을 세계 최초의 철갑선으로 배우기도 하였다.

한글을 창제하고 여러 가지 과학기기를 발명하였으며 전통문화를 정비한 세종은 우리 역사상 가장 뛰어난 임금으로 평가되었다. 세종대왕은 이순신과 함께 한국인이 가장 존경하는 인물이 되었다. 많은 학교에 이순신과 세종대왕의 동상이 나란히 섰다. 학생들은 두 사람의 동상을 보면서 존경하는 마음을 되새기고 자신도 이순신이나 세종대왕 같은 인물이 되겠다는 각오를 다졌다.

민족문화의 우수성은 유형적 자산뿐 아니라 정신문화로 확대되었다. 충, 효 같은 유교윤리를 서양에서는 찾아보기 어려운 바람직한 우리의

• '직지심경'은 잘못된 용어라고 하여 지금은 '직지심체요절'로 고쳐 부르고 있다. 그러나 당시에는 직지심경이라고 했다

전통정신이라고 가르쳤다. 과거의 낡은 것이 아니라 현대에 맞게 적절하게 적용한다면, 유교윤리는 지금도 우리가 본받아야 할 정신이라는 논리였다. 효의 개념을 구태여 새롭게 정립할 필요는 없었다. "부모에게 효도하자"라는데 다른 의견을 내기는 어려웠다. 이에 반해 충은 국왕에 대한 복종을 뜻하는 전근대적 사고방식이라는 반대 논리가 가능했다. 이에 대해 박정희 정부는 임금을 향한 과거의 충성을 나라를 위한 것으로 바꾼다면, 충은 현대 사회에서도 얼마든지 본받고 지켜야 할 바람직한 정신이라고 강조했다.

충, 효와 더불어 또 하나 중요한 유교윤리였던 '열(烈)'은 표면적으로 국민이 본받아야 할 정신이 아니었다. 그렇지만 자신을 희생해서라도 사회와 국가에 봉사하는 정신을 가져야 한다는 박정희 정부의 교육관에서 볼 때는 열도 충이나 효와 마찬가지로 부정적인 윤리만은 아니었다. 뛰어난 능력을 가졌지만, 시부모에 효도하고 남편을 잘 봉양하였으며 율곡 이이라는 대학자를 키워낸 신사임당이 한국 여성이 본받아야 할 사표가 되었다. 율곡의 출생지인 강릉의 오죽헌이 재단장되었으며, 조선 왕조의 사직단이 있는 서울 사직공원에 이이의 동상과 나란히 신사임당의 동상을 세웠다. 그것도 똑같은 높이였다. 이이가 민족이 받들어야 할 위대한 학자이지만, 이를 키워낸 신사임당도 그와 마찬가지로 존경받아야 할 인물이라는 취지였다. 신사임당은 자신을 희생해서 가정과 사회, 나아가 나라를 위해 봉사해야 한다는 논리에 가장 잘 맞는 인물이었다. 현모양처에게 주는 신사임당상이 제정되고, 여학생들을 대상으로 신사임당과 같은 인물을 만들기 위한 교육이 시행되었다. 현재 대한민국의 화폐 중 최고액권인 오만 원권의 인물은 신사임당이다.

서울 사직공원의 이율곡과 신사임당 동상

오만 원권에 여성 인물을 넣기로 결정한 다음, 어떤 인물을 넣을까 여론 조사를 한 결과 신사임당이 가장 높게 나왔기 때문이다. 유관순, 허난설헌 등의 인물도 언급되었지만, 신사임당에 크게 미치지 못하였다. 그만큼 신사임당은 한국을 대표하는 여성이 되었다.

물론 이순신이 그렇듯이 신사임당도 현대에 들어서 유명해진 것이 아니라, 조선후기에도 자주 입에 오르내리던 뛰어난 인물이다. 조선후기의 시인이나 학자들이 신사임당의 그림에 앞 다퉈 발문을 붙였다. 1868년에 강릉부사인 윤종의는 신사임당의 글씨를 영원히 후세에 남기겠다는 생각으로 판각을 하여 오죽헌에 보관하기도 했다. 그렇지만 지금과 같이 모든 여성의 모범이 될 정도는 아니었다. 그러던 신사임당이 일반 대중을 포함한 모든 여성의 사표로 된 것은 박정희 정부 시절이었다.

박정희 정부 말인 1978년에 한국정신문화연구원을 만든 것도 이러한 국민교육을 뒷받침하기 위한 것이었다. 한국정신문화연구원은 한국의 전통사상과 문화에 바탕을 둔 국민의 사상교육을 담당하고 이를 이론적으로 뒷받침하기 위해 한국학을 연구할 목적으로 설립되었다. 그렇지만 국민교육은 학술 연구보다 정부의 정책을 실행에 옮기는 성격이 강했다. 이 때문에 한국정신문화연구원은 정권이 바뀔 때마다 한국학 연구와 국민교육이라는 두 가지 성격 사이에서 왔다갔다하기를 반복했다. 한국정신문화연구원이 2005년에 이름을 '한국학중앙연구원'으로 바꾼 것은, 정치권력의 영향에서 벗어나 한국학을 연구하는 연구기관으로 이미지를 바꾸려는 목적이었다.

내가 근무하고 있는 한국교원대학교의 생활관(기숙사)에는 동마다 이름이 붙어 있다. 사랑관, 신뢰관, 인내관, 율곡관, 사임당관, 다락관, 청람관, 복지관, 대학원관, 지혜관 등이다. 나중에 만들어져 용도에 따라서 이름을 붙인 복지관, 대학원관을 제외하면, 모두 초기 학부생들을 대상으로 지어진 기숙사이다. 한국교원대학교는 유치원부터 초등학교, 중·고등학교에 이르기까지 교원을 길러낸다는 취지로 설립되었다. 당연히 생활관의 이름은 교육을 통해서 기르고자 하는 인간상, 교사상을 반영한다. 이 중 '사랑관', '신뢰관', '인내관', '지혜관' 등은 무난하기는 해도 좀 고리타분한 느낌을 준다. '인내관'이라는 이름을 보면, 고등학교 때 좋은 대학에 들어오기 위해 참고 또 참으면서 공부한 학생들에게 또다시 '인내'를 강조한다는 생각에 고개가 갸웃거려지기도 한다. 그런데 생활관의 각 동 중에서 유독 '사임당관'과 '율곡관'만 역사인물의 이름이 붙어 있다. 역사인물 하면 으레 떠오르는 이름인 '세종관'이나 '이순신관'

은 없다. 물론 율곡관은 남학생 생활관이고, 사임당관은 여학생 생활관이다. 한국교원대학교는 1984년에 개교해서 1985년에 첫 입학생을 받았다. 당시 이미 박정희는 죽고 그 후계자로 평가되는 전두환이 이끄는 정부가 들어섰지만, 1970년대 박정희 정부가 교육을 통해 길러내고자 했던 인간상은 전두환 정부에 들어서도 변하지 않았다. 박정희 정부에서 교육정책을 주도하던 사람들은 계속 그 자리를 유지했으며, 교육이 념도 그대로 이어졌다. 그리고 '율곡관', '사임당관'이라는 명칭은 지금도 그대로이다.

국회에 선 '국사되찾기운동'

상고사 논쟁과 국사 교과서

① 우리나라 최초의 국가는 무엇인가? (답) 고조선
② 위의 나라를 세운 분은? (답) 단군

아마도 이 질문에 답하지 못할 사람은 없을 것이다. 만약에 국사시험에 이 문제가 나온다면, 이른바 '점수를 주기 위한 문제'임에 틀림없다. 그런데 '고조선'과 '단군'을 틀린 답으로 채점한다면 문제를 푼 사람은 어떤 반응을 보일까? 하지만 어떤 사람들은 실제로 이 답이 틀리다고 주장한다. 고조선 이전에 '환국', '배달국' 등이 있었으며, 이를 다스린 통치자가 '환인', '환웅'이라는 것이다. 주요 포털 사이트의 카페나 블로그를 보면 이런 주장을 지지하는 견해가 적지 않다.

우리나라 최초의 국가는?

우리는 지난날에 일어난 일들을 어떻게 알 수 있을까? 가장 기본적인 방법은 기록에서 확인하는 것이다. 만약 200년쯤 지난 뒤에 2013년

9월 23일에 어떤 일이 일어났는지 알려면 그 날짜의 텔레비전 뉴스를 다시 돌려보면 될 것이다. 텔레비전이 보급된 것이야 그리 오래전이 아니지만, 종이나 다른 어떤 물건에 기록을 하는 것은 문자가 발명된 이후 줄곧 있었던 일이다. 그러기에 문자를 사용했느냐 아니냐에 따라 '역사시대'와 '선사시대'를 구분한다. 그만큼 문자는 역사를 아는 데 중요하다. 그렇지만 문자 기록만이 지난날의 사실을 알려주지는 않는다. 오래된 과거일수록 문자 기록은 많지 않다. 그럴 때는 과거 사람들이 남긴 자취나 물건을 통해 지난날 그들이 살았던 모습을 추측한다. 기록뿐 아니라 유적과 유물이 역사를 아는 데 커다란 역할을 하는 것이다. 이처럼 우리가 지난날에 일어난 일을 알 수 있게 해주는 자료들을 '사료'라고 한다.

그런데 누가 역사기록을 바꾸었다면? 나중에 의도적으로 기록을 바꾼 것은 아니더라도, 원래 기록을 한 사람이 잘못된 것을 써넣었다면? 그렇다면 우리는 사료 때문에 오히려 과거에 일어난 일을 사실과 다르게 알게 될 것이다. 따라서 사료를 볼 때는, 그 사료가 진짜인지 가짜인지, 얼마나 믿을 수 있는지를 먼저 검토하는 것이 필수적이다. 이를 역사학에서는 '사료 비판'이라고 한다.

우리나라 최초의 국가는 고조선이고, 고조선을 세운 분은 단군이다. 고조선과 단군 기록이 처음 나오는 것은 고려 때 승려 일연이 쓴《삼국유사》이다.《삼국유사》에는 우리가 익히 알고 있는 단군신화의 내용이 전한다. 이에 따르면, 천신 환인의 아들인 환웅이 태백산에 내려와 신단수 아래에 신시를 베풀고 인간세상을 다스렸다고 한다. 환웅은 곰이 변한 웅녀와 결혼하여 단군을 낳았으며 단군이 조선을 세웠다는 것으로 이야기가 이어진다.《삼국유사》와 비슷한 시기에 이승휴가 지은《제왕운기》에도 단군신화가 실려 있다. 구체적인 내용에서는 상당한 차이를 보이지만, 줄거리는 별로 다르지 않다. 이후 고려와 조선의 많은 역사서들이 고조선과 단군 이야기를 전했다. 그러나 이 중에는 우리가 알고 있는 것과 전혀 다른 이야기를 전하는 책들도 있다. 고조선 이전에도 '환국', '신시배달국'이라는 국가가 있었으며, 더구나 그 나라는 크게 번성하여 후세보다 훨씬 넓은 영토를 다스렸다는 주장이 대표적이다. 환인, 환웅, 단군은 신화 속의 신이 아니라 환국, 배달국, 단군조선을 다스리는 왕들을 가리킨다. 그리고 그 왕들의 계보까지 전하기도 한다. 일부 사람들은 이에 근거하여 한국사학계의 상고사 인식이 근본적으로 잘못되었으며, 교과서를 비롯한 역사책들의 상고사 내용을 전면적으로 개편해야 한다고 주장한다. 이들은 고조선 외에도 요서와 화북, 산둥반도 일대에 걸친 대륙백제가 존재했다거나, 통일신라의 영토가 한때 한반도 밖까지였다고 주장하는 등 한국 고대사를 우리가 일반적으로 알고 있는 것과는 전혀 다르게 바라보고 있다. 이들에 따르면, 일제 강점기 일본의 식민사학자들이 이처럼 찬란했던 우리나라 상고사를 축소, 조작하였으며, 식민사관에 물들은 역사학자들이 지금도 이를 그대로 받아들이고 있다는 것이다.

이런 주장을 하는 사람들을 흔히 '재야사학자'라고 한다. '재야'라는 말은 1970, 80년대 정당 등 공식적으로 정치계에 몸담지 않으면서 민주화운동을 벌이던 사람들을 떠올리게 한다. 이들은 정치적·사회적으로 매우 진보적인 성향을 띠고 있었다. 그러나 재야사학자들은 이와는 정반대로 극단적 민족주의와 반공사상을 내세우는 보수적 성향의 사람들이다. 이들은 전두환 정부가 들어선 1980년대에는 정치권과 연결하여 국사 교과서의 상고사 내용을 전면 개편해야 한다는 자신들의 주장을 관철시키고자 했다.

그러나 한국사학계는 이들의 주장을 무시하고 있다. 이들이 전거로 내세우는 사료들은 역사학의 기본인 사료 비판을 전혀 거치지 않은 후세에 조작된 위서(僞書)이거나, 그 내용을 믿을 수 없다는 것이다. 이 책들이나 이런 주장이 나오게 된 배경에도 의심의 눈초리를 보이고 있다. 그렇지만 이들의 주장은 중·고등학교 국사 교과서에도 어느 정도 영향을 미쳤다. 이 과정을 좇아가 보자.

국사 교과서의 고대사 전면 개편 주장을 둘러싼 논란
|

재야사학자들이 본격적으로 국사 교과서의 전면 개편을 주장한 것은 1970년대부터이다. 이들은 1975년 국사찾기협의회를 결성하고 국사 교과서의 수정을 요구하는 '국사되찾기운동'을 벌였다. 1976년부터 월간지 《자유》 등에 국사학계가 식민사관에 물들어 한국사를 왜곡하고 있다고 비난하는 글을 썼다. 《자유》는, 5·16쿠데타에 참여한 뒤에 민정 이양을 주장하다가 반혁명사건으로 숙청당한 박창암이 반공사상과 민족사관 함양을 내세우며 1968년에 창간하여 운영해오던 월간지였다. 이후 《자유》는 재야사학자들의 글을 계속 실어, 이들의 기관지 역할을 하였다. 이들은 이병도(당시 학술원 원장)와 신석호(당시 학술원 회원) 등을 일제하에서 조선사편수회에 참여하여 일제의 식민사관을 연구하고 보급하는 데 앞장선 친일파라고 비판하고, 이기백(당시 서강대 교수) 등 당

시 국사학계의 중견 학자들도 이를 이어받아 왜곡된 한국사를 그대로 전달하는 앞잡이 노릇을 하고 있다고 공격했다. 그러자 일부 언론들이 이들의 주장을 보도하는 등 관심을 나타내기 시작했다.

이에 힘입어 이들은 1978년 10월에 문교부에 왜곡된 국사 교과서 내용을 시정해달라는 청원서를 제출했다. 안호상 외 8명의 공동명의로 제출한 청원서의 주요 내용은 다음과 같다.

① 고조선의 영역은 동북으로 바다까지, 북으로 흑룡강까지, 서남쪽은 북경까지이다.
② 국사 교과서는 단군시대의 1200년 역사를 삭제하였다.
③ 단군을 신화로 돌려 부정하고 있다.
④ 국사 교과서는 연나라 사람 위만을 고조선의 창건주로 삼았다.
⑤ 위만조선의 서울인 왕검성은 중국의 산해관 부근에 있었다.
⑥ 낙랑은 중국의 북경 지방에 있었다.
⑦ 백제가 400여 년간 중국의 중남부를 지배하였다.
⑧ 삼국통일 후 68년간 신라의 영토는 길림에서 북경까지였다.

그리고 이러한 주장을 뒷받침하는 근거로 《산해경》, 《만주원류고》 등의 사료와 논문을 첨부하였다.

문교부는 국사편찬위원회에 청원서의 내용을 검토하도록 했다. 국사편찬위원회는 10월 19일에 국사편찬위원과 국사 교과서 집필자 등 한국사 전공자들이 참여하는 검토회의를 열었다. 회의에서는, 청원자들의 주장은 사료 비판이 제대로 되어 있지 않으며, 인접 학문 특히 고고학의 뒷받침이 없고, 말단지엽적인 자료로 역사를 잘못 해석하고 있다는 데 의견을 모았다. 이들의 주장이 학문적으로 검토할 가치가 없으므로 묵살하자는 의견이 많았으나, 정부에 공식적으로 청원한 것이므로 이를 반박하는 검토의견서를 만들기로 하였다. 국사편찬위원장 최영희는 11월 13일에 기자회견을 열어서 안호상 등이 주장하는 국사 교과서 수정 견해는 일고의 가치도 없는 것이라고 묵살하고, 국사를 아끼는 것은 국민 모두가 해야 할 일이지만 역사를 잘못 해석하여 왜곡해서는 안된다고 말했다. 국사학자들은 《산해경》이나 《만주원류고》 등을 사료적 가치가 희박한 책으로 평가하였으며, 단군신화는 어느 정도 역사적 사실을 반영하고 있지만 신화 내용 자체를 역사적 사실로 인정할 수 없다고 했다. 또한 낙랑 유물이 평양에서 발견되는 것으로 보아 한사군이 북경에 있을 수는 없다고 반박했다.

문교부에 낸 청원이 받아들여지지 않자 안호상 등은 곧바로 다시 문교부 장관에게 국사 교과서 내용을 고쳐달라는 소원을 제기했다. 그러나 이 소원은 소원법(1985년부터는 행정심판법으로 대치됨)상의 소원 신청 요건을 갖추지 못하였다는 이유로 반려되었다. 이에 안호상 등은 국정 국사 교과서 사용 금지와 오류 수정을 구하는 행정소송과 민사소송을 제기했다. 그러나 서울지방법원은 안호상 등의 주장이 민사소송의 대상이 되지 않는다고 각하했으며, 행정소송에서도 학문의 내용은 사법적 심판의 대상이 될 수 없다는 이유로 서울고등법원에서 패소했다.

행정기관과 사법기관을 통한 시도가 뜻을 이루지 못하자, 이들은 정치권을 통해 자신들의 뜻을 관철시키고자 했다. 안호상 등은 1981년 8월 31일에 권정달(당시 민주정의당 의원) 외 18인을 소개의원으로 하는

〈국사 교과서 내용 시정 요구에 관한 청원〉을 국회에 제출했다. 국회문공위원회는 11월 26일과 27일 이틀간 청문회를 열어 이 문제를 논의했다. 청원자 측에서는 안호상과 박시인(서울대 교수), 임승국(한국정사학회장)이, 국사학계에서는 최영희(국사편찬위원장), 김철준(서울대 교수), 이용범(동국대 교수), 김원룡(서울대 교수), 전해종(서강대 교수), 이기백(서강대 교수), 이원순(서울대 교수), 안승주(공주대 교수)가 참여했다. 청문회 내용은 양측이 기존의 주장을 되풀이한 것이므로 여기에서는 별도로 소개하지 않겠다. 공청회의 결과로 국회에서 어떤 결정을 하지는 않았다. 국회 문공위원회가 예정한 제2차 공청회도 무산되어 재야사학자들의 국회청원은 이것으로 마무리되었다. 그렇지만 국회공청회를 언론이 크게 보도함으로써 이들의 주장이 사회에 알려지는 계기가 되었다. 이 주장을 지지하거나 심정적으로 동조하는 사람들도 나타났다. 1982년에 간행된 국사 교과서에서는 단군신화가 고조선 건국 과정의 역사적 사실과 홍익인간의 건국이념을 밝혀준다는 내용이 들어갔으며, 한군현의 위치를 생략하였다. 단군신화를 '신화'로 취급하는 것은 식민사관의 논리를 그대로 받아들이는 것이며, 한군현이 한반도에 위치하지 않았다는 이들의 주장이 어느 정도 반영되었다고 할 수 있다.

1980년대 들어 재야사학자들의 주장이 이전보다 훨씬 활발해지고 사람들의 관심을 끌어낸 것은, 당시 사회적 상황과 관련이 있다. 1980년 통일주체국민회의에서 대통령 자리에 오른 전두환은 헌법 개정을 통해 다시 대통령에 당선되어, 1981년 3월에 제5공화국을 출범시켰다. 전두환 정부에서는 군부의 힘이 강했다. 대통령인 전두환을 비롯한 군인 출신들이 정부 요직을 장악했으며, 국회의원에도 상당수 진출했다.

현역 군인들이 사회 곳곳에 영향력을 행사했다. 이들은 강한 민족주의적 성향을 띠고 있어서, 역사적 사실의 근거 여부와 상관없이 재야사학자들의 주장에 호기심을 보였다. 재야사학자들의 기관지 역할을 하던 《자유》가 군인들의 정훈교재로 사용될 정도였다. 재야사학자들은 국사교육이 국민을 무장시키는 정신교육이 되어야 하며, 강력한 민족주의, 심지어 국수주의를 통해서라도 국민을 정신무장시켜야 공산주의자와의 대결에서 이길 수 있다고 주장했다. 단군 이래의 최대 숙정작업이 일어나고 있는 이때야말로 국사를 식민사관에서 벗어나게 할 수 있는 기회라고 강조했다. 이들이 말하는 숙정작업이란 전두환 정권이 권력을 장악하기 위해 사회개혁의 명분을 내세워 자행한 정치 규제, 언론 숙정, 삼청교육 등 일련의 행위를 가리키는 것이었다. 이들의 주장은, 12·12 군사정변과 5·18 광주항쟁의 무력 진압으로 정통성에 커다란 약점을 가지고 있던 전두환 정부에 참여한 정치인들에게 관심을 끌 만한 것이었다.

1982년 일어난 일본 문부성의 역사왜곡 문제도 이들의 주장에 대한 사회적 관심을 높였다. 1982년 일본 문부성은 검정 역사 교과서에 수정을 지시했다. 지시 내용 중에는 3·1운동을 데모와 폭동으로 서술하라든가, 일본의 주변 국가 침략을 '진출'로 고치라는 등의 내용이 포함되었다. 제국주의 일본의 침략을 은폐하고 한국을 식민지배한 것을 합리화하려는 의도였다. 이런 사실이 알려지자 한국 사회에서는 일본의 역사왜곡을 규탄하고, 이에 맞서기 위해 한국의 역사와 전통 연구를 강화해야 한다는 목소리가 높아졌다. 이와 같은 사회적 분위기는, 고대 한국이 일본보다 훨씬 일찍 발전하여 문물을 전해주었으며 한반도와 만주

일대를 세력 범위로 하는 대제국을 건설했다는 재야사학자들의 주장에 관심을 크게 높이는 역할을 했다.

재야사학자들이 1986년에 결성한 '민족사바로잡기 국민회의'에는 윤보선 전 대통령이 의장, 이종찬 민정당 국회의원이 부의장이 되었으며, 여야의 유명 정치인과 국회의원, 교수 들이 상당수 참여했다. '3김'으로 지칭되던 김영삼, 김대중, 김종필이 함께 고문 명단에 오를 정도였다. 물론 3김이 이 단체에서 별다른 활동을 한 것은 아니었지만, 이렇게 모일 수 있었던 것은 이 단체가 내건 '민족사바로잡기'가 외형적으로 볼 때 정치적 색채가 없어 보인 탓일 것이다. 그렇다 하더라도 재야사학자들의 영향력이 1970년대에 비해 크게 높아졌음을 보여주는 일이었다.

재야사학자들의 주장은 《환단고기(桓檀古記)》라는 책이 세상에 알려지면서 더욱 거세졌다. 이후 재야사학자들의 주장은 상당 부분을 이 책에 근거하고 있다. 《환단고기》는 계연수라는 사람이 1911년에 묘향산 단굴암에서 《삼성기(상)》, 《삼성기(하)》, 《단군세기》, 《북부여기》, 《태백일사》 다섯 권의 책을 묶어서 편찬한 것이라고 한다. 《삼성기》에는 인류의 출현에서 고구려 개국까지의 역사가 서술되어 있다 《단군세기》에는 47대 2096년간에 걸친 단군조선의 국왕명과 재위기간, 치적 등이 나온다. 《북부여기》는 해모수부터 고주몽에 이르는 북부여의 역사를 다루고 있는데, 동부여의 역사를 서술한 〈가섭원부여기〉가 덧붙어 있다. 《태백일사》는 한국사의 시작부터 고려까지의 역사를 다루고 있다. 그러나 이 책들은, 계연수의 《환단고기》에 실린 것 이외에는 별도로 전하고 있지 않다.

《환단고기》는 1979년에 세상에 알려졌다. 《환단고기》를 믿는 사람

《환단고기》의 새 역주본 출간을 기념하는 북 콘서트 플래카드

들은, 이것이 책에 대한 탄압을 피하기 위해 60년이 지난 다음 세상에 알리라는 계연수의 지시에 따른 것이라고 한다. 이들에 의하면, 계연수는 자신이 편찬한 《환단고기》를 제자인 이유립에게 보관하도록 했고, 이유립은 1949년에 오형기에게 다시 깨끗이 쓰도록 했다. 그러나 이유립은 계연수가 편찬했다는 《환단고기》나 오형기가 청서(淸書)한 《환단고기》 등 일체의 자료를 1975년에 분실했다고 한다. 어쩔 수 없이 이유립은 기억을 되살려 1979년에 《환단고기》를 필사·영인하여 출판했다. 이것이 최초로 세상에 알려진 《환단고기》이다. 한문으로 된 《환단고기》를 1982년에 일본에서 번역해서 출판하였으며, 1985년에는 국내에서도 한글번역본이 나왔다. 이듬해인 1986년에는 무려 4개 출판사에서 《환단고기》의 번역본을 간행하여 《환단고기》 열풍을 불러일으켰다.

《환단고기》 외에 《규원사화》, 《단기고사》 등의 책이 재야사학자들의 주장을 뒷받침하는 주요 근거로 이용되었다.《규원사화》는 숙종 2년에 이름이 밝혀지지 않은 북애자라는 노인이 지었다고 한다. 고조선 47대 단군의 재위기간과 치적을 다루고 있다. 그러나 현재 전하는 6종의《규원사화》는 모두 근대에 필사된 것이다.《단기고사》는 원래 대조영의 아우인 대야발이 왕명을 받아서 719년(발해 무왕 1년)에 지었다는 책이다. 발해 글자로 되어 있던《단기고사》를 약 300년 후 황조복이라는 사람이 한문으로 번역했으며, 1905년에 정해박이 이를 다시 국한문으로 번역했다는 것이다. 정해박의 국한문본이 현재 우리가 보는《단기고사》이다.《단기고사》는 단군조선과 기자조선의 역사를 연대기로 기술하고 있다.《규원사화》와《단기고사》는 고조선 시절 우리 민족과 중국 민족의 대립을 서술하고 있다.《단기고사》에서는 중국 민족을 우리 민족의 제후국으로 격하시켰다.《규원사화》의 첫 부분에는 천지창조의 신화가 실려 있어 주목된다. 그 줄거리는 다음과 같다.

아주 오랜 옛날 음양이 갈라지거나 하늘과 땅도 아직 나뉘지 않았다. 하늘에 한 큰 주신(主神)이 있었는데, 이 분을 환인이라고 한다. 환인은 환웅천황을 불러 우주를 여는 일을 행하도록 명하였다. 환웅은 첫 번째로 하늘과 땅을 나누고, 해와 달을 돌도록 하였다. 두 번째로, 땅과 바다를 정하였다. 이에 풀과 나무가 뿌리박고, 벌레와 물고기와 날짐승이 떼를 지어 자라며 번식하게 되었다. 세 번째로, 작은 신들을 인간 세상에 내려가 다스리게 하였으며, 많은 인간을 만들어내게 하였다. 네 번째로, 세상을 다 만들었으니 환웅으로 하여금 내려가 다스리게 하였다.

언뜻 보기에도 이 내용은《성경》의 천지창조 이야기를 연상시킨다. 그렇지만 이는《규원사화》에 나오는 우리 민족의 신화이다. 인류 역사 가 우리나라에서 시작되었다는 것이다.

그러나 한국사학계에서는 이들의 주장을 허무맹랑한 것으로 일축하 고,《환단고기》나《규원사화》를 후대에 만들어진 위서(僞書)라고 보고 있다. 1905년 이전에《단기고사》가 있었는지도 의문을 가지고 있다. 이 런 이유로 국회 청문회 이후에도 국사학계는 이들의 주장을 무시하고 별다른 대응을 하지 않았다.

국사 교과서의 상고사 서술 개정

1986년 8월 15일부터 29일까지《조선일보》가 광복 41주년 특별기획 으로 〈국사 교과서 새로 써야 한다〉라는 기사를 11회에 걸쳐 연재함으 로써, 고대사 논쟁이 다시 학계와 사회의 관심을 불러일으켰다.《조선 일보》는 실증사관에 대한 지나친 신뢰와 빈약한 고고학 성과 때문에 국 사 교과서에 고대사가 대폭 축소되었다고 보도했다. 또한 일제의 식민 사관을 반박할 만한 내용이 실려 있지 않다고 비판했다. 이는 국사 교 과서가 해방 이후 연구성과를 제대로 반영하고 있지 못하며 일제하 조 선사편수회 등에서 체계화한 식민사관에 짜 맞춰서 고대사를 서술하기 때문이라고 지적했다. 문교부의 책임도 강조했다. 국사교육의 목표로 민족사관의 확립과 역사에 대한 긍지를 내세우면서도, 교과서 서술은 오히려 이러한 목표에 역행하였다는 것이다.

당시만 하더라도 신문의 영향력이 지금보다 훨씬 컸다. 더구나 일회

《조선일보》의 특별기획 기사 〈국사 교과서 새로 써야 한다〉

성 보도가 아니라 보름에 걸쳐 10여 회 계속된 기획기사라면 더 말할 것도 없었다. 당시 문교부의 역사 담당 편수관이던 윤종영의 표현에 따르면, "완전히 기습을 당한 기분이었다. 나는 문화면 구석에 박스기사로 조그만 지면을 차지한 특집기사 정도로 생각하였는데, 이것은 신문사의 사운을 건 특집기사였다.(윤종영, 《국사 교과서 파동》, 97~98쪽)" 윤종영은 "《조선일보》의 시리즈가 연재되는 동안 정말 바늘방석에 앉아 있는 기분이었다. 조간 가판본이 나오는 저녁 9시까지 사무실에 머물면서 이번에는 무엇이 나올까 초조하게 기다리곤 하였다. 신문에 나온 내용을 보고 장·차관에게 보고할 보고서를 써놓고 퇴근하곤 하였다(윤종영, 《국사 교과서 파동》, 103쪽)"라고 회고하였다.

재야사학자들의 주장을 학계의 정설에 맞지 않는다는 이유로 무시하

는 듯한 태도를 보이던 문교부는, 국사 교과서의 고대사 내용을 재검토
하고 앞으로 집필 방향을 정하기 위한 작업에 들어갔다. 《조선일보》의
보도 내용은 새로운 사실을 밝힌 것이 아니라 이전에도 이미 국사학계
를 향해 제기되던 것이었다. 이 중에는 재야사학자들의 주장과 비슷한
내용들도 상당 부분 포함되었다. 이런 비판에 국사학계가 새로운 대응
을 한 것도 아니었다. 그런데도 문교부가 이처럼 민감한 반응을 보인
데는 정치권력은 물론이고 언론과 같은 사회적 영향력을 가진 존재 앞
에서는 무력하게 눈치를 보는, 부서의 관료적 성격도 한몫을 하였을 것
이다.

　문교부는 학계의 연구성과를 정리하고 국사 교과서 편찬 준거안을
만들기 위해 국사교육심의회를 구성했다. 이는 1963년에 만든 '국사교
육 내용 통일안', 1972년에 구성된 국사교육강화위원회 등의 전례를 참
고한 것이었다. 국사교육심의회는 전체회의와 고고미술 분과, 고대사
분과, 중·근세사 분과, 근·현대사 분과, 역사교육 분과의 5개 소위원회
를 두었다. 국사교육심의회의 활동은 소위원회별로 교과서 내용을 분
석하여 국사교육 내용전개의 준거안을 작성하고, 이를 전체회의에서
심의·확정하는 방식으로 진행되었다. 국사교육심의회는 1986년 10월
31일에 첫 회의를 열고 활동에 들어갔다. 5개 소위원회가 있었지만, 관
심의 초점은 재야사학계의 집중적인 공격을 당한 데다 《조선일보》가
보도한 고대사 분과였다. 문교부도 이 점을 의식하여 고대사 분과위원
회에 재야사학계의 견해를 반영할 수 있는 위원들을 포함시킨 것으로
생각된다. 고대사 분과의 위원은 문경현(경북대 교수), 이기동(동국대 교
수), 신형식(이화여대 교수), 윤내현(단국대 교수), 김정배(고려대 교수), 박성

수(한국정신문화연구원 교수), 변태섭(서울대 교수) 등이었다. 이 중 윤내현은 원래 동양사학자였으나 이즈음 고조선 연구로 방향을 돌렸는데, 재야사학자들과 상당히 비슷한 주장들을 펼치고 있었다. 한때 서양사를 전공한 박성수는 고대사부터 독립운동사까지 한국사의 다양한 분야에 걸친 논문을 썼는데, 강한 민족주의적 성향을 보였다. 분과회의에서는 윤내현과 다른 고대사 전공 교수들 사이에 고조선의 건국 시기, 위치와 강역, 국가 발전 단계, 한사군의 위치 등을 둘러싸고 논란이 벌어졌다. 윤내현은 고대사 분과 소위원회안이 기존 국사 교과서의 서술과 비슷한 방향으로 확정되자, 이에 항의하여 심의위원직을 사퇴하였다. 한사군의 위치에 대해서는 고고미술 분과 위원들 사이에서도 의견이 엇갈렸다. 한사군이 한반도 안과 밖 어디에 있었느냐 하는 문제였다.

논란을 거쳐 국사교육심의회는《국사교육 내용전개의 준거안》이라는 보고서를 제출하고, 1987년 3월 25일에 국사 교과서 개편시안을 발표하였다. 시안은 의견 청취와 국사교육심의회 전체회의 등을 거쳐 수정되어 최종적으로 6월 5일에 '국사 교과서 편찬 준거안'으로 확정되었다. 준거안은 고대 17개 항목, 중세와 근세 7개 항목, 근현대 6개 항목, 한국사 일반·역사교육 4개 항목 등 총 34개 항목에 걸친 것이었다. 외형적으로 한국사 전 시대와 역사교육을 망라하고 있지만, 항목 수에서 보듯이 초점은 고대사에 있었다. 특히 논란이 된 고조선 관련 내용은 6개 항목에 걸쳐서 교과서 서술의 기준을 정리하였다. 고조선의 초기 중심지를 만주 요녕지방으로 하고, 단군신화를 역사적 사실을 반영하는 것으로 파악하도록 하였다. 기자 동래(東來)와 기자조선의 실체를 부인하고, 위만 이전 고조선의 정치사를 보강하며, 한군현이 한국사의 주류

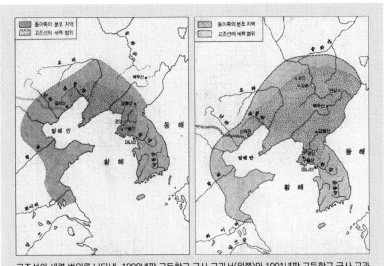

고조선의 세력 범위를 나타낸, 1990년판 고등학교 국사 교과서(왼쪽)와 1991년판 고등학교 국사 교과서의 지도

가 아니었음을 명확히 하되 위치는 각주로 처리하도록 했다. 삼국의 건국 전설 내용을 기술하거나 백제의 중국 요서지방 진출 사실을 명시한다든지, 고등학교 교과서에 한정되기는 하지만 임나일본부의 허구성을 각주로 다룬 것도 재야사학계의 주장을 반영한 것이었다. 그 밖에 구석기시대를 '전기-중기-후기'로 세분하고, 한국 고대 국가의 발전 단계를 '군장군가→ 연맹왕국→ 중앙집권국가'의 순서로 기술함을 원칙으로 한 것도 주목할 만한 내용이었다.

이러한 국사 교과서 편찬준거안은 1990년에 발행된 개정 국사 교과서에 그대로 적용되었다. 그러나 논란은 끝나지 않았다. 1990년에 처음 발행된 개정 국사 교과서에는 고조선의 세력 범위를 함경도, 백두산과 북만주, 연해주 일대를 제외한 한반도 북부의 평안도, 요동과 요하, 대릉하 일대로 표시했다. 그러나 재야사학계 등에서 이 내용에 대해 강력히 항의하자 이듬해 나온 교과서에는 급히 수정하여 북만주, 함경도와 연해주 일대까지 포함시키는 촌극을 빚기도 했다. 교과서에서는 위만의 통치 시절에 고조선에 대해 "이 무렵 고조선은 사회, 경제적 발전을 기반으로 중앙정치조직을 갖춘 강력한 국가로 성장하였다. 그리고 우세한 무력을 바탕으로 활발한 정복사업을 전개하여 광대한 영토를 차지하였다(《고등학교 국사》, 1990, 19쪽)"라고 하여 광대한 영토를 가진 강력한 국가로 서술하고 있다. 이 내용은 이후 국사 교과서에 그대로 유지되었다.

이로써 국사 교과서의 상고사 논쟁은 일단락되었다. 물론 재야사학계가 개정 국사 교과서 내용을 받아들인 것은 아니었다. 이들은 국사 교과서의 수정 수준이 자신들의 주장과 동떨어진다고 보았기에, 이후에도 국정 국사 교과서 내용의 수정을 요구하거나 소송을 하는 등 종전의 주장을 계속 되풀이하였다. 그러나 사회적 관심사는 1980년대에 비하면 크게 떨어진 상태였다. 이후 국사 교과서는 1996년과 2002년 두 차례 더 개정되었는데, 고대사 서술이 일부 바뀌었지만 재야사학계의 주장을 둘러싼 심각한 사회적 논란은 더 이상 일어나지 않았다.

그러다가 2006년에 고등학교 국사 교과서가 부분적으로 개정되자, 단군 관련 단체들이 일제히 환영 성명을 냈다. 처음으로 고조선의 실체가 교과서에 인정되었다는 것이었다. 사실 2006년 국사 교과서 개정은 고대사가 아니라 근현대사 문제 때문에 이루어진 것이었다. 1997년에 고시된 제7차 교육과정에서는 대단원을 정치, 경제, 사회, 문화로 나누는 분야사적 접근 방식을 취했다. 그런데 한국근·현대사라는 선택과목

2007년 2월 23일 교육인적자원부의 고등학교 국사 교과서 개정 발표를 축하하는 국학원 주최 축제 포스터

이 새로 생김에 따라, 고등학교 국사에서는 근현대사의 내용을 대폭 축소하였다. 그렇지만 근현대사 교육의 강화라는 취지로 취해진 이런 조치는 거꾸로 한국근·현대사를 선택하지 않는 학생들은 고등학교에서 근현대사 자체를 거의 배우지 않은 채 졸업하게 되는 결과를 초래한다는 비판을 받았다. 그래서 2005년에 근현대사 내용을 보완한 고등학교 1학년 국사 교육과정을 다시 고시하였다. 개정된 교육과정에 따라 2006년 고등학교 국사 교과서의 내용이 바뀌었다. 그런데 개편된 교과서에 고조선 관련 내용이 일부 수정된 것이다. 개편된 교과서의 서술이 단군신화에 나오는 고조선의 건국 내용을 역사적 사실로 그대로 인정한 것은 아니었다. 신화의 내용을 전거에 나오는 대로 그대로 옮긴 데 지나지 않았다. 이전 고등학교 국사 교과서에 "《삼국유사》 기록에 따르면 고조선은 단군왕검이 건국하였다고 한다(기원전 2333)"라고 한 것이,

2006년판 교과서에서는 "《삼국유사》와 《동국통감》의 기록에 따르면 단군왕검이 고조선을 건국하였다(기원전 2333)"라고 바뀐 정도였다. 전거로 《동국통감》을 추가하고 '~고 한다'라는 말이 빠지기는 하였지만, 전체적으로 기록에 있는 내용 그대로였다. 중학교에서는 단군의 고조선 건국을 더 사실적으로 서술했다. "청동기 문화가 형성되면서 만주 요령지방과 한반도 서북지방에는 족장(군장)이 다스리는 많은 부족들이 나타났다. 단군은 이러한 부족들을 통합하여 고조선을 건국하였다"라고 한 것이다. 그렇지만 이 내용은 2002년 교과서부터 이미 들어 있었다. 교과서 집필자들은 이전 교과서 내용을 그대로 옮김으로써 논란의 대상이 되는 것을 피하였고, 단군 관련 단체들은 이전 교과서 내용과 상관없이 새 교과서가 마치 단군신화를 사실로 인정한 것으로 자의적으로 받아들인 것이었다.

고조선 연구의 활성화
|

국사 교과서 상고사 파동은, 국사 교과서가 사회적 분위기에 얼마나 취약한지 보여주는 사건이었다. 사료와 역사 연구가 뒷받침되지 않은 채, 사회 일부의 주장과 언론의 압력에 정치권이 끼어들어 한국사 연구와 국사 교과서 내용을 바꾸려고 한 일이었다. 그리고 실제로 이런 논란은 국사 교과서의 내용에 어느 정도 영향을 미쳤다. 고조선의 이동설이나 백제의 요서 경영설 등은 교과서가 검정화된 지금의 중학교 《역사》나 고등학교 《한국사》 교과서에도 그대로 실려 있다.

물론 상고사 내용을 둘러싼 논란이, 한국사 연구나 국사교육에 부정적 영향만을 미친 것은 아니다. 가장 긍정적 영향 중 하나는 고조선을 포함한 부여, 고구려 등 한반도 북부나 만주 지역에 존재한 국가들의 연구를 활성화한 것이다. 그동안 이들 국가에 대한 연구가 없었던 것은 아니지만, 상대적으로 부진했다. 역사 연구는 기본적으로 사료를 토대로 하며, 사료로 부족한 점은 고고학적 발굴로 보충한다. 그런데 고조선에 대한 기록은 거의 없으며, 고조선이 북한과 중국에 위치하였기 때문에 고고학적 연구도 어려웠다. 남북이 분단된 상태에서 북한에 가볼 수 없고, 냉전체제하에서 중국 방문도 사실상 막혀 있었기 때문이다. 상대적으로 북한에서는 고조선이나 부여, 고구려 등의 연구가 활발했지만, 남한의 연구자들이 여기에 접근하는 것은 쉽지 않았으며, 그렇다고 북한의 연구성과를 옮길 수도 없었다. 그러나 상고사 논쟁을 계기로 고조선 연구의 필요성이 부각되면서 연구가 활성화되기 시작했다. 고조선 전공자들이 생기고 북한이나 중국의 연구성과들이 소개되었다. 당시까지 대표적인 고조선 연구의 성과물로 손꼽히던, 북한의 리지린이 쓴 《고조선연구》가 발간되기도 했다. 물론 이러한 현상에는 1980년대 중반의 사회민주화 움직임이 뒷받침되었다. 1990년대 들어 중국과 수교를 하여 중국의 고조선과 고구려 유적지의 답사가 가능해지고 북한 학계와 교류가 시작된 것도 연구를 활성화하는 데 큰 몫을 하였다.

상고사 논쟁을 돌아보면서

한국고대사 전공자가 아니더라도 조금만 냉정히 생각해보면, 재야사학자의 주장은 무리가 있어 보인다. 재야사학자와 한국사학계 양측의 주장을 일일이 검토하지 않더라도, 기원전 수천 년 전에 한반도와 만주, 심지어 연해주까지 아우르는 국가가 가능할 것 같지는 않다. 고구려에서 연개소문이 집권을 한 다음에도 이에 따르지 않는 안시성 성주(나중의 기록에 양만춘으로 전해진다)를 그대로 둘 수밖에 없었으며, 위치 논란이 있기는 하지만 고려 때는 윤관이 개척한 9성을 방어하기 힘들다는 이유로 여진에게 돌려주었다. 그만큼 중앙권력이 멀리 떨어져 있는 지방을 장악하는 것이 힘들었다. 20세기 현대에도 지리산 등을 근거지로 한 빨치산을 토벌하는 것이 그리 쉽지만은 않았다. 그런데 고조선이라는 그 옛날에 이렇게 엄청나게 넓은 지역을 통치하는 것이 가능했을까?

재야사학자들은 일제의 식민사학자들이 말하는 반도적 성격론을 비판하는 데 상당한 힘을 기울인다. 한국상고사가 한반도의 역사가 아니라고 강조하는 이유이다. 그러나 이들의 주장처럼 영토가 넓었음을 강조하는 것은 또 다른 지리적 결정론에 빠질 우려가 있다. 그런 점에서 1981년에 상고사 내용을 둘러싼 국회 청문회에서 이기백이 한 다음의 말은 핵심을 지적했다고 생각된다.

그러나 제가 여기에서 강조하고 싶은 것은, 영토가 넓으면 위대하고 영토가 좁으면 열등하다고 하는 식으로 국사교육을 시켜서는 안 된다는 것입니다. 왜냐하면 그것은 일제의 식민주의사관의 함정에 빠지는 것이요, 다음 시대를 이끌어갈 학생들을 숙명론자·비관론자로 만들 것이기 때문입니다. 분명히 비관론자가 됩니다. 그럴 수밖에 없습니다. 왜 그런가 하면 중국의 땅은 우리보다 월등하게 크고, 그러니까 중국은 우리보다 위대하고, 소련도 영토가 넓으니까 우리보다 위대하고, 이런 식으로 나가게 되면 결론이 어떻게 되느냐 하는 것을

생각해보아야 하지 않나 하는 것입니다. 이기백, 〈국사 교과서 개편 청원에 대한 국회 문공위에서

의 진술〉, 36쪽

《환단고기》류의 책에서 말하는 그 옛날의 거대한 국가는 사람들의 마음속 희망이었을 듯하다. 그런 희망을 현실인 것처럼 표현한 것 아니 었을까? 일제하나 해방 직후 나온 한국사 책들 중에서 뒷날 재야사학계 가 주장한 것과 비슷한 내용을 담고 있는 경우를 볼 수 있다. 예를 들어 국어학자인 권덕규가 일제하에서 쓴《조선유기》를 부분적으로 개정하 여 1945년에 펴낸《조선사》에서는 '환국'을 언급하고 있으며, 고조선에 '신지글자'라는 우리의 고유한 글자가 있었다는《환단고기》와 같은 내 용이 나온다. 즉《환단고기》의 내용과 같은 역사인식은 1970년대 들어 서 시작된 것이 아니라, 그 이전부터 존재했다. 일제의 식민지배를 겪으 면서 '우리의 역사가 이러했으면', '지금도 이런 역사를 되찾았으면' 하는 희망을 사실인 것처럼 표현했을 수도 있다. 그래서 그 이야기도 지금 하나의 역사가 된다.

국사 교과서 개정 청원을 주도한 안호상은, 1995년 4월에 93세의 나 이로 북한에 밀입북하여 세상을 놀라게 했다. 북한은 당시 대종교 총전 교(總典敎)이던 안호상을 단군의 탄생일이라고 자신들이 주장하는 어천 절(4월 14일)과 단군릉 조성 기념행사에 초청을 했다. 안호상은 이를 받 아들여 정부 당국에 입북 신청을 했지만, 당국은 당시 경수로 협상이 원만히 진행되지 않아서 남북이 갈등 상태이며 김일성 생일과 겹칠 수 있다는 등의 이유로 허가하지 않았다. 그러나 안호상은 이를 무시한 채 중국을 통해 밀입북을 단행했다. 북한에서 활동을 마친 안호상은 판문

점을 통해 남으로 돌아왔다. 안호상은 초대 문교부 장관으로 학원 내의 좌익계를 숙청하고 학도호국단을 만드는 등 철저한 반공주의자였다. 국사 교과서 상고사 내용의 개정을 주장하는 활동을 하면서도, 교과서를 개정해야 하는 이유 중 하나로 북한에게 한국사의 정통성에 대한 주도권을 잃을 염려가 있다는 점을 내세우기도 했다. 그러면서도 자신들과 비슷하게 한국상고사를 인식하고 있다는 이유로 북한을 두둔하는 앞뒤가 맞지 않는 행동을 했다. 특히 북한이 '조선민족제일주의'의 일환으로 단군릉을 발굴하여 다시 세우고 대대적으로 단군을 떠받들자, 김일성을 찬양하기까지 했다. 극단적 반공주의자인 안호상과 북한 공산정권이 단군을 매개로 기묘한 화해를 한 셈이었다. 한국 사회에서 역사교육은 집권층에 의해 종종 반공에 이용되어왔다. 그런데 안호상의 사례는, 이들이 그토록 강조한 반공의 본질이 무엇인가 다시 생각해보게 한다.

참고로 그 이후의 이야기를 전해보자. 남으로 돌아온 안호상은 구속되지 않은 채 재판을 받았다. 고령인 데다 종교활동 외에 다른 활동을 하지 않았다는 이유였다. 안호상에게 적용된 죄명도 국가보안법이 아니라 남북교류협력법 위반이었다. 이 법을 위반했을 경우 '징역 3년 이하 또는 벌금 1000만 원 이하'에 처한다는 국가보안법과 비교도 할 수 없을 정도로 약한 처벌 규정이다. 안호상은 당시 대통령이던 김영삼의 대학시절 은사로, 김영삼이 '가장 존경하는 분'이라고 말하는 사람이기도 했다. 그러나 안호상과 함께 밀입북한 김선적(당시 대종교 종무원장)은 구속되었다. 이후 김선적은 1995년 6월 7일에 열린 1심 선고공판에서 안호상과 마찬가지로 집행유예를 선고받고 석방되었다. 김선적도 69

세의 적지 않은 나이인 데다, 안호상을 불구속 기소한 상태에서 수행 차 따라간 김선적에게만 징역형을 선고하는 것은 형평에 현저하게 어긋나기 때문이었다. 아마도 북한을 밀입북한 사람들 중에서는 가장 가벼운 처벌을 받은 사례일 것이다.

지배층의 역사에서 민중의 역사로

민중사학의 대두와 역사 교과서 비판

1987년 5월 29일에 경희대학교에서 열린 제30회 전국역사학대회에 참가한 교수, 대학원생, 교사 등 350여 명은 '우리의 견해'라는 제목의 성명서를 발표했다. 이들은 성명서에서 "학문의 자유는 보장되어야 한다"라고 전제한 뒤 《한국민중사》에 가해지는 부당한 탄압을 즉각 철회할 것을 요구하면서, 다음과 같이 말했다.

한국사 분야의 소장연구자들이 70년대 이후의 연구성과를 통사 형식을 갖춰 학문적으로 정리한 결과물인 《한국민중사》에 대한 평가는 사법적 판단에 의해서가 아니라 학계에 의해 내려져야 한다. 우리 역사 연구자들은 검찰 측의 무분별한 공소권 행사가 우리 사회의 민주화와 학문의 발전에 역행하는 결과를 가져올 수 있다는 점에 크게 우려하고 있다.

이는 역사학자들이 집단적으로 의사를 표현한 최초의 사건이었다. 전국역사학대회는 매년 5월 마지막 금요일과 토요일, 이틀간에 열리는 우리나라에서 가장 큰 규모의 역사학 학술대회였다. 첫날에는 공동주제로 발표와 토론을 하고, 이튿날에는 한국사, 동양사, 서양사, 역사교육, 고고학 등의 학회들이 각 분과별로 학술대회를 개최한다. 이 해의 공동주제는 민중사였다.

《한국민중사》 사건
|

《한국민중사》 파동은 검찰이 책을 펴낸 풀빛 출판사 사장 나병식을 1987년 2월에 국가보안법 위반으로 구속, 기소함으로써 일어났다. 《한국민중사》는 제목에서 보듯이, 민중 주체의 한국사를 체계화한다는 취지로 편찬되었다. 이 책은 '서설'에서 역사의 주체를 다음과 같이 설명하고 있다.

인간의 역사는 인간이 만든다. 그렇다면 다양한 인간들 중 누가 역사를 만드는가.

영웅이나 천재 또는 미인이 역사를 만들었다고 말하는 사람들이 있다…….그러나 그들은 발전의 속도를 변화시킬 수는 있지만, 역사적 발전 방향 그 자체를 변화시킬 수는 없다. 역사의 원동력은 인간의 생산활동이었고, 그것의 담당자인 '생산대중'이었다.

그러면 생산대중이란 어떤 사람들인가. 생산대중이란 불변하는 초역사적 실체는 아니다. 그들은 역사와 함께 형성되었으며, 사회의 체제와 단계에 따라 그 구성, 사회적 의식, 정치적 성격이 다르다. 가령 원시공동체 사회에서는 성원 전체가 생산대중이었고, 전근대 계급사회에서는 노예, 농민, 수공업자 등이 생산대중이었다. 전근대 사회에서 생산대중은 역사를 움직이는 기초였으나, 그들이 역사 표면에 의식화된 주체로서 등장하지는 못하였다. 그러나 노동자를 중심으로 하여 농민, 빈민으로 구성되어 있는 근대 사회 이후의 생산대중은 자신을 역사의 주체로서 의식하고 행동해나갔다. 《한국민중사》 I, 18~19쪽

이어 뒷부분에서 역사의 주체인 민중의 개념에 대해 설명하고, 역사가의 올바른 역사인식은 민중과 견고한 결합으로만 가능하다고 다음과 같이 말한다.

'민중'이란 개념은 아직 정비되어야 할 많은 문제점을 내포하고 있지만, 상이한 국가 또는 상이한 역사시기마다 서로 다른 내용과 구성을 가지는 것으로 논의되고 있다. 현재 한국 사회에서 민중이란 신식민지하에서 민족해방의 주체로서, 노동자계급을 중심으로 하여 농민, 도시빈민, 진보적 지식인 등을 포괄하고 있는 개념이다.

역사가 또는 역사인식이 현대 한국 사회의 역사주체인 민중과 굳건히 결합하는 일은 지금까지 역사인식의 여러 가지 한계점을 총체적으로 극복하는 단서를 마련해줄 것이다. 《한국민중사》 I, 32~33쪽

검찰이 특히 문제삼은 부분은 앞 인용문의 "역사의 원동력은 인간의 생산활동이었고, 그것의 담당자인 '생산대중'이었다"라는 부분과 뒤 인용문의 "현재 한국 사회에서 민중이란 신식민지하에서 민족해방의 주체로서, 노동자계급을 중심으로 하여 농민, 도시빈민, 진보적 지식인 등을 포괄하고 있는 개념이다"라는 부분이었다. 민중이 역사의 주체라는 주장은 근로인민대중을 역사의 주체로 보는 북한의 주체사관과 관점이

지배층의 역사를 탈피하고 민중의 역사를 담아낸 《한국민중사》 I·II

일치하며, 《한국민중사》가 반국가단체인 북한을 이롭게 할 목적으로 북한에 동조하는 내용을 담았다는 것이었다. 검찰은 구체적으로 《한국민중사》의 내용 서른세 곳이 이에 해당한다고 공소사실에 포함시켰다. 국가보안법 사건에서 혐의가 애매할 때면 자주 등장하는 '이적행위'라는 혐의를 들이댄 것이다. 《한국민중사》는 역사학의 실천성을 목표로 설립된 망원한국사연구실에 참여한 진보적인 소장 한국사 연구자들이 쓴 것으로 알려져 있다. 그렇지만 저자의 이름은 집필자 개인의 실명이 아니라 '한국민중사연구회'로 되어 있다. 이 때문에 검찰은 저자가 아니라 출판사 사장을 구속한 것이다.

《한국민중사》 사건은 역사학계는 물론 사회의 커다란 관심을 모았다. 사람들은 검찰의 행위를 '현대판 분서갱유'라고 말하기도 했다. 사건의 여파로 오히려 더 큰 관심을 끌면서 역사책으로는 드물게 1권 3만 권, 2권 5만 권, 합해서 8만 권이나 팔려나갔다. 책을 가장 열심히 읽은 사람은 공안당국이라는 조소가 섞인 말들이 돌았다. 재판에서는 당시 민주사회를 위한 변호사모임 소속 변호사들이 적극적으로 변론에 나섰다. 나중에 김대중 정부의 감사원장을 한 한승헌, 2013년 현재 서울시장인 박원순, 《전태일 평전》의 저자 조영래 등이 변론을 맡았다. 정창렬, 강만길, 김진균 등 한국근현대사와 사회학을 전공하는 원로, 중진 학자들이 증인으로 참여해서 《한국민중사》를 옹호했다. 증인들은, 학문의 자유는 보장되어야 하며 《한국민중사》의 관점이나 내용은 법정이 아닌 학계에서 논의되어야 한다고 주장했다. 역사의 주체가 민중이라는 주장은 특별히 유물사관만의 관점은 아니며 역사학계에서 폭넓게 인정된다고 설명했다. 역사 연구에서는 관점이나 해석이 들어간다는 점도 지적되었다. 검찰은 《한국민중사》가 북한의 역사관을 따르고 있다고 주장했지만, 증인들은 그렇지 않다고 반박했다.

1987년 8월의 1심 선고에서 나병식은 징역 2년, 자격정지 2년, 집행유예 3년으로 일단 풀려나왔다. 선고 결과에서 짐작할 수 있듯이, 재판부는 검찰의 기소 내용을 모두 인정하지는 않았지만 상당 부분 받아들였다. 그나마 국가보안법 사건에서 집행유예가 선고된 것은, 재판과정에서 6월 항쟁이 일어나 6·29선언이 발표되고, 민주화가 논의되던 사회 분위기 때문이었다. 재판부는 검찰이 《한국민중사》의 문제점으로 지적한 33개항 중 15개에는 유죄, 18개에는 무죄를 선고했다. 재판부가 유죄를 선고한 항목은 대부분 현대사에서 북한이나 좌익 관련 내용, 미국에 대해 비판적으로 서술한 부분이었다. 몇 가지 예를 들어보면 다음과 같다.

우리 역사에서 현대는 근대가 그러했던 것처럼 전 단계를 완전히 지양하지 못한 상태에서 출발하고 있다. ……현대 역시 식민지적 유제가 청산되지 못한 상태에서 신식민주의 세력에 의해 사회구성의 재편성을 강제받아 형성된 것이다. 《한국민중사》 II, 221쪽

반면에 북한의 경우엔 소련군이 대중적인 의사와 배치되는 정책의 수립이나 강행을 삼갔을 뿐만 아니라, 자기 영향력 아래에 있는 김일성 일파를 권력의 중심으로 끌어올리는 과정에서도 역시 남한에서 이승만이 집권하는 과정에서 미군이 겪은 것과 같은 극도의 혼란은 겪지 않았다고 할 수 있다. 《한국민중사》 II, 261~262쪽

미국의 원조는 한국의 식량난 해소와 경제 안정에 어느 정도 기여를 하였지만, 한국 경제를 원조경제의 질곡 속으로 몰아가 자립능력을 약화시킴으로써 오히려 식민지적 경제구조의 모순을 더욱 심화시키는 결과를 초래했다. 《한국민중사》 II, 267~268쪽

첫 번째 인용문에서 '신식민주의 세력', 두 번째에서 '대중적인 의사와는 배치되는 정책의 수립이나 강행을 삼갔을 뿐만 아니라', 세 번째에서 '자립능력을 약화시킴'이나 '식민지적 경제구조의 모순을 더욱 심화시키는' 같은 내용이 거슬렸을 것이다. 6월 항쟁을 겪고 난 직후였지만, 미국과 북한에 대해 기존과 다른 평가는 여전히 금기사항이었던 셈이다. 1980년대 중반 이후 한국 사회에 불었던 민주화 움직임도 이 사건에는 큰 영향을 주지 못했다. 그 해 10월 19일에 문화공보부가 상당한 분량

의 금서(禁書)를 풀었지만《한국민중사》는 포함되지 않았다. 북한 정권의 성립을 긍정적으로 평가했다는 이유였다.

민중사학의 출현

《한국민중사》의 간행은 1980년대 중반 사회민주화 움직임이 배경이되었다. 사회민주화 분위기와 함께 학계에서도 진보적 학술운동의 움직임이 나타났다. 이런 움직임은 과연 '학문이 해야 할 일이 무엇인가?'에 대한 반성에서 출발했다. 지난날 '연구실'에 안주하던 것을 반성하고학문이 사회민주화를 촉진하고 사회변혁을 뒷받침해야 한다는 생각이었다. 역사학계도 마찬가지였다. 현실과 유리된 역사 연구를 극복하고사회 현실의 비판적 인식을 토대로 변혁의 주체인 민중의 입장에 선역사 연구를 추구해야 한다는 목소리가 생겨났다. 이른바 '민중사학'의출현이었다.《한국민중사》의 집필은, 역사를 어떻게 바라보는가 그리고역사학이 과연 무엇을 해야 하는가 하는 문제의식과 밀접한 관련이 있었다.

물론 인문사회과학에서 민중에 관심을 가지고 민중을 중심으로 사회와 역사를 이해하려는 노력은 1970년대와 1980년대 초에도 있었다.사회학에서는 '민중이란 과연 누구를 가리키는가'라는 민중의 개념에대한 논의가 집중적으로 전개되었다. 어떤 사람들은 사회적으로 차별과 억압을 받는 대중 전반을 민중이라고 하였다. 민중의 개념을 엄격히규정하지 않고 광범위하게 본 것이다. 그렇지만 다른 한편에서는 즉자적(卽自的) 민중과 대자적(對自的) 민중을 구분하였다. 자신이 역사의 주체가 될 수 있다는 것을 모른 채 체념 속에서 날마다 문제의식 없이 안일하게 사는 민중을 즉자적 민중, 자신이 역사의 주인임을 깨닫고 자율적이고 주체적으로 행동하는 의식화된 사람을 대자적 민중으로 구분하였다. 즉자적 민중이 역사의 객체라면, 대자적 민중은 역사의 주체라는 것이었다. 민중과 지식인의 관계도 민중의 개념과 관련된 주된 문제 중 하나였다. 지식인이 민중이 되려면, 지식을 팔아서 지배집단의 일원이 되려는 '지식기사(知識技士)'가 아니라 사회구조에 대한 비판의식을 가지고 즉자적 민중을 대자적 민중으로 승화시키는 일을 사명으로 생각하는 사람이 되어야 한다는 주장이 나왔다. 대자적 민중만이 '민중'인가, 즉자적 민중도 '민중'인가, 지식인은 '민중'이 될 수 있는가 아닌가는 사회문제에 관심을 가진 대학생들의 주된 논쟁거리 중 하나가 되었다.

남아메리카 등지에서 활기를 띠던 민중신학론이 소개되면서, 종교인들 사이에서도 사회 상류층을 주된 대상으로 하던 종교활동을 반성하고 민중에 관심을 쏟고 억압받고 수탈당하는 민중을 지원하려는 움직임이 나타났다. 민중을 의식화·조직화하여, 민중 스스로 억압에서 벗어나 자신의 권리를 되찾는 데 도움을 주려는 것이었다. 기독교인들은 도시산업선교회를 만들어 노동운동을 지원했으며, 카톨릭농민회는 농민의 조직화와 농촌문제 해결에 힘을 쏟았다.

문학에서도 노동자나 농민, 도시 빈민 등 민중의 삶을 소재로 하는 작품들이 나왔다. 개발의 열풍 속에서 삶의 막다른 길로 내몰린 철거민 이야기를 다룬 조세희의 《난장이가 쏘아 올린 작은 공》은 '난쏘공'이라는 애칭과 함께 사람들의 폭발적인 관심을 끌었고, 사회문제에 관심을 가진 대학생이라면 당연히 읽어야 하는 필독서가 되었다. 농촌의 현실

1950년대 달동네 판자촌의
모습

을 다룬 이문구의《우리 동네》, 도시의 뒷골목에서 살아가는 윤락녀를
통해 사회구조의 모순을 밝힌 황석영의《어둠의 자식들》(나중에 원저자
가 이동철로 밝혀짐), 도시 빈민촌에서 살아가는 서민들의 모습을 그린 이
동철의《꼬방동네 사람들》등이 발표되어 민중에 대한 관심을 높였다.

　역사학계에서도 사회구조 속에서 민중의 움직임에 주목하거나 민중
을 토대로 하는 민족사학을 추구하는 움직임이 나타났다. 1970년대 후
반 강만길은 "국사학이 분단체제의 극복을 위한 사론을 세워나가야 하
며, 거기에서 국사학의 현재성을 찾아야 한다"라고 주장했다. 분단시대
를 극복하기 위한 국사학의 가장 중요한 과제는 통일 지향 민족주의론
의 정립이며, 이는 "민족 구성원 전체의 역사적 역할이 보장되고, 특히
민중세계의 역사주체성이 확립되는 방향에서 수립되어야 한다"라는 것
이다. 이만열은 1980년대 초 민중의식에 기반을 둔 민족사관을 주장했
다. 그는 민족주의 사학이 이데올로기에서 벗어나 통일의 기반을 닦는
자주적 역사학으로 발전할 때 남북을 아우를 수 있을 것이라고 보았다.

그러나 1970년대까지는 학술서적이 아니면 '민중'이라는 말을 사용하는 것조차 조심스러운 실정이었다. '민중'이라는 말을 즐겨 사용하는 사람들이 주로 민주화운동을 벌이거나 사회민주화에 관심을 가지고 독재정권을 비판하던 사람들이었기 때문이다. 정권은, 민중을 내세우고 민중 중심의 사회가 되어야 한다는 주장을 계급투쟁을 선동하는 것으로 몰아가기도 했다. 강만길의 분단사학이나 이만열의 민중적 민족사학론도 민중보다는 분단과 통일에 초점을 맞춘 것이었다.

민중 주체의 역사학을 표방하는 움직임은 1980년대 중반부터 본격화되었다. 1984년에 대학사회는 기관원의 사찰 중단, 제적생 복학 등으로 활기를 띠었다. 해직교수들의 복직도 시작되었다. 이른바 '대학의 봄'을 맞이한 것이다. 그 전 해인 1983년 8월에는 대학의 학생운동을 옥죄기 위해 도입했다는 비판을 받던 졸업정원제가 대학 자율에 맡겨져 사실상 유명무실화되기도 했다. 이러한 상황은 대학을 강압적으로 억누르기만 하는 것이 별 효과가 없다고 판단한 전두환 정부의 유화책이었지만, 그 의도와 달리 대학사회의 민주화를 촉진하고 학문의 사회적 역할을 본격적으로 논의하는 계기가 되었다. 젊은 역사학자들 사이에서도 사회의 현실을 올바로 인식하고 사회변혁을 이끌어야 한다는 실천성이 화두가 되었다.

이해 12월에 창립된 망원한국사연구실은 "현실 사회의 모순을 인식, 지양하고 실천 논리에 입각하여 역사의 합법칙적 발전을 규명하는" 역사 연구를 표방하였다. 이어 1985년 5월에는 '과학적·실천적 역사학'을 표방하면서 근대사연구회가 결성되었다. 연구모임 성격을 띠던 근대사연구회는 1987년 4월에 한국근대사연구회로 확대되었다. 1988년 2월에는 한국근현대사 연구와 역사의 대중화를 목표로 역사문제연구소가 출범했다. 역사문제연구소는 망원한국사연구실이나 근대사연구회와 달리 역사학뿐 아니라 문학, 정치학, 사회학 등 다양한 인문사회과학 연구자들이 참여하였다. 망원한국사연구실과 한국근현대사연구회는 단체의 지향성, 학문 연구의 방향 등에서 유사하여 통합이 추진되었다. 그러나 통합 과정에서 한국 사회의 구조와 모순의 본질, 학술운동의 방향과 연구자의 역할, 사회변혁의 전망 등을 놓고 의견의 차이를 드러내면서, 한국역사연구회와 구로역사연구소(2003년에 '역사학연구소'로 개칭)로 재편되었다.

이는 1980년대 중반에 사회변혁을 추구하던 사람들 사이에 뜨겁게 달아올랐던 사회구성체논쟁, 즉 식민지반봉건사회론과 신식민지국가독점자본주의론, 민족해방론(NL)과 민중민주론(PD)에 영향을 받은 것이었다. NL과 PD의 문제는 지금까지도 가끔 입에 오르내리며, 그 노선이 일부 이어지고 있다. 한국역사연구회는 한국사 연구자들이 널리 참여할 수 있는 단체를 표방하였으며, 전반적으로 민족해방론을 지지하고 있었다. 이에 반해 구로역사연구소는 연구자들도 일반 대중의 하나라고 생각하는 대중정치 조직론에 입각하고 있었으며, 민중민주론에 치우쳤다. 이 때문에 두 단체의 활동에도 차이가 있었다. 한국역사연구회는 공동연구에 힘을 쓰고, 그 결과를 연구발표회나 심포지엄을 통해 발표했다. 사학과 학생들을 대상으로 하는 한국사 특강을 실시하기도 했다. 구로역사연구소는 노동운동이나 농민운동, 민중운동 단체들과 결합하여 한국사 특강을 실시하는 등 민중교육에 힘을 썼다.

그러나 이론가나 운동가 사이의 뜨거운 논쟁과 달리, 이러한 노선의

역사문제연구소에서 주최한 해방 50주년 기념 심포지엄(1995년 6월 3일)

차이가 일반 사람들에게는 그리 중요하게 다가오지 않았다. 2008년에 분열된 민주노동당과 진보신당의 차이를 대중이 별로 인식하지 못하던 것과 마찬가지이다. 한국역사연구회와 구로역사연구소도 노선이나 활동 방향에서 차이가 있었지만, 1990년대 이후 한국사 연구나 역사교육에서는 크게 입장을 달리하거나 갈등을 빚지는 않았다. 학술활동이나 사회운동에서 한국역사연구회, 구로역사연구소, 역사문제연구소는 함께하는 경우가 많았으며, 공동으로 학술회의를 개최하는 경우도 드물지 않았다.

사회비판의식을 가지고 역사학의 실천성을 표방하는 연구자들은 역사 속에서 민중의 존재에 주목하였으며, 역사학이 사회변혁에 기여해야 한다고 보았다. 역사를 보는 이러한 관점을 '민중사학'이라고 한다. 이들은 이제까지 지지부진하던 근현대사 연구에 박차를 가했으며, 역사의 주체를 '민중'으로 보고 민중 중심의 역사를 서술하고자 하였다.

한국역사연구회가 펴낸 《한국역사》와 구로역사연구소가 편찬한 《바로보는 우리 역사》 1·2

《한국민중사》 탄압은 전두환 정부가 역사학계의 이러한 움직임에 제동
을 걸기 위한 것이었다.

그러나 6월 항쟁으로 전두환 정권의 의도는 수포로 돌아갔다. 6월 항
쟁 이후 역사학계를 비롯한 각 학문 분야의 학술운동이 더욱 활기를 띠
었다. 인문사회과학 분야의 진보적 학술단체들은 '오늘의 사회 현실이
요구하는 참된 과학'이라는 캐치프레이즈를 내걸고 1988년에 학술단
체협의회를 결성하여 사회개혁과 통일을 위한 학술운동을 강화했다.
역사학계에서도 과학적·실천적 역사 연구와 그 결과를 대중에게 보급
하는 작업이 이어졌다. 한국역사연구회는 1989년에 대학 교양과정 강
의용 한국사 개설서인 《한국사강의》를 낸 데 이어, 1992년에 본격적인
한국사 통사인 《한국역사》를 펴냈다. 《한국역사》는 사회구성체의 발전
으로 시대를 구분하고, 각 시대의 사회구조와 변혁 세력의 형성·발전을
중심으로 역사를 서술했다. 구로역사연구소도 민중 주체의 민족사를

취지로 1990년에《바로 보는 우리 역사》를 편찬하였다. 이 책의 취지는 집필자들이 스스로 '바보사'라고 부르는 것에서 잘 나타난다. '바로보는 우리 역사'를 약칭한 것이지만, 거기에는 지배층이 어리석고 무식하다고 깔보던 민중의 역사를 서술했다는 의미가 담겨 있었다.

지배층 중심, 독재정치를 옹호하는 국사 교과서 비판
|

민중사학자들은 역사교육과 국사 교과서에도 큰 관심을 두었다. 이전까지 역사학자들은 초·중·고등학교 교과서에 별로 관심이 없었다. 이런 것에 관심을 두면 학자로서 외도하는 것으로 폄하하기까지 했다. 그렇지만 원래부터 역사학과 역사교육이 분리된 것은 아니었다. 해방 후부터 1950년대까지는 이병도, 손진태, 최남선, 신석호, 이홍직 등 유명 학자들이 교과서 집필에 참여했다. 그러나 1960년대 이후 역사학자들은 점차 교과서 집필을 꺼렸다. 이런 경향은 1970년대 국정 국사 교과서가 등장하면서 교과서 내용이 정부의 영향을 강하게 받게 되자 더욱 짙어졌다. 1980년대 중반에 접어들어, 일부 학자들 사이에서 과연 역사학이 사실을 밝혀내는 것에만 중점을 둔다면 무슨 의미가 있느냐는 비판의 목소리가 나왔다. 역사학이 현실 사회의 모순을 밝혀내고 대중을 깨우치는 실천성을 가져야 한다는 주장이었다. 그러할 때 사람들의 역사의식에 가장 커다란 영향을 미치는 매개체로 주목을 받는 것이 국정 국사 교과서였다. 자연히 국정 국사 교과서가 관심의 대상이 되었다. "지배계급의 입장에서 쓰인 역사의 대표적 예가, 중·고등학교에서 사용되며 우리 역사를 배우는 데 길잡이라고 하는 국정 국사 교과서라고 할

수 있다(《바로 보는 우리 역사》, '역사를 어떻게 볼 것인가', 15쪽)"라는 것이 민중사학자들이 국사 교과서를 보는 관점이었다. 또한 박정희·전두환 정부가 국정 국사 교과서를 자신들의 독재정치를 정당화하는 수단으로 이용하고 있다는 데 주목했다.

이들은 이런 관점에서 국정 국사 교과서의 문제점을 조목조목 비판적으로 분석했다. 이들의 분석에 따르면, 국정 국사 교과서는 역사의 전개 과정을 지배층의 관점과 입장에서 서술하고 있으며 민중을 수동적인 존재로 그리고 있다. 사회의 모순과 대립을 숨긴 채 지배층 위주의 정치사·제도사 서술로 일관하여 역사의 주체인 민중이 제대로 나타나 있지 못하며, 역사 발전을 올바로 이해하기 어렵다. 특히 집중적인 비판의 대상이 된 것이 근현대사였다. 국정 국사 교과서의 개화기와 일제 통치기 서술은 서구식 근대화론의 관점에서 개화파를 역사의 주류로, 민중을 보조적인 존재로 그리고 있다고 비판했다. 농민운동과 노동운동을 축소하고, 사회주의 계열의 민족운동을 배제하고 있다는 비판도 덧붙여졌다. 현대사 서술은 분단과 냉전이데올로기에 사로잡혀 있으며 정권의 정당성을 옹호하거나 정부의 정책이나 그 성과를 홍보한다는 것이 비판의 핵심이었다. 또한 친일파를 비호하거나 심지어 미화하는 서술도 적지 않다고 판단했다. 이들이 보기에 국사 교과서가 이런 문제점을 가지는 가장 큰 원인은 국정으로 발행되는 데 있었다. 1970년대 박정희 정권이 국사 교과서를 국정으로 바꾸고 1980년대 전두환 정권이 이를 그대로 유지하려는 목적이 여기에 있다는 것이었다.

어정쩡하게 비판을 수용한 개정 국사 교과서

|

민중사학의 국사 교과서 비판은 교과서 개편에 영향을 미쳤다. 1987년
에 고시된 제5차 교육과정에서는 이들의 비판을 어느 정도 의식하였
다. 1990년에 발행된 국사 교과서에는 민중사학의 주장이 일부 반영되
었다. 예컨대 《고등학교 국사》의 조선후기를 집필한 최완기(당시 이화여
대 교수)가 밝힌 내용 서술의 방향 중 일부를 옮겨보면 다음과 같다.

　요즈음 학계에서는 진보적인 경향이 강하다. 이는 사회 전반적인 변화와 흐
름을 같이한다. 역사학 자체도 학문의 울타리 안에서 머물러서는 안 되고 이
러한 전반적인 변화의 움직임을 반영해야 하며, 반영할 수밖에 없을 것이다.
　이러한 관점에서 역사에서 보다 적극적으로 역사의 주인공이 누구였는가
에 주목하면서 정리하고자 하여 기층 사회의 움직임에 주목하였다. 또한 인과
론적·내재적 발전론에 주목하였다. 그리고 각 분야 간의 구조적인 이해를 시
도했다. 최완기, 〈고등학교 《국사》 교과서의 내용 구성과 특성〉, 188~189쪽

　실제 교과서 서술에도 이러한 내용이 어느 정도 반영되었다. 1990년
부터 사용된 개정 국사 교과서의 조선후기사에서는 민중의 동향을 적
극적으로 서술하였으며, 왕을 주어로 하는 서술이 변경되었다. 이전에
중단원명에 들어가 있던 '사회의 동요'는 '사회 변동'으로 바뀌었으며, 소
단원에서도 '사회의 동요' 대신 '사회구조의 변동'이라고 표현했다. 철종
조의 농민봉기는 이전 교과서에서 '민란의 발생'이라고 하였으나, 개정
된 교과서에서는 '농민의 항거'라고 하였다. 진주민란을 전보다 자세히

일제하 무장독립운동을 전개한 조선의용군 대원들

서술했으며, "이러한 가운데 농민의 사회의식은 더욱 성장하였고, 농민들의 항쟁은 결국 양반 중심의 지배체제를 붕괴시켜 갔던 것이다.(《고등학교 국사》, 1990, 45쪽)"라고 하여 민란의 역사적 의미를 적극적으로 해석했다. 이전 교과서에 '동학운동'이라고 하던 것을 '동학농민운동'이라고 바꾸어 운동의 주체를 명시하였다. 근대사에서는 일제하 무장독립운동의 내용을 보완하고 사회주의계 독립운동을 추가했다. 이에 따라 조선혁명군, 항일연군, 조선민족혁명당과 조선의용대, 조선독립동맹과 조선의용군, 조선청년총동맹의 활동이 교과서에 처음으로 들어갔다.

그러나 내용의 변화는 부분적인 수준에 지나지 않았다. 국사 교과서는 여전히 관제민족사관과 반민중적 인식을 보이고 있다는 비판을 받았다. 지배층 위주의 역사 서술로 전근대사에서 민중운동을 배제하거나 혼란상으로 서술하였으며, 일제하 민족운동 중 노동운동이나 농민운동을 삭제하거나 축소하였다는 것이다. 실제로 개정 국사 교과서에는 무장독립운동의 서술이 확대되고 사회주의계 민족운동을 소개했지만, 활동을 극히 소략하게 서술하거나 심지어 단체의 이름을 제시하는 데 그쳤다. 개정 국사 교과서의 현대사는 여전히 박정희·전두환 독재정권과 그들의 정책을 옹호하고, 민주화운동을 제대로 서술하지 않았다는 비판에서 벗어나지 못했다. 또한 냉전이데올로기에 사로잡혀 자유주의 대 공산주의의 관점에 따라 현대사를 바라보는 것도 마찬가지였다. 경제 부분에서는 오직 양적인 경제 성장의 논리에 따라 평가를 내리는 서술이 계속되었다. 오히려 정권뿐 아니라 자본가계급의 논리를 따르고 있다는 비판도 추가되었다. 북한을 객관적으로 서술하려는 태도를 버린 채 오직 반북 논리만을 앞세우고 있어서 반통일적 교육의 자세를 보이고 있다는 비판도 의미 있는 것이었다. 이러한 비판들에서 볼 수 있듯이, 개정 국사 교과서는 민중사학자를 비롯한 한국사학계의 국사 교과서 수정요구와는 거리가 있었다. 기존 국사 교과서의 틀을 그대로 유지하는 선에서 국사 교과서를 비판하는 견해들을 부분적으로 수용하여 일부 내용을 바꾼 데 지나지 않았다. 국정 국사교과의 근본적인 한계를 그대로 가지고 있으면서도, 어용이나 정권의 홍보자 역할을 했다는 비판에서 벗어나려 한 결과였다. 어찌 보면 정부와 비판자 사이에서 어설픈 줄타기를 한 셈이었다. 동학농민전쟁이 농민혁명의 성격을 가지고 있다고 보면서도, 종전 국사 교과서에서 '동학운동'이라고 표현하던 것에 '농민'만을 추가하여 '동학농민운동'으로 바꾼 과정이 이를 보여준다.

따라서 1990년대 들어서도 국사 교과서의 역사인식이나 이데올로기에 대한 비판은 계속될 수밖에 없었다. 그러나 이 정도의 수정도 기존 국정 국사 교과서를 고수하려는 측이 볼 때는 불만이었다. 더구나 국정 국사 교과서 비판을 그대로 보아 넘길 경우, 앞으로 더 큰 폭의 개정을 감내하지 않으면 안 될 것이라고 생각했다. 이는 민중사관에 대한 비판과 국사 교과서 개편에 대한 관심으로 나타났다. 이러한 현상은 교육과정 개정이나 국사 교과서 개편을 둘러싸고 장차 겪게 될 대립을 예고하는 것이었다.

'살아 있는 삶을 위한 역사교육'

전국역사교사모임의 역사교육운동

1988년 7월 15일, 서울 여의도 백인회관에 150여 명의 역사교사들이 모였다. 역사교육을 위한 교사모임을 결성하는 자리였다. 참석한 교사들은 이제까지 지배질서의 유지를 위한 하수인 노릇과 입시에 얽매인 획일적인 역사교육 등 왜곡된 역사교육을 반성하고, 힘을 합해서 민족과 역사 앞에 부끄러움이 없는 참 역사교육을 하겠다는 의지를 밝혔다. 역사교육을 위한 교사모임의 창립선언문에서 교사들은 다음과 같이 선언하였다.

이제껏 우리는 지배질서의 유지를 위한 획일적이고 경직된 역사인식, 역사관을 강요하는 왜곡된 역사교육의 하수인 역할을 하였음을 솔직히 고백한다. 아울러 우리는 교과서와 입시제도에 모든 책임을 전가하고 소심함과 안일 속에 안주했던 지난날을 뼈저리게 반성한다……

이제 우리 역사교사들은 어제의 좌절과 패배를 떨쳐버리기 위해 이 자리에 모였다. 우리 모두는 '혼자가 아니었구나', '우리만이 아니었구나'를 서로 확인하면서 가슴 벅찬 감동으로 비뚤어진 역사교육을 바로잡기 위한 노력을 꾸준히 전개해나갈 것이다······.

자! 이제 지난날의 좌절과 패배를 떨쳐버리고 살아 있는 참 역사교육의 새 장을 열어나가자.

민족과 역사 앞에 부끄러움이 없는 참 역사교육을 일궈나가자.

참된 역사교육 만세!

역사교육을 위한 교사모임 만세!

이 창립선언문에 나오는 '살아 있는 역사교육'이라는 말은 그 후 전국 역사교사모임이 지향하는 역사교육의 방향을 함축적으로 표현하는 말이 되었다. 회지인《역사교육》에도 '살아 있는 삶을 위한'이라는 말이 붙었다. 이 '살아 있는 삶을 위한 역사교육'의 의미는 무엇일까?

역사교육을 위한 교사모임에서 만든 가회지와 창립대회 안내문

'역사교육을 위한 교사모임'에서 '전국역사교사모임'으로

1989년에 접어들어 교육현장은 커다란 격동에 휩싸였다. 전국교직원 노동조합(약칭 '전교조')의 출범과 이를 추진하거나 가입한 교사들에 대한 노태우 정부의 탄압 때문이었다. 전교조 설립을 둘러싸고 사회적 반응도 크게 엇갈려 사회 세력 간의 심각한 갈등 양상을 보였다.

1980년대 중반에 불어닥친 사회민주화 움직임은 교사들에게도 적지 않은 충격을 주었다. 이전까지 교육 당국의 지시를 충실히 수행하고 입시에만 신경을 쓰던 교육을 반성하는 목소리가 높아졌다. 교육운동은 사회운동 중 가장 미약한 분야였다. 1960년 4월 혁명 직후 교원노조가 출범하였다가 5·16쿠데타로 무너지고 난 다음, 1960~70년대에는 교육운동이라고 할 만한 움직임이 없었다. 1980년대 들어서야 교사들의 교육운동이 싹트기 시작했다. 처음에는 YMCA나 흥사단 같은 사회단체를 배경으로 하는 소모임 활동의 수준을 벗어나지 못하였다. 그러나 1980년대 중반 사회민주화를 요구하는 목소리가 높아지는 가운데 교육운동에 참여하는 교사들이 점차 늘어났다. 이들은 1986년 5월 10일에 '교육민주화선언'을 하였다. '교육민주화선언'에서는 그동안 교사들이 '강요된 침묵'에 머물던 것을 반성하고 교육민주화에 앞장설 것을 천명하였다. 그리고 실질적인 교육의 정치적 중립성 보장, 학생과 학부모의 교육권 보장, 교육의 자율성 확립과 교육자치제 실현, 교원단체 설립과 활동의 자유 보장 등을 요구하였다. 이를 계기로 교육운동이 교육민주화를 목표로 하는 교사들의 대중적 운동으로 확산되기 시작했다. 교육민주화를 요구하던 교사들은 교육운동의 조직화를 위해 1987년 9월에 전국교사협의회(약칭 '전교협')를 결성하였다. 전교협은 교육 현장의 민주화와 교육 환경의 개선, 교원 지위 향상 등 교육개혁에 힘을 기울였다. 그러나 임의 단체인 전교협의 주장은 아무런 법적 효력을 가지지 못했다. 교사들의 주장을 수용할 것인지 여부는 전적으로 교육부나 교육청 등 교육 당국에 달린 것이었다. 실제로 현실 교육에 비판적이던 전교협의 주장을 교육 당국은 대부분 무시했다. 이에 전교협은 법적인 보장을 받을 수 있는 노동조합의 설립을 결의하고, 1989년 5월에 전교조를 세웠다. 그러나 당시 노태우 정부는, 교사는 노동조합을 만들 수 없다는 법적 근거를 들어서 교원노조의 설립을 승인하지 않았다. 그리고 전교조에 가입했다가 탈퇴각서를 제출하지 않은 1500여 명의 교사들을 파면·해임했다.

노태우 정부의 강경대응은 표면적으로 교사의 교원노조 결성과 가입이 불법이라는 이유를 내세웠지만, 실제로는 전교조와 여기에 가입한 교사들이 당시 정부에 비판적이었기 때문이었다. 전교조는 '민족, 민주, 인간화 교육'을 내세우면서 교육개혁을 요구하고 있었다. 6월 항쟁 이후 직선제로 치러진 1987년 12월의 대통령 선거에서 민주정의당 후보 노태우가 야당의 분열에 힘입어 당선되었다. 그러나 이듬해 4월의 국회의원 총선거에서는 서울과 경기도를 제외한 다른 시도에서 지역구도가 뚜렷해지면서, 여당인 민주정의당의 당선자 수보다 야당 당선자들을 합한 수가 많은 '여소야대' 현상이 처음으로 나타났다. 이 때문에 노태우 정부는 정국의 주도권을 빼앗긴 채 야당의 요구에 끌려가지 않을 수 없었다. 국회 개원 직후 열린 '5공 비리 청문회'에서 전두환 정부의 각종 비리가 파헤쳐지고, '광주청문회'에서는 신군부의 집권 시나리오와 광주항쟁의 진상이 상당 부분 밝혀지기도 했다. 그러다가 1988년에 서경원 의원, 1989년에 문익환 목사, 임수경 전국대학생협의회 대표 등이 통일운동의 일환으로 북한에 밀입북하자, 노태우 정부는 이를 계기로 '공안정국'을 조성하여 정치적 흐름을 바꾸려고 했다. 따라서 전교조 결성에 소극적으로 대응할 경우, 공안정국 조성에 찬물을 끼얹고 모처럼 되찾은 정국의 주도권을 다시 놓칠 것을 우려하였다.

그런데 전교조 결성은 교육운동 내부에도 커다란 영향을 미쳤다. 전교협이 활동을 본격화하고 전교조의 결성을 둘러싼 사회적 논란이 벌어지던 시기에, 국어와 역사 등 일부 과목 교사들은 학교 현장의 중요성을 인식하고 교과별로 수업개혁을 위한 교사모임을 추진하였다. '역사교육을 위한 교사모임'도 그중 하나였다. 그러나 이를 주도한 교사들 중 상당수가 전교조에 가입했다가 해직됨으로써 교과모임의 결성은 위기를 맞이했다. 교사들 사이에서도 운동의 방향을 놓고 논란이 벌어졌다. 사상 초유의 대규모 교사 해직 사태라는 급박한 상황에서 많은 시간과 노력이 들어가는 교과내용을 검토하는 일에 주력하는 것은 너무 한가하다는 주장을 펼치는 사람들도 많았다. 반면 일부 교사들은 이럴 때일수록 교과내용과 수업이라는 본질적인 문제에 힘을 기울여야 한다고 주장했다. 해직 역사교사들 중 일부는 사무실을 얻어서 역사교육을 공부하면서 교과모임 활동을 계속했다. 이는 역사교사모임이 지속되는 동력이 되었다.

'역사교육을 위한 교사모임'의 해직 교사들은 전교조 합법화와 복직 요구 등 전교조 활동과 교과모임 활동을 병행했다. 교과모임 활동은 그 성격상 현장교사들과의 연계가 더욱 긴밀히 요구되었다. 해직교사들에 대한 부담감과 전교조 활동을 하면 엄중 처벌한다는 교육 당국의 위협 등은 현장교사들이 교육운동에 참여하는 데 제약을 가져왔다. 현장교사들에게 교과모임 활동은 전교조의 정치·사회운동보다 상대적으로 부담감이 적었다. '역사교육을 위한 교사모임'에서 점차 현장교사들의 활동이 갈수록 활발해져 갔다.

초기 역사교육을 위한 교사모임의 중심 활동은 서울과 주변의 경기 지역을 중심으로 이루어졌다. 현실 여건상 서울 지역 이외의 교사들은 활동을 하기가 힘들었다. 이런 현상은 서울을 중심으로 거의 모든 일이 진행되는 한국의 현실을 반영하는 것이기도 하였다. 그러나 공동연구와 자료 개발 등을 통해 역사교육운동의 필요성을 느낀 교사들이 각 지역별로 역사교사모임을 만들었다. 경남, 전남, 대구, 부산, 울산, 강원 등지에서 역사교사모임이 만들어졌다. 이러한 지역 역사교사모임들의 정보 교환과 자료 공유, 연합 활동 등 교류의 필요성이 부각되었다. 이에 따라 역사교육을 위한 교사모임은 1991년 1월에 각 지역의 역사교사모임을 하나로 묶는 전국역사교사모임으로 확대되었다. 역사교육을 위한 교사모임이 만들어진 지 3년 만이었다. 전국역사교사모임은 '민족, 민주, 인간화 교육을 실현하기 위한 올바른 역사교육의 내용과 방법을 연구 실천함'을 목적으로 표방하였다.

'전국'이라는 이름이 걸리기는 했지만, 시도별로 곳곳에 흩어져 있는 교사들이 함께 활동하기는 힘들었다. 특히 매일 같이 수업을 해야 하는 학기 중에는 물리적으로 가능하지 않았다. 물론 주말을 이용할 수도 있었지만, 토요일에도 오전수업을 해야 하던 당시 상황으로 볼 때 회의 정도 이외에는 가능하지 않았다. 그래서 실제 활동이 지역 단위로 이루

1996년 1월에 시행된 전국역사교사모임 자주연수

어지는 경우가 많았으며, 전국역사교사모임의 실무적인 일은 서울에서 맡았다. 필요한 일을 지역별로 나누어 하는 방식을 취했지만, 아무래도 모임의 중앙 활동은 서울이 중심이 될 수밖에 없었다. 각 지역의 역사교사모임은 자체적인 사업이나 활동을 하였다. 전국역사교사모임은 지역별 연대의 성격을 크게 벗어나기는 힘들었다.

전국역사교사모임이 '전국'의 역사교사들을 대상으로 하는 대표적인 행사로는 방학 때 3박 4일로 진행하는 자주연수를 들 수 있다. 경우에 따라 약간씩 차이가 있기는 하지만, 3박 4일이라는 시간을 내야 하고 적지 않은 경비를 부담해야 하는 데다가 교사 경력에 공식적으로 인정되지 않는 연수인데도, 자주연수는 으레 100명이 넘는 인원을 선착순으로 채우는 인기를 누린다. 일부 자주연수 '마니아'들도 생겼다. 그만큼 자주연수는 의미 있는 행사였다. 본래 1988년 여름방학 때 역사기행으로 시작된 모임이 1990년 여름방학 때부터 '자주연수'라는 이름으로 이루어졌다. 처음에는 강좌와 수업사례 발표, 답사 등이 뒤섞였지만, 점차 낮에는 답사를 하고, 저녁시간을 이용해 수업사례 발표와 강좌를 진행하는 것으로 정착되었다. 답사는 자주연수가 열리는 지역의 주제 답사 형태를 취하여, 일반 답사에서는 찾아보기 어려운 곳을 그 지역 역사교사들의 현장감 있는 설명과 함께 돌아보는 식이다. 이 때문에 1990년대 불어 닥친 답사 열풍과 어울려 인기를 끌었다. 그리고 일과가 끝난 후 마음 맞는 동료들과 나누는 술과 음식과 이야기들은 학교 현장의 답답함을 풀어주었을 것이다. 지역별로 나뉘어 있던 역사교사모임이 전국역사교사모임으로 결합한 것도 자주연수의 자리에서 논의된 것이었다.

전교조가 개최하는 참교육실천보고대회는 전국의 역사교사들이 만나는 또 하나의 자리였다. 전국역사교사모임은 이 대회의 역사교육 분과를 주관하고 있다. 1989년 창립 과정에서 많은 교사들이 해직을 당한 전교조는 초기에 정부의 탄압에 맞서 조직 사수에 힘을 기울였다. 그러나 조직 사수 투쟁이라는 비상 상황이 언제까지고 계속될 수는 없는 일이었다. 조직이 어느 정도 자리잡았다고 생각한 전교조는 점차 일상적인 활동에 눈을 돌렸으며, 교육내용이 중요한 관심사가 되었다. '참교육 실현'이라는 원래의 취지를 실천하는 것은 교실수업과 분리될 수 없다는 생각이었다. 참교육실천보고대회는 과목별 분과와 주제별 분과로 구성되었는데, 과목별 분과는 대체로 각 교과모임들이 맡아서 주관했다. 역사 분과를 전국역사교사모임이 맡게 된 것은 자연스러운 일이었다.

2002년 1월 12일에 대전의 목원대학교에서 제1회 대회가 개최된 이래 해마다 열리는 참교육실천보고대회에서는 당시 사회나 교육의 관심사와 역사교육을 결합시키는 역사수업의 사례 보고와 방향이 논의되었다. 역사교육에서 민족 문제, 여성사, 지역사, 세계사와 한국사의 접목, 평화교육과 역사교육 등이 그 주제였다. 그 밖에 극화수업, 한일 교류 등도 별도의 분과로 진행되었다.

'살아 있는' 역사수업자료 개발
|

초기 역사교사모임에 적극 참여한 교사들의 주된 관심은 올바른 역사 인식과 역사관에 있었다. 기존의 역사교육은 지배층 중심의 역사, 권력에 종속되어 있는 역사교육이라는 문제의식을 가지고 있었다. '살아 있는'의 반대말은 '죽은'일 것이다. 그래서 역사교사모임을 비판하는 사람들이 자주 하던 말이, "그렇다면 기존의 역사교육은 '죽은 역사교육'이라는 말이냐?"라는 것이었다. 물론 전국역사교사모임에서 먼저 기존의 역사교육을 '죽은 역사교육'이라고 한 적은 없다. 그러나 기존 역사교육의 어떤 부분에 그런 점이 포함되어 있다면, '죽은 역사교육'은 권력에 종속되어 있는 교육, 학생들로 하여금 무조건 외우게 해서 사고를 하지 못하도록 막아버리는 교육을 의미할 것이다. 1970~80년대 학교 교육의 일반적 현상이었지만, 역사교육은 다른 어떤 교과 못지않게 이런 성격이 강하였다. '살아 있는'이란 이러한 역사교육에서 벗어나겠다는 의지를 포괄적으로 표현한 말이었다.

그러나 역사교육이라는 말을 붙이고 있는 이상, '살아 있는 삶을 위한' 역사교육은 구호만으로 되는 것이 아니었다. 살아 있는 역사교육은 학교 현장, 교실 역사수업을 매개로 할 수밖에 없었다. 이는 역사수업에서 다루는 역사적 사실의 새로운 인식과 수업자료의 개발로 나타났다.《미술로 보는 우리 역사》와《사료로 보는 우리 역사》의 간행은 그 산물이었다. 이 책들은 수업자료의 필요성이라는 역사교사들의 요구를 반영한 것이기도 했다. 사실 당시까지 교과서 외에 교실 역사수업에서 사용할 수 있는 교재들은 거의 없는 상태였다.

역사라고 하면 우선적으로 떠올리는 것이 정치이다. 정치적 흐름에 따라 역사의 변화를 이해하는 것에 익숙하기 때문이다. 그러나 정치사는 대체로 무미건조하며 딱딱해서 학생의 흥미를 끌지 못하는 경우가 많았다. 이에 반해 문화사는 소재가 다양하며 인간의 구체적인 생각이나 삶의 흔적이 나타난다는 점에서 학생들의 흥미를 끌 수 있다. 그러나 교과서의 문화사는 유물이나 유적, 문화재 이름의 나열과 그 칭찬 일색으로 되어 있다. 음악이나 미술 문화재를 감상하는 느낌까지 정리해서 제시하고 있다. "고구려의 예술품은 힘과 정열이 넘치고 있다. ……백제의 예술품은 우아하고 미의식이 가장 세련되어 있다. 또 신라 예술품은 소박한 옛 전통이 남아 있었으나, 고구려와 백제의 영향을 받은 삼국시대 말기에 와서는 엄격하면서도 조화미가 넘치는 모습이 나타났다(《고등학교 국사(상)》, 1982, 8~39쪽)"라고 하거나 "성덕대왕 신종은 크고 웅장하면서 조각이 웅혼, 화려할 뿐 아니라, 순수한 아름다움을 지니고 있으며(《고등학교 국사(상)》, 1982, 58쪽)"라고 하는 식이었다. 그래서 학생들은 교과서의 문화사 서술에 흥미를 느끼기는커녕 오히려 지루해하며, 지나치게 많은 내용요소에 부담감을 느끼기도 한다.《미술로 보는 우리 역사》는 이러한 교과서의 미술사에서 탈피하여 사회적 관점에서 미술사를 바라보았다. 인간이 남긴 문화유산은 사회적 산물이다. 미술품에는 당시 사회의 상황, 그 사회의 문화와 살아가는 사람들의 생각이 반영되어 있다.《미술로 보는 우리 역사》는 미술을 통해 당시 사회를 이해하려고 했다. 예를 들어 성덕대왕신종 설화를 "자기 처지에 맞게 불만을 가지지 말고 순종하면서 살라는 면에서는 신분사회 유지의 논리일 수 있으나, 거기에 대한 보답이 있어야 한다는 점에서는 쌍무적 논리이다(《미술로 보는 우리 역사》, 88~89쪽)"라고 설명한다.

사료는 역사 연구의 기초 자료로, 역사학이라는 학문이 성립하는 전제이다. 역사수업에서도 자료를 이용한다고 할 때 가장 먼저 떠올리는 것이 사료이다. 그리하여 대학의 교양한국사 교재나 중·고등학교 수업용 한국사 사료집이 편찬되기도 했다.《사료로 보는 우리 역사》는 민중사에 관심을 두었다. 전근대인 조선전기까지 민중의 생활과 민중항쟁 관련 사료를 집중적으로 모은 것이었다. 이는 지배층 위주의 역사에서 벗어나 민중의 역사를 관심 있게 바라보고자 한 역사교사모임의 방향을 보여주는 것이었다. 전국역사교사모임은 나중에《사료로 보는 우리 역사》근대편과 또 다른 국사수업용 자료집인《심마니 한국사》를 펴내기도 했다.

평소 경험을 통해 역사수업에 활용할 수 있는 자료가 별로 없다는 것을 느끼고 있던 전국역사교사모임 교사들은 수업자료의 개발에 힘을 기울였다. 첫 번째 사업은《미술로 보는 우리 역사》에 나오는 도판을 비롯한 미술 작품들을 슬라이드 필름에 담는 것이었다. 컴퓨터가 대중적

전국역사교사모임에서 펴낸 책과 수업용 자료

으로 보급되기 시작하였지만, 문서 작성이나 기초적인 데이터베이스 구축, 수식 계산 등에 활용하는 정도이던 시절이었다. 학교 교실에는 아직 컴퓨터가 들어오기 전이었다. 그런 상황에서 슬라이드는 그나마 교사들이 손쉽게 이용할 수 있는 유용한 시각자료였다. 이렇게 개발된 한국문화사 슬라이드 자료는 교사들에게 인기를 얻으며 보급되었다. 이에 힘입은 전국역사교사모임은 이어서 의병항쟁, 동학농민전쟁, 한국근현대사 100장면, 일본군 위안부, 세계사 100장면 등을 담은 슬라이드 필름을 제작했다.

컴퓨터의 보급이 확산되고 수업에서도 컴퓨터 사용이 손쉬워지면서, 수업자료의 개발도 이에 맞춰졌다. 슬라이드 필름으로 제작된 자료들은 다시 컴퓨터로 보여줄 수 있도록 이미지 파일로 전환되었다. 1990년대 후반에 교육부는 교실에 컴퓨터와 프로젝션 텔레비전을 설치하는 등 교육기자재를 보급하면서 정보통신기술(Information & Communication Technology, ICT) 활용 교육을 적극 장려했다. 모든 수업에서 적어도 10분간은 ICT를 활용하라는 지침을 내릴 정도였다. 컴퓨터와 결합된 정보통신기술에 그리 익숙하지 않던 교사들이 주로 활용한 것은 마이크로소프트사의 프리젠테이션 프로그램인 파워포인트(Power Point, PPT)였다. 많은 교사들이 PPT를 사용해서 ICT 의무사용 시간을 때웠다. 그러나 PPT의 용도는 판서를 대신하는 것에 머무는 경우가 많았다. 사진이나 그림을 넣는 등 프리젠테이션 프로그램의 효과를 살리는 PPT 제작에 익숙하지 않던 교사들은 학습 내용을 요약, 정리하여 학생들에게 보여주는 데 PPT를 활용했다. 수업에 활용할 수 있는 PPT가 별로 없던 것도 이유 중 하나였다.

이런 상황에서 전국역사교사모임에서는 여러 종류의 역사수업용 PPT를 제작했다. 텔레비전 역사교양 프로그램 '역사 스페셜'의 내용 일부를 편집하여 만든 동영상을 삽입한 '영상수업지도안'은 크게 인기를 끌어서 다시 만들기도 하였다. 이 자료가 인기를 끈 이유는 당시로서는 세련된 PPT 내용과 동영상을 함께 담았기 때문만이 아니었다. 자료의 내용과 형식이 적절하게 결합되었기 때문이었다. 영상수업지도안은 교사들이 수업을 하면서 말로 설명하기 어려운 내용들을 실제로 보여주었다. 예컨대 청동기시대를 다루면서, 교사들은 고인돌을 통해 족장의 권력을 설명하기도 한다. 그런데 고인돌의 제작방법을 말로 설명하기는 어려움이 있다. 이럴 때 영상수업지도안은 고인돌 제작과정을 재연한 영상내용을 PPT에 삽입하였다. 교사는 청동기시대와 고인돌에 대해 요약 정리한 PPT를 가지고 설명을 하다가, 고인돌 제작과정이 담긴

영상을 보여주고, 다시 설명을 계속할 수 있다. 이처럼 실제 수업의 전개 상황을 가정하여 자료를 넣은 것이 영상수업지도안이 인기를 끈 이유였다. 물론 그렇다고 이런 자료들이 모든 역사교사들에게 유용하다고 할 수는 없다. 교실수업이 교사의 '창작품'이라는 관점에서 보면, 교사에 따라 어울리는 수업내용과 자료는 다를 수밖에 없다.

그런 점에서 보면, 형태는 '고전적'이지만 내용은 교사에 따라 달라지는 '배움책'은 의미가 있는 것이었다. 교사들은 여러 가지 이유로 학습지를 만들어 사용한다. 진도에 쫓겨서 필기할 시간을 줄이거나 요점을 정리하는 학습지가 있기도 하고, 또 교과서에 나오지 않는 사료를 학생들에게 소개하기 위해 학습지를 이용하기도 한다. 문제풀이 학습지도 어렵지 않게 볼 수 있다. 그런데 학습지는 그때 그때 필요에 따라 제작되었다. 이 때문에 체계적이지 않으며, 어떤 부분은 학습지가 있고 어떤 부분은 없는 경우가 많다. 학생들도 학습지를 보관하였다가 다시 활용하는 경우가 드물었다. 이런 문제점을 극복하고 연중계획을 미리 세워 가르칠 내용을 정리하여 부교재로 사용하려는 것이 배움책이었다. 전국역사교사모임을 통해 자료를 공유하던 교사들 사이에서 배움책 열풍이 불었다. 많지는 않지만 다수의 교사들이 자신의 배움책을 만들어서 수업에서 사용했다. 다른 교사들의 배움책을 참고하여 자신의 배움책을 만들다 보니, 배움책에 다양하고 깊이 있는 내용들을 담겨졌으며 외형적 모습도 세련되어갔다.

그러나 배움책의 사용이 원만한 것만은 아니었다. 교사들은 배움책에 자신이 중요하게 생각하는 내용이나 관련 자료들을 넣었으며, 일부 내용에는 교사의 역사인식이나 역사관이 포함되기도 했다. 조심스럽게 교과서와 다른 관점에서 역사적 사실을 해석하거나 학생들 나름으로 생각해보게 하는 내용도 있었다. 그중에는 근현대사 부분이 많았다. 이는 교육 당국의 경계심을 불러일으켰다. 교육 당국은 교사들이 배움책을 사용하는 것을 막기 위해 수업시간에 교과용 도서만을 사용해야 한다는 규정을 내세웠다. 그 첫 번째 희생자는 역사배움책을 처음으로 수업시간에 본격적으로 사용한 박병섭이었다. 1994년에 전남 고흥군 과역중학교 역사교사인 박병섭은 역사배움책인 《생각하는 힘을 길러주는 국사 배움책》을 만들어 수업시간에 사용했다. 그러나 그 내용을 못마땅하게 여긴 도교육청은 박병섭이 법을 어겼다는 이유로 징계를 하였다. 정작 징계의 사유는 '돈을 받고 학생들에게 부교재를 판매했다'는 것이었다. 두 차례의 행정소송과 세 차례의 징계가 거듭되면서 이 사건은 역사교사들 사이에 널리 알려져 오히려 배움책에 대한 관심을 크게 높였다.

시간이 흘러 2000년대가 되면서, 비록 학교운영위원회의 허가를 받아야 하기는 하지만 교사들이 수업시간에 부교재를 사용하는 것이 어느 정도 자유로워졌다. 그렇다고 배움책을 활용하는 데 제약이 사라진 것은 아니었다. 특히 배움책 내용은 언제나 '주의'의 대상이었다. 대안학교로 잘 알려진 산청간디학교 역사교사인 최보경의 국가보안법 위반 사건에서 검찰이 배움책의 내용을 증거로 법원에 제출한 것이 그러한 사례였다.

수업자료의 개발과 공유는 전국역사교사모임의 가입자 수를 크게 늘렸다. 많은 역사교사들이 수업에 필요한 자료를 구하고자 전국역사교사모임에 가입하였다. 회원 수가 1990년대 중반에 이르러 1500~

2000명에 달했다. 당시 전국의 역사교사 수가 6000여 명이었다는 점을 고려하면, 전국역사교사모임의 활동에 교사들의 호응이 매우 높았음을 짐작할 수 있다. 가입자 수가 늘면서 전국역사교사모임은 더욱 활력을 얻었다. 그렇지만 다른 한편으로 고민도 커졌다. 활동 방향을 둘러싼 논의가 다시 일어났다. 처음 역사교사모임이 출발할 때 주된 관심은 역사인식이나 역사관의 문제였다. 그러나 모임의 활동이 계속되고 규모가 커지면서 자료 개발로 비중이 옮겨졌다. 물론 자료에는 학생의 흥미를 이끌어내고 교사의 수업진행에 도움을 줄 수 있는 형식과 함께, 만든 사람의 역사인식을 반영하는 내용도 들어 있었다. 형식과 내용을 결합시킨 것이었다. 그러나 아무래도 어느 한 편의 비중이 커지는 현상은 어쩔 수 없는 일이었다. 자료 개발이 내용보다 수업 테크닉을 염두에 두는 것이 아니냐는 우려의 목소리가 나오기도 했던 것이다.

대안의 역사 교과서, 대안의 역사교육론

한국의 학교 교육에서 가장 중요하면서 논란이 많은 것은 교과서이다. 특히 역사의 경우 교과서 의존도가 더욱 높다. 전국역사교사모임은 더 이상 역사를 가르치면서 지배이데올로기에 종속되거나 권력의 시녀 역할을 하지 않겠다고 선언했다. 이를 위한 과정에서 이제까지 그 통로 역할을 해온 교과서가 언제나 문제가 될 수 있었다. 더구나 교사들에게 역사 교과서는 역사인식의 문제뿐 아니라, 내용구성이나 문체 등 여러 면에서 실패작이었다. 재미없고 딱딱한 내용은 학생들에게 역사에 대한 흥미를 잃게 만드는 '원흉'으로 지목되었다. 이 때문에 전국역사교사

2년여의 작업 끝에 2002년 3월에 간행된 《살아있는 한국사 교과서》 1·2

모임도 초기부터 교과서에 관심을 가졌다. '역사교육을 위한 교사모임'
시절 역사 연구단체인 한국역사연구회와 공동으로 국사 교과서를 분석
한 것이나, 첫 회칙에 사업내용으로 '역사 교재 분석'을 포함시킨 것은
이런 관심에서 나온 것이었다.

이러한 문제의식은 이른바 '대안교과서' 개발로 이어졌다. 대안교과서
개발은 어찌 보면 처음 역사교사모임을 만들게 된 계기였다. '역사교육
을 위한 부교재, 자료집 개발'은 회칙에 명시된 전국역사교사모임의 사
업이었다. 대안교과서 개발작업은 1999년 말에 시작되었다. 기존 교과
서를 대체할 수 있는 교재 제작이 목표였다. 2년여의 작업 끝에 2002년
3월 마침내 중학교용 대안교과서인 《살아있는 한국사 교과서》가 간행
되었다. 고등학교용 대안교과서 개발은 끝내 이루어지지 못했다. 그러

나 《살아있는 한국사 교과서》는 중학교용이라고는 하지만, 고등학교에서도 사용할 수 있는 것이었다.

전국역사교사모임이 만들고자 한 대안교과서의 내용이 어떤 것인지는 《살아있는 한국사 교과서》의 서문에 나타난다.

문제는 결국 교과서라고 생각했습니다. 우리 역사를 이야기하듯 쉽고 재미있게 들려주는 교과서, 때로는 나직하게 속삭이고 때로는 끓어오르는 분노로 주먹을 불끈 쥐게 만드는 교과서, 역사 속의 인물들이 교과서 밖으로 걸어 나와 학생들에게 말을 건네는 교과서, 무엇보다도 학생들 스스로 저마다의 눈으로 관찰하고 나름대로 느낌을 이야기할 수 있는 살아 있는 교과서가 우리에게 절실하게 필요했습니다. 전국역사교사모임, 《살아있는 한국사 교과서(1)》, 4쪽

개인적으로 나는 이 책에 관심을 가지고 만드는 과정을 지켜보았다. 강좌나 시범단원 토론 등을 통해 개인적 의견을 전하기도 했다. 출판사가 검토해달라고 전해준 원고를 읽으면서 이 책을 현장교사가 썼다는 것을 실감할 수 있었다. 학생들에게 역사를 가르치면서 얻는 아이디어와 현실감을 책에서 볼 수 있었기 때문이었다. 서평을 쓰면서 나는 이 책을 '교실에서 건져 올린 책'이라고 표현했다. 교사들이 교실에서 학생들에게 수업하는 내용이 그대로 책에 들어 있었다. 책의 내용에는 역사적 사실과 함께, 그 사실을 전하기 위하여 곁들이는 이야기들이 그대로 녹아 있었다. 책이 읽는 느낌보다 듣는 느낌을 주는 것은 그 때문이었다. '철기가 바꾼다. 세상을!'이라는 제목의 철기시대 서술은 이렇게 시작된다.

박물관에 가면 대개 구석기, 신석기, 청동기, 철기시대 순서로 유물들을 살펴보게 된다. 그런데 청동기시대의 청동검까지는 뭔가 도구가 발전하는 듯하다가 철기시대의 칼을 보면 실망을 금치 못한다. 저렇게 잔뜩 녹슬어 있는 쇠칼이 청동검보다 더 나을까? 《살아있는 한국사 교과서(1)》, 42쪽

아마도 교사는 이런 질문을 던지고 학생들의 반응을 기다릴 것이다. 그 다음 몇몇 학생들에게 자신의 생각을 말해보게 할지도 모른다. 그런 다음 왜 쇠칼이 청동검보다 더 나은지 설명하기 시작했을 것이다. 이런 부분을 읽노라면, 역사수업을 하는 교실 장면들이 어렴풋이 떠오른다. 그리고 교사가 하는 말이 들리는 듯하다. 교사가 일방적으로 학생들에게 설명하는 것이 아니다. 학생들이 생각해서 답하도록 유도한다. 또 '문화재를 찾아서'라는 읽기자료 중 하나인 '고창 고인돌 이야기'는 이렇게 시작한다.

고인돌이 청동기시대 족장의 무덤이라는 것은 널리 알려진 사실이다. 돌 아래 무덤 방에서 사람 뼈, 청동검이 나온 것이 이를 확실히 증명해주고 있다. 우리나라는 세계에서 가장 많은 고인돌을 가지고 있다. 그렇다면 3만 5천여 개에 이르는 고인돌의 수만큼 많은 족장들이 있었다는 이야기일까? 《살아있는 한국사 교과서(1)》, 36쪽

학생들은 이 질문에 어떤 답을 할까? "족장의 무덤이 아닌 고인돌도 많다"라고 했을까, "옛날에는 족장들이라고 하더라도 작은 집단의 우두머리였을 뿐이다"라고 답했을까? 아니면 다른 어떤 대답이 있었을까?

이런 식의 내용구성은 "고인돌은 족장의 무덤이다"라고 기계적으로 기억하던 것에서, "정말 그런가?" 하고 의문을 이끌어낸다. 이처럼 교실에서 학생들에게 하는 이야기 같은 내용들, 이 책의 인상은 나에게 그렇게 다가왔다. 물론 이 밖에 'history' 대신 'herstory'로 이름 붙은 여성사, '청소년의 삶과 꿈' 등의 읽기자료 코너들도 다른 한국사 개설서에서 찾기 어려운 참신한 아이디어로 생각되었다.

《살아있는 한국사 교과서》는 기대 이상의 반향을 보였다. 거기에는 이 책에 걸었던 역사교사들의 관심이 한몫을 했다. 전국역사교사모임은 자주연수 등의 모임을 통해 책의 방향이나 내용에 대해 교사들의 의견을 모았다. 이 과정을 통해 자연스럽게 《살아있는 한국사 교과서》를 역사교사들에게 알렸으며, 교사들은 이 책이 어떤 모습으로 나올 것인가 하는 기대를 갖게 되었다.

《살아있는 한국사 교과서》에 대한 관심은 역사교사나 역사가에게 한정되지 않았다. 출간된 책은 사회의 커다란 관심을 끌면서 한 달이 채 되지 않아서 1쇄 5000부를 소진하였다. 대부분의 언론들이 《살아있는 한국사 교과서》를 보도했다. 대표적인 보수언론인 《조선일보》가 2002년 5월에 이 책을 '이달의 책'으로 선정했을 정도였다. 대안교과서를 놓고 다양한 견해들이 엇갈렸다. 역사학계는 《살아있는 한국사 교과서》의 구체적인 내용에 문제를 지적하기도 했지만, 전체적으로 그 의미를 높이 평가했다. 그런데 책이 높은 사회적 관심을 끌면서 널리 읽힐 기미를 보이자, 일부 단체들에서 점차 비판의 목소리를 높이기 시작했다. 책의 내용에 보이는 역사인식이 마음에 들지 않은 것이었다. 2002년 9월 한국사학법인연합회는 《'살아있는 한국사 교과서'의 문제점과 대책》이라는 책자를 발간했다. 이 책자를 통해 이들은《살아있는 한국사 교과서》가 민중사관 또는 유물사관의 관점에서 계급갈등을 부추기고 사회 전체를 대립과 분열로 이끌고 갈 우려가 있다고 비판했다. 일제와 해방 이후 부분에서는 좌익을 정당화시키는 서술이 많으며, 북한 독재정권을 암묵적으로 정당화하고, 대한민국 역대 정권에 대해서는 비판 일변도라고 주장했다. 한나라당 김정숙 의원의 대정부 질의에 대한 답변으로 작성된 국사편찬위원회의 분석에서는《살아있는 한국사 교과서》의 내용이 민중사관에 치우쳐 교과서로 부적절하다고 지적했다. 근현대사를 너무 부정적으로 어둡게 서술하고 있으며 좌편향적이라고 주장했다. 이들은《살아있는 한국사 교과서》를 학교에서 교재로 사용하면 안 된다고 강조했다.《살아있는 한국사 교과서》는 제목에 '교과서'라는 말이 붙어 있지만 일반 역사책일 뿐, 그것이 교과서가 아니라는 것은 너무나 당연하다. 그런데도 이처럼 '교과서'를 둘러싼 논의로 몰고 가려 한 사실은, 이 책이 불러일으킨 사회적 반향을 의식했음을 보여준다.

《살아있는 한국사 교과서》의 뒤를 이어 2005년에는《살아있는 세계사 교과서》가 나왔다. 이 책은 '주연 유럽, 조연 중국'이라는 세계사 교과서의 문제점을 극복하고, 문화권의 교류와 충돌을 중심으로 역사를 서술하고자 했다. 이와 별도로 2007년에는《살아있는 한국사 교과서》를 간행할 당시 전국역사교사모임 회장이던 김육훈의 개인 저서로《살아있는 한국근현대사 교과서》가 나오기도 했다.

'살아있는 역사 교과서' 시리즈가 독자층으로 학생을 상정한 것이라면,《우리 아이들에게 역사를 어떻게 가르칠 것인가》(휴머니스트, 2001)

는 교사를 대상으로 하는 것이었다. 이 책에는 '현장 교사들이 쓴 역사 교육론'이라는 부제가 붙어 있다. 교원자격증을 받으려면 대학에서 정해진 학점 이상의 교육학과 교과교육학 강좌를 들어야 한다. 그렇지만 교육학 강좌들은 학교 현장이나 교실수업과 거리가 먼 이론이라는 비판을 들어온 지 오래다. 대부분의 학생들은 교육학을 학생을 가르치는 데 도움이 된다고 생각하기보다, 교사 자격증을 위해 어쩔 수 없이 이수해야 하는 것으로 인식하고 있다. 교과를 가르치는 데 필요한 실천적인 능력을 길러줄 것으로 기대되면서 근래 그 중요성이 강조되고 있는 교과교육학 강좌들도 이런 비판에서 자유롭지 못했다. '~교육론' 같은 제목이 붙은 교과교육학 이론은 다루는 문제들이 너무 현학적이거나 추상적이며, '~교재 및 지도론'이나 또는 '~교수법' 등의 교과교수법도 실제 수업에는 활용할 수 없는 도식적인 내용이라는 비판이 있었다. 그리하여 교사들이 쓰는 역사교육론이 필요하다는 데 뜻을 모은 결과로 이 책이 출간된 것이었다. '살아있는 역사 교과서 시리즈'가 대안교과서라면, 이 책은 '대안의 역사교육론'인 셈이다.

2008년 8월 8일에 건국대학교 새천년기념관에서는 '살아있는 역사교육 20년을 성찰한다'라는 주제로 전국역사교사모임 창립 20주년 기념 심포지엄이 열렸다. 전국역사교사모임에 대한 감회를 이야기하면서 한 교사가 대학에서 배우는 역사교육론의 문제점을 꼬집었다. 자신이 역사를 가르치는 데 도움을 받은 것은, 대학에서 배운 역사교육론이 아니라 전국역사교사모임의 자료들이었다고 역설했다. 그런데 그 교사의 이야기 중에 "교사가 되기 전에는 누구나 공부하지만, 교사가 되고 난 다음에는 한 번도 보지 않는 노란책, 파란책, 갈색책"이라는 언급이 있

전국역사교사모임이 주최한 창립 20주년 기념 심포지엄

었다. 노란책은《역사교육의 이론과 방법》(삼지원), 파란책은《역사교육의 이해》(삼지원), 갈색책은《역사교육과 역사인식》(책과함께)을 가리킨다. 이 책들은 역사교육 논문들을 모아서 엮거나, 역사교육론 강의 교재로 개발된 것이었다. 그런데 역사 임용고시에 대비하는 수험생들이 대부분 읽는 책이 되면서 이처럼 색깔로 지칭되고 있었다. 이 책들은 공저이기는 하지만, 내가 주도해서 만든 것이었다. 뒷자리에 앉아 있던 나는 이 이야기를 들으면서 겸연쩍기는 했지만, 그렇게 기분이 나쁘지는 않았다. 이 책들이 색깔로 지칭된다는 사실은 나도 이미 듣고 있었고, 책에 대한 비판도 충분히 예상되는 일이었기 때문이다. 그 비판은 내가 상당 부분 고민해야 할 내용으로, 앞으로 공부를 하면서 해결해야 할 과제이기도 했다.

그렇다고 내가 그 비판에 전적으로 동감한다는 말은 아니다. 아직까지 역사교육연구는 다른 영역과 비교해 수준이 낮은 단계로서, 기초적인 이론을 논하거나 학문적 체계를 만들어가는 과정에 있다. 또한 역사교육 이론서들이 교사들이 기대하는 만큼 구체적으로 수업방안을 제시해줄 수도 없는 일이었다. '수업은 교사의 창작물'이라는 관점에서 보면, 역사교육 이론서들은 수업에 필요한 아이디어를 제공해주고, 교사들이 이를 토대로 구체적으로 수업을 조직하는 편이 타당할 것이다. 가끔 경력이 10년 정도 되는 역사교사들이 내게 이런 말을 하는 경우가 있다. "대학교에 다닐 때나 교사가 된 직후에는 역사교육론 책의 내용들이 머리에 들어오지 않았는데, 지금은 무슨 이야기를 하는 것인지 이해가 된다." 물론 나에게 좋은 말을 해주는 것이겠지만, 어느 정도 '그럴 수 있다' 하는 생각이 들기도 한다. 역사교육론의 내용은 많은 부분이 역사적 사실의 이해와 역사교육의 경험을 토대로 하는 것인데, 대학교 2, 3학년 강의나 임용고시 준비과정에서 볼 때는 그럴 수 있는 상황이 아닐 것이기 때문이다. 마치 역사과 학생들이 역사이론을 다루는 역사학개론을 1학년 때 배우지만, 그 내용을 제대로 이해하지 못하는 것과 마찬가지일 것이다.

나는 개인적으로 전국역사교사모임에서 역사교육론 책을 펴낸다는 소식을 듣고 반가웠다. 기본적으로 역사교육을 다루는 책들이 많아야 한다고 생각하므로, 역사교육론을 담은 역사교육 개설서가 반드시 하나일 필요는 없다. 교육현장을 토대로 하는 역사교육론의 개발도 전국역사교사모임에서 추진해야 할 중요한 과제였다. 전국역사교사모임은 《우리 아이들에게 역사를 어떻게 가르칠 것인가》의 뒤를 이어, 《역사, 무엇을 어떻게 가르칠 것인가》(휴머니스트)를 펴냈다. 현장교사가 쓰는

'대안의 역사교육론' 제2탄인 셈이었다. 그렇지만 대안의 역사교육론은 대안교과서만큼 커다란 사회적 반응을 불러일으키지는 못했다. 대상 독자층이 다른 데다가, 아무래도 사회적 관심을 끄는 분야가 아니었기 때문일 것이다.

역사교육운동의 가능성
|

역사교육에 대한 사회적 관심은 비교적 높은 편이다. 그렇지만 역사교육의 본질적 가치보다는 외적 문제와 관련이 있는 경우가 많다. 예컨대 현대사가 자주 논란이 되는 것은 지금의 정치, 사회 세력과 관련이 있기 때문이다. 그런데 이러한 관심사는 역사교육에 대한 통제와 간섭으로 작용한다. 전국역사교사모임의 전신인 역사교육을 위한 교사모임은 교육운동에 적극 참여했다. 전국역사교사모임에서 활동하는 교사들도 교육개혁에 관심이 많다. 직접 사회개혁운동에 뛰어들기도 하고, 역사수업을 통해서 실천할 수 있는 방안을 모색하기도 했다. 전국역사교사모임은 성향상 한국 사회의 분류 기준으로 '진보 세력'과 손을 잡았다. 전국역사교사모임이 보수 세력의 끊임없는 비판을 받아온 것도 이 때문이었다.

전국역사교사모임은 교사를 대상으로 하는 연수를 열거나, 교사와 학생, 학부모를 모아서 답사를 하는 등, 역사교육을 확대·강화하는 활동을 해나갔다. 또한 2007개정교육과정에 직·간접으로 참여하기도 하였다. 모임의 명의로 교육과정을 개발한 것은 아니지만, 모임에 적극 참여하던 사람들이 개인적으로 교육과정 개정작업에 관여하고, 검정《한국근·현대사》교과서를 비롯한 역사 교과서를 집필했다. 이미 모임이 역사교육계에 적잖은 영향력을 행사하고 있었고, 또 당시가 노무현 정부 시절이어서 가능했을 것이다. 그 밖에 시민사회단체나 교육단체, 학회 등과 연계하여 사회와 교육의 현안에 의견을 개진하고 사회개혁운동을 펼쳤다. 역사교육뿐 아니라 다른 분야의 교육, 사회문제에도 적극적으로 목소리를 낸 것이다.

전국역사교사모임은 역사교육을 개혁하려는 노력을 '운동'으로 생각했다. 전국역사교사모임이나 그 회지인 《역사교육》에서 종종 '역사교육운동'이라는 말을 들어볼 수 있다. '역사교육강화운동'은 자연스럽지만, '역사교육운동'은 뭔가 어울리지 않는 단어의 조합처럼 느껴진다. '역사교육을 위한 운동'이라는 뜻인가, 아니면 '역사교육을 가지고 어떤 다른 목적을 이루려는 운동'이라는 의미인가? 아니면 '역사를 잘 가르치자는 운동'인가? 뭔가 알 듯 모를 듯하다.

뭔가 알 듯 모를 듯하게 붙은 이 명칭은 그만큼 복합적인 의미를 담고 있다. 어느 누구도 이 말의 의미를 정확히 정의하지 않은 채 사용한다. 이 말에는 역사교육강화운동도 포함되고, 역사교육을 통한 사회개혁운동이라는 의미도 들어 있다. 역사를 잘 가르치자는 운동도 역사교육운동 중 하나다.

전국역사교사모임은 2009년 4월에 더 체계적이고 지속적인 역사교육연구와 실천을 위해 역사교육연구소를 만들었다. 역사교육연구소에는 전국역사교사모임에서 적극 활동하던 역사교사들과 일부 역사교육연구자들이 참여했다. 전국역사교사모임과 역사교육연구소는 외형적으로는 독립적인 단체이지만, 동전의 양면과 같이 활동과 연구를 나누어 맡아서 상호보완하는 작용을 하고자 한다. 역사교육연구소는 민주주의와 역사교육 분과, 역사교육사 분과, 역사교육과정 분과, 어린이와 역사교육 분과, 역사수업연구 분과 등을 두고 연구활동을 하고 있다. 역사교육연구소는 2010년부터 2011년에 걸쳐 학생과 교사를 대상으로 역사의식 조사를 했다. 학교 역사교육의 실태를 확인하고, 더불어 역사교육의 목적을 재정립하고 역사교육 내용의 구성을 위한 기초 자료를 마련하기 위한 것이었다. 2012년에는 제2차 역사의식 조사사업을 벌였다. 그러나 이러한 역사교육연구소의 연구활동이 역사교육의 실천에 얼마나 도움이 될지는 아직까지 확실하지 않다.

전국역사교사모임이나 교사운동에 대한 평가는 다양하다. 보수 단체나 인물들은 전국역사교사모임을 전교조 산하조직으로 간주하고, 기회가 있을 때마다 좌파 단체로 몰아붙인다. 이들의 공세는 이명박 정부 들어서 강화되었다. 이는 전국역사교사모임의 활동을 제약하는 외적 요인으로 작용할 수 있다.

내부적으로는 전국역사교사모임이 이제까지의 활동을 기반으로 역사교육의 개혁을 주도할 만한 역량을 보유하고 있는가가 문제이다. 전국역사교사모임은 외형적으로 수천 명의 회원을 가진 단체이지만, 실제로 모임을 이끌어가는 활동가는 그리 많지 않다는 데 고민이 있다. 전국 조직이지만, 대부분의 활동성과가 소수 인원으로 구성된 연구모임에서 나온다. 지역 모임이 활성화되어 있지만, 전국의 역사교사들이 함께하는 사업은 그리 많지 않다. 전국역사교사모임이 동력을 얻으려면 회원들의 적극적인 참여가 요청된다. 그러나 많은 회원들이 회비를 내고 자료를 공유할 뿐, 모임활동에 적극적이지 않다. 이 때문에 집행부를 비롯한 일부 회원들의 부담이 가중되고 있다. 이러한 부담감은 연구 모임에 참여하는 교사들도 마찬가지이다. 낮에 수업하고 저녁이나 주말에 모여서 함께 공부하거나 자료를 개발하는 것이 쉬운 일이 아니다. 더구나 모임의 규모가 커질수록 부담도 늘어난다. 그러나 어떻게 생각하면, 이는 모임의 규모가 확대되면서 나타나는 당연한 현상들이기도 하다. 전국역사교사모임뿐 아니라 다른 대부분의 단체들도 겪는 일이다. 결국 전국역사교사모임이 교육개혁의 의지를 가진 새로운 젊은 역사교사들을 얼마나 많이 모임에 끌어들여 적극적으로 활동할 수 있게 만드느냐 하는 것이 문제이다. 그것이 이제 20년을 넘어선 전국역사교사모임이 그동안 '살아 있는 역사교육'을 위해 추진해온 '역사교육운동'의 지속과 성공을 가늠할 수 있는 필요조건이다.

'항쟁'인가 '폭동'인가

국사 교과서 준거안 파동

16

북한 선전자료 복사판 우려

이로 말미암아 우익보다 좌익이, 남한보다 북한이 상대적으로 정통성에서 우위를 점하고 있는 듯한 인상을 준다는 것이 시안을 읽어본 관련 학자들의 반응이다⋯⋯.

국사 교과서를 통해 북한의 경제와 사회, 문화를 이해하게 한다는 것이 자칫하면 그들의 선전자료를 그대로 옮겨놓는 결과를 초래할 수도 있다는 것이다.

《조선일보》 1994년 3월 24일자 5면

아무리 《조선일보》라고 하더라도, 도대체 무슨 일이기에 국사 교과서가 북한 선전자료의 복사판이 될 수도 있다고 호들갑을 떨었던 것일까? 《조선일보》가 문제로 삼은 것은 국사 교과서 집필준거안이었다. 이 집필준거안은 1992년에 고시된 교육과정에 따라 국사 교과서를 집필하기 위해 마련된 '국사교육 내용전개의 준거안(시안)'이었다. 준거안 시안의 지침대로 집필을 한다면 국사 교과서가 북한 선전자료의 복사판이 될 수 있다는 주장이었다. 1994년 3월 18일에 열린 공청회를 전후

하여 집필준거안 시안의 내용이 알려지자, 《조선일보》뿐 아니라 다른 보수언론, 당시 집권 여당이던 민주자유당(민자당), 보수 단체와 인사들이 일제히 비판의 목소리를 높였다.

국사 교과서가 '북한의 선전자료 복사판'이 된다?

교육과정이 개정되면 그에 따라서 교과서를 새로 집필하게 된다. 그런데 국사 교과서의 경우에는 교육과정을 토대로 교과서를 바로 집필하는 것이 아니라 준거안을 만들고 이를 참고하는 하나의 절차가 더 추가된다. 이처럼 준거안을 만들게 된 것은 본래 국사 교과서 상고사 논란 때문이었다. 1980년대 후반 상고사를 비롯하여 학설의 대립이 있는 부분의 서술기준을 정하기 위해 마련한 것이 집필준거안이었다. 그런데 1990년대 들어서는 근현대사, 특히 현대사의 집필준거가 논란이 된 것이다.

1992년에 제6차 교육과정이 고시되고 역사 교육과정이 확정되자, 1993년부터 준거안 연구가 시작되었다. 교육부는 '국사교육 내용 준거안 연구'를 정책과제로 설정하여 준거안 개발작업에 들어갔다. 당시 교육부의 역사 담당 편수관으로 이 작업의 실무를 담당한 신영범은 연구가 필요하다고 생각한 이유를 ① 그동안 역사학계에서 축적된 새로운 연구성과를 교과서 내용에 반영하고, ② 제6차 교육과정에서 제시한 내용요소에 따라 서술지침을 제시하도록 하며, ③ 근·현대사에서 논쟁의 대상이 되고 있는 역사 용어를 정리하여 통일안을 제시하는 데 있다고 말하고 있다. 그렇지만 국사 교과서 준거안은 제5차 교육과정에 따른 교과서 개발을 위해 1987년에도 이미 개발된 적이 있으므로, 이때의 준거안 개발은 이전의 관례에 따른 것이라고 할 수 있다.

준거안 개발에서 교육부가 특히 신경 쓴 것은 근현대사였다. 이는 1980년대 중반 이후 사회민주화와 함께 국사 교과서의 근현대사 내용에 대한 비판이 많았음을 의식하였기 때문이다. 역사학계와 일부 언론에서는 국사 교과서를 국정에서 검정으로 전환하라는 것과 현대사 내용을 새로 써야 한다는 주장이 나왔다. 국사 교과서가 검정이 되어야 다양한 관점을 반영할 수 있으며, 이제까지 현대사 서술이 정권 홍보용으로 되어 있다는 것이 그 이유였다. 1980년대 후반 이후 활성화된 한국근현대사의 새로운 연구성과를 교과서 서술에 반영해야 할 필요도 있었다.

국사교육 내용전개 준거안 연구위원회는 9명의 위원으로 구성되었다. 가장 커다란 관심 대상이던 근현대사 연구위원은 학문적 성향까지 고려하여 3명을 배정하였다고 한다. 근현대사 연구위원은 정재정(한국방송통신대 교수), 이현희(성신여대 교수), 서중석(성균관대 교수)이었다. 이 중 현대사 부분을 집필한 것은 현대사 전공자인 서중석이었다.

국사 교과서 준거안의 근현대사 내용

'국사교육 내용 준거안' 시안의 근현대사는 국정 국사 교과서의 근현대사 서술에 대한 비판과 1980년대 후반, 1990년대 초에 이루어진 근현대사 연구성과를 반영한 것이었다. 이 점에서 이전 국정 국사 교과서와 비교하면 상당 부분 차이를 찾아볼 수 있다.

첫째로 가장 눈에 띄는 것이 용어의 변경이었다. 역사 용어는 역사적 사실의 성격을 규정하고 의미를 부여한다. 역사적 사건을 어떻게 부르는가는 그 사건의 평가에 따라 달라진다. 그래서 역사학자뿐 아니라 많은 사람들이 역사 용어에 관심을 보이며, 때로 민감하게 반응하기도 한다. 동학농민전쟁, 4·19, 5·16 등이 국사 교과서에서 여러 명칭으로 불린 것도 이 때문이다. 준거안 시안은 근현대사의 여러 사건들을 이전 국사 교과서와 다른 용어로 제시하였다. '자강계몽운동', '민족해방운동(투쟁)', '10월 항쟁*', '제주4·3항쟁', '한국전쟁', '4월 혁명', '5·16쿠데타', '12·12쿠데타', '5·17쿠데타' 등이 그러한 사례였다.

둘째, 지나친 냉전이데올로기나 정권에 의해 왜곡된 역사적 사실들을 바로잡거나, 빠진 내용들을 추가하였다. 대표적 사례로 모스크바 3상회의를 들 수 있다. 준거안 시안은 모스크바 3상회의에 대해 다음과 같이 서술할 것을 제안했다.

- 미소 양군의 진주와 모스크바 3상회의 결정을 ①항부터 사실대로 기술한다.(중학교)
- 모스크바 3상회의 결정에 대해 종전에는 그것을 ③항 후단에 있는 신탁통치 조항만 부각시켰지만, 이제는 사실대로 간략히 기술한다.(고등학교)

- 1946년 10월에 대구에서 시작되어 전국으로 확대된 대규모 대중시위. 1946년 9월부터 미군정의 식량정책에 항의하는 시위가 계속되었다. 10월 1일에 시위를 벌이던 군중에게 경찰이 총격을 가한 것을 계기로 시위가 전국으로 확대되어 12월까지 계속되었다. 군부독재정권 시절에는 주로 '대구폭동'이라고 불렀으며, 이후 '대구10·1사건'이라는 용어를 사용하기도 했다. 그러나 당시 국사 교과서에는 서술하지 않았다.

모스크바 3상회의 결정서 ①항은 "조선을 독립시키기 위해 임시 민주 정부를 수립한다"라는 내용이다. 이 조항은 많은 근현대사 연구자들에 의해 모스크바 3상회의 결정서의 가장 중요한 조항으로 평가되고 있다. 그러나 종전 국사 교과서에서는 ①항은 언급하지 않은 채, ③항만을 부각시켜 모스크바 3상회의의 결정을 신탁통치와 동일시했다. 준거안 시안에서는 이런 문제점을 지적하면서 3상회의의 결정을 사실 그대로 서술하라고 한 것이다.

고등학교 시안에는 "(한국)전쟁 기간 중에 발생한 동족상잔, 양민 학살, 국민방위군 사건 등을 이해하게 한다"는 내용도 있었다. 한국전쟁 중에 일어난 민간인 학살이나 국민방위군 사건은 이전 국정 국사 교과서에서는 찾아볼 수 없는 사실이었다. 그러나 1980년대 후반 이후 이에 대한 연구가 활발해지고 진상 규명의 목소리도 본격화하기 시작했다.

시안에서는 또한 1930, 40년대 국외의 민족해방운동 세력인 대한민국임시정부, 만주의 독립군과 동북항일연군, 화북조선독립동맹의 항일 투쟁을 설명하라고 되어 있었다. 이 중 만주 지역의 무장항일대인 동북항일연군은 김일성이나 북한 정권과 직접 연결되는 세력이었다. 비록 1990년에 발행된 고등학교 국사 교과서에 동북항일연군 이름이 나오기는 하지만 국사교육에서 회피해오던 사실로서, 이전의 교육과정이나 준거안에 없던 내용이었다. 준거안 시안에서도 이를 의식하여 중학교에서는 "중국 동북지역 무장대의 경우, 김일성 등 이름은 거론하지 않는다"라고 제한하였다. 그러나 고등학교의 경우 이런 별도의 조건을 달지 않았다.

4월 혁명 이후 성립한 민주당 정부의 제2공화국에 대한 평가도 주목

할 만한 내용이었다. 준거안 시안은 민주당 정부의 공과를 다음과 같이
제시했다.

- 4·19 이후 혼란은 10년 독재의 결과로 자연발생적이었으며, 4월 혁명 과
  업을 이룩하는 과정에서 나타난 것으로, 1961년 들어 크게 줄어든 사실을
  이해시킨다.(중학교)
- 민주당 정부는 4월 혁명의 요구로 자유민주주의를 꽃피웠던 면을 긍정적
  으로 이해하게 하고, 그러나 부정선거의 원흉, 부정축재자 처리 등에 소
  극적이었고 과도기에서 '무능'한 면을 드러냈음을 지적한다.(고등학교)

이전 국사 교과서들은 무분별한 자유를 내세운 시위들로 인한 혼란
과 이에 효과적으로 대처하지 못한 민주당 정부의 무능을 강조했다. 그
것은 곧 5·16이 불가피하였다는 논지로 연결되었다. 그러나 준거안 시
안에서는 민주당 정부가 긍정적 측면과 부정적 측면을 함께 가지고 있
다고 보았으며, 부정적 측면도 시위를 효과적으로 통제하지 못한 것보
다 사회개혁을 적극적으로 추진하지 못한 데서 찾았다. 이렇게 본다면
5·16이 나라를 구하기 위한 불가피한 조처라는 논리는 성립하지 않게
된다.

셋째, 북한사 내용을 크게 늘리고, 북한의 변화를 사실적으로 이해하
게 했다. 이제까지 국사 교과서에서 북한 관련 서술은 남침의 전사(前
史)로 북한 정권의 수립과 김일성 1인 독재체제의 성립만 간단히 서술
했다. 그런데 준거안 시안에서는 북한의 변화와 관련된 중요한 역사적
사실을 다루도록 했고, 해방 이후 임시인민위원회와 인민위원회 설치

등 북한의 사회주의화 과정, 북한 정권의 수립 과정을 이해하게 하였다. 또한 1950년대 북한의 권력집중화 과정, 사회주의, 천리마운동을 이해하게 하였다. 더구나 1960년대 이후는 '북한의 유일체제와 주체사상'이라는 중단원을 두어 독립적으로 다루도록 하고 있다. 사회, 경제와 문화를 다루는 중단원에서도, 북한의 경제와 사회, 문화를 다루는 소단원을 각각 두었다. 이 밖에도 '통일조국의 건설과 민주주의'라는 중단원을 두어, 남북관계의 변화를 서술하고 통일을 위한 민족공동체의 실현방안을 다루도록 했다.

'마녀사냥'이 된 준거안 시안 비판

국사 교과서 내용 자체는 평상시 그리 커다란 사회적 관심사가 아니었다. 언론도 상고사 논쟁 같은 문제가 있을 때는 신경을 쓰지만, 그 일이 지나고 나면 곧 잊어버리고는 했다. 준거안도 처음에는 언론의 별다른 관심을 끌지 못했다. 준거안 시안 공청회에 기자를 파견한 일간지가 한 군데밖에 없었다는 사실이 이를 말해준다.

공청회 다음날인 3월 19일에 언론이 일제히 준거안을 보도했지만, 논조는 대체로 비판보다는 국사 교과서 내용이 대폭 바뀐다는 데 초점을 맞추었다. 다만 《중앙일보》만이 사설에서 "어째서 '폭동'이 '항쟁'인가"라고 하여, 준거안 시안의 현대사 내용을 비판했다. 《중앙일보》는 유일하게 공청회 당일에 준거안을 보도한 일간지였다. 그만큼 다른 신문보다 준거안에 관심을 쏟고 있었다.

이를 계기로 다음날 3월 20일에 평소 보수적 논조를 펼치던 언론들

이 일제히 준거안 시안을 비판하는 기사와 논설을 쏟아냈다. 특히 《조선일보》는 보도, 사설, 시론 등 무려 네 꼭지에 걸쳐서 준거안 시안을 신랄하게 비판했다. "새 국사 교과서 논란, 현대사/ 주사파 등 80년대부터 '새 작업'", "학계, '위험한 민중사관' 비판/ 새 국사 교과서 논란, 현대사", "'폭동'은 '폭동'이다(사설)", "어째서 '항쟁'인가(시론)". 기사에서 《조선일보》는 1986년 8월 18일자 서울대학교 자민투* 기관지 《해방선언》의 내용을 인용했다. 준거안 시안의 내용이 자민투의 역사관과 같다고 몰아붙이기 위한 것이었다. 《조선일보》뿐 아니라 《동아일보》도 기사와 사설을 통해 준거안 시안을 맹렬히 공격했다. '역사 교과서를 쓰는 자세'라는 사설의 제목은 점잖았지만, 준거안 시안의 내용이 곧 좌익, 친북 논리라고 다음과 같이 단정했다.

문제는 이 시안에 담긴 '좌익 관계' 용어와 서술에 있다. ……10월 폭동, 4·3사건을 광주항쟁, 6월 항쟁과 똑같이 민중항쟁으로 기술하는 것은 객관적이지도 않고 사실과 부합하지도 않는다. 뿐만 아니라 대한민국 정부의 정통성에도 의문을 제기하는 일이 될 수 있는 민감한 문제임을 상기할 필요가 있다. 〈역사 교과서를 쓰는 자세〉, 《동아일보》 1994년 3월 20일자 사설

교육부는 서둘러 사태 수습에 나섰다. 논란을 검토하는 것이 아니라 보수언론의 의견을 그대로 받아들였다. 준거안 시안은 어디까지나 개

• '반미자주화 반파쇼 민주화 투쟁위원회'의 약칭. 흔히 'NL'이라고 불리는 민족해방민중민주주의혁명(NLPDR)을 이념으로 내세웠다. 보수 세력은 NL을 김일성의 주체사상을 신봉하는 '주사파'와 동일시한다. 《조선일보》가 준거안을 비판하면서 자민투를 언급한 이유도 여기에 있다.

인의 의견에 따른 '시안'일 뿐이며, 교육부는 이런 시안을 받아들일 생각이 없다는 것이다. 문제가 된 '10월 항쟁', '4·3항쟁' 등의 용어로 변경하지 않겠으며, 보편타당한 사관만 교과서에 수록하겠다고 변명하였다. 그러나 기세가 오른 보수언론의 공격은 그치지 않았다. "근대사도 문제다/ 어느 나라 교과서인가(《조선일보》 3월 22일자 시론)", "교수 1인에 맡긴 '역사 개편'/ 용어의 문제가 아니다(《조선일보》 3월 22일자)", "우리 '내부'가 수상하다(《조선일보》 3월 22일자 논설)" 등 자극적 표현을 사용한 맹렬한 공격이 계속되었다. 결국 김영삼 대통령이 나서서 교과서 개정을 신중히 하라는 지시를 내렸다. 준거안 파동이 진보사학의 연구를 방해해서는 안 된다는 야당 국회의원의 조심스러운 우려나, "역사바로잡기 '여론재판'/ 현대사 용어 논쟁(《한겨레신문》 3월 25일자)" 같은 일부 언론의 뒤늦은 경계심은 별다른 영향을 줄 수 없는 뒷북치기에 지나지 않았다. 그런데도 보수우익 세력의 공격은 끊이지 않았다. 심지어 자유민족민주회의라는 보수단체가 발간하는《민족정론》은 〈국사 교재 개편위원 서중석 교수의 사상적 성향〉(1994년 5월호), 〈국가변란을 기도한 국사 교과서 개편 시안: 대한민국의 정통성을 무시한 김정남 문교수석〉(1994년 5월호)과 같은 글에서 개인에 대한 인신공격까지 서슴지 않았다.

국사 교과서 내용 자체도 아니고, 아직 확정되지도 않은 준거안 시안을 놓고 언론은 왜 이처럼 극렬한 반응을 보인 것일까? 누구나 쉽게 짐작할 수 있는 일이지만, 이는 단지 국사 교과서 내용의 문제 때문만이 아니었다. 당시의 사회 상황과 정치적 목적이 복합적으로 작용한 것이었다.

준거안 파동은 1980년대 중반부터 나타난 역사학계의 진보적 움직임과 역사 교과서 비판의 반작용이었다. 일부 정치·사회 세력은, 준거안과 같이 국사 교과서가 서술될 경우에 자신들의 존립 근거가 위협을 받을 수 있다고 우려했다. 예를 들어 반탁운동은, 우익 세력이 자신들이 대한민국을 세운 정통 세력임을 주장하는 근거였다. '반탁=우익=애국, 찬탁=좌익=매국'이 오랫동안 이들의 존재가치를 뒷받침해주었다. 이들에게 모스크바 3상회의를 달리 해석하는 것은 있을 수 없는 일이었다.

5·16의 경우도 마찬가지였다. 5·16은 당시 상황에서 나라를 구하기 위한 불가피한 조치였다고 선전되었다. 그러기에 5·16을 '군사혁명' 또는 '혁명'이라고 불렀다. 그러나 준거안 시안대로 서술하면, 5·16은 정권을 장악하기 위한 쿠데타로 전락할 상황이었다. 이는 5·16을 기반으로 정치권력을 장악하였으며 이후에도 권력을 유지하던 사람들에게는 존재를 위협받을 수 있는 일이었다.

다음으로 이들은 북한 사회의 문제점을 강조함으로써 반공노선을 확실히 하고, 북한에 대한 대결구도를 만들고자 했다. 때마침 3월 19일에 남북특사교환을 위한 회담에서 북측 대표인 박영수 조평통부국장의 "전쟁이 나면 서울은 불바다가 될 것"이라는 '서울 불바다' 발언이 언론에 크게 보도됨으로써, 남북 긴장이 높아지고 북에 대한 경계심이 커진 상황이었다. 이들은 이 사건과 준거안의 내용을 엮어서 남북대화보다 대결의 방향으로 남북관계를 이끌고자 하였다.

셋째로 김영삼 정부의 정책에 대한 견제였다. 1991년 대통령 선거에서 보수우익 세력은 김영삼을 지원했다. 김영삼은 이들의 전폭적 지지로 대통령에 당선되었다. 그러나 '문민정부'를 표방한 김영삼 정부는 이전 군부정권과의 차별화를 위해 집권 초기에 일련의 개혁정책을 추진했다. 금융실명제, 지방자치제 전면 실시, 공직자 재산 등록 등의 정책이 시행되었다. 이러한 개혁정책을 뒷받침하기 위해 개혁적 성향을 띤 교수나 시민사회단체 활동가들을 다수 정부의 중요 직책에 등용했다. 김영삼 정부의 개혁조치는 보수 세력에게 실망감을 주었다. 그래서 이들은 기회가 생기는 대로 개혁정책에 제동을 걸고자 했다. 국사교육 내용 준거안 사건도 여기에 이용되었다.

이들이 타깃으로 삼은 것은 당시 청와대 문교수석이던 김정남이었다. 김정남은 1970~80년대 재야민주화운동가로 잘 알려진 인물이었다. 1974년 민청학련 사건 당시에 수배자들의 도피를 도왔으며, 1981년의 부산 미문화원 방화사건, 1987년의 박종철 고문치사 사건 등을 세상에 알린 인물이었다. 그러나 김정남은 일반적인 재야 민주화운동가들과 달리 김영삼을 지지했다. 재야민주화운동 세력과 연결고리가 부족한 김영삼에게는 중요한 인적 자원이었다. 김정남은 3당 합당을 바람직한 정계 개편이라고 하였으며, '투사의 시대'는 끝이 났다고 하면서 정치에 본격적으로 참여했다. 그런 점에서 이미 운동가보다는 정치가라고 할 수 있는 인물이었다. 당시는 좌익은 물론 진보 세력과도 거리를 두고 있는 상태였다. 그러나 보수 세력으로서는 김정남 같은 사람을 청와대 수석비서관으로 등용하는 것은 배신이며 더 이상 두고 볼 수 없는 일이었다. 이들은 서중석이 민청학련 사건으로 구속된 것을 떠올리면서, 그 인연으로 김정남이 서중석을 연구위원에 넣어 의도적으로 현대사를 뜯어 고치려 했다고 모함하였다. 준거안 사건을 계기로 김영삼 정부를 몰아붙여 개혁정책에 제동을 걸려고 한 것이다.

대표적인 우익 정치인인 이철승은 3월 20일자 《조선일보》에 기고한 "어째서 '항쟁'인가"라는 시론에서 그러한 생각을 다음과 같이 솔직히 밝혔다.

92년 대통령선거 당시 이 나라 건국 세력과 6·25참전 세력들은 김영삼 후보를 혼신의 힘으로 지원했다. 그것은 우리 사회 각 분야에 침투해 있는 김일성의 대남 통일전선전술에 의해 대한민국의 건국사 및 현대사가 김일성사관, 수정주의사관으로 왜곡, 국기가 흔들리는 지경에 이른 현 상황을 김영삼 대통령이 바로잡아줄 것으로 기대했기 때문이었다.

이철승은 해방 직후 우익 청년단에 가담하여 반탁운동 등을 하였다. 이승만과 박정희 정부 시절에는 야당 국회의원을 하였다. 1971년에 신민당 대통령 후보 경선에서 40대기수론에 편승하여 출마했으며, 유신체제 하에서는 대표최고위원의 자리에 오르기도 했다. 그러나 중도화합론을 내세워 박정희 유신정권에 유화적인 태도를 취함으로써 '사쿠라' 정치인이라는 비난을 받았다. 1985년 2·12총선에서 신민당으로 당선되었지만, 전두환 정권의 내각책임제 개헌안을 받아들임으로써 김영삼, 김대중 등과 갈라섰다. 이후 본격적으로 우익, 보수 세력을 대변하는 활동을 한 인물이었다. 그로서는 평생의 정치적 라이벌인 김영삼을 공격할 수 있는 좋은 기회라고 생각했을 것이다.

보수우익의 주장대로 확정된 준거안

1994년 7월 '국사교육 내용전개의 준거안 연구보고서'에 이어, 11월 '국사교육 내용전개의 준거안'이 고시되었다. 준거안 시안을 둘러싼 논란의 과정에서 이미 예상되었듯이, 보수언론이나 우익 인사들의 주장을 받아들인 것이었다. "종래의 정통적 견해를 대폭 수용하기로 결정했다"라는 교육부 말은 이를 에둘러 표현한 것이었다. 결국 교육부는 기존 국사 교과서의 테두리를 별로 벗어나지 않는 선에서 준거안을 마무리 지었다.

시안에서 새로 제안한 용어는 대부분 이전 교과서대로 환원되었다. '애국계몽운동', '민족운동', '제주도 4·3사건', '6·25전쟁'이라는 용어가 사용되었으며, 논란이 된 대구 10월 항쟁은 아예 제외되었다. 12·12, 5·17 등은 용어를 명시하지 않았다. 그나마 이전 교과서에 '4·19의거'라고 되어 있던 것이 '4·19혁명'으로, '5·16군사혁명'이 '5·16군사정변'으로 바뀐 것이 변화였다.

내용 부분에서도 중국 동북지역(만주) 항일 무장대 활동과 관련된 내용은 전부 삭제되었다. 이에 따라 종전 교과서에 들어 있던 동북항일연군 내용이 오히려 개정 교과서에서는 사라졌다. 일제하 사회주의계 문화운동도 마찬가지였다. 6·25전쟁의 국민방위군 사건이나 민간인 학살도 빠졌으며, 북한 관련 내용은 대폭 줄어들었다. 4·19혁명 후 민주당 정부에 대한 평가는 "공과를 서술한다"라는 원론적인 말로 얼버무렸다.

이로써 1994년의 국사교육 내용 준거안 파동은 마무리되었다. 1997년에 고시된 제7차 교육과정에 따라 2000년 2월에도 '국사교육 내용전개의 준거안'이 다시 만들어졌다. 그러나 1994년의 파동 같은 사건은

제주4·3평화기념관과 기념관 내 백비에 새겨진 글귀

"언젠가 이 비에
제주4·3의 이름을 새기고
일으켜 세우리라"

4·3백비, 이름 짓지 못한 역사
Unnamed Monument

백비(白碑). 어떤 까닭이 있어 글을 새기지 못한 비석을 일컫는다.
'봉기·항쟁·폭동·사태·사건' 등으로 다양하게 불려온 제주4·3은 이 시점까지도,
올바른 역사적 이름을 짓지 못하고 있다. 분단의 시대를 넘어 남과 북이
하나가 되는 통일의 그날, 진정한 4·3의 이름을 새길 수 있으리라.

As the Jeju incident still does not have historical definition,
its monument has no inscription.

일어나지 않았다. 물론 준거안 연구위원들이 이런 파동을 겪지 않으려고 조심하여, 논란이 될 만한 부분은 1994년에 고시된 준거안을 거의 그대로 받아들였기 때문이다. 일종의 '자기검열'이었다. 그렇지만 1994년 준거안 파동은 이후 국사 교과서 이념논쟁의 본격화를 알리는 신호탄이었다.

준거안 파동, 그 후

|

1994년의 준거안 파동 과정에서 준거안 시안의 현대사 부분을 작성한 당사자인 서중석은 인신공격까지 받으면서도 별다른 언급을 하지 않았다. 상당한 시간이 지난 뒤인 2001년에 서중석은 국사 교과서의 현대사 서술내용을 분석한 글에서 그 이유를 다음과 같이 설명했다.

> 필자는 1994년 3월 이래 현행 중·고교 국사 교과서를 분석하거나 비판하는 글을 쓰지 않았다. 현대사와 관련된 사실과 진실은 특히 극우 이데올로그들이 물고 늘어진 부분일수록 연구자들에 의해 상당 부분이 밝혀질 대로 밝혀져 있어 때로는 추악하게까지 전개될 수 있는 논쟁에 끼어들 필요가 없다는 판단도 없지 않았다. 그러나 그보다 글을 쓰지 않은 가장 중요한 이유는, 올바른 태도는 아니지만 동양적 '의리' 또는 '정실' 때문이었다. 그해 준거안을 작성하는 데 관련된 분들이 필자 때문에 곤란하게 될지 모른다는 점도 있었고, 더 직접적으로는 현행 교과서 필자와의 인간관계가 작용했다. 서중석, 〈국사 교과서 현대사 서술, 문제 많다〉, 148~149쪽

국사 교과서의 서술내용이 마음에 들지는 않지만, 이를 일일이 분석하여 비판할 경우 집필자들을 힘들게 할 것을 우려했다는 말이었다. 이 글에서는 국정 국사 교과서 현대사 서술의 특징을 다섯 가지로 정리했다. '① 정부·관 중심의 서술, ② 서술의 불균형, ③ '민족' 등의 과다 사용, ④ 극우 권위주의 정권 미화, ⑤ 반공·반북이데올로기에 의한 제약' 이 그것이다. 여기에서 '② 서술의 불균형'은 현대사 서술의 시기별 불균

형, 국가별 불균형, 노선(이념)별 불균형, 분야별 불균형 등을 지적한 것이다. 이렇게 볼 때, 이전 국사 교과서의 현대사 서술과 별 차이가 없다. 국정 국사 교과서에 대한 근현대사 연구자들의 다른 분석들도 비슷한 비판들을 하고 있다. 여기에서 분석 대상으로 삼은 국정 국사 교과서는, 1994년 준거안에 따라 개발되어 1996년부터 사용된 것이다. 준거안 시안의 문제의식이 좌절된 채, 이전 교과서와 큰 차이가 없는 범위에서 준거안을 만든 것이 원인이라고 할 수 있다.

제7차 교육과정에 따라 간행되어 2003년부터 사용된 한국근·현대사 교과서들은, 1994년에 국사교육 내용 준거안 시안이 담았던 근현대사의 문제의식을 상당 부분 반영하였다. 이는 한국근·현대사 교과서가 검정으로 발행되어서 가능한 일이기도 했다. 1994년의 준거안 시안 때와 마찬가지로 한국근·현대사 교과서는 다시 보수 세력의 공격을 받았다. 그러나 1994년의 일방적 공격과 달리 사회에서 논쟁이 뜨겁게 진행되었으며, 교과서도 그들의 의도대로 쉽게 바뀌지는 않았다. 그 사이에 한국근현대사 연구의 성과가 더 많이 쌓였으며, 대중의 역사인식도 많이 달라졌기 때문이었다.

3부

1990년대 중반 이후 현재까지

1990년대 이후 역사교육에 대한 사회적 관심이 높아지고 연구가 진행되면서, 전에 비해 다양한 문제들이 논의의 대상이 되었다. 사회과 통합의 강화는 역사학계의 거센 반발을 불러일으켰다. 서양사 전공자를 중심으로 하는 포스트모던 역사학자들은 민족주의 역사학과 역사교육을 거세게 비판했지만, 다수의 한국사 전공자들은 민족을 중심에 두는 역사교육이 아직까지 가치가 있다고 맞섰다. 국사교육이 비해 상대적으로 관심이 떨어지던 세계사 교육의 논의도 본격화되었다. 서유럽 중심의 세계사 교육 비판은 점차 '유럽 중심, 중국 부중심'의 비판으로 확산되었다. 세계사 교육의 위기를 우려하는 목소리도 높아졌다. 근현대사 인식을 둘러싼 사회적 갈등은 《한국근·현대사》 교과서 파동으로 확대되었다. 일부 보수 세력은 역사 교과서를 이념논쟁의 대상으로 몰고 갔다.

21세기에 들어서 동아시아 사회는 역사분쟁의 소용돌이에 휘말렸다. 일본 우익 단체인 '새로운 역사 교과서를 만드는 모임'이 펴낸 《새로운 역사 교과서》의 내용은 한일 간에 역사분쟁의 단초가 되었다. 중국의 동북공정은 고구려사를 중국사에 편입하려고 한다는 의혹과 함께 한국사회의 거센 반발을 불러일으켰다. 고등학교 역사과목으로 동아시아사가 신설된 것도 이 영향이었다. 그러나 동아시아 공동역사교재의 개발과 같이 이러한 갈등의 해소를 모색하는 움직임도 나타나고 있다.

역사와 사회과는 적인가

사회과 통합과 국사교육 선택 논란

　1991년 9월 27일에 열린 제6차 교육과정 시안 공청회는 많은 사회적 관심을 끌었다. 언론들은 일제히 시안의 내용을 보도하고 전문가들의 견해를 실었다. 텔레비전이나 라디오에서 이를 주제로 토론이 벌어지기도 했다. 신문의 독자란에도 시민들의 적지 않은 의견들이 실렸다. 교육과정의 개정이 이처럼 사회적 관심을 끈 것은 처음이었다. 물론 이전에도 교육과정 개정안이 마련되면 공청회 등으로 의견을 수렴하는 과정을 거쳤지만, 대중의 관심을 끌지는 못했다. 언론은 조그맣게 개정 시안의 내용을 보도했으며, 시안은 커다란 수정 없이 교육과정으로 확정되었다. 그러나 제6차 교육과정 시안 공청회를 앞두고 그 내용이 공개되자, 각 교과 관련자나 단체는 물론이고 일반 시민들도 찬반을 비롯한 각종 의견을 앞 다투어 내놓았다. 이는 1980년 중반 이후 사회민주화의 진전을 보여주는 것이기도 했다. 그런데 이 시안에서 많은 논란을 불러일으킨 것이 사회과였다. 시안에서 제시한 개정의 핵심은 다음 두 가지였다.

- 중·고등학교 교육과정에서 국사과를 없애고, 국사를 사회과에 포함한다.
- 사회과를 대표하는 통합과목으로 '현대 사회와 시민'을 신설하여 고등학교 필수과목으로 하고, 그 밖의 모든 사회과 과목은 선택으로 한다.

이 안에 따르면, 1970년대부터 독립교과였던 국사과가 없어지고, 고등학교 국사는 선택과목으로 바뀌게 된다. 이러한 개정의 배경에는 사회과 통합을 강화하려는 움직임이 있었다. '현대 사회와 시민'은 역사, 지리, 일반사회 등 사회과의 모든 영역을 망라하는 통합과목으로 제안된 것이었다.

영역 간의 절충으로 마무리된 제6차 교육과정
|

개정시안의 내용은 뜨거운 논란을 불러일으켰다. 논점은 두 가지였다. 하나는 사회과 통합이 과연 바람직한가 하는 문제였고, 다른 하나는 국사를 선택과목으로 하는 문제였다. 개정시안의 내용이 알려지자 대표적인 역사교육 관련 학회인 역사교육연구회는 공청회가 열리기 직전인 1991년 9월 25일에 '소위 사회과 교육 통합의 문제와 역사교육의 진로'라는 주제로 급히 세미나를 개최하여 국사의 필수과목 제외와 사회과 통합에 반대했다. 사회의 관심은 사회과 통합보다 국사가 선택과목으로 된다는 것에 있었다. 여론은 매우 부정적이었다. 각계 인사들이 방송이나 신문을 통해서 이를 비판했다. 일반 국민들의 비판 여론은 더욱 거셌다. "어떻게 우리나라 역사를 배우지 않을 수 있느냐?"라는 것이었다. 심지어 신문의 독자투고란에는 교육과정 시안을 만든 교육과정개

정연구위원회(이하 '교개연') 위원들을 가리켜 '매국노'나 '반민족적'이라고 하는 극단적 표현들도 등장했다.

　이러한 여론의 동향은 역사학계로서는 반가운 일이었다. '밥그릇 챙기기'라는 부담스러운 반론을 무릅쓰고 나서지 않더라도 여론의 힘을 빌려 문제를 해결할 수도 있는 상황이었다. 예상대로 여론의 비판에 직면한 교육부는 국사를 필수에서 제외하는 것은 교육부의 의견이 아니라고 한걸음 뒤로 물러났다. 그저 교개연이 내놓은 시안일 뿐이라는 것이었다. 결국 국사를 필수과목에 복귀시키는 대신, 국사과를 사회과에 통합시키는 절충으로 마무리하였다. 그리고 '현대 사회와 시민'의 명칭을 '공통사회'로 바꾸어 국사와 함께 필수과목으로 하고, 공통사회는 교과서를 둘로 나누어 《공통사회(상)》은 일반사회, 《공통사회(하)》는 한국지리로 구성하였다. 국사만을 필수로 하는 것에 대한 지리와 일반사회 측의 반발을 감안한 조처였다. 결국 사회과의 세 영역이라고 하는 역사, 지리, 일반사회에서 각각 하나씩 필수로 하는 타협책이었다. 교육부의 이러한 안이 알려지자, 1992년 1월 말 역사학계는 공통사회에 세계사가 빠지는 것은 고등학교에서 대부분의 학생들이 세계사를 배우지 않게 됨을 의미한다고 세계사교육의 위기를 지적하며 반발했다. 5월 30일에 열린 전국역사학대회에서는 역사교육연구회가 주관하고 동양사와 서양사 관련 학회들이 공동으로 개최하는 '세계사교육의 난국과 전망'이라는 주제의 심포지엄이 열렸다. 심포지엄에서 참가자들은 교육과정 개정안을 비판하고 세계사교육의 정상화를 촉구했다. 그렇지만 한국사와 달리 여론의 별다른 관심을 끌지 못한 채, 교육부의 개정안은 그대로 교육과정으로 확정되고 말았다.

통합 사회과 과목 '현대 사회와 시민'

개정교육과정에서 국사는 필수과목으로 환원되었지만, 국사과를 폐지하고 사회과에 통합한다는 안은 그대로 시행되었다. 또한 '현대 사회와 시민'은 '공통사회'로 이름이 바뀐 채 그대로 유지되었다. 다만 '공통사회'는 역사가 제외된 채 한국지리와 일반사회로 구성되었으므로, 역사는 사회과에 속해 있기는 하지만 '공통'으로 알아야 할 내용은 아닌 셈이었다. 결국 사회과 통합이라는 교개연의 애초 구상은 유지되었고, 이는 계속 갈등의 불씨로 남았다.

교개연은 1990년 12월에 조직되어 교육과정 개정안의 연구활동을 시작했다. 그런데 교개연은 위원 중에 교과 전공자가 포함되지 않은 채 교육학자를 중심으로 운영되었다. 교과 전공자가 관련될 경우에 '교과 이기주의'에 사로잡혀 개혁적인 안을 만들지 못한다는 논리였다. 그러나 특정 교과를 전공하지 않은 교육학자들로서는 교과의 특성을 고려하거나 구태여 기존의 교과체제를 유지할 필요가 없었다. 더구나 교개연 위원 중에서는 통합교육 전공자까지 포함되어 있었다. 이들은 '학생의 입장'을 내세워 교과 통합의 방향으로 교육과정의 개정을 추진했다. 그 대상이 사회와 과학이었다.

교개연은 '현대 사회와 시민'의 성격을 "현대 사회와 삶의 문제를 역사적, 지리적, 정치·경제적, 이념·철학적 등의 입장에서 주제 중심의 다학문적으로 가르쳐 복잡한 현대 사회를 살아가는 시민의 사회문제를 체계적, 종합적으로 생각하고 해결할 수 있는 능력 배양"을 목적으로 하는 과목이라고 규정했다. 이에 따르면, '현대 사회와 시민'은 단순히 사회과 여러 영역을 합하는 것이 아니라 교과 목적을 위해 새롭게 재구조화한 과목이다. 현대 사회의 삶의 문제를 역사적, 지리적, 정치·경제적으로, 이념·철학적인 입장에서 주제 중심의 다학문적으로 접근하는 통합과목이다. 즉 전인적인 인간의 자질로 복잡한 현대 사회의 제 문제를 효과적으로 해결할 수 있는 인간을 상정하고, 이러한 인간의 육성을 위한 교과목으로 '현대 사회와 시민'을 설정한 것이다. 이들은 사회과와 역사과는 갈등관계에 있지 않다고 하면서 '현대 사회와 시민'을 설치하는 것이 역사교육을 약화시킨다는 주장을 부인했다. 학문의 발전에 따라 기존의 한 영역을 고수하는 것은 불가능하며, 학문 자체의 발전에도 도움이 되지 않는다고 주장했다. 국사와 사회과는 목적과 방법을 공유하고 있으므로, 국사교육을 사회과학적 안목과 세계사와의 관련, 현대 사회와의 관계에서 조직하는 노력이 필요하다고 충고하기까지 했다.

그러나 국사과를 폐지하고 고등학교에서 선택과목으로 돌려도 국사교육이 약화되지 않는다는 주장은 구태여 반론할 필요도 없는 억지스러운 것이었다. 학문의 발전에 따라 통합교육이 필요하다는 논리도 자의적이었다. 물론 현대의 학문들이 학제적 연구를 통하여 커다란 발전을 했으며, 많은 연구성과를 낳고 있는 것은 사실이다. 그러나 학제적 연구는 기존의 세부 학문과 별개로 이루어지는 것이 아니라, 그 학문적 기초와 연구성과를 바탕으로 한다. 통합교육이 학문의 발전에 도움을 주기 위해서는 그 속에 포함된 개별 과목이나 영역에 대한 체계적인 학습이 전제되어야 한다. 그렇지 못한 통합교육은 단순 기능만을 기르는 데 그칠 우려가 크다.

사회과 통합 과목이라는 '현대 사회와 시민'의 성격은 불분명한 것이었다. 역사교육계는 특히 '현대 사회와 시민'이 일본에서 한번 시도했다가 없어진 '현대 사회'와 이름이나 논리가 비슷하다는 것에 주목했다. 일본은 1978년에 개정된 학습지도요령(學習指導要領)에서 고등학교 사회과의 대표과목으로 '현대 사회'를 신설하여 필수과목으로 하고, 나머지 과목들은 선택으로 바꾸었다. 그러나 '현대 사회'는 현대 사회의 인간과 문화, 환경과 인간생활, 현대 정치·경제와 인간 등 공민 위주로 짜였으며, 체제 옹호와 이데올로기 교육이라는 비판을 받았다. '현대 사회'의 실패는 곧 사회과 통합의 실패를 의미했다. 1989년 학습지도요령 개정에서는 고등학교 사회과가 해체되어 지력과(지리역사과)와 공민과로 분리되고, '현대 사회'는 사회과 통합과목의 지위를 상실한 채 공민과의 한 과목으로 전락하고 말았다. 역사교육계는 이처럼 일본에서 이미 실패한 '현대 사회'와 비슷한 과목을 구태여 한국에서 반복하려는 과정이나 저의를 의심했다. 교개연이 각 교과 당 한 과목씩만 필수로 한다는 방침을 정해놓고 사회과를 대표하는 과목을 찾다보니까, 어느 것을 넣고 빼기가 곤란해 통합과목이라는 기발한 착상을 하게 된 것 아니냐는 추측도 나왔다. 정작 학교 교육의 주체인 교사와 학생들이 반대를 하고 있으며, 교원양성체제와도 맞지 않는 것이었다. 교과 통합에 적극적인 반대를 하지 않더라도, 별다른 실험도 하지 않고 사범대학 교육과정의 개편도 없이 시행하는 것은 무리라는 지적도 나왔다.

이러한 반대에도 '현대 사회와 시민'은 '공통사회'로 이름을 바꾸어 존속했다. 공통사회 속에 역사는 아예 빠졌으며, 교과서가 한국지리와 일반사회로 나뉘어 발행됨으로써, '공통'이라는 이름은 무색해졌다. 그러나 사회과 통합은 학교 교육에 현실적인 영향을 미쳤다. 특히 과목을 가르쳐야 하는 사회과 교사들에게 그 영향은 상당한 것이었다. 공통사회 안의 한국지리와 일반사회를 나누어 가르칠 수도 있지만, 함께 가르치는 학교들도 있었다. 이 경우 지리나 일반사회 교사는 전공하지 않은 다른 영역을 가르쳐야만 했다. 중학교에서는 이미 1980년대부터 역사(세계사), 지리, 일반사회 중 두 영역을 함께 가르쳐야 했지만, 이제

고등학교 《공통사회(상)》 교과서

고등학교에까지 이런 상황이 확대되었다. 심지어 같은 사회과임을 내세워, 국사마저 역사교사가 아닌 지리나 일반사회의 교사가 가르치는 경우를 중학교에서 어렵지 않게 찾아볼 수 있었다. 교육부는 통합의 취지를 내세워 역사, 지리, 일반사회 교사들에게 사회과 전체를 가르칠 수 있도록 다른 영역을 연수시켰다. 공통사회 교사 자격도 새롭게 만들어졌다. 그렇지만 연수를 받았다고 하더라도, 기존 역사, 지리, 일반사회 교사들은 다른 영역을 가르치기 힘들어했으며 교육의 질도 떨어졌다. 자신이 전공한 영역을 자세히 가르치는 반면, 그 밖의 영역은 교과서를 정리하는 수준으로 넘어가는 현상을 쉽게 찾아볼 수 있었다. 더구나 공통사회 자격만을 가진 교사들이 역사, 지리, 일반사회 영역을 가르칠 때, 그 영역을 전공한 교사들보다 어려움을 겪는 것도 당연했다. 결국

사회과 통합과 이를 대표하는 필수과목으로 '현대 사회와 시민'의 신설은 학생의 입장을 내세웠지만, 오히려 학교 교육의 현실이나 교사와 학생의 입장을 무시한다는 비판을 면하기 어려운 것이었다.

사회과 통합을 둘러싼 논쟁

원래 사회과 통합을 추진하는 사람들은 주로 통합교육을 전공한 교육학자들로서, 이들이 교육과정 개정의 방향을 주도하는 경우가 많았다. 그리고 사회과의 영역 중 일반사회와 관련된 전공자들이나 일반사회교사들 중에서도 사회과 통합의 지지자들이 많았다. 이에 반해 역사 전공자들은 대부분 사회과 통합을 반대했다. 지리 전공자들도 전반적으로 사회과 통합을 반대했지만, 역사학계나 역사교사들만큼 적극적이지는 않았다. 이는 사회과 세 영역 중 지리가 역사나 일반사회에 비해 상대적으로 소홀히 취급당하고 있다는 피해의식에서 나온 반응이었다. 사회과 통합에는 기본적으로 반대하지만, 지리교육이 지금보다 강화될수 있다면 설사 통합이 된다고 하더라도 받아들일 수 있다는 이중적 태도도 깔려 있었다. 따라서 논란은 주로 사회과 통합론자와 역사 전공자들 사이에서 벌어졌다. 사회과 통합의 여러 논리를 둘러싸고 논쟁이 계속되었다.

사회과 통합론자들은 통합을 해야 하는 가장 중요한 논거로 학생의 입장을 내세웠다. 특히 통합교육이 사물이나 현상을 인식하여 지식을 습득하는 학생들의 사고체계에 맞는다고 강조했다. 이들은 초·중등교육이 이미 보통교육화 하였다고 주장하면서, 보통교육의 궁극적인 이상을 전인교육의 실천에서 찾았다. 그런데 전인교육을 위해서는 사회와 자연의 현상을 단편적인 한 측면이 아니라 종합적인 안목으로 바라보아야 하며, 통합교육이 이러한 교육에 직접적으로 도움을 준다는 논리였다. 우리가 직면하고 있는 사회문제들이 복잡하고 다양화되고 있으므로, 이를 해결하는 것은 어떤 특정 분야의 지식만으로 가능하지 않다는 주장이 이를 뒷받침했다. 여러 분야에서 축적된 지식들을 동원해서 종합적으로 이해하려고 할 때 비로소 문제의 해결에 접근할 수 있다는 것이다. 또한 영역에 따라서 분절적으로 가르치는 것은, 학습자가 실제로 경험하는 방식과도 맞지 않는다고 비판했다. 이들의 주장에 따르면, 학습자는 하나의 유기체로서 어떤 학습 장면이나 문제에 대해 전체적으로 반응하며 개별적 경험마저도 전체와의 관련 속에서 인식한다. 따라서 교육도 이러한 학습자의 학습 경험에 맞게 전체와의 관련성 속에서 통합적으로 이루어져야 한다.

물론 학생들은 시간과 공간, 현상을 분리하여 인식하지 않으며, 통합적으로 사물이나 현상을 파악하는 경우도 많다. 그러나 이것이 교과 통합을 뒷받침하는 논거가 되지는 않는다. 기존 과목의 수업에서도 다른 영역의 지식을 분리하거나 무시하지 않는다. 예를 들어 세계사에서 그리스의 폴리스를 가르칠 때, 그 원인으로 그리스의 리아스식 해안이나 해안산맥이라는 지리적 요인을 언급한다. 역사 변화의 요인으로 지리적 조건을 언급하는 것은 역사교육에서 흔한 일이다. 그러나 이는 기존 학문 영역 내의 논의이며, 학교 교육에서도 교과 통합이 아닌 수업 실천의 문제이다.

교개연의 주장은, 교육이란 현실 사회를 살아가는 데 직접적으로 도움이 되어야 한다는 실용주의적 교육관을 바탕으로 하고 있다. 사회문제를 해결할 수 있는 기능을 기를 수 있는지 여부를, 학생들이 배워야 할 교과를 선정하는 핵심적인 기준으로 삼고 있다. 이러한 교육관은, 인간의 행동과 생각, 의지를 다루는 인문교육의 중요성은 제대로 인식하지 못할 가능성이 크다. 특히 문학이나 예능과 같이 순수한 인문교육이 아니라, 역사와 같이 인문교육과 사회교육의 성격을 함께 가지고 있는 경우에 대해 사회 기능에만 초점을 맞추고는 한다. 이는 인간 활동의 일면성만을 강조하는 것으로서, 교개연이 지향하고 있는 전인적 인간의 육성과도 들어맞지 않았다.

또 하나 커다란 문제점은 교육의 최고 목표와 교과교육의 목표를 같은 차원에서 다루고 있다는 점이다. 전인적 인간의 육성이란 어느 한 학년이나 한 교과를 통해서 달성될 수 있는 것이 아니라, 총체적인 교육의 과정을 통해서 길러야 할 종합적인 목표이다. 그런데 통합교육론자들은 전인교육을 하기 위한 별개의 교과가 필요한 것처럼 주장한다. 통합교과라 하더라도 그것은 하나의 교과에 지나지 않는다. 전인교육은 교육의 총체적인 결과이지, 하나의 교과를 가르쳐서 달성되는 것이 아니다.

논란의 대상은 사회과 통합이 세계적인 추세인지 여부의 문제였다. 통합교육론자들은 교과의 통합이 세계적 추세로, 많은 나라들이 통합 사회과로 나아가고 있다고 주장했다. 이에 반해 사회과 통합을 비판하는 사람들은 통합사회과는 다른 나라에서도 이미 실패하여 세계적으로도 거의 없어지고 있는 추세인데, 우리나라에서는 오히려 강화하려 하고 있다고 반박한다.

교육과정의 편성 주체나 방식, 성격이나 위상은 나라마다 다르다. 우리나라나 일본, 그리고 사회주의권 국가는 국가교육과정 체제를 취하고 있지만, 많은 나라에서 초·중등 교육과정을 자치단위별로 시행한다. 따라서 세계적 경향을 일괄적으로 말하기 어려우며, 외국의 사례를 잘못 소개하거나 때로는 자기의 주장에 맞춰 자의적으로 이용하는 경우도 있다. 외국 사례를 들 때 으레 나오는 미국, 유럽, 일본의 경우를 살펴보도록 하자.

미국의 경우 역사·지리·사회과학의 각 분야가 사회과에 포함되어 있다. '사회과'라는 교과가 만들어진 곳도 미국이다. 미국은 우리처럼 국가 차원의 교육과정이 있는 것이 아니라 주 단위로 사회과에서 가르쳐야 할 내용을 설정하는데, 이를 '역사와 사회과학 개요(History and Social Science Framework)'라고 한다. 실제 교육과정은 지역이나 학교마다 다르다. 그러나 많은 학교들이 택하는 일반적인 경향은 있다. 복선형 학교 교육체제를 취하고 있는 미국의 경우에 교육과정이 유치원부터 12학년까지 K-12로 표현된다. 저학년의 사회과는 대체로 주변에서 경험할 수 있는 익숙하고 구체적인 문제들을 다룬다. 학년이 올라갈수록 점차 주변에서 확장된, 경험하기 어렵고 낯설며 추상적인 것으로 나아가는 '환경확대법(environmental expanding approach)'에 따라 통합적인 교육을 한다. 하지만 5학년부터는 미국사, 세계사, 시민학(civics), 세계문화, 미국지리, 세계지리 등과 같은 개별과목으로 운영된다. 사회과의 모든 영역을 망라하는 통합과목은 없으며, 우리의 일반사회에 해당하는 과목도 없다. 사회과학의 각 분야를 개별적으로 학습하기 때문이다.

유럽에서는 기본적으로 '사회과'라는 교과가 없으며, 역사와 지리 중심의 교육이 이루어진다. 역사와 지리를 초등학교부터 가르치며, 우리의 고등학교 단계에 이르면 정치학, 경제학 같은 사회과학의 각 분야를 개별과목으로 편성하여 가르친다. 근래 영국이나 독일 등에서 '사회과'라는 과목이 개발되고 있으나, 이는 기존의 역사와 지리, 그 밖에 사회현상을 다루는 과목을 통합한 것이 아니라, 시민학에 해당하는 선택과목이다. 영국의 국가교육과정에서 우리의 중학교에 해당하는 11~14세, 고등학교에 해당하는 14~16세에 편성되어 있는 '시민정신(citizenship)'은 우리나라 일반사회에 해당하는 과목이다. '시민정신'과 별도로 지리와 역사도 초등학교부터 고등학교 단계까지 배우게 되어 있다. 프랑스에서는 통합 사회과 과목은 없으며 역사, 지리, 공민을 병렬적으로 가르친다. 통합교육은 초등학교에서만 '계발활동'이라는 교과 형태로 행해졌으나, 1985년부터는 '계발활동'조차 과학, 기술, 역사·지리, 공민의 각 분과별로 제시하고 있다. 독일의 경우도 주마다 차이가 있으나, 대체로 역사와 지리를 필수과목으로 독립적으로 가르치고 있다. 다만 일부 주에서 사회과 통합에 대한 논의가 있는 정도이다.

일본에서는 소학교에서 생활과라는 이름의 통합교육을 하며, 중학교는 우리처럼 사회과 내에 역사, 지리, 공민이 편성되어 있다. 하지만 1학년과 2학년에서 역사와 지리를 병행하여 별도로 학습하며, 3학년에서는 따로 공민을 가르친다. 즉 사회과라는 이름 아래 묶여 있기는 하지만, 별도의 교과서로 분과적인 교육이 이루어지는 것이다. 고등학교에서는 1989년 개정된 '학습지도요령'부터 사회과가 아예 해체되어 지리역사과[地歷科]와 공민과로 나누어졌다.

이상과 같은 상황에 비추어볼 때 사회과를 통합적으로 가르치는 것이 세계적인 추세라고 할 수 없다. 오히려 일본에서와 같이 사회과나 통합교육이 해체되는 경향이 나타나기도 한다. 더구나 사회과에 속하는 모든 과목을 망라한 통합사회과 과목을 만들려는 시도는 다른 나라에서 찾아볼 수 없는 현상이다.

자국사 교육을 필수로 하는 것이 세계적 추세인지 여부도 쟁점 중의 하나였다. 교개연은 세계 각국에서 자국사는 필수가 아니라고 주장했다. 국가주의 색채가 강한 일본은 물론이고, 영국, 프랑스, 미국의 많은 주에서 필수가 아니라는 것이다. 사회주의 국가나 스웨덴, 에스파냐, 이스라엘 등이 필수이지만, 세계사와 유기적 관련하에서 가르친다고 덧붙였다. 그리고 국사를 필수과목으로 해야 한다는 주장을 '교과이기주의'라고 몰아세웠다. 그러면서 공통필수 여부보다 학습자에게 의미 있는 학습경험을 의미 있는 방법으로 제공하는 것이 필요하다고 주장했다. 의미 없는 내용을 단순히 암기 위주로 지도한다면, 그러한 교과의 시간 수를 늘리거나 공통필수과목으로 하는 것은 국가적인 낭비라는 지적이었다. 언뜻 보기에 당연해 보이는 이러한 주장은, 초·중·고등학교에서 반복적으로 많은 역사적 사실을 암기 위주로 가르쳐온 국사과목을 겨냥한 것이었다. 그러나 역사학계에서는 오히려 자국사 교육을 강화하는 것이 추세라고 반박했다. 미국의 대부분 주에서 미국사와 세계사가 필수이며, 일본에서는 일본사 중심의 세계사교육을 시행하고, 타이완은 국어 교과서에 고사(古事)를 포함시킨다는 것을 근거로 들었다. 국제화 시대일수록 한국인으로 긍지와 책임감을 가지도록 국사교육을 강화하여 민족의식과 역사관을 정립해야 한다고 강조했다. 국사를 초·중·고등학교에서 반복적으로 다룬다는 지적에 대해서는, 중학교를 졸업하고 고등학교에 진학하지 않는 학생들을 위해 중학교에서도 국사가 반드시 필요하며, 고등학교 과정과 중복을 피하도록 연계성을 고려하여 교육과정을 구성하면 된다는 논리로 반박했다.

자국사를 필수로 하는 것이 세계적 추세인지 여부를 둘러싼 논쟁은 공허한 느낌을 준다. 각국의 교육제도나 교육과정을 제대로 이해하지 못한 채 편의대로 자기의 주장을 펼치고 있기 때문이다. 미국의 경우 주나 지역, 학교마다 차이가 있기는 하지만, 중등학교의 90퍼센트 이상은 미국사를 독립 과목으로 설치하고 있는 것으로 알려져 있다. 유럽 대부분의 국가에서는 '자국사'가 별도로 없으며, '역사'에서 자국사를 가르친다. '역사'는 대체로 자국사를 중심으로 내용을 구성하며, 관련된 세계사를 함께 다룬다. 다만 근래에는 유럽이나 미국 외에 아시아나 아프리카의 역사 내용도 조금씩 늘어나고 있다. 예를 들어 영국의 경우 1991년 국가교육과정이 제정되기 전까지 학교마다 교육과정이 달랐으므로 필수과목이라는 개념 자체가 존재하지 않았다. 국가교육과정에서 역사는 우리의 초등학교부터 중학교 단계까지 필수과목이며, 고등학교 단계에서는 선택과목이다.

프랑스나 독일의 주들도 비슷하다. 프랑스에서는 우리의 고등학교에 해당하는 리세(Lycée) 1학년까지 공통과정에서 모든 학생이 역사를 필수로 배운다. 리세 2학년과 졸업반은 주로 인문과학을 가르치는 A과와 사회과학 중심의 B과, 자연과학을 주로 공부하는 C과로 나뉘는데, 역사는 A과, B과, C과에서 모두 필수과목이다. 초등학교부터 고등학교까지 역사가 필수인 것이다. 독일의 경우도 주마다 차이가 있으나, 대체로 역사와 지리를 필수과목으로 독자적으로 가르친다. 일본의 고등학교에서는 교개연의 지적대로 일본사가 아니라 세계사가 필수과목이다. 그러나 이는 중학교의 교육과정 편성과 연관되어 있다. 일본의 중학교에는 '역사'가 있는데, 이 과목의 내용은 대부분 일본사이며, 일본사와 직접 관련된 세계사가 약간 언급되는 정도이다. 즉 중학교에서 사실상 일본사가 필수이며 세계사를 가르치지 않으므로, 고등학교에서 세계사를 필수로 하는 것이다. 이러한 구성은 세계 진출이라는 일본 사회의 요구를 반영한 것이라고 할 수 있다.

사회과 통합의 주창자들은 우리의 중등교육이 지나치게 많은 과목들을 학생들에게 부과하고 있다고 비판한다. 국민공통 기본교육과정인 고등학교 1학년까지 한 교과당 한 과목씩만 편성하자는 교과편성의 원칙도 학생들의 수업 부담을 줄인다는 것을 명분으로 내세우고 있다. 이에 반해 사회과 통합을 비판하는 사람들은, 학생들의 학업 부담이 영어나 수학처럼 수업시수가 많은 도구과목으로 인해 생겨나는 것이지 사회과의 문제가 아니라고 반박한다. 사실 학생들이 각 학년에서 배우는 과목 수는 사회과 통합교육을 한다고 해서 줄어드는 것이 아니다. 통합 이전에 역사, 지리, 일반사회를 별도로 가르쳤을 때도 중학교의 한 학년에 이들 세 과목이 동시에 편성된 적은 없다. 대부분의 경우, 한 학년에 한 과목씩만 배웠다. 고등학교에서도 학년제가 아니라 단위 수에 따라 운영되기는 하지만, 사회과의 여러 과목이 같은 학년에 한꺼번에 편성되는 경우는 드물다. 그렇게 볼 때 사회과 통합이, 학생들이 배우는 과목의 숫자를 줄여주는 것은 아니다. 오히려 학생들의 입장에서 볼 때, 개별 과목 단위로 배우는 것보다 두 개 이상의 과목이나 영역을 한 학년에서 함께 다루어야 하므로 학습 부담이 늘어날 수도 있다.

사회과 통합을 둘러싼 논쟁은 양측이 자기주장만을 되풀이함으로써 진전을 보지 못했다. 사회과 통합을 찬성하는 사람들은 통합 논리에 대한 역사학계의 반박을 재반박하지는 않은 채, 종전 자신들의 주장만을 되풀이했다. 제6차 교육과정 개정 당시에 신문 지면과 텔레비전 등 언론을 통하여 전개된 이 논쟁은 지켜보는 사람들을 오히려 혼란스럽게 하였다. 같은 용어를 서로 다른 개념으로 사용하기도 하고, 같은 내용을 놓고 엇갈린 주장을 펼치기도 했다. 상대방의 주장을 정확히 이해하지 않고 반론을 펴는 경우도 있었으며, 외국의 예를 아전인수 격으로 해석하여 근거로 삼기도 하였다. 이런 상황은 이후에도 계속되었다.

'역사와 사회과는 적'인가

역사와 사회과의 갈등은 우리나라만의 문제가 아니다. 우리나라와 마찬가지로 제2차 세계대전이 끝난 후 사회과가 들어온 일본이나 사회과라는 교과가 가장 먼저 생겨난 미국에서도 마찬가지이다. 사회과 교육이 통합적인 사회문제 해결에 관심을 가져야 한다고 주장한다는 의미에서, 사회과 지지자들을 '문제 진영'이라고 한다. '문제 진영'은 사회문제를 중심으로 사회과의 여러 영역을 함께 다룬다는 의미로, 사회과 통합을 찬성하는 측이다. '문제 진영'과 '역사 진영'의 대립은, 사회과 교육을 둘러싸고 미국에서 오랫동안 계속된 갈등이었다. 심지어 '역사와 사회과는 적'이라는 말도 공공연하게 나왔다.

역사와 사회과가 원래부터 이런 갈등관계는 아니었다. 사회과를 처음 만든 것은 1916년 미국교육학회였다. 이 시기까지 역사학자들은 미국교육학회(National Educational Association)에 적극 참여했다. 신사학(new history)의 주창자로 잘 알려진 로빈슨(James Robinson)이 미국교육학회의 회장을 맡은 적이 있을 정도였다. 20세기 초까지 역사학의 주류를 이루던 랑케(Reofold von Ranke)류의 문헌고증사학 대신 사회사의 필요성을 강조하던 당시 미국 역사학자들로서는 '역사와 관련된 주변 영역'을 뜻하는 사회과는 부정적인 개념이 아니었다. 그러나 1920년대 이후 사회과를 교과로 채택하는 학교들이 많아지자, 사회과의 확대와 맞물려 역사는 점차 축소되었다. 더구나 교육학이 세분화되어 교육과정과 같은 하위 분야가 독립하고 학문으로 자리를 잡으면서, 교과 전공자들과 교육학 전공자들 사이에 거리감이 생기게 되었다. 점차 미국교육학회는 교육학 전공자들로만 채워졌다. 이들은 교육과정 자체가 전공 영역으로, 실제로 이를 구현하는 교과에는 관심이 없었다. 그래서 교육과정 논리와 교과 논리의 통합적 구현에는 관심이 없는 채로 교육과정 논리만을 내세웠다. 그 결과 역사 전공자들과 교육학 전공자들 사이에 학교 교육의 방향을 놓고 갈등이 벌어졌다.

국사가 사회과에 통합됨에 따라 애초 국사학계가 우려한 대로 중·고등학교에서 국사교육의 위상이 낮아지고 교과 운영에서 비중이 줄었다. 학생들에게도 국사는 이제 주요 과목이 아니었다. 국사뿐 아니라 세계사교육도 함께 약화되었다. 국사를 여전히 필수로 배우므로 사회과 영역들의 균형을 맞춘다는 명분에 따라 세계사를 계속 선택과목으로 편성했기 때문이다.

대부분의 역사교사들은 사회과 통합을 좋아하지 않는다. 물론 그 원인은 일차적으로 사회과 통합이 역사교육을 약화시켰다는 것에서 비롯

사회과 교육과정의 폐지를 요구하는 지리 교수와 교사들의 기자회견(2007년 2월 5일)

된다. 그렇지만 역사와 다른 사회과 과목들은 본질적 성격이 다르다는 인식도 한몫을 한다. 그러하기에 역사교육의 강화를 주장할 때는 으레 사회과에서 역사를 독립시켜야 한다는 말을 잊지 않는다.

사회과 통합 문제는 교과교육의 주된 목표를 어디에 두어야 하는가 하는 관점과도 밀접한 관련을 가지고 있다. 사회과 통합론자들은 지식교육을 강하게 비판한다. 이제까지 우리의 교육이 암기 위주의 지식교육을 해온 관계로 학생들의 사고력을 저하시켰다는 것이다. 이들은 사고나 기능을 가르치는 것을 교과교육의 주된 목표로 보고 있다. 따라서 역사를 배울 필요는 있지만, 모든 역사를 총망라해서 통사적으로 공부할 필요는 없으며, 사고력이나 기능을 길러주는 데 필요한 내용들을 다루면 된다고 생각한다. 암기 위주의 지식 교육에 대한 비판은 역사교육 내부에서도 자주 제기되었다. 그러나 사고나 기능을 기르기 위한 교육은 그 자체로 가능한 것이 아니라 교과의 내용을 매개로 할 수밖에 없다. 역사적 사고력이나 역사의식은 역사적 사실에 대한 올바른 인식을 바탕으로 육성되며, 이를 위해서 특히 시대의 흐름에 따른 역사적 변화를 제대로 파악해야 한다. 이런 의미에서 역사의 구조나 흐름을 이해하는 데 기본이 되거나 중요한 사실이라면, 그 자체를 인식하는 것도 역사교육에서는 커다란 의미가 있다.

사회과 통합을 둘러싼 논란은 계속되고 있다. 그동안의 논쟁은 승패를 가리지 못했다. '승패'를 논한다는 것 자체가 문제이기는 하지만, 구태여 말하자면 무승부인 셈이다. 사회과가 해체되지는 않았지만, 국사는 초등학교부터 고등학교까지 실질적으로 배우고 있다. 교육 당국이 어느 한 편의 주장에 일방적으로 손을 들어준 것이 아니라, 사회 분위기를 보아가면서 조정했기 때문이라고 할 수 있다. 이러한 현상은 어쩌면 앞으로도 이어질지 모른다. 그렇지만 논쟁의 과정에서 역사학계도 중요한 부분을 간과하였다. 역사를 왜 독립교과로 편성해야 하는지, 왜 역사를 공부해야 하는지 본질적이면서 설득력 있는 논리를 개발하는 데 소홀하였다. 그저 여론이나 교육정책에 의존하였을 뿐이다. 물론 대부분의 사람들이 고개를 끄덕일 수 있는 논리를 만들기는 어려울 것이다. 그렇지만 그런 노력을 끊임없이 계속해야 했다. 그러지 못한 채 국사는 "우리나라 사람이 우리나라 역사를 모르는 것이 말이 되느냐?" 식의 애국심 마케팅으로 필수과목의 자리를 계속 유지했다. 이에 반해 그러한 사회적 분위기조차 형성하기 어려웠던 역사과 독립은 결국 관철되지 못했으며, 세계사교육은 상대적 약화를 피할 수 없었다.

포스트모던 역사학과 민족주의 역사학

민족주의 역사학과 역사교육을 둘러싼 논쟁

"민족주의는 반역이다." 한양대학교 교수로 서양사를 전공하는 임지현이 쓴 책의 제목이다. 다소 도발적인 이 책의 제목은 '민족'을 중시하는 한국사학계를 겨냥한 것이다. 여기에서 '민족주의'는 물론 기존에 이미 많은 비판을 받아온 박정희의 유신민족주의나 '찬란한' 한국상고사를 믿는 이른바 재야사학계의 극우민족주의를 포함한다. 그렇지만 이보다는 진보 진영의 민족론을 주대상으로 한다. 극우민족주의는 말할나위도 없고, 진보적 민족주의도 그 본질에서는 차이가 없다는 논리이다. 이에 대해 책의 서문에서 다음과 같이 쓰고 있다.

우리의 시각이 여전히 저항민족주의의 도덕적 정당성에 대한 규범적 이해에 머물러 있는 한, 북한의 '조선민족제일주의'나 박정희의 민족주의적 수사가지니는 비교적 단순한 체제 유지의 정치공학조차 간파할 수 없다. 민족주의적성향을 지닌 적지 않은 비판적 지식인들이 권력의 루비콘 강을 건넌 것도 이러한 맥락에서 이해할 수 있다. 그것은 단순히 개인적 차원의 변절이 아니다. 그보다는 민족주의에 대한 순진한 이해에서 비롯된 지적 파국이라는, 한국 사회

의 지성사적 맥락에서 읽어야 한다는 것이 내 판단이다. 임지현, 《민족주의는 반역이다》,

7쪽

"민족주의는 반역이다"
|

사실 이 책에서 '반역'의 의미가 무엇인지는 명확하지 않다. 저자는 책에

자기 나름으로 그 의미를 담았겠지만, 나 같은 독자에게는 명확히 들어

오지 않는다. 저자의 논문을 모아놓은 이 책에서 직접적인 한국사학계

의 문제를 다룬 논문은 《역사비평》에 발표된 〈한국사학계의 '민족' 이해

에 대한 비판적 검토〉 한 편이다. 다른 논문에서 부분적인 언급이 있기

는 하지만, 민족에 대한 저자의 관점을 본격적으로 밝힌 것은 이 논문

뿐이다. 그러나 구태여 이 논문의 내용을 여기에서 언급하지는 않겠다.

특정 논문의 내용을 다루는 것은 이 책의 취지가 아닐뿐더러, 앞으로

글을 전개하는 과정에서 관련된 논의가 자연스럽게 나올 것이기 때문

이다.

　1990년대 중반 이후 주로 서양사 전공자들을 중심으로 한국의 역사

학계와 역사교육계의 민족주의 또는 민족 중심 역사교육에 대한 집중

적인 비판이 나왔다. 이야기하는 사람이나 글에 따라 차이가 있기는 하

지만, 그 논지는 비슷한 것이었다. 이러한 비판 논리의 근거는 '포스트

모던 역사학'으로 알려져 있다. 사실 '포스트모더니즘(postmodernism)'

이 무엇인지도 확실히 규정하지 않은 채로 '포스트모던 역사학'이라는

표현을 사용하는 것이 적절한지도 의문이다. 포스트모더니즘이 한국

사회에 도입된 이후로 그 개념이나 성격, 모더니즘과 포스트모더니즘

민족주의 역사학과 역사교육을 비판한 《민족주의는 반역이다》(왼쪽)와 《국사의 신화를 넘어서》

의 관계 등에 대해 오래전부터 논란이 있었다. 포스트모더니즘은 초기에 '후현대주의', '탈근대주의' 등으로 번역되었다. 그러나 근래에는 그냥 '포스트모더니즘'이라고 하는 경우가 대부분이다. '후현대'와 '탈근대'라는 말에서 보듯이, 포스트모더니즘을 모더니즘의 연장선상에서 보는 사람이 있는 반면, 모더니즘에서 벗어나려는 경향으로 보기도 했다. 그러나 역사학계에서는 포스트모던 역사학에 대한 본격적인 논의조차 없는 상태였다.

1990년대 들어 한국의 역사학계에서는 '언어로의 전환', '포스트모던적 역사', '신사회사', '신문화사', '민족지적 역사 연구', '구술사', '기억의 역사', '서발턴 연구' 등과 같은 다양한 역사학이나 역사 연구 동향이 소개되었다. 포스트모던 역사학은 이런 경향을 대표하거나 종합한 개념이라고 할 수 있다. 이러한 현상은 역사를 보는 관점을 새롭게 하고 역사 연구의 대상을 넓혔으며 연구방법을 다양화하였다. 역사교육 또한 이에 영향을 받고 있다.

해방 이후 한국의 역사학은 서구식 근대가 곧 발전이라는 인식을 가지고 있었다. 그러나 포스트모던 역사학에서는 서구의 근대를 역사 발전의 지표로 보는 관점을 거부한다. 서구 사회의 발전에서 틀을 가져온 거대 담론에 종말을 고하고, 서구도 여러 문명의 하나라고 인식한다. 이에 따라 역사 발전의 새로운 기준이 논의되었다.

역사 연구의 대상을 확대한 것도 중요한 변화 중 하나이다. 지배층이나 주류를 대상으로 하던 연구에서 벗어나 포스트모던 역사학은 '소수(minority)', '소외자(outsider)', '타자(others)'의 역사에 관심을 쏟았다. 그동안 경시된 사회 하층민, 소수 민족의 역사가 새롭게 부각되었다. 페미니즘적 시각의 여성사가 역사 서술에 포함되었으며, 젠더사 연구가 하나의 독립적 연구 영역으로 자리를 잡기 시작하였다. 중앙사가 아닌 지방의 역사, 도시사뿐 아니라 농촌의 역사 연구도 활기를 띠었다.

포스트모더니즘의 민족주의 비판
|

포스트모던 역사학이 한국사나 역사교육을 보는 시각 중 가장 크게 논란이 된 것은, 민족주의 또는 민족 중심의 역사학과 역사교육 비판이다. 이들이 보기에 '민족'은 역사적 실체가 아닌 관념적 산물이며, 지배이데올로기의 성격을 가진 거대 담론이다. 이들의 비판과 한국사 연구자들의 반론을 살펴보도록 하자.

첫째는 민족의 개념이나 속성을 둘러싼 논란이다. 포스트모더니즘에서는 민족과 민족주의를 근대 유럽에서 만들어진 이데올로기로 본다.

이를 기준으로 할 때, 한국사에서 말하는 민족은 대부분 역사에서 현실적으로 존재한 실체가 아니라 관념이다. 물론 포스트모던 역사학자들도 전근대 사회에서 일정한 동질성을 확보한 집단이 존재한다고 생각한다. 사회적·역사적 의미의 혈연관계를 가진 인종집단이나 장기간의 역사적 경험을 공유하여 언어와 문화면에서 동질화된 집단은 있었다. 그러나 이들은, 능동적인 민족의식을 가지고 민족사에 적극적으로 참여하려는 주관적 의지가 결여된 제한적 동질집단이라는 것이다. 그래서 이런 집단을 민족이 아니라 '민족체'로 지칭한다. 민족을 혈통적 존재가 아니라 정치적 단위로 파악하는 것이다.

그러나 한국사 전공자들은 민족의 개념을 근대 유럽의 민족에 한정시키는 것에 대해 서구 중심적인 사고방식이라고 반박한다. 또한 민족은 사회과학적 개념일 뿐만 아니라 역사적 개념이며, 그 의미나 속성이 가변적이라고 주장한다. 시기에 따라 민족의 속성이 달라진다는 것이다. 따라서 민족의 속성 중 일부 요소를 가진 공동체를 구태여 '민족'과 구분하여 '민족체'라고 달리 부를 이유가 없다고 본다. 오히려 이 점을 전근대 민족의 속성으로 규정한다. 그런데도 포스트모더니즘에서는 근대 유럽의 민족이 지닌 속성을 기준으로 민족의 여부를 구분한다고 비판한다.

둘째, 포스트모더니즘에서는 민족을 지배이데올로기로 본다. 근대 유럽의 민족이나 민족주의는, 제국주의가 다른 민족을 지배하거나 침략하는 도구로 활용되었다. 개인의 자유와 계급을 부정하는 파시즘의 얼굴이 되었으며, 심지어 홀로코스트와 같이 인종주의와 결합하여 다른 민족을 학살하는 광기를 보이기도 했다.

그러나 상당수 한국사 전공자들은, 서구에서는 민족주의가 지배이데 올로기였지만 식민지나 반식민지에서는 저항이데올로기였다고 주장한다. 한국사에서도 이승만이나 박정희가 민족을 내세워 다른 비판을 억누르는 지배이데올로기로 기능을 하였지만, 이는 왜곡된 유사민족주의이다. 이와 달리 민족주의는 분단과 독재에 맞서는 저항이데올로기로 기능하였다는 것이다. 그렇지만 포스트모더니즘에서는 여전히, 저항이데올로기라고 하는 민족주의도 그 본질에서는 다른 사고방식을 배제하는 지배이데올로기의 기능을 한다는 점에서는 차이가 없다고 본다. 민족에 이익이 되는 것은 선이고 그렇지 못한 것은 악이었다는 식으로 민족만을 긍정적으로 평가하고 민족 이외의 것을 부정적으로 인식하며, 역사를 민족 대 반민족의 구도로 평가한다는 것이다. 이는 한국사에서도 마찬가지라고 주장한다.

셋째, 포스트모더니즘에서는 민족이나 민족주의를 대표적인 거대 담론이라고 비판한다. 이들이 보기에 거대 담론은 사회를 구성하는 사람들의 삶을 제대로 이해하지 못하게 한다. 역사가 사람들이 살아가는 구체적인 삶을 보여주어야 하는데 '민족주의'라는 거대 담론이 이를 가로막는다는 것이다. 예컨대 일제하 서술은 식민지배와 한국인의 저항으로만 그려진다. 당시 사람들에게는 이에 못지않게 일상적인 생활도 중요하다. 그런데 '민족'만을 내세움으로써 다른 것을 타자화하고 소수자나 약자의 삶을 배제했다는 것이다. 한국사학계도 우리의 역사 연구가 이런 문제점을 가지고 있다는 것을 어느 정도 인정한다. 그렇지만 이것이 민족을 배제할 이유가 되지 못하며, 다양한 근대 주체와 민족의 관계를 재구성함으로써 해결할 수 있다고 본다. 또한 독립운동사는 일제하 연구와 서술에서 여전히 중요한 영역이라고 평가한다.

식민지 근대화론과 민족주의 역사학

민족주의 역사학과 역사교육에 대한 비판은 다른 곳에서도 나왔다. 그 중 하나는 식민지근대화론이었다. 식민지근대화론자들은 한국사학계가 지나치게 '민족'에 집착해 근대사를 오직 수탈과 저항이라는 이분법으로 판단하여 근대사의 실체를 제대로 파악하지 못했다고 비판한다. 이들은 일제의 식민통치가 비록 수탈을 목적으로 한 것이기는 하지만, 어쨌든 근대화의 토대가 되었다고 주장한다. 일제하에서 경제 성장은 당시 세계보다 높았으며, 일제하의 기술 축적은 해방 후 근대화의 토대가 되었다는 것이다.

대한제국과 광무개혁을 둘러싼 논쟁을 묶은 《고종황제 역사청문회》

식민지근대화론은 기존 한국사학계의 근대사 인식을 신랄하게 비판한다. 그래서 구체적인 사실에 대한 평가에서도 여러 곳에서 충돌을 빚는다. 대한제국과 광무개혁, 토지조사사업을 둘러싼 논쟁이 대표적이다. 2004년에 《교수신문》 지상에서 대한제국의 성격과 역사적 의미를 둘러싼 논쟁이 벌어졌다. 대한제국의 재정 문제를 둘러싸고 시작된 논쟁은, 광무개혁의 성격과 개명군주로서 고종에 대한 평가 등 대한제국의 역사적 의미 전반에 걸쳐 진행되었다. 식민지근대화론자들은 대한제국과 광무개혁이 전근대적 성격을 벗어나지 못하였다고 본다. 이에 반해, 한국사 전공자들은 광무개혁이 근대 사회의 성격을 지향했다고 평가한다.

식민지근대화론자들이 국사교육의 문제점으로 집중적인 비판의 대상으로 삼은 것이 일제 통치기 서술이었다. 역사학과 역사교육은 '수탈과 저항'의 이분법에 빠져 근대의 실체를 파악하지 못했으며, 심지어는 편향되거나 잘못된 서술을 하고 있다고 하였다.

그러한 대표적인 예로 토지조사사업을 지적한다. 이들도 토지조사사업의 목적이 수탈에 있었음을 전적으로 부정하지는 않는다. 그렇지만 토지조사사업은 기본적으로 토지제도를 근대적으로 바꾸는 데 목적이 있었으며, 그 결과 근대적 토지소유제도를 확립했다고 보고 있다.

국사학자들에 의해 그러한 신화가 만들어지고 국민교육을 통해 널리 보급되기에 이른 한 가지 좋은 사례로서 일제가 '토지조사사업(1910~1918)'을 통하여 전국 농토의 40퍼센트를 약탈하였다는 국사 교과서의 서술을 들 수 있다. ……최근 국사 교과서는 필자를 포함한 비판자들을 의식하여 그 부분을 '국토의 40퍼센트'라고 슬그머니 수정하였지만, 논리적으로나 실증적으로 통하지 않기는 마찬가지이다. 이영훈, 〈국사와 문명사〉, 93~94쪽

그러나 2002년판 국정 《국사》 교과서에서 이미 조선총독부의 국토 점유 비율을 언급하지 않았으며, 이듬해인 2003년부터 사용된 《한국근·

일제가 토지조사사
업을 위해 토지를
측량하는 모습

현대사》6종 중 1종만을 제외한 5종에도 이 내용은 없다. 이 중 4종의
교과서에는 토지조사사업의 목적이 토지 약탈에 있었다거나 조선총독
부가 한국인 토지 중 많은 비율을 탈취하였다는 내용까지 사라졌다. 그
러므로 이 비판은 당시 국사 교과서의 서술을 제대로 확인하지 못한 것
이었다. 위의 지적대로 국사 교과서의 이러한 변화는 식민지근대화론
의 비판을 의식한 것이라고 할 수 있다. 바꾸어 말하면, 국사 교과서의
토지조사사업 서술이 민족적 관점에서 과장되고 왜곡되었다는 식민지
근대화론자들의 주장은 상당 부분 사실이다. 그렇다고 한국사학계가
토지조사사업에 대한 이들의 관점을 받아들였다는 의미는 아니다. 식
민지근대화론자들은 토지조사사업이 근대적 토지 관계를 확립했다는
점에 초점을 맞추고 있는 반면, 한국사학계는 일제의 식민지배에 필요
한 재정 확보라는 것에 주목하고 있기 때문이다.

　논의를 일제 통치기 전체로 확대해도 마찬가지이다. 식민지근대화론자들은 한국사학계가 지나치게 '수탈과 저항'에만 초점을 맞추어 역사적 사실의 실체를 보지 못했다고 비판한다. 그래서 '수탈과 저항' 대신 새로운 패러다임으로 '개발과 성장'을 제시했다. 식민통치는 수탈뿐 아니라 개발과 성장도 가져왔다는 것이다. 이들은 일본의 식민지배 시기 동안 한국 사회에서 자본과 노동의 축적이 전개되어 자본주의적 생산양식이 한국 경제의 성격이 되었으며, 한국인이 근대적 농민, 노동자, 자본가 계급으로 변신했다고 주장한다. 그러나 한국사학계에서는 일제하의 경제 성장은 표면적인 것에 지나지 않는다고 지적한다. 그리고 역사는 이런 표면적 수치만을 가지고 볼 수 없으며, 그것이 사람들의 삶에 어떤 영향을 주는지 보아야 한다고 반박한다. 경제 성장의 과실은 일본을 위한 것이었으며, 한국인의 삶에 의미를 주지 못하였다는 것이다. 다만 구체적인 사실의 서술에서 식민지근대화론자들의 비판과 새로운 연구성과를 받아들여 일부 내용들을 수정하고 있을 뿐이다. 토지조사사업 서술이 그러한 사례였다.

한편에서는 식민지근대화론과 식민지수탈론이 모두 서구적 근대화를 역사의 발전이자 진보로 보고 있다고 비판하면서, 한국 근대의 보편성과 특수성을 고려하여 새로운 근대의 지표를 제시해야 한다는 주장을 펼친다. 이로써 식민지수탈론과 식민지근대화론으로 전개되던 논쟁은 식민지의 근대적 성격을 새로 규명하려는 시도까지 더해져 더욱 복잡한 양상을 띠어갔다. 더구나 식민지근대화론을 주장한 사람들 중 상당수가 '뉴라이트' 활동에 적극 참여함으로써 학문적 논의를 넘어서 정치적 문제의 양상을 띠기도 했다. 이런 움직임은 식민지근대화론자들이, 한국근현대사학계가 민족과 민족주의 패러다임에 갇혀 있는 것은 같은 민족임을 강조하여 북한을 한국사에 끌어들이고 옹호하려는 생각을 하고 있다고 의심한 데서 비롯되었다. 이로써 식민지근대화론을 둘러싼 논쟁은 역사학계의 보수와 진보가 대립하는 양상을 띠었다.

민중론과 민족론

역사학과 역사교육의 민족주의적 경향에 대한 또 다른 비판은 '민중론'의 관점에서 나왔다. 역사 서술에서 민중이 소외되었다고 보는 사람들 중 일부는, 한국사학계가 민족 담론에 빠짐으로써 역사적 사건의 실체를 외면하고 민중의 존재를 배제시켰다고 본다. 예를 들어 동학농민전쟁은 계급적 성격이 강한데도 민족운동으로 규정하였다는 것이다. 심지어 본질적으로 노동운동인 일제하 원산총파업까지도 민족운동으로 서술함으로써 그 성격을 변질시켰다고 비판하였다.

김학철이 쓴 자전적 소설 《격정시대》는 원산총파업 장면에서부터 이야기가 시작된다. 원산총파업 당시 중학생이던 김학철은 노동자들의 총파업 장면을 목격한다. 시위에 나선 노동자들은, 기업주들이 동원한 회사 측 인부들과 경찰의 개입으로 점차 수세에 몰린다. 때마침 부두에 정박하고 있던 배에서 일본인 노동자들이 파업 중인 원산 노동자들의 시위를 열렬히 응원하자, 이에 힘입어 상황이 달라진다. 원산총파업은 식민지 조선인과 식민지배 국가인 일본인 사이의 문제가 아니었다. 기본적으로 계급과 자본, 즉 노동자와 사용자 간의 대립이었다. 사용자의 이해를 대변하는 현장감독이 일본인이고 이를 뒷받침하는 공권력이 일본 경찰이었으므로, 노동자들의 투쟁 대상이 일본인이 된 것이다. 물론

1929년 1월 원산총파업을 보도한 《동아일보》 신문기사(위)와 당시 시위에 나선 노동자들의 모습

파업에 일본인과 조선인을 차별 대우하는 식민지 지배정책에 대해 쌓인 분노가 포함되었으므로, 민족운동의 성격도 더해진 것이었다. 그러나 《격정시대》에서 볼 수 있듯이, 일본인 노동자들 중에서도 원산총파업을 지지하는 사람들이 많았으며 조선인이라고 해서 모두 이를 긍정적으로 보는 것은 아니었으므로, 조선인과 일본인의 대립은 아니었다. 일본에서 모금이 진행되고 동맹파업이 이루어지기도 했다. 그런데도

우리는 원산총파업의 민족적 성격을 내세워 '민족운동'이라고 규정하는
경향이 강했다.

역사 교과서 서술의 이러한 문제점은 이미 여러 차례 지적되었다. 근
래에는 이런 비판을 의식하여 한국사 교과서의 서술들이 일부 달라졌
다. 예를 들어 의병항쟁을 전적으로 민족운동으로 보던 것에서, 이제 을
미의병은 봉건적인 사회체제를 지키기 위한 양반 유생의 봉기로 구분
한다. 조선물산장려운동의 경우 전 민족의 지지를 받은 것으로 서술해
왔지만, 근래에는 한국인들 사이에서 찬반논란이 있었다거나, 이를 자
산계급의 이익을 위한 운동으로 간주하여 오히려 타도하려는 움직임이
있었음을 소개하기도 한다.

사실 민족과 민중은 대립적인 관계인 경우가 많았다. 제1차 세계대전
이 일어나자, 제2인터내셔널의 구성원들이 '조국방위'라는 명분 아래 제
국주의전쟁에 참여함으로써, 노동자의 국제연대가 무너진 것은 이를
잘 보여준다. 일제하 한국 사회의 주된 현실이 민족모순인가 계급모순
인가에 따라서 역사인식은 크게 달라진다. 이런 논쟁은 1980년대 한국
사회에서도 있었다. 아직까지도 뿌리가 이어지고 있는 민족해방(NL)과
민중민주주의(PD) 논쟁이 그것이다. 민족과 민중의 이해관계가 같지
않거나 심지어 대립적이면서도 일반인들에게 이들의 주장이 비슷하게
느껴지고 또 실제로 많은 사회 현실에서 뒤섞이는 것은, '분단'이라는 한
국의 특수 상황 때문이다. 독재정권은 민중운동에 대해 북한을 지지한
다거나 적어도 북한을 이롭게 한다는 이유로 몰아서 탄압했다. 북한의
존재는 민중운동의 걸림돌이었다. 이 때문에 통일운동은 민족운동뿐
아니라 민중운동에도 지상과제였다. 통일을 주장하다 보니 '남과 북은

하나의 민족'이라는 민족론을 내세우게 되었다. 민중론과 민족론의 결합이었다.

적대적 공범과 선택적 공범
|

민족주의, 민족 중심의 역사교육에 대한 비판은 여러 갈래에서 나왔지만, 본질적인 문제제기는 포스트모던 역사학의 논리에서 비롯된 것이라고 할 수 있다. 그렇지만 역사학계의 뜨거운 논란에 비하면 일반인들에게는 별다른 관심을 끌지 못한다. 우선 포스트모더니즘이 무엇인지가 애매하며, 민족의 개념도 사용하는 사람에 따라 폭이 매우 넓다. 학술적으로는 민족을 정치적·역사적 개념으로 규정하지만, 일반인은 대부분 민족을 인종이나 종족, 혈통을 공유하는 존재로 받아들인다. 그래서 포스트모더니즘보다 식민지근대화론의 민족 비판에 관심을 가진다. 민족이나 민족주의를 둘러싼 논란이 매우 민감한 사회적 문제이지만, 포스트모던 역사학 대 민족주의 역사학 논쟁은 대중이 없는 학자들만의 리그였는지 모른다.

1998년 제41회 전국역사학대회의 주제는 '통일과 민족주의'였다. 주제의 성격상 민족주의가 통일에 어떤 역할을 하는지가 중점적으로 논의되었다. 학술대회가 끝나고 개인적으로 이어진 뒷풀이 자리에서 한 참석자는 통일원의 존재를 비판했다. 통일원 장관은 다른 부서의 장관보다 한 등급 높은 부총리급으로, 정부 차원에서 통일을 얼마나 중요하게 생각하는지 상징적으로 보여주는 존재였다. 그런데 이 참석자는 통일을 이룬 독일의 경우에 오히려 그러한 통일부가 존재하지 않았다는 점을 강조했다. '민족'에 의존하거나 민족주의에 집착하지 않아야 통일이 가능하다는 주장이었다. 물론 이 비판은 민족을 앞세워 민주주의나 인권을 억누르는 정권에 대한 비판이면서, 다른 한편으로 지나치게 민족에 의존하는 통일운동에 대한 비판이기도 했다. 인권이나 평화 같은 보편적 가치를 공유하는 것이 통일로 가는 지름길이라는 의미로 들렸다. 논리상으로는 문제가 없는 주장이었다. 그러나 통일의 필요성을 이야기하고 사람들이 여기에 공감하는 근거가 남북이 같은 민족으로 구성되어 있기 때문인데, 민족을 배제한다면 남과 북의 통일은 다른 두 나라를 통합하는 것과 무엇이 다른가 하는 반박도 나왔다.

포스트모던 역사학의 민족주의 비판에는 상당 부분 공감이 되는 부분들이 있다. 소수나 타자에 관심을 돌리거나 역사학이 사람들의 일상적인 삶을 다루어야 한다는 주장은, 한국사학계 내부에서도 종종 나왔다. 역사교육도 인권이나 평화 같은 시민의 기본적 자질을 기르는 데 힘써야 한다는 주장도 귀 기울일 만하다. 사실 이제까지 역사교육은 비판적 태도를 강조하면서도 시민교육의 문제는 소홀하였다.

그렇지만 이들의 주장이나 비판 중에는 이해하기 어려운 부분들도 있다. 첫머리에서 인용한 임지현의 글에는 "이 글은 모더니즘에 감염되지 않은 신동엽의 싱싱한 민족적 감수성에 대한 김수영의 냉철한 그러나 본질적으로는 따뜻한 비판과 결을 같이한다(임지현,《민족주의는 반역이다》, 58쪽)"라는 내용이 나온다. 더 이상의 설명이 없어, 신동엽이나 김수영의 시 세계를 잘 모르고 또 시적 감수성이 없는 나로서는 이 말의 의미를 제대로 이해하지는 못하겠다. 혹시 정서적인 민족이나 민족주의는 바람직하지만, 이데올로기나 운동으로서 민족이나 민족주의는 배척되어야 한다는 뜻일까? 그러나 이 두 가지가 그렇게 뚜렷이 구분되는 것인지 모르겠다. 신동엽이나 김수영 자신의 의지와 상관없이, 박정희 독재정권에 저항하는 사람들은 이들의 시에서 저항 민족주의의 모습을 보았다. 민족의 정서, 감수성이 운동의 도구가 되었다. 독자(讀者)를 강조하는 포스트모더니즘의 관점에 따르면, 신동엽과 김수영의 감수성과 따뜻한 비판은 이미 운동인 것이다.

그러나 이보다 문제가 되는 것은 민족주의를 비판하는 그룹의 행보이다. 이들은 '민족주의'라는 공동의 적 앞에서 공동보조를 취하고 연대를 한다. 그렇지만 민족주의를 비판한다는 것 외에, 이들의 지향점에서 어떤 공통점을 찾을 수 있을까? 임지현은 민족주의가 가지는 배타성과 지배성을 '적대적 공범 관계'라는 말로 설명한다.

사실상 근대 동아시아의 지형에서 민족주의가 작동해온 방식을 이해하면 동아시아 시민사회의 역사의식이 왜 '국사'의 틀에 갇혀 있는지를 쉽게 이해할 수 있다. 최근의 역사전쟁에서 보듯이 동아시아의 민족주의는 서로가 서로를 배제하고 타자화한다는 점에서 현상적으로는 첨예하게 충돌하지만, 사유의 기본적인 틀과 이데올로기적 전략을 공유한다. 적대적이면서 동시에 공범자적 관계를 구성하는 것이다. 이 '적대적 공범 관계' 속에서 동아시아의 민족주의는 서로가 서로를 배제하고 타자화하면서도 동시에 서로가 서로를 살찌우고 강화시킨 것이다. 임지현, 〈'국사'의 안과 밖—헤게모니와 '국사'의 대연쇄(連鎖)〉, 26쪽

'적대적 공범 관계'라는 말을 접하면서, 민족주의 역사학과 역사교육을 비판하는 이들 간의 관계는 무엇일까 하는 생각이 들었다. 이념이나

주장으로 보면 '적대적'일 것 같은 포스트모던 역사학자들과 식민지근대화론자들이 '동료'가 되는 현상은 어떻게 설명할까? 전부는 아니지만 상당수의 포스트모던 역사학 지지자들이, 민족주의를 거대 담론이라고 비판하고 소수나 타자의 의미를 강조하면서 국가주의를 옹호하고 민족 주체사관을 국민정신의 전면에 내건 박정희를 찬양하는 식민지근대화론자들과 노선을 같이했다. 이들의 관계야말로 '적대적 공범 관계'가 아닐까? 물론 표면적으로 대립하지 않았으니까 '적대적'이 아니며, 식민지근대화론자들이 뉴라이트 활동을 본격화한 다음에는 갈라섰으니까 '공범'도 아니었다고 말할 수 있을지 모른다. 그렇지만 한때는 '공범'의 관계를 유지했으며, 그것도 자신들의 의지에 따른 행동이었다. 그렇다면 그 시기 이들의 관계는 원래는 '적'이어야 하지만 필요에 따라 '동료'로 선택한 '선택적 공범 관계'라는 말이 어울릴지 모르겠다.

'서구 중심'에서 '유럽 중심, 중국 부중심'으로

유럽 중심의 세계사교육 비판

'지리상의 발견'. 중·고등학교 세계사 시간에 꽤나 자세히 배운 사건 이었다. 바르톨로뮤 디아스의 희망봉 도착과 바스코 다 가마의 인도 왕 래, 콜럼버스의 아메리카 발견, 마젤란 함대의 세계일주 등을 일일이 공 부했다. 시험에도 적잖이 나온 듯하다. 중·고등학교에서 지리상의 발견 은 서양 중세와 근대를 구분하는 기점이며, 세계를 하나로 묶어서 진정 한 세계사를 성립시킨 역사적 의미를 가진 사건이었다. 그런데 언제부 터인가 '지리상의 발견'이 서구 중심의 역사관을 반영한 대표적인 용어 라고 비판을 받았다. 아메리카에는 이미 많은 사람들이 살고 있었는데 도, '모르던 것을 처음으로 찾아내다'라는 의미의 '발견'이라는 말을 사용 하는 것은 유럽인의 관점이라는 것이었다. 북유럽의 바이킹들이 이미 11세기경부터 북아메리카에 왕래하였으므로, 콜럼버스가 아메리카를 발견했다는 것은 유럽 중에서도 서유럽인들의 관점이라고 할 수 있다. 이에 따라 '지리상의 발견'은 점차 '신항로의 개척'이나 '유럽 세계의 확 대'라는 말로 대체되었다. 역사교사들도 지리상의 발견을 가르칠 때면 으레, 우리가 알고 있는 세계사가 서구 중심으로 서술되었다는 것을 학생들에게 함께 이야기하고는 하였다.

구호에 그친 서구 중심 탈피

세계사교육이 서구 중심이라는 비판은 이미 1970년대에 나왔다. 1979년에 한국교육개발원에서 발행한 《고등학교 세계사》 교과서는, 인문계와 실업계를 망라한 고등학생이 배우는 세계사 교과서로는 유일한 국정도서였다. 이 교과서는 머리말에서 "각 단원마다 적절한 비중을 두었으나, 특히 근대 이후에 중점을 두었고, 아시아와 유럽을 동등한 비중으로 취급하였다"라고 말하고 있다. 아시아와 유럽을 동등한 비중으로 취급하였다는 말은, 종전에는 유럽사의 비중이 높았다는 의미다. 교사용 지도서는 그 의미를 다음과 같이 명확하게 설명하고 있다.

다음은 동·서양의 비중을 될 수 있는 대로 같게 하려고 한 점이다. 종래는 서양 위주의 단원 구성이었으나, 우리와 가장 가까운 이웃에 대한 이해를 재정리함과 동시에 동양 정체성 탈피에 많은 신경을 썼다는 것이다. 《고등학교 세계사 교사용 지도서》, 1979, 10쪽

이후 '서구 중심의 탈피'는 세계사교육에서 일종의 '구호'가 되었다. 실제로 내용구성에서도 이러한 관점이 어느 정도 반영되었다. 교과서가 바뀔 때마다 유럽 이외 지역의 비중이 커져 갔다. 아시아사 중에서도 중국 이외 지역의 서술이 늘어났다. 1982년의 고등학교 세계사 교과서부터는 아프리카, 동남아시아, 내륙아시아의 역사가 들어가기 시

작했다. 세계사 교과서가 다루는 지역과 시대는 점점 넓어져서 2003년부터 사용된 고등학교 세계사 교과서에는 아메리카 원주민의 역사와 아프리카 전근대사도 포함되었다. 서구 중심의 세계사교육에서 벗어나겠다는 것을 표방한 지 수십 년이 지났지만, 2000년대 들어서도 세계사교육이 '유럽 중심'이라는 비판은 줄어들지 않았다. 그러다가 세계사교육 전문가들과 중국 이외 지역의 역사를 연구하는 사람들이 생겨나고 세계사교육에 대한 관심과 위기감이 높아지면서, 오히려 비판의 목소리가 한층 높아졌다.

2000년대 초 사용되던 중학교 사회 교과서의 세계사와 고등학교 세계사 교과서의 내용을 분석한 글을 모아놓은 한 책은, 서문에서 세계사 교과서의 문제점을 다음과 같이 지적했다.

우리 교과서에 담긴 '세계'는 세계가 아니다. 동북아시아와 미국, 유럽이 중심되고, 그 지역 밖의 더 넓은 세상과 더 많은 사람들은 구색 맞추기로 끼어 있을 뿐이다. 지금 중학교 사회과 교과서와 고등학교 세계사 교과서는 진정한 '세계사'를 잃어버렸다. 이옥순 외, 《오류와 편견으로 가득한 세계사 교과서 바로잡기》, 9쪽

여기에서 미국은 원주민이 아니라 유럽에서 이주한 사람들이 건설한 미국이며 동북아시아 중에서는 중국사 서술이 단연 많다. 결국 세계사 교과서가 유럽과 중국 위주로 구성되었다는 의미이다. '서구 중심'이 유럽과 중국이라는 두 개의 중심으로 바뀐 셈이다. "우리나라의 중·고교 세계사 교과서 내용은 1차 교육과정부터 7차 교육과정까지 '유럽 중심-중국 부중심'의 두 축으로 하되 유럽 쪽에 중심이 더욱 기운 구성체

유럽과 미국, 중국 이외 지역의 역사 전공자들이
집필한 《오류와 편견으로 가득한 세계사 교과서
바로잡기》

계를 고수하고 있다(유용태, 《환호 속의 경종》, 476쪽)"라는 것이다.

실제로 세계사 교과서에 유럽과 중국을 제외한 나머지 지역의 역사 서술은 여전히 빈약하다. 동남아시아와 아프리카 지역의 역사가 포함되었지만, 왕조나 민족을 나열하는 데 지나지 않는 경우가 많다. 예를 들어 《고등학교 세계사》(교학사, 2003)의 '동남아시아 각국의 성장'이라는 소단원은 2쪽으로 구성되어 있는데, 캄보디아, 미얀마, 인도네시아, 타이에 존재했던 7개 나라 이름이 나온다. 이런 현상은 동남아시아나 아프리카 역사를 다루는 다른 단원이나 교과서들도 마찬가지이다. 더구나 서술에 참고할 만한 책이나 자료도 충분하지 않은 상태에서 비전공자가 집필하였기 때문에 오류가 적지 않다. 유럽과 미국, 중국 이외 지역의 역사를 전공하는 사람들이 집필한 《오류와 편견으로 가득한 세계사 교과서 바로잡기》는 일일이 그 문제점을 지적하였다. 이 부분을 가르치는 교사들에게는 많은 참고가 될 만한 일이지만, 진작 왜 세계사 교과서 내용이 꼼꼼히 검토되지 않았나 하는 생각이 들기도 한다.

이러한 문제의식은 세계사 교육과정의 구성 원리에 대한 논의로 이어졌다. 1990년대까지 세계사 교육과정은 '전근대사는 문화권, 근현대사는 주제 중심의 세계사적 접근'이라는 원칙 아래 내용이 구성되었다. 그 바탕에는 전근대 세계에서도 지역들 간에 교류가 있었지만 문화권별로 구분되는 독자적 성격과 발전 논리를 가지고 있었다는 인식이 깔려 있었다. "세계사 내용체계의 구성은 기본적으로는 동아시아 문화권, 서남 및 동남아시아 문화권, 유럽문화권, 기타 지역으로 구분하고, 전통적인 시대구분법에 따라 접근하고 있다(《교육부 고시 1997-15호 고등학교 교육과정 해설(사회)》, 193쪽)"라는 것이다. 근대에 접어들어서야 비로소 세계사를 상호관련 속에서 다루며, 현대 세계는 하나의 문화권으로 간주하는 것을 기본 구성으로 하였다.

문화권적 접근을 비판하는 사람들은, 전근대 세계에서도 문화권 단위의 독자적 발전보다 교류와 상호작용이 더 중요하다고 본다. 지역 간에 활발한 교류가 있었으며, 서로 영향을 주고받고 의존을 하면서 역사 변화가 이루어졌다는 것이다. 또한 문화권적 접근은 근대 이전에 '역사의 변방'이던 유럽을 아시아 여러 문화권을 합친 것과 필적하는 역사의 중심지로 다루며, '지리상의 발견'이나 '대탐험시대'라고 부르는 유럽 세력의 팽창 시기를 역사의 분기점으로 삼는 유럽중심사관의 토대가 되었다고 비판한다. '지리상의 발견'이라는 말을 '신항로 개척'이나 '유럽 세계의 확대'로 바꾼다고 하더라도 유럽을 중심으로 세계사를 바라보기는 마찬가지라는 것이다.

위기에 처한 세계사교육

|

서구중심사관과 내용구성이 논란이 되어왔지만, 정작 세계사교육의 더 큰 문제는 학교 교육과정과 학생들에게 외면을 받는다는 것이다. 대부분의 과목들을 필수로 배우는 중학교야 그렇다고 하더라도, 고등학교에서 세계사교육은 갈수록 입지가 줄어들었다. 1990년대 이후에는 세계사교육이 위기라는 말까지 나오고 있다. '위기'는 요즈음 사회에서 너무도 흔히 들을 수 있는 말이다. 그래서인지 '위기'라는 말을 들어도 더 이상 위기감을 느끼지 않게 된다. 그렇다면 세계사교육은 정말로 '위기' 일까?

고등학교 세계사교육은 1970년대의 제3차 교육과정 이후 계속 선택 과목이었다. 그나마 선택하는 학생 수가 점점 줄어드는 실정이다. 1990년대 들어 한국 사회에서 '세계화'가 화두가 되었지만, 중·고등학교에서 세계사교육은 관심 밖으로 멀어졌다. "세계화시대를 살아가는 인간을 육성하기 위해서는 세계사를 가르쳐야 한다"라는 주장이 가끔 활자화되지만, 이를 교육정책에 반영하는 문제를 진지하게 고민하는 사람은 별로 없었다. 제7차 교육과정이 시행된 2003년부터 2012년까지 일반계 고등학교에서 세계사를 선택한 학생은, 연도에 따라 약간의 차이는 있지만 대체로 약 80만 명 중 7만여 명으로 9퍼센트 가량에 지나지 않는다. 더구나 고등학교 교육에 결정적 영향을 주는 대학수학능력시험에서 세계사로 시험을 치르는 학생은 그 절반에도 못 미쳤다. 사회탐구 영역 중 가장 적은 수의 학생들만이 선택하였다. 수능이 고등학교 교육에 미치는 영향을 감안할 때, 그나마 실제 수업이 제대로 이루어지지 않는 경우가 많음을 쉽게 짐작할 수 있다.

역사를 전공하지 않은 교사가 세계사를 가르치는 경우도 많다. 2006년의 교육인적자원부 조사에 따르면, 세계사가 3분의 1 정도 포함된 중학교 1학년 사회를 가르치는 교사 중 역사 전공자는 20퍼센트가 채 되지 않으며, 절반 이상이 세계사 내용인 중학교 2학년 사회를 가르치는 교사도 4분의 1 정도만 역사 전공자였다. 물론 중학교 사회가 한 학년에 지리, 일반사회, 세계사 중 두 과목을 함께 배우므로, 학생들은 으레 일부 내용을 비전공 교사에게 배워야 한다. 그러나 세계사의 경우 그 비율이 지리나 일반사회보다 훨씬 높다.

중·고등학교에서 '역사'라고 하면 국사와 세계사를 가리킨다. 역사교사는 국사도 가르치고 세계사도 가르친다. 그렇지만 일반 사람들이 다 그렇게 생각하는 것은 아니다. 입시 면접을 하다가 생활기록부의 장래 희망 직업란에 '국사교사'라고 쓴 것을 가끔 본다. 내가 속해 있는 역사교육과에 지원하는 학생들은 대부분 역사 과목을 좋아한다. 그런데 희망하는 것이 '역사교사'가 아니라 '국사교사'다. 물론 이렇게 쓴 학생들이 세계사를 싫어한다는 의미는 아니다. 그저 '세계사'는 사고 범주의 밖에 있었을 것이다. 오랫동안 국사교육에 집중해온 교육정책의 결과이지만, 역사교사나 역사교육을 전공하겠다는 학생들까지 이렇게 생각하는 것을 보면서 씁쓸한 마음이 들기도 한다. 학생들이야 그렇다고 하더라도, 국사교사가 따로 있지 않다는 것을 아는 교사들이 생활기록부를 쓰면서 '역사교사'가 아니라 '국사교사'라고 한 이유는 무엇일까? 학생이 말하는 대로 써놓는 것이 무난하다고 생각한 때문일까? 하긴 학교 홈페이지의 교사 소개에 담당 과목을 '국사'라고 쓴 것도 종종 볼 수 있다.

역사교육은 나 같은 역사교육 전공자나 역사학자들뿐 아니라 일반 사람들의 관심을 꾸준히 받아왔다. 역사교육을 둘러싸고 사회적 논란이 벌어진 적도 많다. 그렇지만 그것도 대부분 국사를 둘러싼 문제였다. 중학교까지는 웬만한 과목을 거의 대부분 배우므로 별 문제가 없지만, 고등학교에서 필수로 해야 하느냐 말아야 하느냐 논란의 대상이 된 것은 국사였다. 사회과 통합도 주로 국사를 사회과에 넣느냐 아니냐의 문제였다. 그러기에 1970년대부터 1990년대까지 세계사가 사회과에 들어가 있었지만, 국사가 독립교과였기에 역사가 사회과에 통합되지 않았다고 생각하는 사람이 대부분이었다. 세계사는 사회과 통합 논란에서도 그리 커다란 관심의 대상이 되지 않았다.

물론 이처럼 세계사교육이 국사교육보다 소외된 것은, 자국사를 중시하는 한국 사회의 분위기 때문만은 아니다. 세계사를 전공하는 학자들의 책임도 있다. 한국사 전공자들보다 동양사나 서양사 전공자들이 역사교육에 관심을 덜 가진 것도 학교 세계사교육이 위축되는 데 영향을 미쳤다. 여기에는 중·고등학교의 과목 편제와 역사학계의 학문체계가 다른 것도 한몫하였다. 중·고등학교에서 '세계사'는 과목이나 영역이지만, 대학에서 '세계사'라는 이름이 붙은 강좌는 찾아보기 힘들며 세계사학자도 없다. 동양사나 서양사를 전공으로 할 뿐이다. 한국사를 전공영역으로 두고 있는 국사교육과는 다르다. 동양사나 서양사 전공자들이 세계사교육에 관심이 적은 것도 여기에 하나의 이유가 있다. 역사학의 분야를 한국사, 동양사, 서양사로 나눈 것은 일제하에서 시작된 역사연구의 산물이었다. 그렇지만 해방 후에도 이러한 분류가 그대로 유지되었다. 이 중 세계사 연구나 교육의 동향을 소개하는 것은 으레 서양사 전공자들이었고, 실제 다루는 내용은 서양사였다.

지나치게 내용요소가 많은 교과서도 세계사교육이 외면받는 데 한몫을 했다. 물론 역사는 그 성격상 다른 과목에 비해 내용요소가 많게 마련이다. 교과서 내용이 학습자료가 아니라 곧 학습내용이 된다. 역사 과목의 이런 성격을 염두에 둔다고 하더라도, 세계사 교과서의 내용요소는 지나치게 많다. 집필자들은 그 내용을 모두 알아야 하는 것은 아니라고 강조하지만, 학생들에게는 외워야 할 내용으로 부담스럽게 다가온다. 세계사 교과서의 첫머리에 나오는 오스트랄로피테쿠스야 세계 최초의 인류라는 의미에서 간신히 외운다고 하더라도, 조금만 지나면 나오는 소크라테스, 아리스토텔레스, 피타고라스 같은 그리스 철학자들의 이름은 학생들을 짓누른다. 고대 그리스 서정시인 사포, 아나크레온, 비극작가 아이스킬로스, 소포클레스, 에우리피데스, 희극작가 아리스토파네스의 이름이 교과서 한 페이지에 연이어 나온다.(《고등학교 세계사》, 1979, 37쪽) 학생들이 세계사에 흥미를 가지는 것이 오히려 이상할 지경이다. 이러한 인명이나 작품명 등이 지금은 줄어들었다고 하지만, 다른 과목과 비교하면 여전히 훨씬 많은 내용요소나 학습내용을 담고 있다.

역사 교육과정 편성을 둘러싼 갈등

역사교육계에서 세계사교육의 문제점을 인식하지 못한 것은 아니었다. 이미 1970년대부터 여러 차례 심포지엄에서 세계사교육이 제대로 이루어지지 못함을 지적하고, 세계사교육의 정상화를 촉구하였다. 일차

2003년 역사교육연구회와 전국역사교사모임이 주관한 〈역사과 교육과정과 세계사교육의 진로〉 심포지엄

적인 노력은 고등학교에서 세계사교육의 입지를 확보하는 데 두었다. 특히 사회과 통합을 둘러싸고 논란이 벌어진 제6차 교육과정의 개정 과정에서 역사학계와 역사교육계는 고등학교 세계사교육이 거의 이루 어지지 못할 것을 우려하여, 1992년 5월 30일에 전국역사학대회에서 '세계사교육의 난국과 전망'이라는 심포지엄을 열어 세계사교육의 정상 화를 촉구하였다. 그러나 역사학계와 역사교육계의 이러한 주장은 사 회의 관심을 끌지 못하였다. 이후 제7차 교육과정이 시행되면서 세계 사교육은 더욱 위축되었다.

문제는 세계사교육의 위기에는 공감하면서도, 그 원인이나 대책에 대한 견해는 역사학계 내부에서 상당한 차이가 있다는 점이다. 역사교육이나 한국사 전공자들의 다수는 그 원인을 사회과 통합에 있다고 생각하는 반면, 동·서양사 전공자 중 상당수는 사회과 통합의 문제점에 일단 공감하지만 세계사교육의 약화 책임을 지나친 국사교육 편중 현상에서 찾는다. 이 때문에 역사교육과 관련된 문제를 놓고 한국사와 동·서양사 전공자 사이에 의견 차이가 나타나는 경우가 많다. 이는 역사교육에 대한 조직적이고 체계적인 목소리를 내는 것을 어렵게 만든다.

제7차 교육과정이 시행된 이후 역사학계와 역사교육계에서는 역사교육의 축소를 비판하였다. 그리고 다음번 교육과정 개정에 미리 대비하여 역사교육의 방향에 대한 기초연구와 의견 수렴을 하는 자리를 마련하였다. 형식적으로는 '세계화 시대의 한국 역사교육의 방향과 과제'라는 프로젝트를 수행하기 위한 것이지만, 연구의 핵심 내용은 역사교육의 정상화를 위한 교육과정 구성안을 마련하는 것이었다. 연구자들은 모두 학회의 추천을 받았다. 한국사연구회와 한국역사연구회에서 각각 1명씩, 동양사학회 1명, 서양사학회 1명, 역사학회 1명, 역사교육연구회 2명으로 구성되었다. 물론 이들이 각 학회의 의견을 그대로 대변한다고 할 수 없고, 학회들이 역사교육 문제를 집중적으로 논의한 적이 없었으므로 학회 나름의 의견을 갖고 있는 것도 아니었다. 그렇지만 어쨌든 이제까지와 달리 여러 영역의 역사학계 단체가 한자리에 모여 역사교육과정의 방향을 논의해보자는 취지였다.

논의의 초점은 중·고등학교에서 역사교과를 어떻게 편제할 것인가 하는 문제였다. 이 자리에서 역사교육 전공자들은 주로 한국사와 세계사를 합하여 '역사'로 구성하고 이를 고등학교 필수과목으로 하며, 한국사와 세계사를 동등하게 선택과목으로 편성하자고 주장했다. 그러나 한국사 전공자들 중 일부는 '역사'라는 과목에 회의적인 견해를 보였다. 그 바탕에는, '역사'라는 과목에 대한 일반 사람들의 호응이 낮으므로 자칫 잘못하면 공연히 국사마저 필수과목의 지위를 위협받는 역효과를 초래할 수 있다는 우려가 깔려 있었다. 더욱 의외인 것은 한국사를 필수로 하고 세계사를 선택과목으로 하자는 서양사 측의 제안이었다. 그 대신 역사의 선택과목은 세계사 하나로 하자는 것이었다. 고등학생들이 어떻게 해서든 세계사를 배워야 한다고 생각하는 바이지만, 그렇지 않아도 제7차 교육과정에 일반사회는 선택과목이 4개, 지리는 3개인데 반해 역사는 2개인데, 역사교육 강화방안을 논의하기 위한 모임에서 선택과목을 세계사 하나로 줄이자는 의견에 찬성할 수 없었다. 그렇지만 그렇게 말한 이유는 이해가 갔다. 한국사와 경쟁구도를 만드는 한 세계사교육은 위축될 수밖에 없다는 생각 때문이었다. 제7차 교육과정만 해도 역사의 선택과목이 한국근·현대사와 세계사였고, 많은 학교 학생들이 사실상 둘 중 하나를 선택해야 했다. 물론 세계사보다 한국근현대사를 선택한 학생들이 훨씬 많았다. 결국 이 모임의 논의를 정리하는 보고서에서 가장 중요한 교육과정 개정안의 내용은 과목명과 시수를 제시하는 데 그쳤다. 그나마 체계적인 논지를 바탕으로 의견을 제시하기보다, 역사를 독립교과로 하고 수업시수를 늘려야 한다는 희망이 담긴 원론을 주장하는 데 머물렀다.

이런 갈등은 어느 정도 예견된 일이기도 하였다. 역사교육을 둘러싼 논의에서 주로 목소리를 낸 것은 한국사 전공자들이었다. 그래서 1990년대 이후 역사교육이 약화되어갔지만 국사는 중·고등학교에서 어느 정도 수업시수를 확보할 수 있었다. 세계사교육의 약화는 그 반대급부와 같은 측면도 있었다. 국사의 비중을 늘리는 대신 세계사를 줄임으로써, 역사·지리·일반사회라는 사회과 세 영역이 어느 정도 균형을 맞춘다는 것이었다. 서양사 전공자들이 보기에 한국 사회의 민족주의적 분위기도 이러한 현상을 가져온 주범 중 하나였다. 민족을 강조하는 역사교육이 세계사교육을 위기로 몰고 간 하나의 원인으로 보인 것이다. 포스트모더니즘의 관점에서 민족주의 국사교육을 비판한 서양사 전공자들과 민족주의 역사교육의 가치를 옹호하는 한국사 전공자들 간의 갈등은 그 산물 중 하나였다.

새로운 세계사—다문화, 간문화, 글로벌 히스토리
|

2000년대 접어들어 세계사교육을 둘러싼 논의는 이전보다 훨씬 활기를 띠었다. 세계사교육에 대한 역사학계의 전반적인 관심이 높아진 것과 아울러, 한국사·동양사·서양사라는 삼분법에서 탈피한 '세계사'의 모색, 그리고 세계사교육을 연구하는 학자들의 등장 등 여러 요인이 복합적으로 작용한 결과였다.

유럽중심사관을 벗어난 세계사가 모색되었다. '유럽중심주의 세계사를 넘어서 세계사들로', '서구중심주의를 넘어서' 같은 책 제목은 이러한 관점을 직설적으로 표현한 것이다. 아시아에 대한 지적·문화적 우월감에 사로잡힌 유럽인들의 아시아관을 비판한 대표적 저서인, 에드워드 사이드(Edward Said)의 《오리엔탈리즘》이 번역되기도 했다. 세계사교육에서도 유럽중심주의 탈피가 여전히 주된 과제였다. 그러나 교과서 내용에서 지나치게 유럽의 비중이 높다거나 유럽의 관점에서 서술되었다고 막연히 비판하던 것을 넘어서서, 유럽 중심 세계사가 어떤 문제점을 가지고 있는지 꼼꼼하게 지적하고 그 대안을 모색하였다.

보편역사나 거대 담론을 비판하면서, 유럽 역사의 발전 틀에 맞춰 구성된 세계사가 부정되었다. 서구적 근대를 발전의 보편적 기준으로 보는 관점에서 벗어나 지역의 문화적 특수성에 주목하였다. 이제까지 세계사 서술은 국가·민족 단위였으며, 지역이나 문화권의 역사는 거기에 속하는 제국, 국가, 민족 들의 역사를 합쳐놓았다는 비판도 흔히 보게 되었다. 그 대신 다문화적 관점에서 문화 간의 상호작용과 교류에 초점을 맞춰 세계를 상호의존체제로 파악할 것을 주장했다. 아시아, 유럽, 아프리카를 하나로 묶는 반구(半球, hemisphere)이론이나 글로벌 히스토리(global history)가 제창되기도 했다. 향료나 은, 도자기 등의 교역을 통한 문화 교류나 식생과 질병의 교환, 과학기술의 전파 등 교류 내용에서도 다양한 접근이 시도되었다.

이처럼 유럽 중심의 역사에서 벗어나는 방법으로 상호관련성이나 상호작용을 중심으로 세계사를 재구성하자는 주장은, 세계사에 관심을 가진 사람들로 하여금 고개를 끄떡이게 한다. 사실 우리의 세계사는 지나치게 유럽 중심이었다. 고등학교 세계사 시간에 '지중해는 로마의 호수'라고 배웠다. "고대의 모든 역사는 로마라는 호수로 흘러 들어갔고, 이후의 모든 역사는 다시 로마에서 흘러나왔다"라는 랑케의 말도 나왔다. 이런 말들을 들으면서 정말로 로마가 거대한 영토를 가진 세계 대제국이면서 찬란한 문화를 꽃피운 문명국가라고 생각했다. 이에 반해 몽골제국은 세계 역사상 가장 커다란 제국을 이루었지만, 다른 나라나 민족이 건설한 문명을 파괴했으며 그나마 칭기즈 칸이 죽자 곧바로 분

로마 황제(발레리아누스)를 사로잡은 사산조 페르시아 황제 (샤푸르 1세)

열되었다고 배웠다. 문명국이 아니라 야만국의 이미지였다. 세계 문화의 교류와 상호작용에 기여한 몽골제국의 공은 무시되었다.

로마가 지중해 일대에서 한참 위세를 떨칠 때, 바로 그 동쪽에는 파르티아가 건재했다. 그러나 지중해를 '호수'로 삼은 로마의 역사는 공화정부터 제정을 거쳐 동·서로마제국의 분열까지 자세히 배우지만, 파르티아는 몇 줄로 끝내버린다. 파르티아에 이어 이 지역을 지배한 사산조 페르시아가 로마를 몇 차례나 굴복시킨 강국이었음을 교과서는 언급하지 않는다. 자연히 파르티아나 사산조 페르시아가 로마 등 유럽 지역과 중국을 연결해주는 세계적 교역의 요충 역할을 하였음을 학생들은 인식하지 못한다. 근대 유럽이 세계적 위세를 떨치는 것을 기준으로 고대 세계사를 바라보는 것이다.

교류와 상호작용을 중심으로 세계사를 구성해야 한다는 주장은 상당한 관심을 끌어 모았지만, 정작 이를 반영하여 세계사교육의 내용을 전면적으로 재구성하는 것은 그리 쉬운 일이 아니다. 대규모 이주, 세계제국의 건설, 원거리 교역 등 문화권을 넘어서는 상호관련성과 상호작용을 토대로 한 교육과정안이 제시되기는 하였지만, 전공자가 아닌 일반인이 보기에 기존의 세계사교육과 별다른 차이를 느끼지 못할 수도 있다. '글로벌 히스토리' 같은 말은 생소하지만, 세계화의 추세에 편승하는 것 같은 인상을 주기도 한다. 이러한 주장이 세계사교육에 어느 정도 영향을 미쳤다. 세계사 교육과정에 일부 반영된 것이다.

중세로 바뀐 르네상스, 사라진 종교개혁

2007년 2월 22일에 개정 고시된 교육과정에서 세계사는, 중학교의 '역사'와 고등학교의 '세계 역사의 이해'(2009년 교육과정에서 '세계사'로 이름 바뀜)로 가르치게 되었다. 중학교 역사 과목의 독립과 고등학교 동아시아사의 신설 등에 가려 별로 눈에 띄지 않았지만, 세계사의 내용 구성에서는 의미 있는 변화가 있었다. 교류와 상호작용을 중심으로 하는 내용 구성이 시도된 것이다. 교육과정은 세계사의 성격에서부터 이를 강조하였다. 고등학교 '세계 역사의 이해'는 그 성격을 다음과 같이 설명하고 있다.

'세계 역사의 이해'는 개별 국가를 넘어서서 지역 세계라는 새로운 단위를 설정하고, 여러 지역의 역사적 경험을 비교할 수 있는 주제, 각 지역 간의 상호작용을 탐구할 수 있는 주제, 그리고 현대 세계의 특징과 쟁점을 파악하는 데 도움이 되는 주제를 선정하여 제시한다.

성격뿐 아니라 목표에서도 이를 강조하였다. 그리고 이러한 관점은 세계사의 내용에도 반영되었다. 중학교 '역사' 중 세계사 영역과 고등학교 '세계 역사의 이해' 내용의 대단원을 보면 다음과 같다.

중학교 '역사'(세계사 영역)	고등학교 '세계 역사의 이해'
(1) 통일제국의 형성과 세계종교의 등장 (2) 다양한 문화권의 형성 (3) 교류의 확대와 전통사회의 발전 (4) 산업화와 국민국가의 형성 (5) 아시아·아프리카 민족운동과 근대 국가 수립 운동 (6) 현대 세계의 전개	(1) 역사와 인간 (2) 도시문명의 성립과 지역문화의 형성 (3) 지역문화의 발전과 종교의 확산 (4) 지역경제의 성장과 교류의 확대 (5) 지역세계의 팽창과 세계적 교역망의 형성 (6) 서양 근대 국민국가의 형성과 산업화 (7) 제국주의의 침략과 민족운동 (8) 현대 세계의 변화와 과제

단원 제목에서 이전 세계사 교육과정과 상당한 차이를 엿볼 수 있다. 근현대 부분은 비슷하지만, 그 전까지는 문명의 성립과 확산, 교류 등에 중점을 두고 있음이 한눈에 들어온다. 역사의 주체에 해당하는 '통일제국', '세계종교', '지역세계', '세계적 교역망' 같은 용어나, 그 변화를 가리키는 술어인 '등장', '형성', '발전', '확산', '확대' 같은 말들이 이를 잘 보여준다. 특히 10세기부터 17세기까지를 세계사의 전환점으로 파악하는 관점은 새로운 것이었다. 중학교는 '(3) 교류의 확대와 전통사회의 발전', 고등학교는 '(4) 지역경제의 성장과 교류의 확대', '(5) 지역세계의 팽창과 세계적 교역망의 형성'에 해당하는 이 시기를, 세계제국이 형성

되어 전 세계적인 문화 교류와 상호작용이 확대된 세계사의 전환점으로 보고 있다. 몽골제국, 튀르크제국, 티무르제국, 무굴제국, 절대왕정, 명·청 제국 등이 그러한 역할을 했다.

이 교육과정의 내용구성에서 내 눈길을 끈 것은 르네상스와 종교개혁이었다. 중학교 때 세계사를 배운 이후 내가 알고 있는 세계사에서 근대의 시작은 르네상스, 종교개혁, 지리상의 발견이었다. 르네상스로 신 중심의 시대가 끝나고 인간 중심의 시대가 시작되었으며, 종교개혁은 오늘날 세계에서 가장 많은 사람들이 믿고 있는 개신교의 탄생이라는 점에서 새로운 시대를 가져온 사건으로 자리매김했다. 대학교재용으로 사용되던 문화사 개설서들도 으레 근대의 서술을 이 사건들에서 시작했다. '지리상의 발견'이라는 말이 서구 중심 용어라는 비판을 받으면서 '신항로의 개척' 같은 용어로 대치되기도 했지만, 이를 근대의 기점으로 보는 견해는 변함이 없었다. 그런데 2007개정교육과정의 중학교 역사에서는 르네상스를 중세에 포함시켰다. '(2) 다양한 문화권의 형성' 단원에 "크리스트교를 중심으로 중세 유럽 문화의 특징을 파악하고, 르네상스를 계기로 새로운 변화가 나타났음을 이해한다"라고 한 것이다. '중세'라는 표현이 명시되어 있지는 않지만, 단원 구성에서 이 시기는 중세에 해당한다. 그나마 고등학교 '세계 역사의 이해'에는 르네상스가 나오지 않는다. 종교개혁은 중학교 '역사'와 고등학교 '세계 역사의 이해' 어느 쪽에도 들어 있지 않았다. 교과서들은 대부분 종교개혁을 아예 빼기가 부담스러운 듯 읽기자료의 형태로라도 서술하고 있기는 하다. 그러나 근대의 기점이던 르네상스와 종교개혁의 지위는 크게 추락했다.

르네상스를 근대적 사건으로 볼 것인가, 중세적 사건으로 볼 것인가는 세계사의 논쟁거리 중 하나이다. 학계에서는 이미 르네상스를 중세로 분류하는 견해가 많았다. 그런 점에서 보면, 르네상스가 중세에 포함된 것 자체가 큰 문제는 아니다. 그보다 주목할 만한 것은 르네상스가 서유럽에 한정된 사건이라는 점이다. 마찬가지로 종교개혁도 여러 세계종교 중 하나인 개신교의 시작일 뿐이다. 이를 세계사의 중세와 근대를 구분하는 기점으로 삼은 것은 전형적인 유럽 중심 사고방식이라고 할 수 있다. 그런 점에서 보면, 교류나 상호작용을 중심으로 하는 내용 구성이 유럽 중심의 세계사에서 탈피하는 데 기여할 것이라는 주장은 일면 일리가 있다고 생각된다.

그러나 과연 이러한 세계사 내용구성이 우리에게 뿌리내린 유럽 중심의 역사관을 탈피하는 데 얼마나 도움을 줄 것인지는 더 지켜볼 일이다. 글로벌 히스토리의 '글로벌'이라는 말이 국가와 민족의 경계선을 없애고 전 세계 모든 사람들의 교류와 기회 균등을 제공하는 것이 아니라, 실제로는 초국적 자본의 이익을 대변하는 '세계화'를 연상시킨다는 의구심도 가지게 한다. 사회 전반에 뿌리내려 있는 유럽이나 미국 중심의 사고방식도 서구 중심의 세계사에서 벗어나는 데 지장을 준다.

나는 2002년 제7차 교육과정에 따른 편수자료 세계사 심의회 최종 회의에 참가한 바 있다. 동·서양사 전공자 중심의 회의이기는 했지만, 내 전공이 역사교육이므로 참석을 요청했을 것이다. 주로 세계사 교과서의 용어를 심의한 이 회의에서 종전의 페르시아전쟁은 '그리스-페르시아전쟁' 또는 '페르시아-그리스전쟁'으로, 중동전은 '아랍-이스라엘전쟁' 또는 '이스라엘-아랍전쟁'으로 하기로 합의를 보았다. 회의의 참석자 사이에 별다른 반대도 없었다. 그러나 최종 확정된 편수자료에는 '페르시아전쟁' 또는 '그리스·페르시아전쟁'과 '중동전쟁'으로 되어 있었다. 어떤 과정을 거쳐 심의회의 합의가 무시되고 이렇게 확정된 것인지 나는 알지 못한다. 다만 그리스의 관점에서 이름 붙은 '페르시아전쟁'과 유럽을 중심으로 아시아를 구분한 '중동'이라는 이름이 우리 사회에 뿌리 깊게 자리 잡고 있음을 보여주는 것이라고 할 수 있다.

《오류와 편견으로 가득한 세계사 교과서 바로잡기》는 세계사 교과서의 세계 각 지역 서술의 특징을 다음과 같은 제목으로 표현한다. '중앙아시아: 잃어버린 역사', '동남아시아: 동남아시아의 약동과 다양성을 얼버무리는 교과서', '인도: 우수한 고대, 열등한 현재?', '서아시아-이슬람: 적대적 고정관념으로 왜곡된 서아시아-이슬람', '아프리카: 아프리카에 대한 한국인의 상상과 재현', '라틴아메리카: 야만과 문명의 틈새에서', '오세아니아: 오세아니아는 백인들과 양떼의 대륙인가'. 교류와 상호작용의 세계사가 이러한 편견을 얼마나 없앨 수 있을까?

전쟁과 식민지배를 합리화하는 역사교육

일본의 역사왜곡과 한·일 역사분쟁

역사를 배운다는 것은, 지금 시대의 기준을 가지고 과거에 있었던 일이 옳지 않다거나 불공평하다고 단정 짓거나 고발하는 것과 같지는 않다. 과거의 각 시대에는 그 시대의 특유한 선악이 있으며, 특유한 행복이 있다.

역사를 배운다는 것이 반드시 과거의 사실을 아는 것은 아니라고 말한 것은, 과거의 사실을 엄밀히 그리고 정확하게 아는 것은 가능하지 않기 때문이다. 몇 년, 몇 월, 며칠에 이러한 사건이 일어났다든가, 누가 죽었다든가 하는 사실은 확실히 증명할 수 있다. 그것은 지구상 어디에서도 타당한 객관적 사실로서 확정지을 수 있다. 그러나 이러한 사실을 아무리 정확하게 알아서 나열한다고 해도, 그것은 연대기이지 아직까지 역사는 아니다. 도대체 이러한 사실이 왜 일어났으며 누가 죽었기 때문에 어떤 영향이 생겼는지 생각하는 데 이르러야, 비로소 역사의 마음이 움직이기 시작하는 것이라고 할 수 있다. 새로운 역사

교과서를 만드는 모임, 《새로운 역사 교과서》, 2000, 6쪽

역사를 당시 사람들의 관점에서 보아야 한다는 것
|

중학교용 일본 역사 교과서 서문에 있는 내용이다. 역사는 단순한 사실의 나열이 아니라 인과관계의 해석이라는 것, 과거의 사실을 현재인의 관점이 아니라 당시 사회에서 살았던 사람들의 관점에서 바라보아야 한다는 것이다. 언뜻 보기에 별다른 문제가 없는 주장이다. 추체험이나 감정이입적 이해에 의해 과거 행위자의 관점을 이해해야 한다고 썼던 나의 학위논문과 비슷한 논지로 보이기도 한다. 그러나 역사적 사실의 성격을 언급한 위의 주장 뒤편에는 매우 위험한 저의가 감춰져 있다.

위 내용은 일본의 우익 역사단체인 '새로운 역사 교과서를 만드는 모임'(일본에서는 이 단체를 줄여서 '만드는 모임'이라고 부르며, 한국에서는 '새역모'라고 부른다. 한국의 용례에 따라 이 글에서도 '새역모'로 줄이기로 한다)이 2000년에 펴낸 《새로운 역사 교과서》의 서문 '역사를 배운다는 것'에 있는 내용이다. 이 글에서 '과거인의 관점이 아닌 오늘날의 관점'이 겨냥하고 있는 것은 도쿄재판이다.

도쿄재판은 제2차 세계대전을 일으킨 일본의 A급 전범을 대상으로 하는 재판이었다. 재판에서는 '평화에 대한 죄'라는 포괄적인 범죄를

《새로운 역사 교과서》(후소샤, 2000)

규정하였다. 재판을 마친 25명의 전범은 교수형 7명, 종신금고형 16명, 금고 20년 1명, 금고 7년 1명의 판결을 받았다. 그러나 사실 도쿄재판은 다른 전범재판에 비하면 훨씬 불철저했다. 전쟁을 일으킨 최고 책임자인 천황은 애초 전범 대상에서 제외되었다. 전쟁에 커다란 책임이 있는 재벌들도 기소되지 않았다. 도쿄재판의 판결이 내려졌을 당시에 재판을 받지 않은 17명의 A급 전범용의자들이 형무소에 더 갇혀 있었지만, 이들은 전원 불기소 석방되었다. 이때 풀려난 사람 중 기시 노부스케는 1958년에 총리대신이 되기도 했다. 세균탄을 개발하기 위해 생체실험을 자행한 731부대원들은 세균전 자료를 획득하고자 했던 미국과의 거래로 불문에 붙여졌다. 그나마 도쿄재판에서 무기 또는 유기 금고형에 처해진 전범들도 1958년까지 모두 석방되었다. 패전 당시 외무대신으로 항복문서에 서명한 시게미쓰 마모루는 7년형을 선고받았으나, 4년 만에 풀려나와 나중에 외무대신으로 복귀했다. A급 전범들이 총리대신과 외무대신 등 고위 직책에 올라서 다시 일본을 이끈 것이다.

그렇지만 도쿄재판은 일정한 성과를 거두기도 했다. 재판의 과정에서 전쟁 중에 일본군이 저지른 비인도적 만행이 일부 밝혀졌다. 대표적인 사실이 중일전쟁 당시 벌어진 난징대학살이다. 1937년 12월에 난징을 점령한 일본군은 1938년 1월까지 4만여 명의 중국인을 학살하고, 강간, 방화, 약탈 등을 일삼았다. 난징 점령 과정에서 저지른 학살까지 합하면 20만 명이 넘는 중국인들이 일본군에 학살당하였다. 그 밖에 일본군이 동남아시아 점령지에서 저지른 만행들이 파헤쳐졌으며, 만주사변, 중일전쟁, 태평양전쟁으로 이어지는 15년 전쟁을 일으킨 과정도 재판에서 다루었다. 일본 우익들은, 전후 일본의 근현대사 교육이 학문적

제2차 세계대전 후 열린 도쿄전범재판 장면

연구나 교육적 고려가 아니라 도쿄재판이라는 정치적 행위의 산물이었다고 주장했다. 즉 근현대사에서 일본이 저지른 침략과 식민지배와 전쟁을, 도쿄재판이라는 현재의 관점이 아니라 사건이 일어났을 당시의 관점에서 보아야 한다는 것이다. 과거인의 관점은 바로 이를 합리화하는 논리였다.

역사갈등으로 시작된 21세기

흔히 20세기를 '갈등과 전쟁'의 세기라고 한다. 제국주의 시대로 시작된 20세기는 강한 나라가 약한 나라를 침략하고, 수탈하고, 식민지로 삼는 시대였다. 힘을 가진 나라만이 살아남는다는 약육강식의 논리는 두 차례의 세계대전을 가져왔다. 크고 작은 전쟁 와중에 인권이 무참히 짓밟혔다. 심지어 수십, 수백만의 사람들이 집단 학살당하는 제노사이드

(genocide)*가 곳곳에서 일어나기도 하였다.

동아시아에서도 마찬가지였다. 주변 다른 나라보다 일찍 서양 문물을 받아들인 일본은, 서구 유럽 국가들이 걸어간 길을 따라서 제국주의의 길로 들어섰다. 일본은 한국을 식민지로 만들고 중국을 침략했다. 일본의 식민통치와 전쟁으로 한국과 중국의 많은 민중들이 고통을 겪었다. 그렇지만 일본은 그러한 과거사를 반성하고 배상·보상을 하지 않은 채 얼버무렸다. 이러한 역사는 한국과 일본, 중국과 일본 간의 관계를 계속해서 껄끄럽게 하는 요인이었다. 특히 35년간 식민지배를 당한 한국인에게 일본은 '가깝고도 먼 나라'가 될 수밖에 없었다.

한국과 일본은 침략과 식민지배라는 과거사를 청산하고 새로운 한일 관계를 맺고자 하였다. 1998년 10월에 한국의 김대중 대통령과 일본의 오부치 총리가 공동으로 발표한 '한일파트너십선언'은 그러한 다짐 중 하나였다. "양국 정상은 한일 양국이 21세기의 확고한 선린우호협력관계를 구축해 나가기 위해서는 양국이 과거를 직시하고, 상호이해와 신뢰에 기초한 관계를 발전시켜 나가는 것이 중요하다는 데 의견의 일치를 보았다." 한일파트너십 2항에서 말한 바와 같이, 이제 한국과 일본은 불행했던 20세기를 접고 화해와 협력의 21세기를 맞이하는 듯했다. 그러나 이러한 기대는 21세기에 들어서자마자 깨지고 말았다. 새역모가 펴낸《새로운 역사 교과서》의 역사인식과 이를 방치하는 듯한 문부성

• 특정 집단의 사람들을 완전히 없애기 위해 저지르는 대량 학살. 인종을 뜻하는 그리스어 '제노스(genos)'와 학살을 뜻하는 '사이드(cide)'를 합한 말이다. 20세기 들어, 제2차 세계대전 중 독일 나치 정권의 유대인 학살(홀로코스트)과 집시 학살, 세계대전 당시 오스만 투르크의 이슬람계 튀르크인이 저지른 기독교계 아르메니아인 학살, 1975년 캄보디아를 장악한 이후 크메르 루즈 정권의 부유층과 지식인 학살(킬링필드) 등 10여 차례의 제노사이드가 일어났다. 이를 막기 위해 유엔은 1948년에 제노사이드 협약을 체결했다.

의 태도 때문이었다. 그렇지만 이러한 문제가 21세기에 들어서 갑자기 튀어나온 것은 아니다. 일본의 역사왜곡 문제는 이미 수십 년 전부터 한국을 비롯한 아시아 국가들의 반발을 샀으며, 이를 둘러싼 갈등도 계속되었다. 이 과정을 살펴보기로 하자.

일본 역사왜곡의 전개 과정

일본에서 역사 교과서가 문제가 되기 시작한 것은 1950년대 중반이었다. 제2차 세계대전에서 패한 후 민주화의 길을 걷던 일본은, 미국이 일본을 동북아시아의 반공기지로 삼으려는 정책에 따라 '역코스'의 길을 걷게 된다. 전후 연합군 최고사령관 총사령부(GHQ)에 의해 추진되던 군국주의 철폐와 민주화 정책이 막을 내리고 반공이 가장 기본적인 정책 지표가 되었다. A급 전범이 총리대신이나 외무대신으로 복귀하게된 것도 이러한 배경 때문이었다.

1950년대 중반에 접어들어 문부성은 역사를 비롯한 사회과 학습지도요령과 교과서에 대한 간섭을 강화하였다. 전전(戰前) 일본의 군국주의 정책과 침략전쟁의 비판적 서술을 수정할 것을 저자들에게 요구한 것이다. 일본에서는 이를 '제1차 교과서 공격'이라고 한다. 이에 반발한 교과서 저자 이에나가 사부로가 교과서 검정제도의 부당성을 주장하면서 1965년에 제기한 소송이 이후 3차에 걸쳐 수십 년간 계속되었다.

1970년대 중반부터 교과서 검정이 다시 강화되는 제2차 교과서 공격이 있었다. 이 여파가 한국 등 주변 국가로 확산되었다. 일본 역사 교과서 문제에 한국 사회의 관심이 크게 높아진 것은, 1982년에 일본 문

1992년 1월 8일에 일본 총리 방한을 앞두고 열린 정대협 첫 수요시위

부성의 검정과정에서 불거진 역사왜곡 문제 때문이었다. 당시 일본 정부는 검정 신청된 역사 교과서 내용을 일본의 식민지 지배를 미화하고 침략전쟁을 합리화하는 방향으로 바꾸라고 수정지시를 하였다. 또한 식민통치와 침략전쟁에서 일본이 저지른 인명 살상과 수탈을 은폐하였다. 예컨대 "주변 제민족에 대한 억압을 강화하면서"는 "조선·중국에 진출을 꾀하면서"로 바꾸고 3·1운동을 데모와 폭동이라고 기술하라고 했다. 3·1운동과 간토대지진 당시의 조선인 학살, 1930년대 말부터 1940년대 까지의 인적 수탈과 강제 연행은 구체적인 사실을 얼버무리거나 아예 서술에서 제외하는 등 은폐하고자 했다. 전근대사에서도 지배와 종속의 관계로 한일관계를 보거나 두 나라 간에 발생한 분쟁의 책임을 한국 탓으로 돌렸다. 한반도 남부를 일본의 야마토 조정이 오랫동안 지

배했다는 임나경영설을 사실로 기술하고, 임진왜란은 명을 정벌할 길을 열어주고 조공을 바치라는 도요토미 히데요시의 요구를 조선이 거부했기 때문에 일어났다는 것이었다.

문부성의 이러한 수정지시는 한국과 중국 등 아시아 국가들로부터 커다란 반발을 샀다. 일본 안에서도 문부성의 간섭을 비판하는 목소리가 나왔다. 한국에서는 이를 계기로 독립기념관이 만들어졌으며, 중국에서도 항일전쟁 기념관들이 세워졌다. 북한도 일본의 역사왜곡에 비판의 목소리를 높였다. 이후 일본은 역사 교과서 검정 원칙에 '근린 국가들과의 우호'를 추가하였다. 교과서에서도 일본의 제국주의적 침략을 인정하고, 한국이나 중국의 민족운동을 소개하였으며, 1980년대 중반 이후 본격적으로 사회문제와 국제 현안이 된 일본군 '위안부' 문제를 서술하는 등 어느 정도 개선의 움직임이 나타났다.

그러나 1990년대 중반 이후 일본 사회의 보수화·우경화 경향과 맞물려 오히려 일본의 역사인식은 후퇴하였다. 교과서에 들어가 있던 일본군 '위안부' 서술이 1990년대 말에 개정된 교과서들에서 대폭 빠진 것은 이를 상징적으로 보여주는 일이었다.

새역모의 탄생과 《새로운 역사 교과서》 간행

1980년대 후반 '거품경제'의 붕괴에 이어진 장기불황은 일본 사회의 보수화 분위기를 크게 확산시켰다. 더구나 1991년에 일어난 걸프전은 일본 안에서 '좋은 전쟁론'에 힘을 실어주었다. 한국도 마찬가지였지만, 걸프전 당시 일본인들은 안방에 앉아서 CNN의 생생한 전쟁 '중계방송'을 지켜보았다. 방송사들은 전쟁 소식을 빨리 전하기 위해 구태여 기자를 파견할 필요가 없었다. CNN의 영어방송을 동시통역할 사람만 있으면 충분하였다. CNN은 철저한 미국의 논리로 걸프전을 방송했다. CNN을 통해 전해지는 걸프전은 '악의 축 이라크를 응징하는 미국의 정의의 전쟁'이었다. 걸프전을 계기로 전쟁이 반드시 나쁜 것만은 아니라는 일본 우익의 주장이 사회에서 힘을 얻었다. 이들은 '좋은 전쟁론'을 내세워 평화헌법의 개정을 주장하였다. "일본 국민은 정의와 질서를 기조로 하는 국제 평화를 성실히 희구하고, 국권의 발동에 의거한 전쟁 및 무력에 의한 위협 또는 무력의 행사는 국제분쟁을 해결하는 수단으로서는 영구히 이를 포기한다. 이러한 목적을 성취하기 위하여 육해공군 및 그 이외의 어떠한 전력도 보유하지 않는다. 국가의 교전권 역시 인정치 않는다(일본국 헌법 9조)"라는 조항의 개정은 일본 우익의 오랜 염원이었다. 일본을 '전쟁을 할 수 있는 나라'로 바꾸는 것이 그들의 목표였다. 일본군의 재무장, 선제공격, 영토 밖의 군사활동 주장 등이 뒤따랐다.

이러한 분위기에 힘입어 사회와 학계 일부에서 기존의 역사 해석과 교과서 서술을 새롭게 해야 한다고 주장하는 사람들이 늘어났다. 이들은 제2차 세계대전 후 일본의 역사교육이 도쿄재판을 그대로 받아들인 '도쿄재판사관'에 따른 것이라고 비판하고, 그 특징을 '자학사관', '암흑사관'이라고 규정하였다. 장차 사회를 이끌어가는 주인공이 될 학생들에게 자기 나라의 역사를 어둡고 잘못된 것으로 가르치는 것이 말이 되느냐는 논리였다. 이들은 그 대안으로 '자유주의'를 주장하면서, 자유주의사관연구회를 결성하였다. 자유주의사관연구회는 기존에 비판을 받아 온 일본의 제국주의 침략과 전쟁, 식민지 지배 등을 다른 관점에서 볼 수 있다는 생각을 학생들에게 길러주기 위한 수업방법으로 '디베이트 (debate)'를 이용하였다. 디베이트는 역사적으로 논쟁이 되는 사건들을 찬반논쟁을 통해 학습하는 논쟁형 토론수업이다. 역사에 대한 해석이나 평가는 사람에 따라 다를 수 있다는 점에서 디베이트라는 수업방식 자체가 큰 문제점을 가진 것은 아니다. 그러나 이들이 디베이트법을 도입한 이유는 지난날 일본이 저지른 침략이나 전쟁을 합리화하는 것이었다. 예컨대 태평양전쟁의 본격적인 시발점이 된 진주만 공격을 디베이트의 주제로 삼는다면, 학생들은 이를 찬성하는 측과 반대하는 측으로 모둠을 나누어 논쟁을 하게 된다. 진주만 공격을 비판하는 주장뿐 아니라 옹호하는 논리까지 접하게 된다. 이 과정을 통해 진주만 공격을 반드시 침략전쟁으로만 볼 것이 아니라, 당시 상황에서 불가피한 조치였다거나 역사에서 으레 일어나는 일이라는 생각을 학생들에게 심어주려는 것이다.

역사교육과 교과서를 비판하는 일본 우익의 움직임은 새역모의 출범으로 이어졌다. 새역모는 1997년 1월에 대학과 문학계 등의 우익 인사들의 주도로 만들어졌다. 새역모는, 역사교육이 자라나는 2세들에게 과거 선조들의 활동을 긍정적으로 생각하고 일본의 역사에 대한 자부심을 가지게 해야 하는데 도쿄재판사관으로 오히려 지난날 일본의 역사를 부끄럽고 청산해야 할 것으로 여기게 만들었다고 비판하고, 이를 극복할 수 있는 역사인식과 역사교육이 필요하다고 주장하였다. 기존의 역사 해석과 역사 교과서 내용을 비판하는 새역모의 주장은 일반 대중에게 상당한 영향력을 미쳐 1999년 12월에는 회원이 1만 명이 넘었으며, 연간 4억 엔 이상의 수입을 올리면서 활동하는 단체로 성장했다.

일본 연합함대를 지휘하는 도고 헤이하치로
(일본 우익 교과서의 러일전쟁 삽화)

　새역모의 주장은 1990년대까지 계속되어온 일본 우익의 주장과 큰 차이가 없다. 그런데 그때까지 일본 우익이 기존 교과서 비판에 주력하였다면, 이들은 자신들의 역사인식을 담은 교과서를 직접 제작할 것을 표방하였다. 기존의 역사인식을 바로잡으려면 '새로운' 교과서가 필요하다는 것이었다. 이들은 실제로 중학교용 역사와 공민 교과서를 집필하였다.

　《새로운 역사 교과서》와 《새로운 공민 교과서》는 2001년에 일본 문부성의 검정을 통과하였다. 이들 교과서는 지난날 일본의 제국주의 침략을 정당화하고, 전쟁 행위를 합리화하였다. 일본이 본격적인 제국주의의 길로 접어든 출발점이라고 할 수 있는 러일전쟁을 러시아의 위협에서 일본을 지키기 위한 자위전쟁이라고 변호하고, 세계 최대의 육군 대국이던 백인 제국 러시아에 승리를 거둔 것은 유럽의 식민지로 전락한 아시아 민족에게 독립의 희망을 주었다고 강변하였다. 한국을 강제 병합한 후 근대화를 위해 노력했다고 식민지배를 합리화하였다. 중일 전쟁에 이은 태평양전쟁은 아시아인의 공동번영을 추구한 '대동아전쟁' 으로 미화하고, 태평양전쟁 초기 일본이 동남아시아를 점령한 것은 아시아인들에게 독립의 희망을 주었다고 서술하였다. 난징대학살은 자료 상의 의문점과 다른 여러 견해가 있음을 주장함으로써, 사실이 아니라 하나의 주장으로 치부해버렸다.

　이러한 역사왜곡은 한국을 비롯하여 중국, 북한, 동남아시아 각국의 거센 반발을 불러일으켰다. 일본 안에서는 진보적 지식인이나 시민단 체들이 새역모와 그들이 만든 교과서를 비판하였다. 비판 세력은 처음 에는 일본 문부성에 교과서 검정에서 통과시켜서는 안 된다고 요구했 으며, 검정심사에 통과된 다음에는 불채택운동을 벌였다. 그 결과《새 로운 역사 교과서》는 정규 학교에서 겨우 500여 권만이 채택되는 데 그쳤다. 새역모는 시민단체들이 벌인 불채택운동은 부당한 정치개입이 며, 일본 정부가 외국의 압력에 굴복하고 있다고 비난했다. 그리고 다음 번 검정 때는 '복수(revenge)'를 해서 최소한 10퍼센트의 채택률을 달성 하겠다고 공언하였다.

　개정된 새역모의《새로운 역사 교과서》는 2005년 4월에 교과서 검정 에서 통과되었다. 개정판《새로운 역사 교과서》는 2001년판보다 오히 려 국수적, 군국주의적 성격을 강화하였다. 한국 침략을 러시아와 같은 대륙국가의 위협에서 일본을 지키기 위한 어쩔 수 없는 정책이라고 강 변하고, 일제의 식민지 지배가 한국의 근대화에 기여했다고 주장하였 다. 침략전쟁 과정에서 저지른 일본군 '위안부'의 강제 징발을 부정하고,

난징대학살을 사실인지 아닌지 애매하게 서술하였다. 대일본제국의 헌법과 교육칙어를 찬미하고, 인권이나 평화론을 비판하며, 전쟁을 금하는 헌법의 개정을 주장하기도 하였다. 또한 신화나 천황 서술은 그대로 두는 등 황국사관을 고수하였다. 더구나 새역모가 펴낸 공민 교과서를 비롯한 일부 교과서에 독도를 일본 땅이라고 명시함으로써 한국인의 분노를 샀다. 때마침 일본 시마네 현이 독도를 자신의 땅으로 확인하는 조례를 제정하고, 일본 대사와 일부 각료들도 이를 지지하는 발언을 거듭하여 한일 간의 외교 마찰까지 불러일으켰다.

새역모는 2001년보다 적극적으로 《새로운 역사 교과서》의 채택을 확대하는 데 힘썼다. 자민당의 상당수 국회의원과 《산케이신문》, 《요미우리신문》을 비롯한 우익 언론, 이시하라 신타로 도쿄도 지사 등 보수 우익 인사들의 지지를 바탕으로 채택률을 높이기 위한 조직적 행동에 나섰다. 이에 맞서 시민단체들은 《새로운 역사 교과서》의 채택을 막기 위한 활동을 활발히 전개하였다. 한국의 시민단체들도 일본 시민단체와 연대하여 힘을 보탰다. 그 결과 《새로운 역사 교과서》는 2005년에도 약 5000권, 0.4퍼센트라는 저조한 채택률에 머무르고 말았다.

두 차례에 걸친 채택 실패는 새역모의 분열을 가져왔다. 책을 펴낸 후소샤는 커다란 재정적 타격을 받았으며, 후소샤와 새역모의 주요 구성원 사이에 갈등이 벌어졌다. 2001년의 첫 번째 채택 실패로 일부 인사들이 새역모에서 떨어져 나갔으며, 2005년에 다시 미미한 채택률에 머물자 분열이 본격화되었다. 후소샤는, 《새로운 역사 교과서》가 거의 채택되지 않은 것이 새역모 구성원들의 지나친 우익적 성향이라고 판단하고 새역모와 관계를 끊고 새로 역사 교과서를 내겠다고 선언하였다.

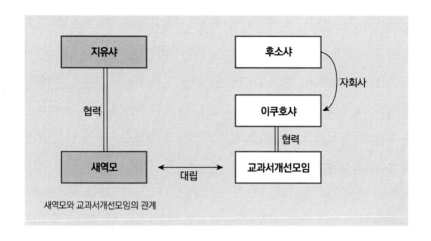

그래서 3억 엔의 자본을 투자하여 교과서를 전문으로 출판하는 자회사 인 이쿠호샤(育鵬社)를 만들었다. 새역모와 후소샤 사이에서 기존《새로 운 역사 교과서》의 저작권과 판권을 놓고 소송이 벌어지기도 했다. 새 역모의 일부 회원들도 탈퇴를 하여 '개정교육기본법에 기반을 둔 교과 서 개선을 추진하는 유식자들의 모임'(교과서개선모임)을 만들었다. 교과 서개선모임은 이쿠호샤와 손을 잡고 2008년에 고시된 학습지도요령에 맞춘 중학교 역사 교과서와 공민 교과서를 만들어서 2011년 3월에 교 과서 검정심사에 통과하였다. 이 책은 종전과 같이 '새로운 일본의 역사' 라는 이름을 달고 있다. 이쿠호샤의 교과서는 시판본 표지에 "이쿠호샤 는 후소샤의 교과서 사업을 계승한 출판사이다"라는 말을 명기하여, 자 신들이 펴낸 교과서가 정통 우익 교과서임을 주장하였다.

한편 후소샤와 손을 끊은 새역모는 지유샤 (自由社)라는 출판사에서《신 편 새로운 역사 교과서》를 간행하여 2009년 4월 검정심사에서 통과되었다. 그러나 새역모의《신편 새로운 역사 교과서》의 내용은 대부분 기존의《새로운 역사 교과서》를 그대로 옮겨놓은 것이었으며, 2001년과 2005년의 교과서 검정 때보다 사회적 관심도 크게 떨어졌다. 새역모의 역사 교과서는 '새로운 역사 교과서'라는 이름으로 2011년 검정심사에서 다시 통과되었다. 그런데 일본 우익 교과서의 채택률이 2001년이나 2005년에 비해 크게 늘어나서, 이쿠호샤 교과서의 채택 권수는 약 4만 8천 권으로 전체의 3.8퍼센트에 달했으며, 지유샤판과 합하면 4퍼센트를 넘어섰다.

일본 비판에서 평화를 위한 역사교육으로

|

일본의 역사 교과서가 문제가 될 때마다 한국 정부, 학자, 시민 들은 한 덩어리가 되어 일본을 공격했다. 일본의 일부 학자와 시민들도 일본 문부성이나 우익들의 역사왜곡을 비판했다. 한국에서는 이들을 가리켜 '양심적 일본인'이라고 추켜세웠다. 그러나 일본 우익의 역사왜곡을 바라보는 한국인들과 일본 '양심적 지식인'들의 생각이 전적으로 같은 것은 아니었다. 한국인들은 새역모의 교과서가 한국 침략 사실을 은폐하는 데 분노한 반면, 일본 안의 비판자들은 일본 사회의 군국주의화와 평화헌법 개정을 우려하였다. 이들 중 일부는 이런 시각에서 한국의 역사 교과서도 같은 잣대로 보아야 한다고 주장하기도 했다. 일본의 역사 왜곡을 비판하는 것만으로는 한계가 있었다. 그 대안으로 나온 것이 공동연구와 자라나는 학생이나 청년들에게 바람직한 역사인식을 길러줄 수 있는 공동역사교재의 개발이었다.

이러한 노력은 학계를 중심으로 먼저 시작되었다. 1990년대 초부터 한국과 일본 학자들은 양국 사이에 쟁점이 되고 있는 역사적 사실을 주제로

한·중·일 또는 한·일 공동역사교재들

공동연구를 하고 세미나를 개최해왔다. 한·중 수교 이후인 1990년대 중반부터는 중국 학자들도 참여하는 학술회의가 거의 매년 열렸으며, 2000년대에 들어서는 남북 교류가 활성화되면서 남북한을 포함한 동아시아 전체로 확대되었다. 학자들을 중심으로 이루어지던 교류가 중·고등학교 교사들에까지 확산되었으며, 시민단체나 지방자치단체들도 다양하게 교류하고 있다. 근래에는 중·고등학생들의 교류도 생겨나고 있다.

이와 같은 교류를 통해 처음에는 일본 교과서를 비롯한 각국 교과서 서술을 분석하여 문제점을 찾아내는 데 중점을 두었다. 그러나 점차 대안적인 역사 서술을 통한 역사인식의 공유를 모색하였다. 소극적인 대처에서 적극적으로 문제해결을 추구하는 방향으로 나아간 것이었다. 이에 따라 여러 경로를 통해 공동의 역사 연구가 행해지고 역사교재의 개발이 추진되었다. 두 차례에 걸쳐 한일역사공동연구위원회가 운영된 것도 이러한 방향을 염두에 둔 것이었다.

　역사인식을 공유하기 위한 공동교재를 개발하고자 노력한 결과, 2005
년 동아시아 공동의 근현대사 인식을 목표로 한·중·일 학자와 시민이
공동으로 펴낸《미래를 여는 역사》(중국명은《동아시아 삼국의 근현대사(東
亞三國的近現代史)》)가, 2012년에는《한·중·일이 함께 쓴 동아시아 근현
대사》가 한국, 일본, 중국에서 간행되었다. 이들 책은 주변 나라 역사에
대한 지식을 바탕으로 동아시아 삼국의 관계사와 민중생활의 이해를
모색하고 있다. 그 밖에도 여러 단체나 경로를 통해 한국과 일본 사이
에 다양한 공동역사교재들이 개발되었다. 한국의 서울시립대학교가 주
축이 된 역사교과서연구회와 일본의 도쿄학예대학을 중심으로 하는 역
사교육연구회는 10년에 걸친 공동연구와 토론 끝에《한일 교류의 역
사》를 펴냈다. 한국의 전국역사교사모임과 일본의 역사교육자협의회
에 속한 역사교사들 간의 교류는《마주보는 한일사》로 결실을 보았다.
한국의 전국교직원노동조합 대구지부와 일본 히로시마교직원조합 소속 역사교사들은 《조선통신사》에 이어 《한국과 일본, 그 사이의 역사》를 펴내면서 교류를 계속하고 있다.

한국과 일본은 상당히 많은 공동의 역사 경험을 가지고 있다. 두 나라가 함께 겪은 역사적 사실을 각 나라가 자신의 입장에서만 바라보면 갈등이 벌어지게 마련이다. 특히 어느 한 나라가 가해국이고 다른 나라가 피해국인 역사적 사실의 경우, 생각의 차이가 더욱 커질 가능성이 높다. 역사 해석이나 서술 차이를 극복하고 역사인식을 공유하려는 노력은, 통일적이고 획일적인 역사상을 가지기 위한 것이 아니라 반성과 화해를 통해 불행한 과거를 되풀이하지 않기 위한 것이다.

공동의 역사인식과 역사 교과서 서술을 모색하는 한국과 일본의 학자, 교사, 시민 들은, 역사적 경험 때문에 빚어진 갈등을 해결한 나라들의 사례에서 교훈을 얻고자 했다. 이들이 가장 주목한 것은 20여 년간이나 계속된 서독과 폴란드 사이의 역사 교과서 회담이었다. 서독과 폴란드의 회담은 마침내 공동으로 역사 교과서 서술의 권고안을 마련하는 결실을 맺었다. 독일이 통일된 다음에도 그 성과가 이어져서, 양국이 함께 관련되는 역사적 사실의 교과서 서술을 공유하는 방향으로 전개되었다. 독일과 프랑스, 미국과 캐나다 사이에서도 역사인식을 공유하기 위한 노력이 전개되었다.

그러나 유럽과 같이 동아시아에서도 자국사, 유럽사, 세계사를 하나의 단위로 서술하는 것이 가능한가, 그러한 노력이 바람직한가는 의문도 제기되었다. 유럽의 경우에 현재 국가들로 구분되기에 앞서 유럽세계가 형성되었다. 그러나 동아시아에서는 '동아시아'라는 문화권 또는 지역세계가 형성되기에 앞서 개별 국가들이 먼저 생겨났다. 인종 구성이나 문화적 성격을 달리하는 국가들 사이에 교류를 통해 일정한 속성을 공유한 문화권이 형성된 것이다. 따라서 동아시아 문화권이라고 해도 정치적으로나 사회적으로 이질적인 요소들이 많다. 그러하다 보니 각국의 역사를 자국사와 세계사 구분 없이 동아시아사로 통합하는 데는 무리가 따른다. 이러한 의문은 유럽과 같이 탈민족적 관점에서 역사 서술이나 교과서 개선을 위한 협의가 가능한가에 대해서도 마찬가지이다.

결국 동아시아 역사인식의 공유는 '탈민족'이나 '동아시아사'의 관점을 강조하기보다는, 역사교육을 통해 달성해야 할 궁극적인 가치를 지향하는 것이 바람직하며, 오히려 현실적일 수도 있다. 역사인식과 역사교육이 궁극적으로 동아시아, 나아가 세계의 평화와 인권, 민주주의 같은, 인류가 실천해야 할 보편적인 가치에 도움을 주어야 한다는 것이다. 특히 '평화'를 위한 역사교육은 하나의 방향이 될 수 있다.

궁극적으로 배척해야 할 것은 우리와 차이가 있는 주변 나라의 역사인식이 아니라, 침략과 식민지 지배를 미화하고 전쟁을 정당화하며 폭력과 억압을 합리화하는 역사인식이다. 일본 우익은 자신들의 역사 서술을 비판하는 한국의 교과서도 베트남인에 대한 가해 사실을 숨기고 베트남전을 합리화하고 있다고 반박한다. 도쿄재판에서 일본 전범들은 히로시마와 나가사키에 원자폭탄을 투하하여 수많은 민간인들을 죽음으로 몰고 간 미국의 책임자들도 자신들과 마찬가지로 전범으로 처벌해야 한다고 주장한다. 사실 베트남인의 시각에서 보면 가해의 사실을 숨기고 있는 한국의 역사 교과서도 베트남전을 왜곡하고 있다고 할 수 있다. 원자폭탄 투하 행위가 전쟁범죄에 해당하는지는 지금까지도 논란거리이다. 일본 우익들의 주장이 아니더라도 이런 행위들은 되풀이

되지 말아야 한다.

역사인식과 역사교육을 둘러싼 분쟁은 공통적으로 자신의 목적을 위해 침략과 전쟁, 갈등과 대립을 정당화하려는 데서 비롯된다. 자신의 이익을 위해서는 침략이나 전쟁도 불가피하며 힘으로 주변을 억눌러야 한다는 군국주의적 국가관이 역사왜곡으로 나타나는 것이다. 역사교육은 지난날의 경험을 통해 전쟁을 막고 갈등을 줄이며 평화를 유지하는 것이 인류가 공동으로 실현해야 할 가치라는 의식을 기를 수 있다.

고구려사는 어느 나라 역사인가

중국의 동북공정과 고구려사 논란

　　장군 복장을 한 사람이 대열의 앞에서 칼을 휘두르면서 구호를 선창한다. "중국은 고구려사 왜곡을 즉각 중단하라." 그 뒤로 무리를 지어 구호를 따라 외치는 사람들 중에 한복 차림의 학생들이 보인다. 이들은 태극기를 휘두르며 무리를 선도하고 있다. 무리 앞에 선 장군의 모습은 중국 수나라의 100만 대군을 격파한 고구려의 영웅 을지문덕이다. 한복 차림의 학생들은 가장 우수한 영재들만이 진학한다는 민족사관고등학교 학생들이다. 2004년 1월 5일에 '중국의 역사왜곡 대책 민족연대 추진 운동본부'라는 단체가 주최한 중국의 역사왜곡 규탄시위 광경이다. 이 시위에 민족사관고등학교 학생들이 다수 참가했다. '민족사관고등학교'라는 학교 명칭을 생각하면, 이들이 시위에 참가한 것은 자연스러워 보인다. 그러나 이 단체에 민족사관고등학교 교장인 이돈희가 공동의장으로 참여하고 있다는 사실도 관련이 있을 것이다.

을지문덕 복장을 한 중국대사관 앞 시위대

|

이 뉴스를 처음 보았을 때 혹시 외교적으로 문제가 되지 않을까 하는 생각을 했다. '집회와 시위에 관한 법률'에 외국대사관 앞의 시위를 금하고 있다는 말을 들은 적이 있었기 때문이다. 궁금하여 찾아보니, '집회와 시위에 관한 법률' 제11조 4호는 국내 주재 외국의 외교기관이나 외교사절의 숙소를 옥외집회와 시위 금지 장소로 규정하고 있다. 물론 몇 가지 예외 조항을 두고 있으므로 여기에 해당한다고 생각하면 그만이겠지만, 논란이 될 여지는 있다. 그러나 중국 측이 이 시위를 불법으로 문제삼으려 하지 않는 이상 경찰이나 한국 정부가 먼저 나서서 이를 제지하려고 할 이유는 없었다. 이후에도 고구려 장군 복장을 한 시위는 중국대사관 앞에서 종종 벌어졌다. 하나의 아이디어라고 할까, 콘셉트라고 할까?

이런 시위가 열리게 된 것은 중국의 동북공정 때문이었다. 2003년 가을에 언론은 '중국이 고구려사를 빼앗으려 한다'라는 소식을 연이어 전했다. "고구려사를 중국사의 일부로—중(中) 학계 '역사 빼앗기' 대규모 프로젝트(《중앙일보》 2003년 7월 15일자)", "한·중 역사전쟁—고구려는 중국사인가(KBS 〈일요스페셜〉 2003년 10월 12일 방송)". 이 소식은 한국 사회를 커다란 충격에 빠뜨렸다. 일본의 역사왜곡 때문에 분노하고 있었는데, 중국의 역사왜곡은 이와 비교할 수도 없을 정도로 심각한 문제였다. "우리 역사상 가장 강대했던 국가인 고구려의 역사를 중국사에 편입시키려 하다니!" 인터넷이나 잡지 등에서는 "21세기 서희 장군을 찾습니다(사이버 외교사절단 반크)", "광개토왕을 돌려다오(《한겨레 21》 제496호)"

2004년 1월, 중국대
사관 앞에서 중국의
역사왜곡에 항의하는
시위 장면

같이 중국과의 일전까지도 각오해야 한다고 부추기는 말들이 난무했
다. '한·중 역사전쟁', '제2의 나·당전쟁'이라는 말도 들렸다. 총탄이 오가
지는 않았지만, 정말로 전쟁이라도 벌일 것 같은 분위기였다. 보수언론
이건 진보언론이건 마찬가지였다.

　이 과정에서 고구려 유적의 세계문화유산 등재와 관련된 소식도 전
해졌다. 2002년에 북한은 유네스코에 고구려 고분군을 세계문화유산
으로 등재해달라고 신청했다. 그러나 만주 지역에 있는 유사 고분을 포
함한 비교 연구, 고분이 진짜인지 여부와 원형 훼손 정도의 평가, 비공
개된 고분의 추가 조사 필요 등의 이유로 보류되었다. 그 이유 중에는
중국과의 공동등록 필요성도 포함되어 있었다. 국내에서는 이를, 고구
려 역사를 중국사로 공인받기 위해 현재의 중국 땅에 있는 고구려 유적
을 중국의 세계문화유산으로 등재하려는 중국의 의도가 작용한 결과라
고 보았다.

독도는 한국 땅이며 '일본해'가 아니라 '동해'라는 명칭을 사용해야 한다는 것을 세계에 알려 유명해진 사이버 외교사절단 반크는, 고구려사가 한국의 역사이며 고구려 유적을 중국의 세계문화유산으로 등록시켜서는 안 된다는 것을 이메일이나 인터넷으로 세계에 알렸다. 특히 세계문화유산 등록 심사의원들에게 이런 주장을 담은 메일을 집중적으로 보내는 운동을 전개하였다. '서희 장군 프로젝트'였다. 옛 고구려 영토를 고구려 땅에서 성장한 거란이 차지해야 한다는 소손녕의 주장을 외교 담판으로 무너뜨린 서희 장군과 같이, 고구려사는 중국사의 일부라는 중국의 논리를 사이버 외교로 분쇄하자는 운동이었다. 고구려사 지키기를 목표로 내세운 '우리역사 바로 알기 시민연대', '고구려 역사 지키기 범민족 시민연대' 등의 시민단체들도 속속 결성되었다. 이 단체들은 고구려사 지키기 100만 인 서명운동을 벌이거나 심포지엄을 개최하여 문제의 심각성을 널리 알리고 사회적 관심을 환기시켰다.

정치적 목적으로 시작된 동북공정

고구려사 문제는 중국 정부가 추진한 '동북 변강의 역사와 그에 따라 파생되는 현상에 대한 일련의 연구 프로젝트(東北邊疆歷史與現狀系列研究工程)', 즉 동북공정으로 불거졌다. 프로젝트를 의미하는 '공정' 앞의 동북은 중국의 동북 변경지역을 뜻한다. 중국 동북지방은 우리가 흔히 '만주'라고 부르는 랴오닝성(요녕성), 지린성(길림성), 헤이룽장성(흑룡강성)을 가리킨다. 동북공정은 동남공정, 서남공정 등과 함께 변경지역에 대한 일련의 연구 중 하나로 추진되었다.

중국이 고구려사를 중국 변방의 역사로 정리하려는 움직임이 있다는 것은, 고대사 전공자들 사이에 이전부터 이미 알려져 있었다. 학술지에 중국 학계의 이러한 동향을 소개하는 글이 실리기도 했다. 그러나 이때는 '동북공정'이라는 대규모 프로젝트보다 역사 연구라는 차원으로 소개되었을 뿐이다. 오래전부터 중국이 주장하여 오던 발해사가 중국 변방의 역사라는 주장과 비슷한 정도로 생각했다.

동북공정은 2002년부터 2006년까지 중국사회과학원(中國社會科學院) 중국변강사지연구센터(中國邊疆史地研究中心)에서 약 200억 위안(당시 환율로 약 3조 원)을 들여 추진하였다. 연구내용 중에는 고구려사에 관련된 주제가 상당 부분을 차지한다. 이 프로젝트에서는 연구뿐 아니라 조사, 유적의 발굴과 정비, 박물관 신축이나 증축, 주변 경관의 정비 등도 이루어졌다. 중국은 외부인의 접근을 막은 상태에서 유적을 발굴하고 정비했다. 이 프로젝트의 주된 목적이 고구려사가 중국의 역사라는 것을 뒷받침하는 데 있다고 국내에 알려졌다.

동북공정의 연구과제는 중국 동북지방의 역사 전반과, 종족, 국경 등 지리적 문제이다. 주요 과제는 일부 러시아 관련 연구를 제외하고는 대부분 남북한 및 한·중관계사이다. 이들 과제가 고구려사에만 한정되어 있는 것은 아니다. 고조선사, 발해사, 중세 한·중관계사, 한·중 국경의 문제, 조선족 문제 등 한국사나 한·중관계사 전반에 걸쳐 있다. 이렇게 보면 동북공정은, 고구려사만이 아니라 한·중관계사나 나아가 동북아시아사 전체의 문제를 대상으로 한 것이라고 할 수 있다.

그렇지만 고구려사 연구가 동북공정의 핵심인 것도 사실이다. 이미 중국은 발해를 중국 지방정부의 역사로 보는 연구물들을 계속해서 내놓았다. 우리는 발해를 고구려를 계승한 나라로 보면서 한국사에 포함시킨다. 국사 교과서에는 '통일신라와 발해'를 하나의 단원으로 설정하고 있으며, '남북국'이라는 용어를 사용하기도 한다. 그러나 중국에서는 발해를 말갈족의 나라로 보고 있다. 말갈족은 현재 중국 민족 중의 하나이므로, 발해도 자연히 중국 민족이 세운 나라이며 발해사도 중국사라는 논리이다. 만약 고구려를 중국의 역사에 넣을 수 있다면, 그 이전의 고조선이나 고구려를 이어받은 발해의 역사는 자연히 중국의 역사가 된다. 즉 고구려사는 고조선사와 발해사를 연결하는 고리 역할을 한다.

중국 정부는, 동북공정이 학술 연구인데 한국이 이를 정치 문제로 몰아가고 있다고 유감을 표했다. 그러나 동북공정이 단순히 변경지역의 역사나 지리 연구를 위한 프로젝트가 아니라 정치적 의도를 가지고 시행되었음은 확실하다. 지금은 없어진 동북공정 공식 홈페이지(당시 사이트 주소 http://www.chinaborderland.com)는 프로젝트의 취지를 "특별히 근 10여 년 이래로 동북아시아의 정치적·경제적 지위가 날로 상승함에 따라 세계 이목이 쏠리는 뜨거운 지역이 되었으니, 중국 동북 변강지역은 동북아시아의 중심에 위치하여 극히 중요한 전략적 위치를 가지고 있다"라고 밝히고 있다. 홈페이지에서 동북공정의 과제 중 국제적으로 뜨거운 쟁점이 되는 문제를 다루는 '열점취초(熱点聚焦)' 게시판에는 고구려사와 함께, 변강이론, 몽골, 투르키스탄, 남사군도, 조어도 등의 국경 문제를 포함시키고 있다. 또한 중국은 동북공정에 앞서 '한반도 형세 변화가 동북지구의 안정에 미칠 충격'에 관한 조사를 하였다. 여기에는 중국과 한국의 역사상 논쟁점, 한반도 형세 변화의 추이, 아편·종교·민족관계 등 동북지구의 여러 문제, 대규모 탈북자의 출현 가능성 등과 같은 정치적 문제가 포함되었다. 결국 한반도에 정세 변화가 일어났을 때 제기될 수 있는 국경이나 영토상의 문제점을 미리 확실히 해두자는 것이 동북공정의 주요 목적이라고 할 수 있다.

고구려사는 어느 나라 역사인가
|

중국은 한족(漢族)을 비롯한 56개 민족으로 구성되어 있다. 인구의 절대 다수를 차지하는 한족을 제외하면 55개 소수민족이 존재한다. 중국은 현재 중국 땅에 살고 있는 모든 민족을 '중화민족'으로 규정한다. 이를 바탕으로 '통일적 다민족국가론'을 주장한다. 이에 따르면, 중국은 오랜 옛날부터 다민족국가로 구성되었다고 본다. 이들은 때로 경쟁하거나 분열되었지만, 궁극적으로 통일국가를 세워 그 안에서 활동했다. 현재 중국 영역의 변경에 위치한 소수민족은 통일국가의 한 구성원으로서 중원의 왕조와 정치적·경제적·문화적으로 밀접한 관계를 가지면서 중국사의 형성에 공헌하였으므로, 중화민족의 역사는 곧 중국의 역사이다. '통일적 다민족국가론'의 논리대로 하면 조선족은 중화민족이므로, 조선족의 역사인 고구려사는 중국사이며 만주 지역에 있던 고구려는 중국의 지방정권이 된다.

이러한 논리에 한국은 강하게 반발한다. 역사적으로 중국과 고구려는 엄격히 구분되었으며, 고구려는 발해, 고려로 계승되었다는 것이 한국이 가지고 있는 기본적인 역사인식이다. 중국 기록에도 고구려는 중국사와 별개로 '동이전', '이역열전' 속에 서술되어 있다. 이 문제에 관한 한 한국인 중 어느 누구도 고구려사가 중국사라고 말할 사람은 없을 것이다.

그렇지만 한국인이라고 해서 모두 고구려사가 한국사라는 생각을 가지고 있는 것은 아니다. 이와 다른 생각은 민족주의 역사학과 역사교육을 비판하는 사람들에게서 찾아볼 수 있다. 현재의 국경이나 인종 구성을 기준으로 고구려사가 한국사인지 중국사인지 따지는 것은 무의미하다고 지적하거나, 고구려사는 한국사도 중국사도 아니라 고구려인의 역사라고 주장하기도 한다. 부여나 여진 같은 종족의 역사에도 같은 논리를 적용할 수 있을 것이다. 그러나 언뜻 그럴듯해 보이는 이 주장이 정말로 타당한지는 의문이다. 모든 역사가 당시 살았던 사람들의 역사라는 주장은, 오히려 역사의 본질을 제대로 이해하지 못한 것일 수 있다. 역사는 실제로 일어났던 일 자체보다 이를 기록한 것이라는 관점에서 본다면, 역사는 행위자가 아니라 이를 이어받은 사람들의 역사이다. 고구려사는 고구려인이 아니라 고구려를 이어받은 사람들이 만들어내는 역사이다. 따라서 누구의 역사인가 하는 논의의 초점은 누가 고구려 계승의식을 가지고 있는가 하는 점이 되어야 한다. 《삼국사기》나 《삼국유사》 같은 역사서에는 고구려, 백제, 신라를 묶어서 '삼국'이라고 부르는 반면, 중국의 역사서는 고구려를 이민족의 역사라고 보았다. 그런 점에서 고구려는 중국의 역사가 아니라 한국의 역사이다.

한국과 중국의 주장 사이에서 일종의 절충론을 취하는 경우도 찾아볼 수 있다. 일사양용론(一史兩用論)이 그것이다. "역사는 하나이지만, 두 가지로 사용할 수 있다"라는 뜻이다. 다수의 조선족 학자들이 이러한 주장을 한다. 일사양용론에서는 평양 천도 이전의 고구려와 평양 천도 이후의 고구려를 구분한다. 평양 천도 이전의 고구려 역사는 중국사이고, 평양 천도 이후의 고구려 역사는 한국사라고 할 수 있다는 것이다.

일사양용론이 얼마나 타당한지를 따지기에 앞서, 조선족 학자들은 현재 중국 땅에 살고 있는 중국 국적의 사람들이면서 한국인의 핏줄을 타고 태어났고 한국과의 교류를 끊고 싶지 않기 때문에 이렇게 주장하는 것이 아닐까 하는 생각이 든다. 사실 일사양용론이야말로 현재의 영토를 기준으로 과거의 역사를 구분하는 논리이다.

세계문화유산에 동시에 등재된 북한과 중국의 고구려 유적

2004년 6월 28일부터 7월 7일까지 열린 유네스코 세계유산위원회(WHC) 총회는 북한과 중국 안의 고구려 유적을 함께 세계문화유산 목록에 등재하기로 결정했다. 평양의 동명왕릉(진파리 무덤), 남포의 강서대묘와 쌍영총, 수산리 고분, 황해도의 안악 3호분 등 북한의 63개 고구려 고분군과 중국 지린 성 일대에 있는 국내성, 환도산성, 광개토왕비, 왕릉 13기, 오녀산성 등 고구려 유적이 동시에 유네스코 세계문화유산이 된 것이다.

중국은 이러한 유네스코의 결정을 크게 환영했다. 유네스코 결정 이후 중국의 지안(집안)이나 환런(환인) 등 고구려 유적지 곳곳에 환영 플래카드가 내걸렸다. 이에 앞서 중국은 이 지역의 고구려 유적을 대대적으로 정비하였다. 성벽에 덕지덕지 붙어 있던 가옥들을 헐어내고 국내성을 정비하였다. 광개토왕비와 태왕릉* 사이의 건물들도 철거하고 도로를 가다듬어 하나의 유적군으로 만들었다. 태왕릉을 정비하고 광개

• 광개토왕비 근처에 있는 커다란 고구려 무덤으로, 중국과 조선족 학자들은 이 무덤을 광개토왕릉으로 본다.

중국이 지린·지안 고구려 유적의 유네스코 등재를 환영하며 내건 플래카드

토왕비를 보호한다는 이유로 유리를 씌우기도 하였다. 장군총이나 지안 박물관도 새로 단장을 하였다.

국내에서도 북한과 중국에 있는 고구려 유적이 공동으로 유네스코 세계문화유산에 등재된 것을 환영하는 분위기였다. 사실 따지고 보면 북한과 중국의 고구려 유적이 공동으로 세계문화유산에 등재된 것은 고구려사가 중국사인가 한국사인가 하는 문제와 별로 상관이 없다. 세계문화유산의 목록은 그 유적이 현재 어느 나라에 있는가를 보여주는 것일 뿐이다. 그런데도 한국 사회는 유네스코의 이런 결정이 가지는 의미를 고구려사 지키기 운동의 성과로 평가했다.

이어 8월 23일에는 한국과 중국 정부 당국 사이에 동북공정 문제 때문에 불거진 외교 갈등을 해결하기 위한 회담이 열렸다. 회담은 두 차례의 외교차관 회담을 비롯하여 무려 9시간 30분 동안 '릴레이 협상'으

중국이 유리를 씌워 정비한 광개토왕비

로 전개된 것으로 알려졌다. 합의문 발표는 없었지만, 외교통상부 고위 당국자는 비공식 브리핑에서 중국 정부가 교과서 왜곡을 하지 않겠다는 약속을 했다고 밝혔다. 그리고 5개 항의 구두 양해에 합의했다고 한다. "① 중국 정부는 고구려사 문제가 양국 간 중대 현안으로 대두된 데 유념한다, ② 역사 문제로 인한 한중 우호협력 관계의 손상을 방지하고자 노력하고 전면적 협력과 동반자 관계 발전에 노력한다, ③ 고구려사 문제의 공정한 해결을 도모하고 필요한 조치를 취해 정치문제화를 방지한다, ④ 중국 측은 중앙 및 지방 정부 차원에서의 고구려사 관련 기술에 대한 한국 측의 관심에 이해를 표명하고 필요한 조치를 취해나감으로써 문제가 복잡해지는 것을 방지한다, ⑤ 학술 교류의 조속한 개최를 통해 문제를 해결한다"라는 것이었다.

북한과 중국 내 고구려 유적이 동시에 세계문화유산에 등재되었다고 해서 역사갈등이 해결될 수 있는 것은 아니었다. 한국과 중국 외교 고위당국자 간의 구두 합의에 이행을 보장하는 장치가 있는 것도 아니었다. 이미 2004년 2월에도 한국과 중국은 이와 거의 비슷한 합의를 한 적이 있었다. 우리로 볼 때는 거기에서 별로 진전이 없는 합의였다. 그런데도 이 사건들을 계기로 동북공정 논란은 적어도 표면적으로는 한국 사회에서 수그러들었다. 정부도 이 문제를 더 이상 꺼내려고 하지 않았으며, 민간이나 사회단체들의 활동도 줄어들었다. 어쩌면 명확한 답도 없고 해결을 볼 수도 없는 운동에서, 종결을 위한 구실을 여기에서 찾았는지도 모르겠다.

높아진 고구려사에 대한 관심
|

동북공정이 미친 가장 커다란 사회적 영향이라면 역시 고구려사에 대한 관심을 크게 높였다는 점일 것이다. 고구려사를 다룬 책들이 여러 권 출간되었으며, 고구려 역사를 소재로 하는 사극이 붐을 이루었다. 〈주몽〉, 〈연개소문〉, 〈대조영〉, 〈광개토태왕〉 등 고구려 영웅을 주인공으로 하는 사극들이 연이어 방영되었다. 〈태왕사신기〉라는, 고구려 고분벽화 등의 내용을 신화로 각색하여 이야기를 구성한 판타지 사극도 나왔다. 다른 사극들도 작가의 상상력이 크게 들어간 경우가 많았다. 고구려사를 알 수 있는 사료가 별로 없었기 때문일 것이다. 그러나 한편으로 이러한 사극들이 지나치게 민족주의적 정서에 의존하여 고구려사를 과장했다는 우려의 목소리도 커졌다. 사극들은 고구려가 한때 중국의 베이징까지 점령했다는 역사적으로 확인이 되지 않는 내용을 사실처럼

문경의 고구려 사극 세트장(왼쪽)과 텔레비전 드라마 〈태왕사신기〉 포스터

방영하기도 했다.

정부는 초기에 이 문제가 정치적 갈등으로 확대되는 것을 꺼렸다. 정부의 자세는 일본의 역사왜곡에 대처와 크게 달랐다. 일본의 역사왜곡 문제가 불거질 때마다 정부는 학계나 민간뿐 아니라 범정부 차원에서 대처하겠다는 입장을 거듭 밝히고는 했다. 예컨대 2001년에 일본 새역모가 후소샤에서 펴낸 《새로운 역사 교과서》의 역사왜곡이 문제가 되자, 민간의 특정 단체가 펴낸 교과서임에도 정부는 검정의 문제를 들어서 주한 일본 대사에게 경고성 의사를 전달했다. 일본 문화의 개방을 늦출 것을 고려하겠다는 말도 나왔다. 반면 중국의 동북공정 문제가 불거지자, 외무부는 정부 차원에서 대처하는 것은 곤란하며 학술적으로 해결하는 것이 좋겠다는 의사를 표했다. 중국 정부의 한 관리도 학술적인 문제를 공연히 정치적 이슈로 삼는 사람들이 있다고 비판했다. 사실 한국에서 동북공정 문제가 엄청난 사회적 파장을 불러일으킨 데 반해, 대부분의 중국 사람들은 이 문제 자체를 알지 못한다. 정부의 태도는

중국을 의식하는 것으로 비춰졌다. 동북공정에 대한 사회적 관심이 높아지면서 정부의 소극적 대처에 비판도 커졌다. 비로소 정부도 입장을 바꾸어 중국 정부에 항의를 하는 등 적극적인 대처에 나섰다.

동북공정을 계기로 국내에 고구려사를 비롯한 만주 지역의 역사 연구가 소홀하였음을 반성하는 목소리도 높아졌다. 국내의 고구려사 전공자가 모두 합해야 10명이 채 되지 않는다는 질책이 이어졌다. 비판의 화살은 정부로 돌아갔다. 교육인적자원부는 우선 한국과 일본 사이의 역사왜곡 문제를 해결하기 위한 한일 공동연구를 목적으로 만든 한일 역사공동연구위원회에서 이 문제에 관심을 가지고 대처하도록 하였다. 이어 고구려사 전공자가 절대 부족하고 연구가 체계적으로 되지 않은 문제점을 해결하기 위해 100억 원의 예산을 확보하여 고구려 연구센터를 만들겠다고 발표하였다.

이후 고구려 연구센터의 성격을 놓고 여러 의견들이 오갔다. 동북공정의 성격과 그 대처 방향을 둘러싼 견해에 따라 설립 방향에 대한 의견이 달라졌다. 크게 보아 중국의 고구려사 왜곡을 반박하는 데 필요한 학술 연구를 중심으로 하는 기구로 할 것인가, 동아시아의 역사와 정치 등 전반적인 문제를 연구대상으로 하는 기구로 할 것인가로 의견이 엇갈렸다. 운영주체를 누구로 할 것인가도 논쟁거리 중 하나였다. 한국고대사 전공자를 중심으로 한 학계나 교육인적자원부에서는, 고구려사의 체계적 연구와 동북공정 대응 논리의 개발에 중점을 두는 학술연구기관의 필요성을 역설하였으며, 그 운영주체는 학계가 맡아야 한다고 주장하였다. 이에 반해 시민단체 등에서는 한·중관계사와 한·일관계사를 포함한 동아시아사 전체로 해야 하며, 운영방식도 정부가 재정을 지원하되 학계와 민간단체 등이 결합하는 형태가 되어야 한다고 맞섰다.

고구려사의 학술적 연구를 강조하는 사람들은 그동안 고구려사 연구가 체계적이지 못했다고 지적하면서, 국민의 관심이 고구려사에 집중되어 있다는 사실을 내세웠다. 이에 반해 동아시아 전반의 문제를 연구하는 기구를 주장하는 사람들은, 한일 역사분쟁을 교훈삼아 단순히 중국 측의 논리를 반박하는 데 머물 것이 아니라 동아시아 공동체를 지향하기 위해 지역과 역사를 연구하고 이를 국민 대중에게 교육하는 방안을 개발해야 한다고 반박했다. 역사 연구와 교육은 궁극적으로 평화공동체를 지향해야 한다는 논리가 깔려 있기도 하다. 그러나 고구려사를 중심으로 해야 한다고 주장하는 사람들은 "너무 많은 것을 하다 보면 연구의 초점이 흐려지며, 예산도 부족하다", "'고구려'라는 이름을 빼면 연구센터를 운영할 수 있는 추진력을 잃어버린다"라는 현실 논리를 들어서 고구려사 중심의 연구기구를 계속 주장하였다.

사회적 관심은 고구려사의 문제에 집중되어 있었지만, 연구센터의 설립방안을 놓고 열린 토론회나 공청회에서는 오히려 동아시아 전반의 문제를 연구하는 기구로 하자는 견해가 약간 우세하였다. 토론회에 참여한 한국사의 다른 시대사나 동양사 전공자, 다른 학문 전공자들이 후자의 방향을 지지하였기 때문이다. 그러나 결국 두 안을 절충하여, 이름은 '고구려연구재단'으로 하되, 연구 분야는 고구려사뿐 아니라 북방사와 한·일관계사를 포함한 동북아시아사 전반으로 하는 기구를 세우는 것으로 결론을 내렸다.

고구려연구재단은 2004년 2월 18일에 창립총회를 열어 정관을 확정하고 조직 운영과 사업 방향의 가닥을 잡았으며, 3월 1일에 정식으로

2006년 9월 28일에 출범한 동북아역사재단의 현판식

출범하였다. 재단의 중심 사업인 연구를 위해 고구려역사 연구팀, 고구려문화 연구팀, 고조선사 연구팀, 발해사 연구팀, 동북아관계사 연구팀, 민족문제 연구팀 등 6개 연구팀을 두고, 중국의 역사왜곡 대응전략 수립·추진, 자료 조사·수집·정리·정보화, 번역작업 및 기획연구, 민간학계의 연구활동 및 인력 양성 지원, 국내외 학술회의 개최, 남북 학술교류 및 국제 학술 교류망 구축, 대국민교육 및 국제홍보활동 등의 사업을 벌였다.

　그렇지만 '고구려연구재단'이라는 이름은 그리 오래가지 못하였다. 고구려연구재단은, 역사분쟁의 해결을 위해서는 고구려사뿐 아니라 동북아시아 전반의 문제를 연구하고 조망해야 한다는 취지로 2006년 9월 28일에 출범한 동북아역사재단에 통합되었다. 동북아역사재단은 고구려사와 같은 한중 간의 역사 문제뿐 아니라 일본의 역사왜곡 등 동아시아 역사 문제와 독도 문제를 조사·연구하고 정책 대안을 개발하여 정부에 건의하는 것을 주된 기능으로 한다. 또한 자료를 발굴하고 연구성과를 간행하며 교육활동을 통해 사회에서 공유하도록 하고 있다. 이를 위해 학생과 교사를 위한 교육프로그램을 운영하고 관련 교재를 간행하며, 관련 시민단체를 지원하고 학생들의 동아리활동을 활성화하기 위한 노력을 경주하고 있다. 그중에는 세미나나 심포지엄, 연수 같은 딱딱한 형식뿐 아니라 '역사콘서트', '역사아카데미', '청소년 역사체험 발표대회'처럼 다양한 형식으로 참여계층을 넓히고 관심을 높이기 위한 사업도 포함된다.

동북공정은 역사교육에 도움을 주었는가

동북공정을 계기로 고구려사에 대한 사회적 관심은 크게 높아졌지만, 이것이 학교 역사교육에 크게 영향을 주지는 않았다. 일부 교사들이 계기수업으로 동북공정을 둘러싼 문제들을 다루기는 했으나, 논란이 된 고구려사 서술이 교과서에서 특별히 늘어나거나 수업시간에 비중 있게 다루어진 것은 아니었다. 물론 학교 역사교육의 내용은 역사 연구를 바탕으로 하는 것이므로, 새로운 고구려사 연구성과가 금방 나올 수 없는 상태에서 역사교육의 내용을 바꿀 수는 없을 것이다. 다만 새로운 연구성과가 나오기 전이라도 고구려사를 좀더 상세히 가르칠 수는 있다. 그렇지만 한국사교육 전체를 생각해보면, 고구려사의 비중만 늘리는 것도 문제이다. 결국 이러저런 이유로 고구려사를 비롯한 한국고대사 교육은 동북공정 이전에 비해 큰 변화가 없었다. 다만 한국고대사를 주체적 관점으로 바라보거나 동아시아 고대사에서 한국의 위치를 높이 평가하려는 경향은 강해졌다. 백제의 요서 진출을 기정사실화한다든지 통일신라와 발해를 남북국으로 보는 관점을 적극적으로 반영하려는 움직임도, 크게 보면 이러한 경향을 반영한 것이라고 할 수 있다.

동북공정이 한참 뉴스거리가 되던 무렵, 나는 근무하는 한국교원대학교 식당에서 식사를 하다가 다른 학과의 교수에게 이런 인사를 들었다. "요즈음 바쁘시죠? 고구려사 문제 때문에⋯⋯." 인사말이기는 했지만, 그리 기분 좋게 들리지는 않았다. 일본의 역사왜곡이나 중국의 동북공정 같은 문제가 터지는 것이 역사로 먹고 사는 사람들에게는 오히려 좋을 수 있다는 빈정거림이 섞인 말을 종종 듣곤 하던 터였다. 그렇게라도 해서 역사에 대한 관심이 높아져야 한다는 자조어린 말들도 나오고는 했다. 전공이 역사교육이니까 나도 개인적으로 동북공정에 많은 관심을 가지고 있다. 그러나 전공이 고구려사나 한중관계사가 아닌 내가 이 문제로 특별히 바쁠 일은 없었다. 몇 차례 관련 학술회의에 방청객으로 참석하고, 한두 번 청탁을 받아서 역사교육의 측면에서 동북공정의 문제를 어떻게 다룰 것인지 짧은 글을 썼으며, 잘 모르는 고구려사 내용을 인터넷이나 책 등에서 찾아본 정도다.

1990년대부터 역사를 비롯한 인문교육의 위기론이 계속해서 나왔지만, 그에 대한 별다른 대책은 없었다. 나도 역사교육 전공자로서 계속해서 역사교육 강화를 주장했지만, 사회적 호응은 미미하였다. 동북공정과 같이 민족적 자존심을 자극하는 사건이 아니면 사람들은 역사학이나 역사교육에 관심을 갖지 않는다. 그런데 동북공정 문제가 불거지자 사람들이 이런 식으로 이야기를 한다. "중국은 역사를 연구하는 데 이처럼 엄청난 돈을 쏟아붓는데, 우리는 오히려 학교에서 역사교육을 축소하고 있다는 것이 말이 되느냐?" 고마운 말이다. 정말 학교 교육에서 역사의 비중은 교육과정이 바뀔 때마다 계속 축소되었다.

동북공정에 대항하여 1년에 100억 원이라는, 인문학에서는 결코 적지 않은 예산을 들여 고구려연구재단을 세우는 과정에서, 그 방향에 대해 갈등이 벌어지는 것을 두고 역사학계가 이 기회를 자신들의 밥그릇을 챙기는 데 이용하려 한다는 외부의 비판이 나온 것은 어찌 보면 당연한 반응이다. 이른바 학문이나 전공이기주의에 대한 비판이다. 철학을 전공하는 한 교수는 일간지에 기고한 글에서 사뭇 비아냥거리는 투로 다음과 같이 말했다. "결국 중국이 고구려사 문제를 제기해준 덕분에 조성된 국민적 공감을 편취하여 관련 전공자 몇몇만, 국민적 차원의 실천적 부담 없이 거만의 정부 지원금으로 연구재단을 세우는 꼴이 되지 않는가 하는 의혹을 지울 수 없다. 정말 그런가? 그렇다면 이왕 하나 더 선심을 써달라. 인문학에서 가장 소외되어 있는 '철학연구재단'(가칭)도 100억 원을 지원해달라. 본인이 전공한 사회철학연구재단이면 더욱 좋겠다.(《한겨레신문》 2004년 2월 12일자)" 시샘에서 나온 이야기이지만, 그렇다고 그냥 무시해버리기에는 찜찜한 마음이다.

고구려연구재단이나 동북아역사재단에서 고구려사를 비롯한 동아시아 역사, 동북공정에 대한 많은 연구서와 논문, 자료 들이 간행되었지만 일반인 중에서 이를 본 사람은 거의 없을 것이다. '대중의 올바른 역사 이해'와 별로 상관없는 역사학자들만의 잔치가 될 수도 있다. 과연 우리는 역사를 왜 공부하는 것일까? 동북공정을 비롯한 역사분쟁에서 비롯된 관심의 증가에도 불구하고 역사학계는 역사교육이 대부분의 사람들에게 필요하다는 인식을 심어주지 못하였다. 역사교육의 본질과 필요성을 진지하게 논의하지 못한 탓이다.

자국사를 넘어서 지역사로

동아시아사의 탄생과 역사화해

2006년 11월 23일 당시 교육인적자원부는 '역사교육 강화방안'을 발표하였다. "국사와 세계사를 통합한 '역사' 과목 독립으로 역사교육 내실화의 여건을 조성한다", "고교 1학년 역사 시수를 확대한다"라는 것이었다. 극적인 반전이었다. 그동안 역사교육을 강화하라는 역사학계의 줄기찬 요구를 외면하던 교육부가 갑자기 입장을 바꾸어 상당 부분을 받아들인 것이었다.

역사교육 강화 요구의 핵심은 역사를 사회과에서 독립시켜 필수과목으로 하고, 역사교육 시수를 확대하라는 것이었다. 교육부도 겉으로는 역사교육 강화를 표방했다. 2000년대 들어 일본의 역사왜곡과 중국의 동북공정 등이 사회문제가 되는 상황에서, 교육부로서도 역사교육 강화를 주장하는 목소리를 외면할 수 없는 상황이었다. 교육부는 2005년 4월에 관련 부처와 '역사교육 발전방안'을 협의한 후, 5월에 역사교육 개선방안을 발표하였다. '사회과'라는 교과체제를 유지하되, 한국사와 세계사를 통합하여 '역사' 과목으로 독립시키고, 지리와 일반사회를 '사회' 과목으로 둔다는 것이었다. 근현대사를 강화하고 재미있는 교과서

사회과 교육과정 개정시안 연구 공청회(2005년 12월 16일)

를 개발하겠다는 내용도 덧붙였다. 그러나 역사 과목의 필수화나 시수의 확대 등은 포함되지 않았다. 역사학계는 교육부의 발표에 대해 역사교육을 강화한다는 의사만 밝혔을 뿐, 실제적인 효과는 거둘 수 없는 방안이라고 비판하였다. 역사를 '교과'로 독립시켜야 한다는 역사학계의 주장을 외면하고 사회과를 여전히 그대로 유지한 채 '과목'으로만 독립시켜 생색만 냈다는 것이다. 역사를 전공하지 않은 교사가 역사를 가르치는 문제점을 개선할 수 있는 방안도 제시하지 않았다. 그러나 교육부는 역사학계의 비판을 무시하고 그대로 교육과정 개정작업을 추진하였다. 2005년 12월에 열린 사회과 교육과정 공청회에 제출한 개정시안도 별다른 차이가 없었다. 2006년에 들어서서 각 과목별 교육과정 각론 개발에 들어갔다. 중학교와 고등학교의 '역사', 고등학교 '한국문화사', '세계문화사'의 교육과정을 개발하는 작업이 본격화되었다. 그러던 것이 2006년 11월 23일에 발표한 역사교육 강화방안으로 확 달라져 버린 것이었다.

전격적으로 등장한 동아시아사

새로 발표된 역사교육 강화방안에서는 '사회과'라는 교과를 유지하되, 한국사와 세계사를 합하여 '역사' 과목으로 독립시켜 지리와 일반사회를 다루는 '사회' 과목과 분리하였다. 여기까지는 종전의 방안과 차이가 없었다. 그러나 고등학교 역사가 6단위(1년 기준으로 주당 3시간)로 종전에 비해 주당 1시간이 늘어났다. 대학선발 시 국사의 필수 권장과 역사교과서의 전면적인 검정 전환 등도 의미 있는 개정이었다. 대학수학능력시험이 절대적인 영향력을 행사하는 현실에서, 수능에 들어가느냐 아니냐는 학교 교육을 좌우하는 커다란 요소이다. 모든 교사와 수업에서 그러한 것은 아니지만, 수능에서 선택을 하지 않는 과목의 수업시간에 학생들이 다른 과목을 공부하더라도 교사가 그대로 방치하는 것이 학교의 현실임을 많은 사람이 잘 알고 있다. 그런데 수능에서 국사를 선택하는 학생들이 해마다 줄어들고 있었다. 2004년 11월에 시행된 2005학년도 수능에서 약 16만 명(사회과 11개 과목 중 5위)이 국사를 선택하였지만, 2007학년도 수능에서는 불과 7만5천여 명(사회과 11개 과목 중 7위)의 학생만이 국사 시험을 치러 절반 이하로 줄어들었다. 이러한 현상이 나타난 데는 서울대학교가 수능 국사 성적을 입학사정에 필수로 반영한 것도 하나의 원인이었다. 변환표준점수를 사용하는 수능 성적은 점수가 좋은 학생들과 같은 과목을 치를 경우 나쁘게 나오기 때문이었다. 2007년에는 사회의 비판을 의식한 7개의 주요 사립대학교가 입학 자격으로 수능시험에서 국사를 필수로 하겠다고 발표했다가 취소하는 해프닝이 일어나기도 했다. 어쨌든 서울대학교만이 아니라 여러 대학이 수능 국사를 필수과목으로 지정한다면 고등학교 한국사교육의 강화를 기대할 수 있는 일이었다. 한편 국사 교과서를 검정제로 바꾸어야 한다는 것은 역사학계의 오랜 주장이었다. 그 밖에 역사수업의 개선을 위해 역사탐구교실을 설치·운영한다는 내용도 들어 있었다. 비록 역사학계가 줄기차게 요구해온 교과로서 '역사과'의 독립은 이루어지지 않았지만, 나머지 요구들은 거의 수용된 셈이었다.

그런데 발표된 역사교육 강화방안에서 눈길을 끈 것은 '동아시아사'의 신설이었다. '동아시아사'는 2000년대 들어 일본, 중국과 계속된 역사분쟁의 대안으로 만들어졌다. "고교 선택과정에 '동아시아사' 신설로 한·중·일 공동역사인식 함양"을 하겠다는 것이었다. 이즈음 동아시아의 역사를 각국의 관점에서 보게 되면 자국 중심의 역사인식과 이해관계로 갈등과 충돌이 불가피하므로, 동아시아라는 지역사의 관점이 필요하다는 주장이 학계나 시민단체 사이에서 계속 제기되었다. 이러한 생각은 역사분쟁의 해결을 위해 한·일 또는 한·중·일 공동교재 개발을 모색하는 경향이나, 민족주의 역사학과 역사교육 비판, 국사 해체 주장 등에 영향을 받은 것이라고 할 수 있다. 이때까지 자국사를 넘어서 동아시아의 시각에서 역사를 바라보자는 주장은 한국보다도 일본 학자들에게서 더 자주 나왔다. 역사를 '자국사-지역사(동아시아사 또는 동북아시아사)-세계사'의 체제로 이해하자는 논리였다. 그렇지만 일본 학자들의 주장은 교육과정으로 연결되지 못한 데 반해, 한국에서는 전격적으로

'동아시아사'라는 과목이 생겨난 것이다.

교육 당국이 기존의 입장을 바꾸어 이러한 역사교육 강화방안을 발표한 경위를 나는 알지 못한다. 이를 밝힌 글이나 자료도 아직 나오지 않았다. 교육부의 역사교육 강화방안 발표문에 그동안의 경위가 나와 있지만, 전반적인 과정을 설명한 것일 뿐이다. 애초 교육부는, 전체 수업시수가 한정되어 있으므로 어느 과목의 시수를 늘리려면 다른 과목을 줄여야 하기 때문에 역사의 수업시수를 늘리는 것은 곤란하다는 입장이었다. 그래서 교과재량 시간에 역사를 가르치도록 권장하는 정도로 처리하고자 했다. 그런데 이러한 기존 입장과 달리 고등학교 한국사의 시수가 늘어났다. 새로운 과목을 만드는 것에 대해서도, 학생들의 부담을 크게 하고 다른 과목의 반발을 불러일으킨다는 이유로 부정적이었다. 이러한 논리는 '동아시아사'의 신설로 자취를 감추었다.

당시 나는 교육과정 개정작업 초기에 '협력연구위원'이라는 자격으로 참여했다. 사회과 교육과정 개정연구위원회는 '자문위원', '공동연구위원', '협력연구위원' 등으로 구성되었고, 교육과정 개정안을 실제로 만드는 것은 공동연구위원의 역할이었다. 그러나 실무적인 일을 담당하고 있던 한국교육과정평가원의 담당자는 그처럼 구분하는 형식을 따지지 말고 서로 협조해서 좋은 교육과정을 만들자고 하였고, 나도 그런 취지에 동의했다. 나는 역사교육을 전공하고 평소 역사 교육과정과 관련된 여러 편의 글을 쓴 관계로 회의에 참석하여 비교적 자주 의견을 제시했다. 교육과정 개정작업 초기에 나는 고등학교 선택과목으로 한국사와 세계사 과목 외에, 한국사와 이에 영향을 미친 주변 지역의 역사를 묶은 과목을 신설하자는 제안을 했다. 선택과목을 '자국사, 세계사, 자국사+주변 지역의 역사'로 구성하자는 취지였다. 구체적인 교육과정안을 마련하고 있던 것은 아니지만, 한국사와 관련 있는 주변 지역의 역사가 다루는 범주는 실제로 동아시아사와 비슷한 것이었다. 제7차 교육과정에서 일반사회의 선택과목이 4개, 지리의 선택과목이 3개인 데 반해 역사는 2개였으므로, 역사 선택과목을 1개 더 늘려도 별 문제가 없을 것이라고 생각했다. 그러나 역사 교육과정 개정작업에 참석한 사람들은 이에 반대했다. '역사과 독립'을 목표로 삼고 있는 상황에서, 과목 수를 늘리자고 주장하면 초점을 흐리고 다른 과목 관계자들의 반발을 살 우려가 있다는 것이었다. 나는 더 이상 그 주장을 할 수 없었으며, 나의 제안은 본격적인 논의도 되지 않은 채 사장되었다. 얼마 후 나는 교육과정 개정작업의 진행방식이 문제가 있다고 생각하여 빠졌다. 불과 1주일 만에 새로운 안을 만들고 검토하는 등 너무 조급하게 진행되었기 때문이었다. 이를 시정할 것을 요구했으나 받아들여지지 않자, 함께 작업하던 사람들에게 메일로 이유를 밝히고 더 이상 참석하지 않았다. 이후 역사 교육과정 개정이 어떻게 전개되는지 구체적으로 알 수 없었다.

어쨌든 역사교육을 공부하고 있으며 계속해서 역사교육 강화를 주장해온 처지에서 교육부가 발표한 역사교육 강화방안은 환영할 만한 일이었다. 그렇지만 다른 한편으로 우려되는 점도 있었다. 별다른 사회적 논의나 절차 없이 사회과 교육과정의 틀이 바뀌었기 때문이었다. 이는 절차가 비합리적이거나 비민주적이라는 문제가 제기될 가능성이 있는 것이었다. 나중에라도 교육적 고려가 아니라 정부의 정책적 의지와 여기에 역사교육계가 편승하여 자기의 이익을 챙긴 결과라는 비난을 받을 수도 있었다. 1970년대 정부정책으로 이루어진 국사교육 강화가, 뒷날 국사가 국수주의 과목으로 비판을 받는 결과를 초래한 것과 비슷한 상황이다. 동아시아사도 그러한 우려에서 벗어나기 어려운 실정이었다.

그렇지만 어쨌든 정부의 국사교육 강화방안은 12월에 공청회를 거쳐 2007년 2월 22일에 고시된 교육과정에서 그대로 확정되었다. 동아시아사도 고등학교에서 정식 과목으로 출발하게 되었다. 세계에서 처음으로 '동아시아사'가 학교 교과목이 되는 순간이었다.

두 달 만에 개발된 동아시아사 교육과정

동아시아사는 충분한 논의나 사전 준비 없이 정책적으로 급하게 만들어진 과목이었다. 역사학계의 논란은 고등학교에서 동아시아사를 가르치는 것이 적절한가의 여부보다, '동아시아사'라는 과목의 내용체계를 만들고 교과서를 개발하는 것이 과연 가능할 것인가 하는 점으로 모아졌다. 동아시아사는 한국사나 세계사와 달리 과거에 없던 과목이다. 더구나 역사학계에서도 동아시아사 개설서가 나온 적이 없으며, 대학에서도 이러한 강좌가 별로 없었다. 이처럼 연구가 뒷받침되지 않은 상태에서 동아시아사를 신설하는 것은 획기적이지만, 어찌 보면 무모한 일에 가까운 하나의 '사건'이었다.

교육부는 역사교육 강화방안 발표 후 서둘러 동아시아사 교육과정 개발팀을 구성하였다. 1월 말에 동아시아사 교육과정 시안이 발표되었다. 겨우 2개월 만에 교육과정이 개발된 것이다. 다음 달인 2월 22일에 개정교육과정이 확정·고시되었음을 생각해보면, 동아시아사 교육과정은 이 일정에 맞춘 것이라고 하겠다. 아이러니컬하게도 이러한 이유 때문에 실제로 개발된 동아시아사 교육과정의 내용 분석이나 비판은 오히려 적었다. 교육계는 물론 학계에서도 동아시아사의 틀이 없었으며, 그동안 역사왜곡이나 역사인식의 차이를 둘러싼 동아시아 국가들 간의 갈등에 관심을 가지거나 이를 해소하기 위한 일들에 참여해온 사람들이 대거 동아시아사 교육과정 개발에 직·간접으로 관여함으로써 분석이나 비판을 할 수 있는 주체가 사라졌기 때문이었다.

동아시아사 교육과정에서는 동아시아사 과목이 '동아시아'라는 지역을 이해하고, 동아시아의 공동발전과 평화에 기여한다는 것을 강조하고 있다. 이를 위해 "동아시아의 과거와 현재에 대한 객관적이고 균형 잡힌 이해와 분석 능력을 키워 화해와 협력을 바탕으로 동아시아가 공동의 평화와 번영을 이루어나가는 데 관심을 갖도록 한다(성격)"라는 것이다. 내용체계는 한국·중국·일본을 비롯한 동아시아의 역사를 시대순으로 6개 시기로 나누고, 각 시기의 특징적인 양상이라고 할 수 있는 주제나 현상으로 제목을 붙였다. 어떤 내용으로 구성될까 머리에 떠올리기 힘들 수도 있는 과목이므로, 영역과 내용요소로 나뉘어 있는 '내용체계' 전체를 옮겨보면 다음과 같다.

영역	내용요소
동아시아 역사의 시작	동아시아의 자연환경, 선사문화, 농경과 목축, 국가의 성립과 발전
인구 이동과 문화의 교류	지역 간 인구 이동과 전쟁, 고대 불교, 율령과 유교에 기반을 둔 통치체제, 동아시아 국제관계

생산력의 발전과 지배층의 교체	북방민족, 농업 생산력의 발전과 소농 경영, 문신과 무인, 성리학
국제 질서의 변화와 독자적 전통의 형성	17세기 전후 동아시아의 전쟁, 은 유통과 교역망, 인구 증가와 사회경제, 서민문화, 각국의 독자적 전통
국민국가의 모색	개항과 근대 국민국가 수립, 제국주의 침략, 민족주의와 민족운동, 평화를 지향한 노력, 서구 문물의 수용과 변화
오늘날의 동아시아	전후 처리 문제, 동아시아에서의 분단과 전쟁, 각국의 경제 성장, 정치 발전, 갈등과 화해

첫 번째 단원인 '동아시아 역사의 시작'은 대략 선사시대부터 기원 전후까지의 동아시아 역사이다. '인구 이동과 문화의 교류'는 기원 전후부터 10세기까지를 다룬다. '생산력의 발전과 지배층의 교체'는 10세기부터 16세기까지, '국제 질서의 변화와 독자적 전통의 형성'은 16세기부터 19세기까지를 대상으로 한다. '국민국가의 모색'은 19세기 중반부터 1945년까지이며, '오늘날의 동아시아'는 제2차 세계대전이 끝나는 1945년 이후를 다룬다. 전체적으로 보면 동아시아의 역사를 시대순으로 배열한 통사체제다. 구분된 시대를 하나의 단원으로 편성하였다. 그리고 그 시대 동아시아의 특징적인 양상을 단원 제목으로 뽑았다. 예를 들어 인구 이동과 문화의 교류는 어느 시기에도 있었겠지만, 교육과정을 만든 사람들은 특히 기원 전후부터 10세기까지 활발하였다고 본 듯하다. 마찬가지로 생산력의 발전도 모든 시기에 걸쳐 이루어졌지만 10세기부터 16세기 사이에 비약적이었으며, 이 시기에 지배층의 의미 있는 변화가 일어났다고 생각했을 것이다. 내용요소에는 이 시기의 지배

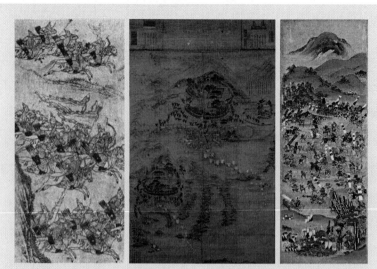
17세기 전후의 전쟁(왼쪽부터 명·청전쟁, 임진전쟁, 세키가하라전투를 묘사한 그림)

층을 '문신과 무인'으로 표현하였다. 아마도 중국의 사대부, 조선의 양반, 일본의 사무라이 등을 포괄적으로 포함한 개념인 것 같다. 교육과정의 '영역별 내용' 중 '국제 질서의 변화와 독자적 전통의 형성' 단원에는 "17세기 전후 동아시아 전쟁과 국제 질서의 변화를 이해한다", "17세기 전후 동아시아 전쟁의 전개 양상과 국제관계에 미친 영향을 알아본다"라는 말이 나온다. 동아시아에서 17세기 전후의 전쟁이라면 조선에서 벌어진 임진왜란과 병자호란, 중국을 놓고 싸운 명·청전쟁, 그리고 일본에서 에도막부를 탄생시킨 세키가하라 전투 등이 떠오른다. 이 전투들이 동아시아 3국의 국제 질서를 바꾸어 독자적인 전통을 형성시켰다고 해석하였을 것이다. 일본의 에도막부, 조선의 성리학적 전통, 청의 중국 통치구조 등이 그것이다.

그러나 '동아시아사'라고 했지만, 내용이 더 상세하다는 것 외에 세계사의 동아시아사 부분과 그다지 큰 차이를 느낄 수 없다. 아마도 내용 구성과 전개방식이 비슷하기 때문일 것이다. 또한 각 시기의 특징적 양상이라고 할 수 있는 제목이나 내용요소가 타당한지 따져봐야 할 문제다. 예컨대 과연 기원 전후부터 10세기까지 동아시아 역사의 특징적인 양상을 전쟁으로 인한 활발한 인구 이동으로 볼 수 있을까? 10세기부터 16세기 사이의 기간이 다른 시기보다 생산력의 발전이 더 두드러진 시기인지도 의문이다. 동아시아사 전공자의 관점에서는 모르겠지만, 고등학교 학생들에게 그 근거를 이해할 수 있게 설명하기는 쉽지 않을 듯하다. 19세기 중반부터 제2차 세계대전까지를 다루는 '국민국가의 모색' 단원 중 '평화를 지향한 노력'이 있지만, 이 시기에 동아시아에서 주요 내용요소로 다룰 만한 이러한 움직임이 있었는지도 잘 모르겠다.

없어질 뻔하다 살아난 동아시아사

그런데 동아시아사는 실제 학교에 적용되지도 못한 채 사라질 위기를 겪기도 하였다. 2009개정교육과정 때문이었다. 2008년에 출범한 이명박 정부는 곧바로 '미래형 교육과정'이라는 이름으로 교육과정 개정을 추진했다. 2007개정교육과정의 개정작업이 미비하다는 명목으로 전반적인 손질을 하였다. 각 교과나 영역, 각계각층에서 교육과정의 졸속 개정을 비판하였지만 아랑곳없이 강행했다. 2007개정교육과정에서 강화된 역사교육도 다시 축소되었다. 2007개정교육과정은 시행도 되지 못한 채 사라지는 운명에 처한 것이다.

2009개정교육과정에서는 학생들의 부담을 줄인다는 명목으로 사회과의 세 영역인 일반사회, 지리, 역사의 선택과목을 2개씩으로 줄이겠다는 원칙을 발표하였다. 결과적으로 일반사회의 선택과목은 법과 정치, 사회문화, 경제의 3개 과목이 됨으로써 이 원칙이 지켜지지 않았지만, 역사 영역에서는 2개로 제한한다는 원칙 아닌 원칙을 굳건히 고수하였다. 한국문화사, 동아시아사, 세계 역사의 이해 중 어느 한 과목을 제외할 수밖에 없다는 것이었다. 역사학계에서는 이에 반발했지만, 점차 어느 과목을 남기고 어느 과목을 뺄 것인지도 관심을 끌었다.

개정작업의 실무를 담당한 교육과정평가원은 처음에는 '동아시아사'를 제외하고 '한국문화사'와 '세계 역사의 이해'를 남기는 안을 제시하였다. 그러나 최종적으로 빠진 과목은 '한국문화사'였다. 이로써 '동아시아사'와 '세계 역사의 이해'(확정된 2009개정교육과정에서 '세계사'로 과목명을 바꿈)가 선택과목으로 확정되었다. 선택과목을 '동아시아사'와 '세계사'로 하는 것은 교과목 편제상 어색하였다. 2007개정교육과정의 체제를 유지하는 것이 좋았겠지만, 어쩔 수 없이 한 과목을 줄인다면 '동아시아사'를 없애고 '역사', '한국문화사', '세계사'로 구성하는 편이 오히려 자연스럽다. 그런데 '동아시아사'와 '세계사'가 남음으로써 역사 과목은 '역사', '동아시아사', '세계사'라는 어색한 편제가 될 참이었다. 더구나 이렇게 과목편제를 하면 고등학교에서 한국사를 다루는 과목이 하나도 남지 않게 된다. 이는 한국사학계의 거센 반발을 살 것임이 자명하고, 국민들의 동의를 얻기 힘들 것임은 쉽게 예상되었다. 결국 교육과정 개정작업팀은 역사 과목 편제의 구색을 맞추기 위해 종전의 '역사' 내용을 거의 그대로 둔 채 이름만 '한국사'로 바꾸어, '한국사', '동아시아사', '세계사'라는 3개 과목으로 편성하였다. 이 때문에 고등학교 '역사'로 검정 신청한 교과서가 '한국사'로 이름이 바뀌어 검정에 통과되는 해프닝이 일어나기도 했다. 어찌되었거나 이로써 동아시아사를 학교에서 정식 과목으로 가르칠 수 있게 되었다.

동아시아사 교육을 위한 준비

동아시아사가 신설되자 걱정하는 목소리가 높았다. '동아시아'라는 지역으로 묶여 있지만 독자적 성격이 강한 한·중·일 역사를 하나의 기준으로 바라보는 것이 타당한가 하는 의문의 제기는 학문 차원의 원론적인 문제였다. 동아시아사 교육과정에서 내용체계를 제시했지만, 쓸 만한 개설서도 없는 상황에서 제대로 된 교과서를 개발할 수 있겠는가 하는 우려가 가장 컸다. 동아시아사 같은 성격의 역사를 대학에서도 배워본 적이 없는 교사들이 과연 동아시아사를 제대로 가르칠 수 있을까 하

2012년 2월에 동북아역사재단이 주최한 동아시아사 교원 연수

동아시아사 교과서 2종(천재교육, 교학사)

는 문제도 있었다.

　동아시아사 교과서 개발과 수업 준비는 동북아역사재단을 중심으로 진행되었다. 동북아역사재단은 동아시아사 교육과정을 개발한 사람들과 손을 잡고 동아시아사 자료집의 개발과 교사 교육에 힘을 기울였다. 동아시아사를 주제로 한 심포지엄이나 전문가 연수가 잇달아 열렸다. 교사와 학생들의 동아시아사 이해를 돕기 위한 책들도 발간되었다. 동아시아사 교육과정의 내용체계에 맞춰 26개 주제를 정리한 교수·학습 자료인 《동아시아사 교육총서》(2011) 세 권의 간행이 대표적 사례였다. 교육과정을 해설하고 관련된 동아시아사를 설명하는 교사연수도 해마다 개설되었다. 동북아역사재단 자료에 따르면, 2008년부터 2012년까지 2500여 명의 사회과 교사가 동아시아사 연수를 이수했으며, 2011년부터는 온라인으로 '동아시아사 교원 사이버연수' 프로그램도 운영되고 있다. 동아시아사 교과서 집필을 돕기 위해 샘플 단원을 개발하였으며, 내용요소와 성취 기준을 일일이 설명하고 참고문헌을 제시한 교과서 집필안내서를 펴내기도 했다. 교육과학기술부도 동아시아사 교과서가 나온 다음에 내용요소와 관련된 사료를 모은 교과서 보완 지도자료집을 냈다. 한편 역사교사들도 동아시아사에 상당한 관심을 보여, 전국역사교사모임의 자주연수나 전국교직원노동조합 참교육실천보고대회 역사교육 분과에서도 동아시아사 교육이 주제로 다루어졌다.

이러한 노력으로 2011년에 동아시아사 교과서가 간행되어 2012년부터 사용에 들어갔다. 그러나 검정 동아시아사 교과서는 2종에 지나지 않았다. 교과서 집필자들도 대부분 동아시아사 교육과정을 직접 개발하였거나 자료집 간행, 교사 연수에 강사로 참여한 사람들이었다. 동아시아사 교육 관련자의 범주는 거의 늘어나지 않은 채, 소수 사람들의 전유물이 된 느낌이다. 그렇지만 고등학교에서 동아시아사를 배우는 학생들은 상당수에 달해, 세계사를 선택한 학생 수에 근접했다. 생소하기는 하지만 동시아시아에 대한 호기심과, 세계사보다 다루는 지역적 범위가 좁은 탓에 학습량이 적을 수 있다는 기대감 등이 작용한 때문이다.

지역사의 관점에서 본 동아시아사?
|

한국 사회에서는 1990년대 이후 '동아시아 담론'이 하나의 유행을 이루었다. 탈냉전과 더불어 동아시아 지역이 세계 경제에서 차지하는 비중이 크게 높아지면서, 이 지역의 사상적·문화적 특징을 규명하려는 논의들이 전개되었다. 동아시아의 범위, 동아시아의 정체성, 동아시아를 보

는 관점들이 활발히 논의되었다. 동아시아를 주제로 하는 심포지엄이 열리고 책들도 활발히 간행되었다. '발견으로서의 동아시아'(정문길 외, 문학과지성사), '주변에서 본 동아시아'(정문길 외, 문학과지성사) 같은 이름을 붙인 책들이 이런 경향을 반영한다. 동아시아의 정체성이 있는가, 있다면 무엇인가를 놓고 토론이 벌어졌다. 한편에서는 유교자본주의론을 제기하기도 하고, 다른 한편에서는 한국의 동학과 같은 전통사상에서 대안을 찾으려는 움직임을 보이기도 한다. 자본주의도 사회주의도 아닌 제3의 대안을 모색하는 것이다. 여기에서 동아시아사 담론을 소개하려는 것은 아니며, 그것은 내 영역이나 능력 밖의 일이기도 하다. 다만 나 같은 관전자가 보기에, 동아시아 담론의 상당 부분이 논객들의 전공이나 사회적 위치를 반영하고 있는 것 같다. 예컨대 동아시아의 평화를 위협하는 패권국가가 미국인가 중국인가의 관점은 중국 전공자와 미국 전공자 사이에 엇갈린다. 당연한 이야기이겠지만, 동아시아를 둘러싼 논의가 정치적 성격을 벗어나기 힘들다는 것이다. 그렇다면 현재의 동아시아가 아닌 과거의 동아시아를 다루는 동아시아사는 이런 비판에서 자유로울 수 있을까? 학교 교육에 동아시아사가 들어가고 보급되는 과정을 보면 장담할 수 없을 것 같다.

동아시아사의 설명은 '좋은' 말들의 향연이다. 앞서 살펴본 바와 같이 교육과정에서 '객관적이고 균형 잡힌'이라는 말이 여러 번 나온다. '객관적이고 균형 잡힌 시각'을 요구하는 말은 교과서에서도 반복된다. "이웃한 다른 나라들에 대한 보편적 이해"(《동아시아사》, '동아시아사를 배우며', 천재교육), "역사갈등을 미래지향적으로 극복하여 동아시아의 평화와 번영의 기반을 마련해나가는 데에도 기여"(《동아시아사》, '머리말', 교학사) 등의 말들도 곳곳에서 찾아볼 수 있다. 동아시아사를 주제로 하는 글들에서는 다원적 관점과 역사인식의 상대화를 주장한다. 이런 말들을 보노라면 동아시아사를 공부하기만 하면 동아시아 국가들의 모든 갈등이 사라지고, 학생들도 평화를 위해 노력하는 인간으로 성장할 것 같다.

동아시아사는 '동아시아'라는 지역에서 일어난 사건들을 국가가 아니라 지역의 관점에서 다루었음을 표방한다. 실제로 동아시아사 교과서들은, 동아시아 전반에 영향을 미쳤지만 이전 국사나 세계사 교과서들에서 소홀하던 사건들을 비중 있게 다루고 있다. 고대 동아시아 각국 사이에서 이루어진 사람들과 문화의 교류, 조공과 책봉 체제로 대변되는 동아시아의 전통적인 국제관계, 제1차 세계대전 이후 성립한 워싱턴 체제, 제2차 세계대전의 아시아 태평양전쟁을 마무리짓기 위한 샌프란시스코 강화조약 등 근현대 동아시아사에 큰 영향을 미친 국제회의 등에 관심을 기울인다. 그렇지만 나머지 대부분은 세계사에서도 다루는 내용이다. 더구나 국가와 국가 간의 갈등과 대립이 첨예하게 부딪히는 역사적 사실을 동아시아사 교과서가 얼마나 '동아시아'의 관점에서 서술하고 있는지 의문이다. 예를 들어 전쟁을 국가사가 아니라 지역사의 관점에서 서술하면 어떠한지 살펴보자.

6세기 말에 동아시아 정세에 큰 변화가 있었다. 대외 확장을 꾀하는 수에 맞서 고구려는 돌궐 및 백제, 왜와 연결하여 대응하고자 하였다. 수는 돌궐을 굴복시키고 주변 민족을 정복한 후 대군을 일으켜 고구려를 침략하였으나 실패하였다. 수는 여러 차례의 무리한 원정이 원인이 되어 결국 멸망하였다. 《동아시아사》, 교학사, 44쪽 삼국통일 전쟁 전, 당은 돌궐, 고구려와 동아시아 패권을 겨루고 있었으며 신라와 백제는 한반도에서 서로 경쟁하고 있었다. 그 과정에서 당은 여러 차례 고구려를 침공하였으나 실패하였고, 신라는 백제의 공격으로 어려움을 겪고 있었다. 결국 삼국통일 전쟁은 돌궐, 고구려, 백제, 왜의 연합으로 고립된 신라와, 고구려를 복속시켜 동아시아의 패권을 차지하고자 했던 당이 연합하여 백제와 고구려를 차례로 멸망시키는 순서로 진행되었다. 《동아시아사》, 천재교육, 52쪽

동아시아사의 관점으로 서술한 위의 내용으로 공부한 학생이 고구려와 수의 전쟁을 보는 시각과 국가사의 관점으로 서술한 한국사 교과서로 공부한 학생의 시각이 다를까? 물론 차이가 있는 경우도 있다. 우리가 흔히 나·당전쟁이라고 하는 삼국통일 전쟁에서 신라가 당을 물리칠 수 있었던 이유를 동아시아사 교과서는 당과 토번의 전쟁에서 찾았다.(《동아시아사》, 천재교육, 53쪽) 백제와 고구려의 부흥운동과 신라의 결연한 의지만을 강조하던 기존 국정 국사 교과서와 다른 서술이다. 그러나 임진왜란을 '임진전쟁'이라고 바꾼다고 해서, '일본에 대한 분노와 적개심(《동아시아사》, 교학사, 116쪽)'만으로 보던 것에서 벗어나서 동아시아 평화라는 관점으로 역사를 인식할 수 있을지는 의문이다. 하물며 독도나 간도 같은 영토 문제에 이르면, 어떻게 이를 동아시아의 관점에서 가르칠 수 있을까? 센카쿠 열도(댜오위다오)는 일본과 중국이 영유권을 다투고 있고, 남쿠릴열도(북방 4도)에서는 러시아와 일본이 긴장관계에 있지만, 독도는 일본이 부당하게 영유권을 주장하고 있을 뿐이다. 동아시아사 교육의 동아시아는 '관점'이 동아시아인 것이 아니라, '소재'가 동아시아인 것이 될지도 모른다.

정권이 바뀌면 교과서 내용도 달라져야 하나

《한국근 · 현대사》교과서 파동

'단군 이래'라는 말을 종종 듣는다. 물론 단군신화는 건국신화이므로, '단군 이래'는 '역사 전체를 통틀어서'라는 의미이다. 그런데 '단군 이래'라는 말이 들어간 사건치고 좋은 평가를 받았던 것은 없는 듯하다. '단군 이래 최대 역사(役事)'라던 고속철 공사는 환경 파괴로 논란을 불러일으켰으며 부실 공사로 얼룩졌다. '단군 이래 최대 국책사업'이라는 이명박 정부의 4대강 개발사업은 많은 국민들의 거센 반대에 부딪혔으며, 사업이 마무리된 다음에도 공사 참여업체들의 담합과 부실 공사 등 각종 의혹이 불거져 진상 규명의 목소리가 높다. 또 다른 '단군 이래 최대 사업'이라는 용산 개발사업은 철거민 5명과 경찰 1명이 사망하는 참사를 낳았으면서도, 부동산 경기 침체와 시행 주체들 간의 이해관계 대립으로 2013년 5월 현재 사실상 취소된 상태이다. 용산참사는 〈두 개의 문〉이라는 영화로 제작되어 2012년 12월 시행된 대통령 선거의 야권 후보들이 관람했을 만큼 사회적 논란의 대상이 되었다.

흐지부지 끝난 '국기를 흔든 역사왜곡'

'단군 이래'라는 말이 붙은 것은 주로 경제적 사건이었다. 그런데 역사 문제에서도 '단군 이래'라는 말이 사용된 적이 있다. 2002년 7월에 당시 한나라당 사무총장이던 김영일은 "이 정권이 고교 교과서까지 동원해 단군 이래 최대의 부정부패를 덮고 광적으로 대통령 우상화작업을 하는 것에 아연실색하지 않을 수 없다"라고 맹렬히 비판을 퍼부었다. 한나라당 서청원 대표는 "역사왜곡 문제는 국기를 흔드는 것이나 마찬가지"라고 목소리를 높였다. 고등학교용 《한국근·현대사》 교과서가 전 정부(김영삼 정부)를 깎아내리고, 현 정부(김대중 정부)를 일방적으로 미화했다는 것이었다. 이러한 한나라당 공세에 움츠러든, 여당인 민주당은 사실 확인도 하지 않은 채 "현존 인물과 진행 중인 사건에 대해선 교과서가 한없이 신중하게 평가하고 기술하는 것이 당연한데도 형평성 시비를 일으킨 것은 잘못"이라고 동조했다. 교육부조차 "검정에 통과된 4종의 《한국근·현대사》 교과서 내용을 세밀하게 검토해 수정·보완이 필요할 경우 수정을 지시하고, 수정·보완이 완료된 후에 배부하도록 하겠다"라고 교과서의 문제점을 기정사실화했다.

《한국근·현대사》 교과서는 국정으로 발행되던 국사 교과서와 달리 검정도서로, 2003년부터 고등학교에서 사용할 예정이었다. 4종이 검정 심사에 통과되었는데, 학교 채택 등을 위한 전시본이 보급된 상태였다. 그런데 일부 언론에서 《한국근·현대사》 교과서들이 김영삼 정부와 김대중 정부에 대해 편향되게 서술했다고 문제를 제기하고, 여기에 한나라당이 함께 들고 나선 것이었다. 한나라당은 '신용비어천가', '왕조시대에도 상상할 수 없는 전대미문의 범죄행위'라는 극단적 용어들을 쓰면서, 역사왜곡의 책임자들을 처벌하라고 목소리를 높였다. 일부 역사학자들도 교과서 내용을 확인하지도 않은 채 이러한 비판을 거들었다.

그런데 검정교과서인데도 비판은 정작 교과서를 쓴 저자들이 아니라 검정과정을 향했다. 당시 정부가 검정과정에서 압력을 넣어서 교과서 내용을 왜곡했다는 것이었다. 국회 교육위원회에서 제기된 '대통령 비서실장과 교육부 총리의 야심작'이라는 한나라당 국회의원의 주장은 이런 시각을 그대로 보여주었다. 일부 언론은 검정에서 탈락한 교과서들이 김영삼 정부와 김대중 정부를 공정하게 서술하였다고 보도하여, 마치 두 정부를 어떻게 서술했는지 여부가 검정 통과의 기준인 것처럼 몰아갔다. 그리고 검정위원의 명단을 공개하라고 촉구했다. 교육부는 검정위원의 사생활 보호 등을 이유로 공개를 거부했다. 이러한 분위기 속에서 《조선일보》는 대외비로 되어 있던 검정위원들의 명단을 취재하여 보도했다. 게다가 검정을 주관한 한국교육과정평가원 원장의 자신들이 추천한 인사는 1명밖에 선정되지 않았다는 책임회피성 발언과, 3배수 압축과정에서 교육부 편수담당자가 추천받지 않은 인물을 임의로 끼워 넣었다는 내용을 함께 보도하여 의혹을 부풀렸다. 검정위원들은 명단이 공개되자 유감을 표시하고, "공정한 검정이 불가능하게 되었다"라는 이유로 사퇴하였다.

논란이 한참일 즈음에 나는 한 라디오 시사프로그램에서 전화 인터뷰를 해달라는 요청을 받았다. 내가 《한국근·현대사》 교과서 저자인지 알지 못한 채, 역사교육 전공자로 이 문제를 어떻게 생각하는지 의견을 듣기 위한 것이었다. 교과서 저자임을 밝히면서, 방송은 자연히 저자 인

《한국근·현대사》교과서들(왼쪽부터 금성출판사, 두산, 중앙교육진흥연구소, 대한교과서)

터뷰로 바뀌었다. 다행인지 아닌지 내가 쓴 금성출판사 교과서는 다른 교과서에 비해 상대적으로 두 정부의 공과를 모두 서술한 것으로 평가받았다. 김대중 정부의 문제점을 지적한 내용도 들어가 있기 때문이었다. 인터뷰의 초점은 집필 과정에서 정부의 압력을 받았는가 하는 것이었다. 나는 "교육부로부터 전화 한 통 받은 적이 없다"라고 대답했다. 그것이 사실이었고, 다른 출판사의 저자들도 마찬가지였을 것이다.

여야는 국회에서 교과서 특위를 구성한다는 데 합의하였다. 교육부는 교과서 검정제도를 개선하고 현 정부에 대한 서술은 객관적 사실 위주로 한다는 방안을 내놓았다. 그러나 이후 논란은 흐지부지되고 말았다. 정작 교과서 검정위원이 공개되고 난 다음부터 언론의 보도는 급격히 줄어들었다. 국회의 교과서 특위도 별다른 활동을 하지 않았다. 검정

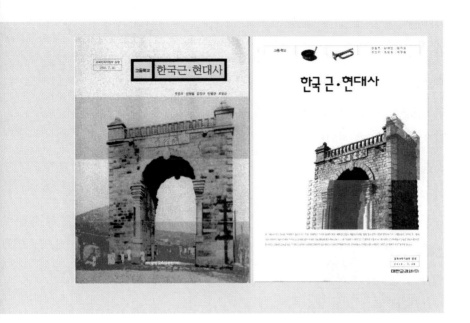

제도 개선 조치도 없었다. 어찌 보면 이는 당연한 결과였다. 일부 언론의 '기대'와 달리 검정위원들은 특정한 성향을 지녔거나 특정 지역 출신이 아니었다. 실제로 교과서 내용을 확인해본 사람들은 언론보도가 과장이었음을 알 수 있었다. 교과서 집필과 검정과정에서 압력도 존재하지 않았다. 그렇게 《한국근·현대사》교과서의 '전 정부, 현 정부' 파동은 마무리되었다.

그러나 이 사건은 이후 일어날 본격적인 논란의 예고편이었다. 그만큼 사회나 정치권에서 역사 교과서의 근현대사 내용에 민감하다는 것을 보여주었기 때문이다. 이 소동의 과정에서 한 신문은 일부 《한국근·현대사》교과서에 보천보 전투가 실렸다는 사실을 보도했다. 보천보 전투는 김일성이 이끄는 동북항일연군의 한 부대가 1937년 6월에 함경도

혜산의 보천보에 침투하여 경찰주재소와 관공서를 습격한 사건이었다. 북한은 이 사건을 김일성이 벌인 항일혁명활동의 주요 업적으로 내세우고 있다. 이 때문에 이전까지 국사 교과서는 무장독립운동을 서술하면서도 이 사건을 언급하지 않았다. 그런데 《한국근·현대사》 교과서에 처음으로 들어간 것이었다. 국정 국사 교과서의 반공이데올로기에 익숙한 사람들이 보기에는 문제가 될 수도 있는 것이었다. 그렇지만 당시 이 보도는 별다른 논란 없이 지나갔다.

본격화된 《한국·근현대사》 교과서 논란

본격적인 《한국근·현대사》 교과서 파동은 현대사 내용을 둘러싸고 벌어졌다. 2004년 10월 초에 열린 국회 교육위원회의 교육부 감사에서 당시 한나라당의 국회의원이던 권철현은 금성출판사의 《한국근·현대사》 교과서가 '친북·반미·반재벌'의 관점으로 일관하고 있다는 문제를 제기했다. 권철현은 질의서에서 "제일 많이 채택하고 있는 역사 교과서의 내용이 이처럼 북한과 NL 주사파의 시각에서 저술됐으리라고는 상상하지 못하였다"라고 주장하고, 이는 "집필 당시 정권의 역사철학과 의지가 반영되지 않고서는 이런 내용의 교과서가 집필될 수 없었을 것이라고 판단할 수밖에 없다"라고 단정했다. 보수언론들은 권철현 의원의 주장을 받아서, 금성출판사의 《한국근·현대사》 교과서를 '민중사관 교과서'로 지칭하면서 크게 보도했다. "[민중사관 교과서 논란] 교재 6종 중 가장 많은 학교서 사용"(《동아일보》 2004년 10월 4일자), "701교 민중사관 교과서 수업"(《조선일보》 2004년 10월 4일자) 같은 식의 제목이었다.

권철현 의원의 질의가 있던 날, 나는 교육부 역사 담당 편수관의 연락을 받고 급히 질의서 전문을 구해서 살펴보았다. 그 내용은 상당 부분이 그해 4월에 《월간 조선》이 이미 보도한 것이었다. 《월간 조선》 2004년 4월호는 〈경고! 귀하의 자녀들은 위험한 교과서에 노출돼 있다―고교 국사 교과서의 '대한민국 때리고 김일성 부자 감싸기'〉라는 자극적인 제목으로 《한국근·현대사》 교과서를 공격했다. 《월간 조선》은 교과서들이 이승만의 독립운동 사실은 축소하고 사회주의운동을 자세히 서술했다고 비판했다. 해방 직후의 정치 상황을 좌편향적으로 서술하고 남한 정권은 비판한 반면, 북한 정권에 대한 부정적 서술은 하지 않았다는 내용도 들어 있었다. 그러면서 《월간 조선》은 "이런 교과서로 공부시킬 바에야 차라리 한국근·현대사 과목을 없애는 게 낫겠다는 생각이 들 정도"라고 결론지었다. 그러나 월간지였던 탓일까 《월간 조선》의 글은 별다른 사회적 관심을 끌지 못했다. 그런데 그 내용의 상당 부분이 권철현 의원의 주장에 반복된 것이다. 다만 《월간 조선》의 글은 한국근현대사 교과서 전반을 대상으로 한 것이었던 데 반해, 권철현 의원의 주장은 금성 교과서를 타깃으로 했다는 점에서 차이가 있었다.

　나는 급히 다른 저자들에게 연락을 해서 상황을 알린 다음, 권철현 의원의 지적사항에 반박문을 작성하여, 이튿날 국정감사장이던 서울시교육청으로 찾아갔다. 거기에서 기자회견을 열어 반박문을 배포하고 권철현 의원에게 공개토론을 할 것을 제안했다. 내가 교과서의 대표저자였으며, 또 논란이 된 현대사 부분을 맡아서 집필하였기 때문이었다. 교육부는 보도자료를 내서 《한국근·현대사》 교과서는 검정심사를 통과한 것이므로, 별다른 문제가 없다는 입장을 발표했다. 그러나 이 사건은 커다란 파장을 불러일으켰고, 논란은 계속되었다.

여러 단체들이 교과서 서술에 관심을 보였다. 특히 일부 언론이 교과서 내용의 특정 부분을 따서 천리마운동을 북한 사회주의 건설에 기여했다고 높이 평가하고 새마을운동을 독재정치에 이용했다고 비판했다고 보도하자, 새마을운동 관계자들의 거센 항의가 있었다. '새마을운동 지도자'라는 사람들의 항의 전화와 메일이 쏟아졌다. 실제로는 교과서에 이 두 사건이 비교되지도 않았고, 새마을운동의 긍정적 측면과 부정적 측면이 모두 서술되어 있었다. 또한 교과서 서술은 새마을운동의 역사 전체가 아니라 1970년대의 상황을 설명한 것이었다. 그러나 이들에게 교과서 내용을 확인하거나 서술의 맥락을 살피는 것은 관심 밖이었다. 교과서 내용과 직접적인 관련이 없는 사립학교 교장단도 나섰다. 이들은 사립학교들에 공문을 보내 사용 실태를 보고하고 금성교과서 채택을 재검토할 것을 요구했다.

《한국근·현대사》교과서를 둘러싼 사회적 논란이 가열되자, 한국사와 역사교육 관련 학회들은 교과서 내용을 검토하는 심포지엄을 열었다. '한국근·현대사 고등학교 검정교과서 편향성 시비를 따진다'라는 주제로 역사교육연구회, 한국사연구회, 한국역사연구회가 연합하여 개최한 심포지엄에서는 교과서 집필과 검정심사과정, 교과서 내용, 학교 채택 절차 등을 검토하였다. 그리고 검정체제에 비추어 좌편향 교과서가 나올 수 없으며, 금성 교과서가 반미·친북적이라는 주장은 정치적 목적에서 나온 왜곡이라고 밝혔다. 학회들은 성명서를 내고 역사교육과 연구는 학계와 교육계에서 책임을 지고 풀어나갈 수 있도록 자율성을 보장하고 역사교육을 당리당략이나 이념 공세의 수단으로 삼는 행위를 즉각 중

지하라고 요구했다. 이로써 교과
서 논쟁은 어느 정도 수그러드는
듯했다.

그러나 뉴라이트 단체의 등장
으로 논란은 계속되었다. 2004년
하반기는 사회 각 분야에서 뉴라
이트 단체들이 생겨나던 때였다.
두 차례에 걸친 대통령 선거에서
패한 보수 진영은 한나라당이나
기존의 보수 세력으로는 재집권
이 어렵다는 판단 아래 새로운 보

교과서포럼이 간행한 《대안교과서 한국근·
현대사》

수 세력의 결집에 나섰다. 이들은 합리성을 갖춘 새로운 우익보수를 뜻
하는 '뉴라이트(new right)'를 표방하였다. 학문이나 교육계에서도 뉴라
이트 단체가 생겨났다.

2005년 1월에 출범한 교과서포럼은 역사교육 문제를 다루는 뉴라이
트 단체였다. "대한민국의 근현대사와 관련된 각종 교과서를 분석·비판
하고 대안을 제시하면서, 사실을 추구하는 학도로서의 성실성과 엄숙
성 및 겸허함을 견지하는 데 최선을 다할 것이다"라는 창립선언문에서
알 수 있듯이, 교과서의 한국근현대사 내용을 검토하는 것을 주된 활동
으로 삼았다. 교과서포럼은 정치학, 경제학, 교육학 등 주로 사회과학의
각 분야를 전공한 연구자들로 구성되었다. 역사 문제를 다루고 있지만
역사학자, 특히 한국근현대사 전공자들은 거의 참여하지 않았다. 교과
서포럼은 '고등학교 한국근·현대사 교과서 이대로 좋은가'라는 주제로

교과서포럼의《대안교과서 한국근·현대사》발간 기념 기자회견 모습 © 시사IN

2005년 1월 25일에 창립기념 심포지엄을 연 것을 시작으로, 2006년 4월 6일에 열린 '우리나라 교육과정 개발체제, 무엇이 문제인가'라는 주제의 제5차 심포지엄까지 고등학교《한국근·현대사》와《경제》, 중학교《사회》교과서의 근현대사 내용을 분석·비판하는 심포지엄을 연이어 개최하였다. 이들은 역사 교과서뿐 아니라 한국근현대사 학계 전반까지 비판하였다. 한국사학계의 근현대사 연구가 1980년대 운동사 논리를 바탕으로 했다는 것이었다. 이후 교과서포럼의 논리와 주장은 한국근현대사 교과서 비판의 근거가 되었다. 교과서포럼은 2008년 3월에 기존의 한국근현대사 연구와 교과서의 '대안교과서'를 표방하는《대안교과서 한국근·현대사》(기파랑)를 간행하였다. 그러나 이 책의 역사인식은 식민지 근대화론, 대외개방의 일방적 찬성, 지나친 이승만 미화, 독재정치의 합리화 등으로 사회와 학계의 비판을 받았다.

돌변한 교육부 태도

교육부는 권철현 의원의 문제제기에 잠시 당황하는 듯했으나, 기본적으로 《한국근·현대사》 교과서는 검정심사를 통과한 것으로 별다른 문제가 없다는 태도를 유지했다. "역사학계의 정설을 중심으로 집필한 것이며, 내용의 오류나 편향적인 이론, 시각, 표현 등을 담고 있지 않아야 한다는 검정 기준 및 검정위원들의 심의를 통해 편제 및 내용상의 타당성을 갖춘 교과서(2005. 12. 16)"라는 것이었다. 그러나 교육부는 교과서 포럼이나 그 밖의 사회·경제단체들이 제기한 문제들을 그대로 저자들에게 전달하고, 그들의 주장을 수용할 것인지 여부와 그 이유를 명시할 것을 요구했다. 공식적 입장과 달리 뉴라이트나 사회·경제단체들의 눈치를 보고 있었다. 교육부에서 검토 요구가 올 때마다, 저자들은 수정 여부를 의논하고 받아들이지 않는 내용에는 사유를 써서 제출하였다. 이 과정에서 교과서의 여러 내용이 수정되었다. 대개는 그들의 지적이 타당했기 때문이 아니라, 별 차이가 없는 내용이라면 공연히 논란이 계속되는 것을 피하자는 생각 때문이었다.

이러한 교육부의 태도가 달라진 것은 2008년 2월에 이명박 정부가 들어선 다음부터였다. 이명박 정부에서는 행정부서의 변화에 따라 이전의 교육인적자원부가 교육과학기술부(이후 '교과부'라고 칭함)로 바뀌었다. 이명박 정부 출범 직후인 2008년 4월에 대한상공회의소는 〈초중고 교과서 문제점과 개선방안 건의〉라는 건의서를 교육부에 제출했다. 이 건의서는 초·중·고등학교에서 사용되는 《사회》와 《국사》, 《경제》, 《한국근·현대사》 교과서를 분석하여, 문제가 있는 부분을 지적하고 수정안을 제시하는 형식으로 되어 있었다. 사회 교과서 전반을 대상으로 하였지만, 많은 부분이 《한국근·현대사》 교과서 내용을 대상으로 한 것이었다. 전국경제인연합회 같은 경제단체들이 한국사나 경제 교과서 내용을 분석하여 의견을 제시하는 일은 이전에도 종종 있었지만, 대한상공회의소의 건의서는 의외였다. 경제뿐 아니라 정치, 사회, 문화까지 포함된 교과서 전체 내용을 분석했기 때문이었다. 분석 내용은 대부분 교과서포럼 등 우익단체들이 주장한 것과 비슷했다. 교과부는 대한상공회의소의 건의내용을 저자들에게 보내왔다. 저자들은 여느 경우처럼 각각의 내용에 대해 수정 여부와 그 이유를 적어 교과부에 제출했다. 여기까지는 예년과 비슷한 절차였다. 그러나 상황이 크게 달라졌다. 교과부의 태도가 바뀌었기 때문이다.

김도연 교과부 장관은 2008년 5월 14일에 한 우익단체가 주최한 교육포럼에서 "지금의 역사 교과서나 역사교육이 다소 좌향좌되어 있다고 생각한다"라면서 교과부가 나서서 교과서를 수정할 것임을 밝혔다. 실제로 교과부는 《한국근·현대사》 교과서의 수정 절차에 들어갔다. 이명박 대통령도 "역사 교과서 수정 문제는 좌편향을 우편향으로 시정하는 것이 아니라 좌도 우도 동의하는 가운데 정상화하겠다는 것(《연합뉴스》 2008년 9월 26일자)"이라고 하여 교과부의 수정작업에 힘을 실었다. 나는 신문 기고와 방송 인터뷰 등을 통해, 교과부의 역사 교과서 수정작업은 교육의 자주성과 교과서 집필의 자율성을 억압하는 위험한 조치임을 일깨웠다. 그리고 교과부가 교육의 자주성과 정치적 중립성을 지키고 좋은 교과서를 만들 수 있도록 지원해줄 것을 요청했지만 소용없는 일이었다.

이런 과정에서도 《한국근·현대사》 교과서에 대한 공세는 계속되었다. 2008년 7월에는 교과부의 의뢰를 받은 통일부와 국방부를 비롯한 17개 기관이 한국근·현대사를 비롯한 사회과 교과서들을 검토하여 수정의견을 제출하였다. 교과서포럼은 2008년 9월에《한국근·현대사》교과서를 분석하고 내용 수정을 요구하는 건의안을 다시 교과부에 제출했다. 이 건의안은 이제까지와 달리 금성교과서의 현대사 부분만을 대상으로 한 것이었다. 건의안의 내용은 교과부가 수정작업을 하는 기초로 사용되었다.

이러한 사태는 이명박 정부가 들어서면서 어느 정도 우려되던 일이기는 했다. 이전 노무현 정부 때도 계속되던 보수우익의 교과서 공세가 정권이 바뀌면서 강화될 것이며 교과부도 이전보다 더 그들의 눈치를 볼 것임은 쉽게 예상할 수 있는 일이었다. 그러나 사태는 예상보다 훨씬 급박하게 전개되었다. 그 배경에는 이명박 정부 출범 직후 벌어진 '미국산 쇠고기 수입 반대 촛불시위'도 깔려 있었다. 촛불시위에 중·고등학생들이 대거 참가하자, 이명박 정부와 우익 세력은 교과서나 역사교육이 반미감정과 잘못된 역사인식을 학생들에게 심어주었기 때문이라고 판단했다. 역사 교과서를 비롯한 교과서 내용의 수정을 서두른 이유였다.

'수정권고'에서 '수정지시'로
|

교과부는 여러 단체들의 수정의견을 받아서 257개 항목에 걸친 내용을 검토해줄 것을 국사편찬위원회에 요청했다. 국사편찬위원회는 심의위원을 위촉하여 교과부가 보내온 내용을 검토하려고 했다. 그러나 심의위원들은 교과부가 나서서 교과서 내용을 수정하는 것은 문제가 있다

우익단체들의 금성
출판사 《한국근·현
대사》 교과서 규탄
시위 ⓒ 오마이뉴스

고 지적했다. 학계와 교육계의 비판도 거셌다. 이에 국사편찬위원회는
각 항목마다 개별적인 검토의견을 붙이지 못하고, 총 49개항의 서술 가
이드라인만을 제시하고 말았다. 애초 의도에 차질을 빚은 교과부는 '역
사교과전문가협의회'라는 기구를 만들어 교과서 내용을 검토했다. 그
결과로 모두 55개 항목에 걸친 수정권고안을 작성하여 출판사에 보냈
다. 이 중 금성 교과서 내용에 해당하는 것이 38건이었다. 나는 다른 저
자들과 의논을 거쳐 수정권고안 중 16개 항목을 포함하여 총 28군데의
수정의견을 제시했다. 그러나 교과부는 저자들이 제출한 수정의견 중 5
개만을 받아들이고, 나머지 내용과 수정권고안 중 저자들이 수정하지
않겠다고 한 내용을 교과부가 제시한 대로 수정하라는 '수정지시안'을
보냈다. 그러나 저자들은 '수정지시안'이 이미 검토하여 의견을 낸 '수정
권고안'과 같은 내용이므로 받아들일 수 없다고 거부하였다. 그러는 사
이에 보수단체들은 교과부에 검정취소를 요구하고, 금성출판사 앞에서
항의시위를 하는 등 압력을 가했다. 금성교과서를 사용하는 학교의 명

단을 공개하기도 했다. 이명박 대통령도 "금성출판사는 전교조만 두렵고, 정부나 다른 단체들은 두렵지 않다는 것이냐?(《중앙일보》 2008년 11월 26일자)"라고 윽박질렀다. 결국 이러한 압력에 부담을 느낀 금성출판사는 저자의 동의 없이 교과부의 수정지시를 그대로 받아들인 수정안을 교과부에 제출하였다. 교과부가 이를 받아들이는 형식적인 절차를 거쳐, 저자의 반대에도 교과부의 지시대로 교과서 내용이 수정되어 학생들에게 배포되었다.

교과부의 수정권고안과 수정지시안을 보고 나는 씁쓸하였다. 수정지시 항목 중 다수에는 '학생들의 수준에 맞지 않는다', '학습자가 혼동하거나 오해할 우려가 있다', '정확한 용어를 사용해야 한다', '주관적 표현이다' 등이 사유로 제시되어 있었다. 수정을 요구한 항목들은 우익이나 경제단체 등에서 '좌편향'이라고 주장한 내용들이었다. '반미', '반재벌' 같은 그들의 주장을 되풀이하기 어려우니까, 다른 이유를 붙인 것이었다. 예를 들어 미군정 시기에 민중들이 쌀 공출을 반대했다는 교과서 내용 중 '공출'은 정책의 명칭이 미곡수집이므로 '미곡수집'이라고 고치거나 최소한 병기하라고 되어 있었다. 교과서포럼이나 경제단체 등이 '공출'이라는 말을 문제로 삼은 것은 일제 말 일본의 식량공출을 연상시켜 미군정에 대한 부정적 인식을 줄 수 있다는 우려 때문이었다. 그래서 교과서가 '미곡수집'을 '공출'로 왜곡했다고 공격했다. 그러나 당시 민중은 미군정의 미곡수집령을 공출로 인식했으며, 실제로 민중이 주장한 것은 쌀 공출의 반대였으므로, 교과서 서술은 역사적 사실에 부합하였다. 그러니까 교과부는 수정지시에서 '공출'을 오류라고 하지 못하고 정식 명칭이 아니므로 고치라는 이유를 내세운 것이었다. 반민특위의

《한국근·현대사》교과서 수정 시도에 반대하는 역사교육자 선언

활동이 성과를 거두지 못하였음을 서술하면서 덧붙인 "민족정신에 토
대를 둔 새로운 나라의 출발은 수포로 돌아갔다"라는 내용에 대해 지나

치게 단정적이거나 주관적 표현이므로 삭제나 수정이 필요하다고 지시한 것은, 이 내용이 이승만을 부정적으로 인식할 것을 우려한 때문이었다. 6·25전쟁이 일어나기 전 빨치산 활동이 있었음을 소개하면서, "지리산을 비롯한 남한 곳곳에서도 북한을 지지하는 무장유격대의 활동이 계속되었다"라는 내용에서 '북한을 지지하는'이라는 말 대신 '좌익'으로 고치라는 지시는 웃음을 자아낼 만한 것이었다. 수정 이유로는 용어의 통일이 제시되어 있었다. 원래 이 부분은 '북한을 지지하는'이라는 말 때문에 남한 민중 중에서 북한을 지지하는 사람들이 꽤 있다고 학생들이 오해할 수 있다는 주장을 뉴라이트와 경제단체 등에서 했던 것이었다. 그 이유를 그대로 제시하기에는 궁색하니까 교과부가 용어 통일로 이유를 바꾼 것이었다. 나는 교과부가 그렇게 야단법석을 떨면서 수정지시를 강행하면서, 궁색한 이유를 달아서 이런 내용까지 포함시킨 것에 어처구니가 없었다.

'역사교과전문가협의회'라는 단체의 실체가 더욱 궁금하였다. 교과부에 따르면, 여기에 참여한 위원들은 시도교육청의 추천을 받은 경력 10년 이상의 교사나 교감, 박사학위 소지자, 교수나 전문가라고 한다. 교과부는 이들의 명단을 끝내 공개하지 않았다. 물론 사회적 논란이 되고 있는 예민한 문제들에 관여한 명단이 공개되면, 개인적인 피해를 볼 수 있다는 이유였다. 그러나 수정의 이유로 붙인 '학생들의 수준에 맞지 않는다', '학습자가 혼동하거나 오해할 우려가 있다', '정확한 용어를 사용해야 한다', '주관적 표현이다' 같은 말은 과연 이들이 이 분야에서 얼마나 전문성을 갖추었는지 의문을 가지게 했다. 이러한 지적들은 역사적 사실의 연구보다는 역사교육과 관련된 문제들이었다. 이를 보면서 문득 나의 전공이 역사교육이라는 것을 떠올렸다. 나는 수십 년을 역사교육을 공부했으며, 역사교육 관련 개설서나 전공서를 집필했다. 그런데 과연 '역사교과전문가협의회'라는 기구의 위원들이 이 분야에서 나보다 얼마나 더 전문성을 가지고 있는 것일까 하는 생각도 들었다. 물론 역사교육에 대한 이론적 전문성 여부와 상관없이 교사로서 교과서 내용을 검토하고 문제점을 지적할 수는 있다. 학생들의 수준에 맞는지 아닌지는 이론적 판단보다 교실에서 학생들을 가르쳐온 교사들의 경험이 훨씬 더 주효할 수도 있다. 그러나 이 점에서도 금성 교과서를 쓴 저자들 중 절반은 역사교사였다. 이들도 교사 경력이 10년이 넘고 석사학위를 가졌거나 청소년용 한국사 책을 집필하는 등 역사교육과 관련된 경력을 가지고 있었다. 교과부가 말한 기준대로 해도 역사교과전문가협의회 위원들보다 교과서 저자들이 뒤떨어질 이유는 전혀 없었다. 그러나 교과부는 실명은 고사하고 이들이 어떤 경력을 가진 사람들인지도 철저히 감추었다. 역사교과전문가협의회 위원의 신상공개를 요청하는 소송이 제기되었지만, 아직까지 실체가 알려지지 않았다. 마치 유령이 만든 수정권고안이나 수정지시안과 싸우는 꼴이었다.[*]

교과서 교체 압력
|

교과서에 대한 압박은 또 다른 방향에서도 전개되었다. 교과서 교체 압

- 이 책의 편집작업이 진행 중이던 2013년 8월에 역사교과전문가협의회 위원의 명단이 밝혀졌다. 교수·전문 연구원 2명, 교원·교육전문직 9명이었다. 확인된 명단을 보고 난 다음에도 이 글을 썼을 때의 역사교과전문 가협의회에 대한 느낌은 별로 달라지지 않았다.

2008년 11월 10일에 열린 서울시교육청의 역사 교과서 선정 관련 고등학교장 연수 ⓒ 오마이뉴스

력이었다. 2008년 9월 8일에 열린 전국시도교육감협의회가 끝난 뒤에, 서울시교육청은 '균형감 있고 정제된 표현으로 기술되어 있는 교과서 선정'을 위해《한국근·현대사》교과서 6종을 비교·분석하는 자료를 만들어 학교장과 학교운영위원회 위원들을 대상으로 연수를 실시하기로 했다고 발표했다. 교과서포럼 등이 타깃으로 삼은 금성 교과서를 다른 출판사의 것으로 교체하도록 유도하겠다는 것이었다. 이를 주도한 서울시교육감은 뒷날 선거법 위반으로 교육감직을 상실하고 뇌물수수 혐의로 구속된 공정택이었다. 공정택은 이 일이 있기 직전인 2008년 7월에 서울특별시 최초의 직선제 교육감 선거에서 실제적으로는 한나라당의 지원을 받아서 당선되었다. 교과부는 학교장과 운영위원을 대상으로 한 연수자료를 제작하고, 국장이 연수강사로 참여하여 교장의 소신 있는 채택을 강조하는 등 서울시교육청의 금성 교과서 교체작업을 도왔다. 서울시교육청에 이어 강원도, 부산광역시, 경기도, 충청남도 등에서 금성 교과서 교체를 겨냥한 연수나 행정지시가 잇달았다. 교과부는

《한국근·현대사》교과서 교체 압력에
맞선 교사의 1인 시위

이듬해 사용할 교과서 주문의 시한을 늦추면서까지 교과서 교체작업을 뒷받침했다. 그 결과 금성 교과서를 사용하던 700여 개 학교 중 339개교에서 교과서를 변경했다. 금성 교과서를 사용하는 학생 수는 54.4퍼센트에서 32.3퍼센트로 20퍼센트가량 낮아졌다.

검정교과서 선정은 학교의 교과담당교사들이 3종을 택해서 학교운영위원회에 제출하면, 학교운영위원회에서 등위를 정해서 학교장에게 올리고, 학교장이 이 중 한 권을 채택하는 절차를 밟았다. 그런데 학교운영위원회 위원들은 특정 과목에 전문성이 없으므로 대체로 해당 교과목의 교사 의견을 따랐으며, 학교장도 학교운영위원회가 1순위로 올린 교과서를 채택하였다. 그런데 역사교사들의 의견을 무시하고 학교운영위원회와 학교장으로 하여금 교과서를 새로 선정하도록 압력을 넣은 것이다. 이 때문에 많은 학교에서 금성 교과서를 교체하려는 교장·교감과 교과서 교체를 막으려는 역사교사들 사이에 갈등이 벌어졌다. 여러 학교에서 교사들의 1인 시위가 벌어지기도 했다. 이 문제로 학교장과 갈등을 빚다가 이듬해 전출을 간 교사들도 생겨났다.

보수 진영에서는 《한국근·현대사》교과서가 6종이나 되는데도 금성 교과서가 절반 정도의 채택률을 점한 것은 전교조가 개입한 결과라고 보았다. 그래서 한 우익 인터넷 언론에서는 금성 교과서를 사용하는 전국의 학교에 일일이 전화를 걸어서 전교조 가입과 금성 교과서 채택 간의 관계를 확인까지 했다. 그러나 이 작업은 그들의 '기대'와 정반대로 전교조와 금성 교과서 채택 사이에 별로 관계가 없음을 확인시켜주는 결과를 낳았다. 교사들의 전교조 가입률이 가장 높았던 광주광역시에서는 금성 교과서 채택률이 낮은 반면, 전교조 가입률이 낮은 대전광역시에서 금성 교과서 채택률이 높았던 것이다.

교과서 교체 압력에 맞서 역사교사들이 힘든 싸움을 하는 것을 보고, 나는 정말로 미안한 마음을 어찌할 수 없었다. 내가 쓴 교과서가 그렇게까지 해서 지킬 만한 가치가 있는가 하는 생각 때문이었다. 물론 교사들이 교과서 변경을 거부한 것이 내용 때문만은 아니었다. 그보다는 교과서 채택의 자율성, 교육의 자주성을 지키기 위한 것이었다. 그렇다고 하더라도 미안한 마음이 쉽게 수그러드는 것은 아니었다. 역사교육을 전공하기 때문에 나는 교과서를 집필하기 전에도 아마도 다른 사람들보다도 역사 교과서를 많이 검토했을 것이다. 교과서 내용을 분석하고, 그 문제점을 비판하는 글들도 여러 번 썼다. '한국근·현대사'라는 과목이 새로 생기고 검정도서가 되자 자연스럽게 교과서 집필에 참여했다. 그러나 교육과정과 준거안, 그리고 검정 기준 등 여러 가지 제약과 나 자신의 능력의 한계 등으로 인해 금성 교과서 내용은 스스로 생각하기에도 그리 만족스럽지 못한 상태였다. 아마도 '보수'와 '진보' 양측에서 비판을 받을 것이라고 생각했다. 그동안 역사 교과서에 대해 많은 이야기를 했으면서도, 그 정도밖에 쓰지 못하느냐는 비판도 예상되는 것이었다. 그런데 뜻하지 않게 우익보수 진영의 집요한 교과서 공격이 계속되면서, 나는 역사교사들의 격려를 받는 '혜택'을 누린 셈이었다. 그들이 겪는 어려움의 대가였다.

교과서 소송과 교육의 자주성

저자들의 수정 거부와 역사학계, 교육계의 비판에도 결국 교과서 내용
은 교과부의 지시대로 수정되었다. 썩 내키는 것은 아니었지만, 의존할
수 있는 것은 법적 대처밖에 없었다. 금성출판사가 저자의 동의와 상관
없이 교과부의 수정지시를 받아들여 내용을 수정하겠다고 하자, 출판
사에 저작권 위반임을 상기시켰다. 그리고 저자의 동의 없이 내용을 수
정한다면 법적 책임을 포함한 모든 책임을 묻겠다고 경고하였다. 출판
사도 처음에는 저자의 동의 없이 교과서 내용을 수정하는 것이 저작권
위반이라고 생각했던 것 같다. 금성출판사 사장은 방송 인터뷰에서 자
신이 CEO로서 출판사를 살려야 하기 때문에 어쩔 수 없는 선택이었으
며, 그에 따른 책임을 지겠다고 했다.

 사실 법적 조처를 취하겠다는 경고는 저자 동의 없이 교과서 내용을
마음대로 고치지 말라는 메시지였지만, 교과서 수정이 기정사실화된
상태에서 다른 대처방법은 없었다. 우리는 저자의 동의 없이 수정된 교
과서의 사용을 막아달라는 가처분신청에 이어, 출판사를 상대로 저작
권침해정지소송을 냈다. 또한 교과부의 수정지시가 부당하므로 취소해
달라는 행정소송도 제기했다. 공교롭게도 두 소송은 모두 1심에서 승
소했으나, 2심에서는 패소하였다. 이 책의 원고를 마무리할 즈음인
2013년 2월 15일에 대법원은 수정지시취소청구 행정소송의 3심선고
를 했다. 이미 검정에 통과한 교과서 내용을 수정하려면 검정에 준하는

절차를 밟아야 하는데 그렇게 하지 않았으므로 수정지시는 위법하다는 것이었다. 그리고 그 근거를 교육의 자주성·전문성·정치적 중립성 및 교과용 도서에 관한 검정제도의 취지에서 찾았다. 헌법에는 "교육의 자주성·전문성·정치적 중립성 및 대학의 자율성은 법률이 정하는 바에 의하여 보장된다(헌법 제51조 4항)"라고 규정하고 있다. 그러나 교육의 자주성이 침해되거나 정치적 중립을 유지하지 못하는 경우는 너무나 흔하다. 역사 교과서들도 이런 비판을 자주 들어왔다.

《한국근·현대사》교과서 논란이 한참이던 2008년에 나는 한 공공시험 출제자로 내정되었다가 출제에 들어가기 이틀 전에 갑자기 곤란하다는 통보를 받았다. 업무를 담당하는 기관으로서는 사회적 논란의 중심이 되는 사람을 배제하였다는 이유를 달 수도 있겠지만, 시험 출제는 교과서 문제와 별로 관련이 있는 일은 아니었다. 더구나《한국근·현대사》교과서 내용과 역사학계의 한국근현대사 인식을 비판하는 데 앞장섰던 사람이 그 얼마 전에 같은 기관에서 주관하는 공공시험의 출제에 참여했으므로, 그런 원칙이 있는 것도 아니었다. 학술포럼의 발표자로 준비를 하다가 취소되는 일도 있었다. 교과부의 예산으로 시행을 하고 장관이 축사를 하는 포럼에서, 교과부를 상대로 행정소송을 제기한 사람이 주제발표를 하는 것은 곤란하다는 이유였다. 물론 이 포럼의 주제도《한국근·현대사》교과서 문제와 별다른 관련이 없었다. 장관이나 교육 당국이 직접 이를 지시하였을 리는 없다고 생각한다. 아마도 실무를 맡은 사람이 알아서 판단을 했을 것이었다. 그만큼 교육에 종사하는 사람들도 정치권력의 눈치를 보는 데 익숙해 있는지 모른다. 나는 당시 이러한 일들을 문제삼을까 생각도 했지만 그만두었다. 그들도 곤란하기는 마찬가지일 것이고, 그중에는 개인적으로 아는 사람들도 있었기 때문이었다. 사회적 문제라고 생각을 하면서도 나 역시 개인적 인간관계에서 벗어나지 못하기는 마찬가지라는 찜찜한 생각을 마음속에 그대로 묻을 수밖에 없었다.

학교 교장실에 대통령 사진이 걸려 있던 때가 있었다. 대통령의 국정지표를 받들어서 행정을 해야 한다는 의미일 것이다. 이런 일은 학교를 운영하는 사람들에게도 반가운 것이 아니었나 보다. 1980년대 후반 고등학교 교사로 근무하던 시절에 학교 교장이 했던 말이 기억난다. 교장실에 자신의 사진을 걸게 하지 않겠다는 대통령 후보자가 있으면 그에게 투표하겠다는 것이었다. 나는 사실 그 교장의 교육관이나 학교 운영을 그리 탐탁하게 생각하지 않았다. 한두 번쯤 충돌을 한 적도 있었다. 그렇지만 그 말은 마음에 들었다. 교육의 자주성을 지키는 것은 교육에 관계하는 사람들의 몫이기도 하지만, 권력자가 먼저 이를 존중하는 태도를 가져야 한다.

역사교육 70년의 기록을 남기며

가끔은 나를 아는 사람들에게 내 삶이나 능력보다 과분한 관심과 격려를 받고 살아간다는 생각을 한다. 사회에 많은 빚을 지고 있다는 생각도 한다. 그런 점에서 나는 매우 운이 좋은 사람이다. 그 관심과 격려는 무엇을 보여주라고 요구하지 않으며, 빚을 갚으라는 독촉을 하지도 않는다. 그렇지만 이런 책이 나의 대답이 될 수 있을까?

책을 쓰기로 한 지 꽤 오랜 기간이 지났다. 책과 함께 류종필 대표와 박은봉 선생님을 만난 자리에서 대중에게 역사교육의 모습을 보여주는 책을 쓰기로 하고서 벌써 5년 이상의 시간이 지났다. 너무 오랜 기간이다. 이럴 때면 흔히 시간의 문제나 능력 부족을 탓한다. 능력 부족은 맞지만, 시간 문제는 아닐 것이다. 그보다는 나 자신의 침체 탓이다. 그 사이 이러저런 일들로 조금은 힘들었지만, 그 문제 자체보다 이를 핑계삼은 나의 게으름 탓이다.

그래도 긴 꿈에서 깨어난 듯하다. 그 꿈속에서 역사교육 이야기에 매달렸을 것이다. 처음 기획과 전혀 다른 모습의 책이 되었지만, 어쨌든 나로서는 그 꿈속에서 하나의 부담스러운 의무를 끝낸 셈이다. 역사교육은 한국 사회를 비추며 현대사 속에서 역사교육을 들여다볼 수 있다는 생각을 얼마나 잘 전달했는지는 의문이지만 말이다.

이 책은 한국 역사교육 70년의 기록과 같은 성격을 띤다. 그렇지만 기록이 가지는 객관성에 초점을 맞추지는 않았다. 일반적인 기록이 아니라 내가 보고 느낀 기록이다. 그래서 이 책에 나의 기억들을 포함시키고자 했다. 내 눈에 비친 역사교육의 기록은 현대사의 모습이다. 역사교육을 둘러싸고 일어난 일들은 곧 현대사이다. 역사교육과 관련된 사건들을 통해서 그러한 현대사의 모습을 이야기했으면 했다.

이를 위해 이런저런 자료들을 적지 않게 뒤졌다. 이 자료들이 책 속에 얼마나 녹아들었는지는 모르겠다. 그저 단편적으로 나열되지 않았나 우려되기도 한다. 애초 책을 쓰기 시작할 때 구상은 이제까지 확실히 정리되어 있지 않던 역사교육의 여러 모습들을 읽기 쉽고 부담이 적은 에세이풍으로 쓰겠다는 생각이었다. '학술적 글'을 '대중적 글쓰기'로 쓰고 싶었다. 그러나 이러한 생각은 본격적으로 글을 쓰기 시작하면서 얼마 지나지 않아 무참히 깨져버렸다. 학술적 느낌이 강한 내용, 무미건조한 문체 등으로 되어버린 것은 글 솜씨가 부족한 탓이다. 그렇지만 역사교육의 문제를 현실 사회와 분리해서 볼 수 없다는 생각은 그대로이다. 이런 문제의식이 책에 조금이라도 나타나 있다면, 내 능력에 비추어 그것만으로도 충분한 일이다.

이 책을 쓰는 데는 여러 사람의 도움을 받았다. 이화여대 차미희 선생님은 박정희 정부 시기의 글을 읽고 유익한 조언을 해주었으며, 필요한 자료를 보내주셨다. 나와 같은 과에 근무하는 이용기 선생님은 민중사학과 관련된 자료를 알려주셨다. 고마울 따름이다. 초고나 교정지를 읽고 교정을 도와준 이해영, 임하영, 노상경 선생께도 감사의 말을 전한다. 《한국근·현대사》 교과서 교체 압력에 맞선 경험은 힘든 기억이었을 텐데도, 1인 시위 사진을 싣겠다는 요청을 흔쾌히 받아준 홍혜숙 선생님께 거듭 감사드린다. 그 시기에 내가 쓴 교과서로 어려움을 겪은 많은 역사 선생님들께 가지고 있는 마음의 빚은 지금도 여전하다. 언제나 과분하게 나를 지지하고 격려해주는 역사 선생님들께, 이 책이 역사교육의 발자취를 되돌아보는 하나의 기록이 되었으면 하는 마음이다.

책을 마무리하는 홀가분함을 아내 임란, 딸 예지와 함께하고 싶다. 강의다 회의다 하여 평상시 나보다 바쁜 일정 중에서도 내 일을 챙겨주는 아내와, 실험실에서 일과를 보내면서도 내 이름이 들어간 책이 나올 때면 깊은 관심을 가지는 딸 예지에게 이런 기회에 고맙다는 말을 전한다. 예지가 이 사회에서 나보다 훨씬 의미 있고 행복한 삶을 살았으면 하는 마음이다.

무엇보다도 도서출판 책과함께의 류종필 대표에게 깊은 감사의 말을 전한다. 애초 약속과 달리 몇 년이나 늦어진 원고에도 재촉하는 일 없이 꾸준히 기다려주었다. 이제 책과함께에서 처음 책을 낸 지도 10년 가까운 세월이 지났다. 흔하지 않은 인연이다. 이 인연이 좋은 만남으로 오래 지속되었으면 한다. 꼼꼼한 교정과 편집작업으로 책이 나올 수 있게 해준 것은 천현주 편집장의 덕분이다. 천현주 편집장과도 적지 않은 인연이 있음을 책을 내는 과정에서 알게 되었다.

이 책이 얼마나 독자의 호응을 얻을지는 모르겠다. 그렇지만 이 책의 집필은 이제까지 역사교육을 정리하는 동시에 어쭙잖은 나의 삶을 되돌아보는 계기가 되기도 했다. 그런 의미에서 이 책은 역사교육 70년의 기록이지만, 동시에 내 삶과 공부의 기록이기도 하다. 책의 간행을 계기로 나의 삶이 좀 더 활발해지면 좋겠다.

2013년 9월

청람골 연구실에서, 김한종

참고문헌

교육부,《초·중·고등학교 사회과·국사과 교육과정 기준(1946~1997)》, 2000

교육50년사편찬위원회,《교육50년사》, 교육부, 1998

김한종,《역사 교육과정과 교과서 연구》, 도서출판 선인, 2006

김한종,《역사왜곡과 우리의 역사교육》, 책세상, 2001

김흥수,《한국역사교육사》, 대한교과서주식회사, 1992

대한교과서주식회사,《대한교과서사》, 1988

문교부,《문교개관》, 1958

문교40년사편찬위원회,《문교40년사》, 문교부, 1988

유봉호,《한국교육과정사연구》, 교학연구사, 1992

이길상,《20세기 한국교육사》, 집문당, 2007

이대의,《나와 검인정 교과서》, 중앙출판공사, 2002

한국교육문제연구소,《문교사 1945~1973》, 중앙대학교출판부, 1974

허강,《한국의 검인정 교과서》, 일진사, 2004

坂井俊樹,《現代韓國における歷史敎育の成立と葛藤》, 東京: 御茶の水書房, 2003

국사편찬위원회,《자료대한민국사》, 한국사데이터베이스 http://db.history.go.kr

네이버 뉴스 라이브러리 http://newslibrary.naver.com

한국언론진흥재단 미디어가온 http://www.kinds.or.kr/

1부 해방 전후부터 1960년대까지

01 황국신민을 기르는 교육 – 국민학교와 국민과

강만길 외, 《일제 황민화 교육과 국민학교》, 한울, 1995

김경미, 〈'황민화' 교육정책과 학교 교육—1940년대 초등교육 '국사' 교과를 중심으로〉,
    《동방학지》 124, 2004

김경미, 〈1940년대 조선의 '국사' 교과서와 일본의 '국사' 교과서〉, 《한국교육사학》 28(2),
    2006

김보림, 〈일제하 국민학교 국민과의 도입과 '국사(일본사)' 교육〉, 서울대학교대학원 박
    사학위논문, 2006. 8

김한종, 〈학교 교육—국민 만들기〉, 아시아평화와역사교육연대, 《한·중·일이 함께 쓴 동
    아시아 근현대사》 2, 휴머니스트, 2012

이명화, 〈일제 황민화교육과 국민학교제의 시행〉, 《한국독립운동사연구》 35, 2010

이병담·문철수, 〈일제 강점기의 《보통학교 수신서》 연구 — 조선통감부의 식민지 교육과
    지배이데올로기〉, 《일어일문학》 24, 2004

이치석, 《전쟁과 학교》, 삼인, 2005

정규영, 〈식민지시대 〈국민학교〉 성립 과정의 고찰〉, 《초등교육연구》 14(2), 2001

조선총독부, 《초등국사》 제6학년용, 1944

02 해방 이후의 첫 국사 교과서 – 《초등국사》와 중등용 《국사교본》

군정청 학무국, 《국사임시교재》, 밀양농잠학교, 1946

군정청 학무국, 《초등국사》, 전라북도 학무국, 1946

김봉석, 〈《초등 국사교본》의 특징과 역사인식〉, 《사회과교육》 47(1), 2008

김한종, 〈해방 이후 국사 교과서의 변천〉, 《역사 교육과정과 교과서 연구》, 선인, 2006

문동석, 〈미군정기 초등학교 역사교육과 '초등 국사교본'〉, 《초등역사교육: 과거와 현재》,
    국학자료원, 2006

박진동, 〈해방 후 역사 교과서 발행제도의 추이〉,《역사교육》91, 2004

심승구, 〈황의돈〉, 조동걸·한영우·박찬승 엮음,《한국의 역사가와 역사학》하, 창작과비
평사, 1994

진단학회 편,《국사교본》, 군정청 학무국, 1946

03 민주시민 육성과 미국식 민주주의 교육 – 새교육운동과 사회과 도입

김한종, 〈미국 사회과 교육의 변천과 역사교육〉,《역사교육》54, 1994

김한종, 〈신국가건설기 교육계 인맥과 이념적 성향〉,《역사교육》88, 2003

대한교련사편찬위원회 편,《대한교련사》, 대한교육연합회, 1973

문교부,《초·중등학교 각과 교수요목집(12): 중학교 사회생활과》, 조선교육도서주식회
사, 1948

사공환, 〈사회생활과로 본 국사교육〉,《조선교육》제1권 제5호, 1947년 8월호(이길상·오
만석 공편,《한국교육사료집성 미군정기편 III》, 한국정신문화연구원, 1997 수록)

오천석,《민주주의 교육의 건설》, 국제문화공사, 1946

오천석,《한국신교육사(하)》, 광명출판사, 1975

이강훈, 〈신국가건설기 '새교육운동'과 '생활교육론'〉,《역사교육》88, 2003

이길상,《20세기 한국교육사》, 집문당, 2007

이동원, 〈새교육운동기 사회과 수업방법의 수용과 실천〉,《사회과교육연구》4, 1997

이상선,《사회생활과의 이론과 실천》, 금융도서문구주식회사, 1946

이진석, 〈해방 후 한국 사회과 성립 과정과 그 성격에 관한 연구〉, 서울대학교대학원 박
사학위논문, 1992

04 민주적 민족교육에서 과학적 역사인식까지 – 해방 직후 한국사 인식과 국사교육론

문교부,《초·중등 각과 교수요목집(12): 중학교 사회생활과》, 조선교학도서주식회사,
1948

박진동, 〈한국의 교원양성체계의 수립과 국사교육의 신구성: 1945~1954〉, 서울대학교

대학원 박사학위논문, 2004. 2

방기중, 〈해방 후 국가건설 문제와 역사학〉, 《한국사인식과 역사이론》(김용섭 교수 정년 기념 한국사학논총 1), 지식산업사, 1997

백남운, 〈조선역사학의 과학적 방법론〉, 《민족문화》 1, 1946년 7월호(하일식 엮음, 《백남운전집 4: 휘편(彙編)》, 이론과 실천, 1991 수록)

사공환, 〈국사교육 재건에 관한 별견〉, 《새교육》 창간호, 1948년 7월호(이길상·오만석 공편, 《한국교육사료집성 미군정기편 III》, 한국정신문화연구원, 1997 수록)

사공환, 〈사회생활과로 본 국사교육〉, 《조선교육》 제1권 제5호, 1947년 9월호(이길상·오만석 공편, 《한국교육사료집성 미군정기편 III》, 한국정신문화연구원, 1997 수록)

사공환, 〈조국 재건하 국사교육의 새 사명〉, 《조선교육》 제1권 제3호, 1947년 7월호(이길상·오만석 공편, 《한국교육사료집성 미군정기편 III》, 한국정신문화연구원, 1997 수록)

손진태, 〈국사교육 건설에 대한 구상〉, 《새교육》 1(2), 1948년 9월호

손진태, 〈국사교육의 기본적 제문제〉, 《조선교육》 1(2), 1947년 6월호(이길상·오만석 공편, 《한국교육사료집성 미군정기편 III》, 한국정신문화연구원, 1997 수록)

안재홍, 《신민족주의와 신민주주의》, 민우사출판부, 1945

이만규, 〈건국교육에 관하여〉, 《인민과학》 1, 1946년 3월호(이길상·오만석 공편, 《한국교육사료집성 미군정기편 II》, 한국정신문화연구원, 1997 수록)

이병도, 《국사와 지도이념》, 일조각, 1955

정두희, 《하나의 역사, 두 개의 역사학—개설서로 본 남북한의 역사학》, 소나무, 2001

05 '널리 인간을 이롭게 하다' – 단군사상과 홍익인간의 교육이념

권성아, 〈홍익인간 이념의 교육적 의의—교육법 제정 50년의 회고와 전망〉, 《단군학연구》 1, 1999

권성아, 〈홍익인간의 이상에서 본 한국 교육〉, 《단군학연구》 11, 2004

문교40년사편찬위원회, 《문교40년사》, 문교부, 1988

박광용, 〈단군신앙의 어제와 오늘〉, 《한국사시민강좌》 27, 2000

박부권·정재걸,《교육이념과 홍익인간》, 연구보고RR89-21, 한국교육개발원, 1989

백낙준,《한국 교육과 민족정신》, 문교사, 1953

백남운, 〈조선역사학의 과학적 방법론〉,《민족문화》1, 1946년 7월호(하일식 엮음,《백
　　남운전집 4: 휘편》, 이론과 실천, 1991 수록)

신창호, 〈교육이념으로서 홍익인간에 대한 비판적 검토〉,《한국교육학연구》9(1), 2003

오천석,《한국신교육사(하)》, 광명출판사, 1975

정영훈, 〈근대 한국에서의 '단군민족주의'〉,《민족운동사연구》29, 2001

정영훈, 〈홍익인간 이념과 21세기 한국〉,《단군학연구》2, 2000

06 이승만 정부의 통치이데올로기로 변한 역사이념 – 일민주의

김동길, 〈민족적 민주주의라는 교육이념〉,《새교육》1964년 12월호

김수자, 〈이승만의 일민주의의 제창과 논리〉,《한국사상사학》22, 2004

김한종, 〈일민주의와 민주적 민족교육론에 나타난 안호상의 역사인식〉,《호서사학》45,
　　2006

김혜수, 〈정부 수립 직후 이승만 정권의 통치이념 정립과정〉,《이대사원》28, 1995

서중석, 〈이승만 정권 초기의 일민주의와 파시즘〉,《1950년대 남북한의 선택과 굴절》,
　　역사비평사, 1998

안호상,《일민론》, 일민출판사, 1951

안호상 편술,《일민주의의 본바탕》, 일민주의연구소, 1950

오천석,《한국신교육사(하)》, 광명출판사, 1975

이승만,《일민주의개술》, 일민주의보급회, 1949

한국교육문제연구소,《문교사 1945~1973》, 중앙대학교출판부, 1974

〈나의 20세기―안호상 박사 회고록〉,《문화일보》, 1994~1995

07 서로 다른 삼한의 위치 – 1950~60년대 중학교 국사 교과서의 학설 문제

강우철, 〈교육과정과 교과서―중학교 국사 교과서에의 제언〉,《역사교육》1, 1956

문교부, 《편수자료》 5집, 1963

변태섭, 〈국사상의 이설에 대한 지도〉, 《학습자료》 4·8, 1971(변태섭, 《한국사의 성찰》,
　　삼영사, 1979 수록)

신석호, 《국사》, 동국문화사, 1957

역사교육연구회 엮음, 《중등국사》, 정음사, 1956

이병도, 《중등국사》, 을유문화사, 1959

오장환, 〈국사 지도상의 난문제 몇 가지(一)〉, 《새교육》 1949년 2월호

오장환, 〈국사 지도상의 난문제 몇 가지(中)〉, 《새교육》 1949년 3월호

이원순, 〈역사교육의 애로―중학교 교과서에 나타난 학설의 대립에 관하여〉, 《역사교
　　육》 1, 1956

이홍직, 《우리나라 역사》, 민교사, 1961

08 발전적 관점의 한국사 인식 – 한국사 연구와 국사 교과서의 식민사관 극복

김용덕, 〈조선후기의 제문제〉, 역사학회 편, 《현대 한국역사학의 동향(1945~1980)》, 일
　　조각, 1982

김인걸, 〈1960, 70년대 '내재적 발전론'과 한국사학〉, 《한국사인식과 역사이론》(김용섭
　　교수 정년기념 한국사학논총 1), 지식산업사, 1997

김정인, 〈내재적 발전론과 민족주의〉, 《역사와 현실》 77, 2010

노태돈, 〈해방 후 민족사학론의 전개〉, 노태돈 외, 《현대 한국사학과 사관》, 일조각,
　　1993

민영규, 《인문계 고등학교 최신국사》, 양문사, 1973

민영규·정형우, 《인문계 고등학교 최신국사》, 양문사, 1967

이기백, 《한국사신론》(초판), 일조각, 1967; 《한국사신론》(개정판), 일조각, 1977

이기백·이우성·한우근·김용섭, 《중·고등학교 국사교육 개선을 위한 기본 방향》, 보고서,
　　1969

이병도, 《인문계 고등학교 국사》, 일조각, 1968

이병도, 《인문계 고등학교 국사》, 일조각, 1971

정두희,《하나의 역사, 두 개의 역사학—개설서로 본 남북한의 역사학》, 소나무, 2001

한우근,《한국통사》, 을유문화사, 1970

2부 1960년대 후반부터 1990년대 중반까지

09 민족중흥의 역사적 사명 – 국민교육헌장과 역사교육

국민교육협의회 편,《국민교육헌장의 자료총람》, 한국경영개발협회출판부, 1972

김석수, 〈'국민교육헌장'의 사상적 배경과 철학자들의 역할—국민윤리교육과 연계하여〉,
　　《역사문제연구》15, 2005

김진균, 〈현행 '국민교육헌장'의 정치적·교육적 문제〉,《경제와 사회》24, 1994

김한종, 〈학교 교육을 통한 국민교육헌장 이념의 보급〉,《역사문제연구》15, 2005

대통령비서실 편,《박정희 대통령 연설문집》3(제6대편), 대한공론사, 1973

손인수·주채혁·민병위,《국민교육헌장의 민족사적 기저》, 한국교육개발원, 1974

신주백, 〈국민교육헌장 이념의 구현과 국사 및 도덕과 교육과정의 개편(1968~1994)〉,
　　《역사문제연구》15, 2005

신주백, 〈국민교육헌장의 역사(1968~1994)〉,《한국민족운동사 연구》45, 2005

오성철, 〈박정희의 국가주의 교육론과 경제 성장〉,《역사문제연구》11, 역사문제연구소,
　　2003

유형진,《국민교육헌장과 현장교육》, 교학사, 1970

홍윤기, 〈국민교육헌장, 왜 그리고 어떻게 만들어졌나〉,《내일을 여는 역사》18, 2004

황병주, 〈국민교육헌장과 박정희 체제의 지배 담론〉,《역사문제연구》15, 2005

10 초등학교에서 대학교까지 국사를 필수로 – 국사교육 강화와 국사과 독립

강우철,《역사의 교육》, 교학사, 1972

김성근, 〈창간사〉,《역사교육》창간호, 1956

대통령비서실, 〈국사교육 강화방안 건의〉, 대통령보고, 1972. 5. 11

서의식, 《한국 고대사의 이해와 '국사' 교육》, 혜안, 2010

이경식, 〈한국 근현대 사회와 국사교과의 부침〉, 《사회과학교육》 1, 서울대학교 사회교육연구소, 1997

이기백·이우성·한우근·김용섭, 《중·고등학교 국사교육 개선을 위한 기본 방향》, 보고서, 1969

이우성, 〈1960~70년대 한국사학계의 회고와 전망―국사: 총설〉, 《역사학보》 49, 1971

장영민, 〈박정희 정권의 국사교육 강화정책에 관한 연구〉, 《인문학연구》 34(2), 충남대학교 인문과학연구소, 2007

조미영, 〈해방 후 국사교과의 사회과화 문제와 '국사과' 치폐〉, 《역사교육》 98, 2006

차미희, 《한국 중·고등학교의 국사교육―국사과 독립시기(1974~1994)를 중심으로》, 교육과학사, 2011

11 주체적 민족사관을 명분으로 ― 국사 교과서 국정화

강만길 외, 〈국사 교과서의 문제점〉, 《창작과 비평》 32, 1974년 여름호

김철준, 〈국사학과 국사교육〉, 《서울평론》 1974년 7월호(김철준, 《한국문화사론》, 지식산업사, 1976에 수록)

민영덕, 〈1970년대 교과서 출판: 한국 현대 교과서 출판의 발자취〉, 《교과서 연구》 11, 한국교과서연구재단·한국2종교과서협회, 1991

변태섭, 〈국정 국사의 문제점―국사 '국정화'를 계기로 본 국사교육의 진로〉, 《독서신문》 1973년 7월 15일자(변태섭, 《한국사의 성찰》, 삼영사, 1979에 수록)

양정현, 〈국사 교과서 국정체제의 문제점과 대안 모색〉, 《역사와 경계》 44, 부산경남사학회, 2002

윤종영, 〈국사 교과서 발행제도에 대한 고찰〉, 《문명연지》 1(2), 2001

윤종영, 〈유신정권의 국정 국사 교과서 비판〉, 역사비평사 편집위원회 엮음, 《논쟁으로 읽는 한국사》 2, 역사비평사, 2009

이대의, 《나와 검인정 교과서》, 중앙출판공사, 2002

이병희, 〈국사 교과서 국정제도의 검토〉, 《역사교육》 91, 2004

이신철, 〈국사 교과서 정치도구화의 역사 — 이승만·박정희 독재정권을 중심으로〉, 《역사교육》 97, 2006

이원순·진영일·정선영, 〈중·고등학교 국정 국사 교과서의 분석적 고찰〉, 《역사교육》 16, 1974

차미희, 《한국 중·고등학교의 국사교육 — 국사과 독립시기(1974~1994)를 중심으로》, 교육과학사, 2011

한기욱, 〈국사 교과서의 국정화 방안 보고〉, 대통령비서실, 1973. 6. 9

한기욱, 〈국사 교과서 번각 발행권 지정에 관한 보고〉, 대통령비서실, 1973. 8. 6

허강 외, 《한국의 검인정교과서 변천에 관한 연구》, 연구보고서 '02-03, 한국교과서재단, 2002

12 국난극복사관과 전통윤리 – 박정희 정부의 역사교육관

국사편찬위원회·1종도서연구개발위원회, 《고등학교 국사》, 문교부, 1979

권오헌, 〈역사적 인물의 영웅화와 기념의 문화정치—1960~1970년대를 중심으로〉, 고려대학교대학원 박사학위논문, 2010. 2

김동환, 〈박정희시대 국가주의 교육론 연구: 역사교육을 중심으로〉, 연세대학교교육대학원 석사학위논문, 2008. 8

문교부, 《시련과 극복》, 1972; 《시련과 극복》, 1976

문교부, 《인문계 고등학교 국사》, 한국교과서주식회사, 1974

박정희, 《민족중흥의 길》(박정희, 《한국 국민에게 고함》, 동서문화사, 2006에 수록)

이난영, 〈1970년대 박정희 집권기 국사교육의 특징: 중·고등학교 독본용 교과서 《시련과 극복》 분석을 중심으로〉, 서울시립대학교교육대학원 석사학위논문, 2003

이신철, 〈국사 교과서 정치도구화의 역사〉, 《역사교육》 97, 2006

전재호, 《반동적 근대주의자 박정희》, 책세상, 2000

정지영, 〈1970년대 '이조 여인'의 탄생—'조국근대화'와 '민족주체성'의 타자들〉, 《여성학논집》 24(2), 2007

차미희, 《한국 중·고등학교의 국사교육―국사과 독립시기(1974~1994)를 중심으로》, 교육과학사, 2011

최연식, 〈박정희의 '민족' 창조와 동원된 국민통합〉, 《한국정치외교사논총》 28(2), 2007

13 국회에 선 '국사되찾기운동' ― 상고사 논쟁과 국사 교과서

강돈구, 〈새로운 신화 만들기: 재야사학에 대한 또 다른 이해〉, 《정신문화연구》 23(1), 2000

계연수 편, 임승국 주해, 《한단고기》, 정신세계사, 1986

권덕규, 《조선사》, 정음사, 1985

박광용, 〈대종교 관련 문헌에 위작 많다―《규원사화》와 《환단고기》의 성격에 대한 재검토〉, 《역사비평》 12, 1990년 가을호

변태섭 외 7인, 〈국사교육 내용전개의 준거안〉, 1986년도 문교부 정책과제 연구비에 의한 논문, 1987

북애, 고동영 옮김, 《규원사화》, 흔뿌리, 1986

윤종영, 《국사 교과서 파동》, 혜안, 1999

이기백, 〈국사 교과서 개편 청원에 대한 국회 문공위에서의 진술〉, 《한국사상(韓國史像)의 재구성》, 일조각, 1991

조인성, 〈《규원사화》와 《환단고기》〉, 《한국사시민강좌》 2, 1988

조인성, 〈국수주의사학과 현대의 한국사학〉, 《한국사시민강좌》 20, 1997

14 지배층의 역사에서 민중의 역사로 ― 민중사학의 대두와 역사 교과서 비판

강만길, 《분단시대의 역사인식》, 창작과비평사, 1978

구로역사연구소, 《바로 보는 우리 역사》 1·2, 거름, 1990

국사편찬위원회·1종도서연구개발위원회, 《고등학교 국사》, 문교부, 1990

남지대, 〈고교 국사 교과서 근·현대편 서술의 문제점〉, 《역사비평》 1988년 여름호

박준성, 〈올바른 역사 이해와 '국정' 국사 교과서의 문제점〉, 《교과교육》 1, 푸른나무,

1988

배경식, 〈민중과 민중사학〉, 《역사비평》 편집위원회 엮음, 《논쟁으로 읽는 한국사》 2(근현대), 역사비평사, 2009

배성준, 〈1980~90년대 민중사학의 형성과 소멸〉, 《역사문제연구》 23, 2010

역사교육을 위한 교사모임·한국역사연구회, 《중학교 국사 교과서 개정본 분석》, 1989

이세영, 〈1980, 90년대 민주화 문제와 역사학〉, 《한국사인식과 역사이론》(김용섭 교수 정년 기념 한국사학논총 1), 지식산업사, 1997

전명혁, 〈'민중사' 논의와 새로운 모색〉, 《역사연구》 18, 2008

지방사회연구회, 《올바른 역사교육을 위하여—국정 국사 교과서에 대한 분석과 비판》, 역사강좌 자료집, 1990

차미희, 《한국 중·고등학교의 국사교육—국사과 독립시기(1974~1994)를 중심으로》, 교육과학사, 2011

최완기, 〈고등학교 《국사》 교과서의 내용구성과 특성〉, 《역사교육》 48, 1990

한국민중사연구회 편, 《한국민중사》 Ⅰ·Ⅱ, 풀빛, 1986

한국역사연구회, 《한국역사》, 역사비평사, 1990

한완상, 《민중과 지식인》, 정우사, 1978

허영란, 〈민중운동사 이후의 민중사〉, 《역사문제연구》 15, 2005

15 '살아 있는 삶을 위한 역사교육' – 전국역사교사모임의 역사교육운동

국사편찬위원회·1종도서연구개발위원회, 《고등학교 국사(상)》, 문교부, 1982

김육훈, 〈역사교육운동과 '교사를 위한 역사교육론' 탐색〉, 《역사와 교육》 3, 역사교육연구소, 2011. 1

김진경, 《전환기의 민족교육》, 푸른나무, 1989

이재희, 〈전국역사교사모임의 활동에 대한 연구〉, 서울시립대학교교육대학원 석사학위논문, 2005. 8

전국교직원노동조합, 《민주화를 위한 교육백서》, 푸른나무, 1989

전국교직원노동조합, 《한국교육운동 백서》, 푸른나무, 1990

전국역사교사모임,《미술로 보는 우리 역사》, 푸른나무, 1992

전국역사교사모임,《사료로 보는 우리 역사》, 돌베개, 1992

전국역사교사모임,《살아있는 한국사 교과서(1)·(2)》, 휴머니스트, 2002

전국역사교사모임,《살아있는 한국사 교과서 백서》, 2003

전국역사교사모임,《살아있는 세계사 교과서 백서》, 2007

전국역사교사모임,《전국역사교사모임 20주년 백서》, 2008

16 '항쟁'인가 '폭동'인가 – 국사 교과서 준거안 파동

서중석, 〈국사 교과서 현대사 서술, 문제 많다〉,《역사비평》 통권 56호, 2001년 가을호

신영범, 〈한국근·현대사 관련 역사용어의 이해〉,《역사교육》 56, 1994

신영범, 〈국사 교과서의 '현대사' 논쟁〉,《교과서연구》 39, 2002

이존희 외,《국사교육 내용전개의 준거안 연구보고서》, 1993년도 교육부 정책과제 연구
　　비에 의한 연구보고서, 1994. 7

정재정, 〈국사 교과서의 현대사 분야 논쟁점〉,《근현대사강좌》 7, 1995

정재정,《한국의 논리》, 현음사, 1998

최경옥, 〈역사교육 문제에 관한 신문 보도의 양상과 여파: 1994년 '국사 준거안 파동'을
　　중심으로〉, 서울대학교대학원 석사학위논문, 2004

3부 1990년대 중반 이후 현재까지

17 역사와 사회과는 적인가 – 사회과 통합과 국사교육 선택 논란

교육개혁위원회, 〈세계화·정보화시대를 주도하는 신교육체제 수립을 위한 교육개혁 방
　　안(Ⅱ)〉, 제3차 대통령보고서, 1996. 2. 9

김성자, 〈교육과정 개발에서의 '중립성'과 '전문성'―사회과 통합 논의를 중심으로〉,《역
　　사교육》 98, 2006

김재복(발표), 〈중학교 교육과정의 개정〉, 《초·중등학교 교육과정 개정시안에 대한 제1차 공청회》, 교육과정연구위원회, 1991. 9. 27

김한종, 〈사회과 통합의 문제점과 국사교육의 위기〉, 《역사비평》 통권 49호, 1999년 겨울호

박선미, 〈통합교육과정과 학문 중심 교육과정의 화해 가능성 탐색―중학교 사회과 통합 방향에 관한 교사 설문 결과를 중심으로〉, 《한국지리환경교육학회지》 12(1), 2004

양정현, 〈사회과 통합 논의와 역사교육〉, 《역사교육》 61, 1997

양호환, 〈현행 통합 사회과의 문제점과 역사과의 독립〉, 《국사교육, 이대로 좋은가》, 국사교육 발전을 위한 공청회 자료집, 국사교육발전위원회, 2004

윤세철, 〈사회과 교육통합의 본질〉, 《역사교육》 50, 1991

윤용혁, 〈중등학교 사회과 통합과 국사교육〉, 《역사와 역사교육》 창간호, 1996

한면희, 〈사회과 교육의 통합적 접근〉, 《사회과교육》 20, 1987

〈'소위 사회과 교육의 통합문제와 역사교육의 진로'의 발표 요지 및 토의내용〉, 《역사교육》 50, 1991

18 포스트모던 역사학과 민족주의 역사학 – 민족주의 역사학과 역사교육을 둘러싼 논쟁

강종훈, 〈최근 한국사 연구에 있어서 탈민족주의 경향에 대한 비판적 검토〉, 《한국고대사연구》 52, 2009

김기봉 외, 《포스트모더니즘과 역사학》, 푸른역사, 2002

김기봉, 〈동북아 시대에서 한국사 서술과 역사교육―《국사》를 넘어서〉, 《역사교육》 95, 2005

김한종, 〈한국근현대사의 연구성과와 교과서 서술〉, 정기문 외, 《역사학의 성과와 역사교육의 방향》, 책과함께, 2013

이영훈, 〈국사와 문명사〉, 비판과 연대를 위한 동아시아 역사포럼 기획, 임지현·이성시 엮음, 《국사의 신화를 넘어서》, 휴머니스트, 2004

이지원, 〈한국 근현대사교육에서 민족주의와 근대 주체〉, 《역사교육》 95, 2005

임지현, 《민족주의는 반역이다》, 소나무, 1999

임지현, 〈'국사'의 안과 밖—헤게모니와 '국사'의 대연쇄(連鎖)〉, 비판과 연대를 위한 동아
　　시아 역사포럼 기획, 임지현·이성시 엮음, 《국사의 신화를 넘어서》, 휴머니스트,
　　2004
양정현, 〈역사교육에서 민족주의를 둘러싼 최근 논의—당위·과잉·폐기의 스펙트럼〉,
　　《역사교육》 95, 2005
윤해동, 〈내파하는 민족 주의〉, 《역사문제연구》 5, 2004
정연태, 《한국 근대와 식민지 근대화 논쟁》, 푸른역사, 2011

19 '서구 중심'에서 '유럽 중심, 중국 부중심'으로 – 유럽 중심의 세계사교육 비판

《교육부 고시 1997-15호 고등학교 교육과정 해설(사회)》, 교육부, 2001
강선주, 〈참여와 상호작용의 세계사: 세계사 내용구성 방안〉, 《역사교육》 92, 2004
강성호, 〈유럽중심주의 세계사에 대한 비판과 반비판〉, 《역사학연구》 39, 2010
강정인, 《서구중심주의를 넘어서》, 아카넷, 2004
유용태, 《환호 속의 경종—동아시아 역사인식과 역사교육의 성찰》, 휴머니스트, 2006
이영효, 〈세계사교육에서의 '타자읽기'—서구중심주의와 자민족중심주의를 넘어〉, 《역
　　사교육》 86, 2003
이옥순 외, 《오류와 편견으로 가득한 세계사 교과서 바로잡기》, 삼인, 2007
정선영, 〈지구사적 시각에 기초한 세계사교육에의 접근 방안〉, 《역사교육》 85, 2003
한국교육개발원, 《고등학교 세계사》, 문교부, 1979
한국교육개발원, 《고등학교 세계사 교사용 지도서》, 문교부, 1979
한국서양사학회 엮음, 《유럽중심주의 세계사를 넘어 세계사들로》, 푸른역사, 2009

20 전쟁과 식민지배를 합리화하는 역사교육 – 일본의 역사왜곡과 한·일 역사분쟁

김한종, 《역사왜곡과 우리의 역사교육》, 책세상, 2001
김한종, 〈지유샤 역사 교과서의 교수·학습적 성격〉, 《역사교육연구》 10, 2009
박중현, 〈역사교육에서의 한일관계와 민족주의〉, 《역사교육》 95, 2005

박중현, 〈역사교육을 통한 한·일간 '역사화해' 방안 연구〉, 공주대학교대학원 박사학위논문, 2011. 8

송기호, 《동아시아 역사분쟁》, 솔, 2007

신주백, 〈일본의 역사왜곡에 대한 한국 사회의 대응(1965~2001)〉, 《한국근현대사연구》17, 2001

신주백, 〈'동아시아형 교과서 대화'의 본격적인 모색과 협력모델 찾기(1993~2006)〉, 《역사교육》101, 2007

이신철, 《한·일 근현대 역사논쟁》, 선인, 2007

이찬희·임상선·윤휘탁, 《동아시아 역사분쟁》, 동재, 2007

일본교과서바로잡기운동본부, 《일본 '새역모'의 역사관·교육관·한국관》, 역사비평사, 2004

정재정, 《일본의 논리》, 현음사, 1998

하종문, 〈일본의 역사 교과서 왜곡 실태와 그 의도—후소샤의 교과서를 중심으로〉, 《역사와 현실》41, 2001

한국학중앙연구원 한국문화교류센터 엮음, 《민족주의와 역사 교과서—역사갈등을 보는 다양한 시각》, 에디터, 2005

한일관계사연구논집편찬위원회 편, 《한일 역사 교과서와 역사인식》, 경인문화사, 2010

한일 역사연대21 엮음, 《한일 역사인식 논쟁의 메타히스토리》, 뿌리와이파리, 2008

21 고구려사는 어느 나라 역사인가 – 중국의 동북공정과 고구려사 논란

고구려연구재단, 《중국의 '동북공정' 그 실체와 허구성》, 고구려연구재단 제1차 국내학술회의 자료집, 2004. 10. 26

김남철, 〈역사교육에서의 '동북공정'과 민족주의〉, 《역사교육》95, 2005

김육훈 외, 〈특집: 중국의 고구려사 왜곡과 우리의 역사교육〉, 《역사교육》66, 전국역사교사모임, 2004년 가을호

김지훈, 〈한·중 역사갈등 줄이기〉, 《역사문제연구》17, 2007

김한종, 〈중국의 '동북공정'에 대한 이해와 대처를 둘러싼 문제들〉, 《역사교육》64, 전국

역사교사모임, 2004년 봄호

송기호, 《동아시아 역사분쟁》, 솔, 2007

윤휘탁, 〈중국의 애국주의와 역사교육〉, 일본교과서바로잡기운동본부·역사문제연구소
　　엮음, 《화해와 반성을 위한 동아시아 역사인식》, 역사비평사, 2002

윤휘탁, 〈중국의 '동북공정'과 한반도―'방어적 전략'인가, '공세적 전략'인가〉, 《만주연구》
　　2, 2005

이개석, 〈현대 중국 역사학 연구의 추이와 동북공정의 역사학〉, 이개석 외, 《중국의 동북
　　공정과 중화주의》, 고구려연구재단, 2005

이찬희·임상선·윤휘탁, 《동아시아 역사분쟁》, 동재, 2007

조법종, 〈동북공정 이후 한국의 역사교육―교육과정 및 교과서, 기관활동을 중심으로〉,
　　한국고대사학회·동북아역사재단 편, 《중국의 동북공정과 한국고대사》, 주류성,
　　2012

한국학중앙연구원 한국문화교류센터 엮음, 《민족주의와 역사 교과서―역사갈등을 보는
　　다양한 시각》, 에디터, 2005

22 자국사를 넘어서 지역사로 – 동아시아사의 탄생과 역사화해

김성보, 〈민족·국민사와 동아시아사의 접맥: 동아시아의 역사인식 공유를 위한 모색〉,
　　《역사와 실학》 32, 2007

김성수, 〈동아시아론의 전개와 역사 텍스트 속의 동아시아〉, 《역사교육》 102, 2007

동북아역사재단, 《갈등을 넘어 화해로―동북아 역사재단 6년의 활동과 지향》, 2012

박중현 외, 〈특집: 역사수업의 새로운 화두, '동아시아사'〉, 《역사교육》 88, 전국역사교사
　　모임, 2010년 봄호

손승철 외, 《동아시아사》, 교학사, 2012

안병우 외, 《동아시아사》, 천재교육, 2012

아시아평화와 역사교육연구소 편, 《한중일 동아시아 교육의 현황과 과제》, 선인, 2008

유용태, 《환호 속의 경종: 동아시아 역사인식과 역사교육의 성찰》, 휴머니스트, 2006

유용태, 〈동아시아사 지역사 서술의 현황과 과제〉, 《동아시아사의 방법과 서술》, 역사학

회 창립 60주년 기념 추계학술대회자료집, 2012. 10. 6

임성모, 〈주변의 시선으로 본 동아시아사〉, 《역사비평》 79, 2007

조법종, 〈동북공정 이후 한국의 역사교육―교육과정 및 교과서, 기관활동을 중심으로〉,
    한국고대사학회·동북아역사재단 편, 《중국의 동북공정과 한국고대사》, 주류성,
    2012

황지숙, 〈《동아시아사》 모형단원 개발 보고〉, 《역사교육》 82, 2008년 가을호

23 정권이 바뀌면 교과서 내용도 달라져야 하나 – 《한국근·현대사》 교과서 파동

교과서포럼, 《고등학교 한국근현대사 교과서, 이대로 좋은가》, 교과서포럼 창립기념 심
    포지엄 자료집, 2005. 1. 25

교과서포럼, 《(주)금성출판사 판, 《고등학교 한국근·현대사》의 현대사 서술의 문제점》,
    2008. 9. 4.

교육과학기술부, 《한국근현대사 교과서 수정권고(안)》, 2008. 10. 30.

교육과학기술부, 《한국근현대사 교과서 수정지시(안)(금성)》, 2008. 11. 26.

권철현, 《금성출판사 출간 《한국근·현대사》 교과서 분석 질의서》, 2004. 10. 4.

김한종 외, 《권철현 의원의 주장에 대한 금성출판사 《한국근·현대사》 교과서 집필자들
    의 의견》, 2004. 10. 5.

김한종, 〈《한국근·현대사》 교과서 파동의 전말과 쟁점〉, 《역사와 세계》 35, 2009

김한종, 〈교과서 내용의 정치성과 교육통제〉, 《우리교육》 2011. 3

김한종, 〈이명박 정부의 역사인식과 역사교육 정책〉, 《역사비평》 96, 2011. 8

양정현, 〈역사 교과서 서술에서 사실과 관점―《한국근·현대사》 교과서 수정지시 파동을
    중심으로〉, 《역사와 세계》 35, 2009

역사교육연대회의, 《뉴라이트 위험한 교과서, 바로 읽기》, 서해문집, 2009

이명희·강규형, 〈한국근·현대사 교과서의 문제점과 개선 방향〉, 《사회과교육》 48(1),
    2009

일본교과서바로잡기 운동본부 엮음, 《한국사 교과서의 희망을 찾아서》, 《역사비평》,
    2003

지수걸, 〈'한국 근현대사 논쟁'과 10학년 《역사》 교과서 편찬〉, 《역사교육》 109, 2009

〈경고! 귀하의 자녀들은 위험한 교과서에 노출돼 있다―고교 국사 교과서의 '대한민국
　　때리고 김일성 부자 감싸기'〉, 《월간 조선》 2004년 4월호

도판 출처

노컷뉴스 99쪽

뉴시스 112쪽

동북아역사재단 432쪽 449쪽

동아일보 419쪽

민중의소리 358쪽

시사인 464쪽

역사교육연구회 201쪽

역사문제연구소 285쪽

오마이뉴스 468쪽 473쪽

위키미디어 188쪽 391쪽 400쪽 446쪽

윤근혁 66쪽

이경모 22쪽

이정희 242쪽

월간 작은책 474쪽

전국역사교사모임 294쪽 299쪽 304쪽 315쪽 386쪽

한국교원대학교 교육박물관 26쪽 45쪽 82쪽

한국교원대학교 역사교육과 186쪽

한국정신대문제대책협의회 403쪽

헬로포토 178쪽 192쪽 241쪽

역사교육으로 읽는 한국현대사
국민학교에서 역사교과서 파동까지

1판 1쇄 2013년 10월 4일
1판 2쇄 2014년 7월 15일

지은이 | 김한종

편집 | 천현주, 박진경
마케팅 | 김연일, 이혜지, 노효선
디자인 | 석운디자인
조판 | 글빛
종이 | 세종페이퍼

펴낸곳 | (주)도서출판 **책과함께**
　　　　주소 (121-896) 서울시 마포구 월드컵로 50 덕화빌딩 5층
　　　　전화 (02) 335-1982~3
　　　　팩스 (02) 335-1316
　　　　전자우편 prpub@hanmail.net
　　　　블로그 blog.naver.com/prpub
　　　　등록 2003년 4월 3일 제25100-2003-392호

ISBN 978-89-97735-28-0 (03910)

이 도서의 국립중앙도서관 출판시도서목록(CIP)은
서지정보유통지원시스템 홈페이지(http://seoji.nl.go.kr)와
국가자료공동목록시스템(http://www.nl.go.kr/kolisnet)에서 이용하실 수 있습니다.
(CIP제어번호 : CIP2013018386)